U0127274

人與宗教23

藏傳釋迦牟尼佛傳

無誤講述佛陀出有壞美妙絕倫傳記・善逝聖行寶藏

格桑曲吉嘉措　著
達多　譯

ༀ་ན་མོ་བྷ་ག་ཝ་ཏེ་ཤཱཀྱཱ་མུ་ནེ་ཡེ། ཏ་ཐཱ་ག་ཏཱ་ཡ། ཨརྷ་ཏེ་

སམྱཀྶཾ་བུདྡྷཱ་ཡ། ཏ་དྱ་ཐཱ། ༀ་མུ་ནེ་མུ་ནེ་མ་ཧཱ་མུ་ནེ་ཡེ་སྭཱ་ཧཱ།

唵南無巴嘎哇德釋迦牟尼耶，達陀嘎達亞，啊日達德
桑亞桑佛陀亞，大達（耶）揵，唵牟尼牟尼瑪哈牟尼耶梭哈

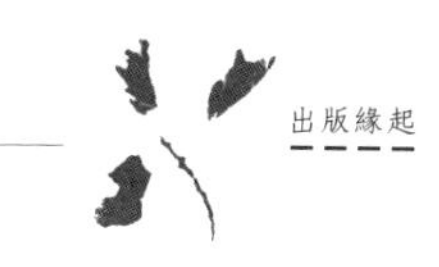

〈出版緣起〉

朝聖者的信仰之旅

林宏濤

台灣社會正面臨各種矛盾的新衝擊。醜陋的資本主義經濟和環保的覺醒在做拉鋸戰；教育和資訊之普及是史上未有的，而精神世界卻也愈加的空洞。在宗教信仰上，人們都只殘留著原始的無知。我們從歷史和傳統中失了根，在和宗教的對話上，我們失去了應該有的精神底蘊，就像我們和自然、社會以及個人的互動越來越疏離一樣。在某方面，我們的文化是後退到某個蒙昧時代的原點上。

然而人類對超越界的渴望和上古史一樣的久遠，也始終存在於深層的靈魂之中。在遠古時代，或是現代的某些部落裡，宗教不只是人與超越者的關係，也是對於世界乃至宇宙的認知進路。文明化的歷程使得人類朝聖的動機更加多元化；無論是在集體潛意識中遺傳下來的衝動、對崇高的造物者的震懾或受造感、或是對生命終極關懷的探索、苦難的解脫，甚至只是在紛擾的現代生活中尋找一個桃花源，儘管這些內在的聲音在城市和慾望的喧囂中顯得特別微弱，但是人們對超越界的追尋卻始終沒有停止過。

在彼岸的是諸神，在塵世的是人類，而宗教是人和神相遇的地方。它也是神人互動的歷程。

在這朝聖之旅當中，我們有說不完的感動、恐懼和迷惑；而世界不同角落的人們也以不同的方式和不同形式的神祇溝通交往。因爲宗教既是社會的，也是個人內心的；宗教曾經既是社會結構的穩定性形式，也是個人心靈的寄託。在個人主義的現代社會裡，宗教更是內在化爲生命意義和存在故鄉的自覺探索。

除了生命價值和根源的追尋以外，道德的實踐，人格的成就，和淑世的理想，更是宗教的存在根據。從字源學看religio（拉丁文的宗教）的可能意義，可以了解宗教的倫理面向，它可能是religere（忠誠的事奉和歸屬），或是religare（與自身的源泉或終點相連），而因爲人可能遠離他的故鄉，所以它也可能是reeligere（重新選擇去活在這源泉或終點裡）。如此我們便形構了一個生動的宗教圖式：人虔誠的遵循神的誡命，藉以與神同在，而人也會墮落，因此也會悔罪回頭。在許多宗教，如佛教、耆那教、拜火教、猶太教、基督教、以至於伊斯蘭教，倫理一直是他們的重要課題。法句經說：「諸惡莫作，眾善奉行，自淨其意，是諸佛教。」釋迦牟尼觀察緣起法的生死流轉，依八正道而解脫，以世間正行端正自己，清淨自己的行爲而得正覺，這是人類精神自由的完美典範。理性主義興起後，宗教的道德意義由德性的實踐到道德良知根源的反省，進而推及生命的愛，新的人文主義從這堅實的倫理世界獲得源頭活水，或許也是宗教的新生。

《人與宗教》系列叢書，就像每個朝聖之旅一樣，試著從宗教的各個面向去體會人和宗教的對話歷史，使人們從各種信仰思維中沉澱下來，理性地思考「宗教是什麼」的基本問題。我們將介紹宗教學的經典作品，從神學、宗教心理學、宗教社會學、宗教哲學、比較宗教學到宗教史，爲有興趣研究宗教現象的讀者基礎的文獻；另一方面，我們也想和讀者一起分享在世界每個角落裡的朝聖者的經驗，可能是在修院、寺廟、教會裡，也可能在曠野、自然、城市中，也包括他們在工作和生活當中對生命的體會。

在各個宗教裡，朝聖有個重要的意義，那就是暫時遠離生活的世界，經過旅行的困頓和考驗，最後到達聖地，那裡是個神聖的地方，是心靈的歸鄉。我們希望在《人與宗教》的每一本書裡，都能和讀者走過一次朝聖者之旅。

〈導讀〉

佛陀在喜馬拉雅山

陳又新

在世界佛教裡，漢傳佛教、南傳佛教與藏傳佛教並稱三大主流。其中藏傳佛教的發展與西藏民族的活動息息相關，由於西藏民族生息於世界屋脊的青藏高原，在地理與人文環境交互影響之下，西藏歷史文化的發展獨樹一幟，有屬於自己的語言文字，而佛教在西藏更是深入人心，成爲西藏民族主要共同的信仰與文化，到了近代更有世外桃源香格里拉之美稱。自一九五九年以後，大量西藏人流亡到印度等世界各地，致力於維護並宏揚西藏文化，隨著藏傳佛教僧侶的腳步，透過達賴喇嘛在世界各地行腳爲西藏發聲，以及大量藏文書籍的譯出，西藏文化才陸續廣爲世人所周知，也使得藏傳佛教與西藏學研究在國際上蓬勃發展，成爲學術顯學之一。

佛教在西藏的發展由西元八四一年分爲前弘和後弘時期，前弘時期是開創奠定基礎時期，此時由印度傳來的佛教與西藏的原始信仰相互交融滲透，建構出具有西藏特色的佛教，而將大量梵文佛典準確無誤的翻譯成西藏語文，也是這時候的主要工作內容。在後弘時期，正當佛教在印度日漸衰亡之時，西藏成爲賡續佛教的淨土，當時的印度佛學大師、西藏前往印度求學的譯師們，絡驛不絕

於途，藏傳佛教各家各派也如雨後春筍般的誕生，有寧瑪派、噶當派、迦舉派、薩迦派、覺囊派、覺宇派等等，以及現今廣爲人知的格魯派則是最後出現的一派。藏傳佛教是顯密融合的，一般而言顯宗重學，密宗重修，因此藏傳佛教的講說與修行學院都是要傳承顯密法門的重鎮。在講說學院所傳揚的顯宗與中國所傳的並無二致，而在修行上則需要有上師指導密法，因此，藏傳佛教特別重視上師傳承，所以藏傳佛教各派除了佛教經藏的解釋傳揚之外，歷來成就大師們的行誼傳記，在藏傳佛教的世界裡是屢見不鮮，例如《青史》、《阿底峽傳》、《宗喀巴祕傳》、《印度佛教史》、《土觀宗派源流》等等，都是膾炙人口的傳記，人們從大師們的傳記裡可以詳細了解該派的傳承來源，也可以作爲學習教化的典範。寫出一部完整可信的佛教創始者釋迦牟尼佛一生弘化事蹟與諸佛弟子傳承傳記自不例外，而且是很重要的大事。

由於釋迦牟尼佛是佛教的教主，具有宗教與學術的多層意義，因而要撰寫佛陀的傳記是不能憑空想像自由發揮，況且在印度繁文原典中有關佛陀一生弘法的記載，並無一部完整的著作，主要都散於佛教各處經論之中，所以要寫出一部完整的佛陀一生行誼是極爲困難的事，必須要遍讀佛教經藏，力求眞實，處處有據，以作爲自己修行與他人的參考。漢傳佛教浩瀚的經藏也是從梵文原典翻譯出來的，最有成就者當屬玄奘大師，他畢生翻譯梵文佛典無數，共譯出七十三部一千三百三十卷經典，從他譯經過程裡大致可歸納爲三點譯經基礎：一、尋求全本，二、絕對忠於原典，三、五種不翻。前二者是譯者所必須具備的基本條件，而第三的五種不翻：一、秘密，二、多含，三、此無，四、順古，五、生善；全屬翻譯原典時音譯的佛教名相，若以現代的知識去了解唐代或宋代時所譯佛典裡提到的佛陀行誼，除會令人發懷古幽情之外，對於經典的深層內容恐多困難。因此，自須有一部適合現代讀者語文的書，才更能引人興趣。當前世界學術界對於釋迦牟尼佛傳記的重新撰述，無虞上百種。翻譯成中文的也有好幾部。譬如美國高樂斯的《佛陀的綸音》，日本中村元的《瞿曇佛陀傳》，副島正光的《釋迦其人及其思想》，池田卓然的《新譯佛所行讚》、武者小路的《釋迦》、常盤大定的《佛傳集成》、高楠順次郎的《釋尊的生涯》等等。而在漢傳佛教界裡，以白話完整代表佛陀一身深邃的思想智慧，和救人救世的慈心悲願，星雲大師的《釋迦牟尼佛傳》、財團法人佛陀教育基金會的《佛陀的一生》等，都是各擅特色的作品，都值得讀者參閱。

由於佛教是具有宗教修行與哲學思想的意義，因此一般藏傳佛教界對一位教徒要求是要達到賢、正、善三種成就，也就是他必須具備才識精湛、通一切明處且不迷亂，以及行爲嚴謹戒律清淨的行者。《藏傳釋迦牟尼佛傳》的作者格桑曲吉嘉措，是藏傳佛教前弘時期西藏吐蕃王朝貴族尚氏（舅氏）家族的那囊（**zhan sna nam**）支系的後裔，他在藏曆第八個拉瓊（勝生年）之第四十八年，也就是木虎年（**1494**）完成這部書。《藏傳釋迦牟尼佛傳》早就在十五世紀藏傳佛教後弘時期就呈現在世人面前，他從佛陀的誕生到圓寂，以及住世期間行誼，逐年記載，對於佛陀所傳的顯密教法的時間、地點與緣由都有詳細敘述，也發揮了西藏語文的特性，將人名或地名意譯，使讀者能了解當時的情況，更讓全書脈絡清楚，充滿生氣，而將佛陀的一生與當時社會情況活生生的呈現出來。

對於初次接觸佛教或佛學的人，經常會爲佛教（學）的眾多名相或義理備感困擾，因爲佛教的來源是印度，無論漢傳佛教、南傳佛教與藏傳佛的佛典都是譯自梵文，由於語言習慣與文化背景的

不同，閱讀起來就更加辛苦。設若再由其他種語言翻譯過來的著作，更令人讀起來吃力。這種困難如何克服？除了譯者本身的翻譯信、達、雅功力與讀者的理解能力之外，重要的是著作本身的通暢易解，才能搭起原典與讀者間的橋樑，藏傳佛教的著作就具備了這種特性。雖然說西藏語文是同屬於漢藏語族，但是從西元七世紀西藏創制西藏文以來，她主要是以用來翻譯梵文佛經作爲任務，就是以印度梵文作爲西藏文字的身體，文法也採用梵文的規矩，舉凡文義的時態、能所、主從、因果等等皆能條理分明。爲了更能精準翻譯梵文佛經原典，在九世紀時西藏又進行文字改革運動，由印藏佛學大師透過因明辯論的方式，逐一將藏文翻譯的文字確定下來，並由贊普昭告天下，統一使用，致使藏文完全能與梵文音義相契合，也使得到今天可以將藏文準確的還原梵文原典，因而一直到今天，如果能夠直接閱讀藏文原典，就更能貼近梵文原典要義。再者，藏傳佛教界在研讀佛教經典時，都以論爲主，因而對於佛教思想要求貫通，才能將龐大深廣的佛學思想讓人理路通暢無阻，獲得眞正了解。《藏傳釋迦牟尼佛傳》提供了這一方面的條件，有待大家細讀品嚐。

對於一位佛教信徒而言，在閱讀《藏傳釋迦牟尼佛傳》裡所呈現出來的時代、人物、地點、環境以及佛陀各種教化，一定會有更加深刻的體會；但是如果是以現實世界的眼光來讀佛教先哲大師尤其是佛陀的傳記，免不了對於其中的神變事蹟產生疑慮，但是如果用客觀的方式，將那些事件還原到當時客觀的時空環境，以及他發生的背景與所象徵與表達的意思內涵，相信可以更進一步理解釋迦牟尼佛創教的實際情形，也能貼近佛教在創教時的眞實情況。

（本文作者爲南華大學宗教學研究所助理教授）

譯者序

本書正題爲《無誤講述佛陀出有壞美妙絕倫傳記·善逝聖行寶藏》，成書於十五世紀末，作者格桑曲吉嘉措，西藏人。才旦夏茸的《藏族歷史年鑒》中對此書有專門的記載。

本書是一部權威性很高的佛傳，是根據當時藏傳佛教所有經典中有關佛傳內容編寫而成的。而在此之前，相當一部分佛傳內容散見於各相關經典之中，或者是以故事集的形式存在。在佛祖釋迦牟尼的十二大宏行中，本傳尤其對「轉啓法輪」這部分內容，以事件發生的先後順序記述得非常詳細，從中可以找到幾乎一切佛說經典的產生原由和經過。

漢藏民族的傳統文化乃至歷史都有佛教的影響，而藏傳佛教又以其傳承的完整性和發展的獨特性而著稱於世，是東方文化寶庫裡漸爲人知的瑰寶。而自從認識並對它有所熟悉以來，我便有了將其展示給更多人和更廣泛世界的隊伍中的衝動。所以，能把這部佛傳翻譯成漢文出版，我感到非常的榮幸。

本傳的翻譯，以忠實於原書爲原則，用現代漢語譯成。其中，人名、地名、經典名稱等專有詞

及佛教術語以現有相關辭書爲依據，參照部分漢文相關書籍查證譯出。個別無從查證者，一般採取了從藏文音譯的方法；名義與敘述內容有關聯而有必要意譯的，則應用了從藏文意譯的方法。前頌和後頌偈句，譯爲散文體裁，目的是避免以往一些偈句翻譯中所存在的詞不達意、韻味多失的現象。同時，在內容無所缺漏的基礎上，保留了其修辭方法和行文節奏，以儘量遵循「信、達、雅」的原則。附章內容作了一些刪節。

在翻譯過程中，我妻子永巴始終給了我很大的支援，使我得以順利完成此項工作；同行李清的鼓勵，使懈怠的我有了完成此項工作的初衷和決心；我的領導和同事在此譯作的編輯出版方面給予我的勉勵和支援，在此一併致謝。

二〇〇一年十二月

達多

目錄

藏傳釋迦牟尼佛傳

第一章

菩薩的神靈

我們的導師釋迦牟尼喬答摩在**大如來釋迦牟尼**之前發願後，依次入行了無量的菩薩行，善法功業無所缺漏。在諸如來未作任運成就的授記之時，曾經生爲婆羅門，被**世尊迦葉佛**授記，獲得了無生之智，使這世菩薩的身意語脫離了業障。從此以後，秘密主金剛持菩薩手持金剛杵，跟隨其後，日夜守護著菩薩。後來，他以法王的功德行使功業，其法身所顯的諸化身，也給眾生以巨大的利益。在他生爲帝釋**妙目**之時，爲了**沽若界**的眾生，無數次化作蟲身解除病人的痛苦。在另一個世界，他成就爲**根門冠如來**，向各種受教化的眾生分別做了相應的功業。但是，他未曾在這**閻浮提洲（南瞻部洲）**中化顯十二大功業。

佛陀的遠祖

在千佛出世南光明時代，閻浮提洲的第一位國王叫**衆敬王**，眾敬王的兒子叫**光嚴王**，光嚴王的兒子叫**善者王**，善者王的兒子叫**善勝王**，善勝王的兒子叫**長淨王**。這五王稱爲最初的五王。從長淨王頭頂的肉腴子中出生的**自乳王**、**美妙王**、**最美妙王**、**端嚴王**到**最端嚴王**五位國王，統治了三千世界以內的所有部洲，這就是人們常說的五轉輪聖王。

從最端嚴王算起，一百零四萬六千三百七十六位國王之後，在**波羅奈**出生了**訖栗積王**。

此時，於迦葉佛前，我們的這位導師生爲神聖婆羅門子，迦葉佛祖將其授記爲於紛諍時劫成就佛果，而菩薩也健行禪頂定。雖然他具有應眾生而異的無量化身，但由於發願與善根同因，而**燄摩天（時分天）**以下各界放任無度，**化自在天（化樂天）**以上各界愚昧無知，於是菩薩便轉世爲**兜率**

天的聖善白天子（白冠天子），爲兜率天的廣大眾神講經說法，同時向諸佛聽法、供養，對於所化不同的眾神講經說法。如此行著十種善業。訖粟積王有子**善生**，從善生王又過了一百代之後，在**普陀城**出了**具耳王**，具耳王有**喬答摩**和**跋黎墮者**兩個兒子，其中喬答摩隨**黑仙**出家，居於城郊，跋黎墮者則繼承了王位。誰知出家的喬答摩遭人陷害，被國王懲罰，打入牢獄。有一次黑仙去看喬答摩時，順著牢門望去，卻不曾看到喬答摩的身影。他正在納悶時，突然看到他的弟子被釘在角落的木樁上。

黑仙難過地問道：「弟子，你到底犯了什麼罪？」

喬答摩答道：「我沒有什麼罪過。如果我所說的話是眞的，就讓導師的身體變成金黃色來作證吧！」

喬答摩的話音剛落，黑仙的身體就變成了金黃色，於是黑仙也相信了。這時，喬答摩問導師道：「導師啊，我去向何處，又生在何方？」

仙人看著喬答摩奄奄一息的樣子，又聽他這麼說，心中更加難過，覺得弟子不能就這樣離去，起碼應該在身後留下個一男半女。他強忍著悲痛問喬答摩道：「據說婆羅門不會無子而去，你可一定要留個後代啊！」

喬答摩答道：「我自幼出家，從未沾過女色，怎麼可能呢？」

仙人說道：「感受感受以前所行的感覺看看。」

喬答摩答道：「導師啊，肢體都快斷了，怎麼能感受得到那種感覺呢！」

仙人聽罷，施法使上蒼降下和風細雨。喬答摩的身體因接觸到雨水和涼風而暫時忘卻痛苦，感覺到以前的經驗而生起欲望，後來慢慢地從身上滴下兩滴帶血的精液後氣絕身亡。

據說那兩滴精液變爲兩只蛋，並被陽光孵化出了兩個男孩，破殼而出的兩個男孩爬到了附近的甘蔗林中。隨後，仙人在甘蔗林中找到了兩個可愛的嬰孩。黑仙知道他們是喬答摩之子，便帶回去用母乳餵養。由於他們是被陽光孵化出來的，故取名爲**日親**，又因是喬答摩之子而得名**喬答摩**，還因發現於甘蔗林中，所以得名**甘蔗氏**。

後來，跋黎墮者王無嗣而死，眾臣商議王位的繼承人時，想到了其兄長喬答摩。王室派人前來詢問黑仙時，看到了喬答摩的兩個可愛的孩子。眾臣驚喜異常，於是將兩兄弟帶回了王宮。哥哥繼承王位後，也無嗣而去。接著弟弟又繼承了王位，稱作甘蔗王。

釋迦族的源始

從甘蔗王始，在普陀國交替了一百代的甘蔗王。最後一位甘蔗王叫做**增長王**，生有四個小王子，他們分別是**昭目**（**流星面**）、**聰目**（**手耳**）、**調伏象**（**伏象**）**和尼羅**（**具腳鏈**）。後來，增長王的王后過世，眾臣提議讓國王迎娶另一位國王的公主時，那國王要求說：「如果把我的公主所生的王子立爲王儲，我就答應這婚事！」

眾臣瞞著國王答應了那位國王的要求，給增長王迎娶了那位公主。後來，這位后妃果然生了個王子，名爲**「長生」**（**樂政**）。

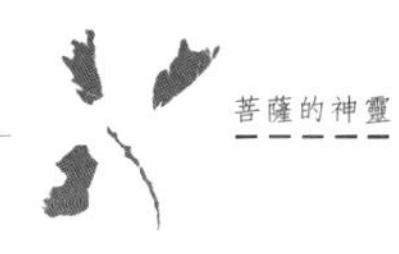

長生長大後，普陀國並沒有履行諾言，長生的舅王非常憤怒，他對來使威脅道：「回去告訴你們國王，最好履行從前的諾言，否則我就發兵消滅你們的國家。」

增長王得到這個消息後，寢食難安，左右爲難。不立長生爲繼承人吧，害怕落得國破家亡；立長生爲王位繼承人吧，又不好向其他王子交代。有一天，他召集眾臣道：「這都是你們幹的好事，現在你們說該怎麼辦？」

眾臣奏道：「陛下，鄰國非常強大，靠我們目前的國力是難以抵擋的，還是把長生立爲太子，把其他王子流放了吧。」

國王道：「他們沒有什麼罪，怎麼流放呢？」

眾臣奏道：「就以他們打擾國王爲由吧！」

時隔不久，增長王出遊時，眾臣就讓那些天眞的王子們在旁邊嬉鬧。國王於是大怒說：「我不要你們這些王子了！」

王子們哀求道：「請父王息怒，不要拋棄我們。」

國王又道：「我要把你們流放他鄉。」

就這樣，那些可憐的王子被流放了。

在一個豔陽高照的早晨，昔日的王子們領著各自的妹妹，帶著簡單的行囊，一步三回頭地離開了豪華無比的王宮，往荒無人煙的邊地走去。他們日行夜宿，艱難跋涉，來到了接近雪山的直樹林，即恒河之畔，在迦毘羅衛仙人的修行地不遠處以草棚爲家，以狩獵爲生。

日出日落，雲起雲飛。甘蔗王的後裔們不但適應了狩獵生活，而且漸漸地都成長為青春煥發的少男少女。這時候，他們雖然不再受到饑餓的威脅，但卻又受著色欲之苦的煎熬，一個個變得灰溜溜的。**迦毘羅衛仙人**看出了事情的端倪之後，勸諫道：「與同父異母的妹妹結婚吧！」

王子們道：「這樣不行吧？」

仙人答道：「爲了以後的宗室大業，只好這麼做了。」

王子們聽了仙人的建議，各娶胞妹而居，並生育了眾多的子女。王子王孫們整日拉弓射箭，圍殺獵物，天長日久，恒河一帶的野獸劇減，王子王孫們開始爲爭奪食物而時不時地發生械鬥。迦毘羅衛仙人看到兄弟姊妹們這樣互相殘殺，心中不忍，又因修行處太吵雜而無法禪定，便歎息一聲，對王子們道：「這裡地方狹小，我將另覓修行之地。」

王子們齊聲道：「讓我們去他方，請長老給我們指個地方吧！」

大仙聽後，沈思良久，從懷裡緩緩拿出金瓶，用聖水在腳下畫了個城郭之圖，並指出其所在的方向。王子們按照大仙的指點，又開始家族大遷徙。他們終於找到了大仙所指的地方，並按照大仙所畫的圖案建造城池，取名**迦毘羅衛城**。從此，他們就在迦毘羅衛城繁衍興旺。其後來迦毘羅衛城又容不下這麼多甘蔗王的後裔，他們又在諸神的指示下，於迦毘羅衛城南建造了另一座城，名爲**天臂城**。

經過兩次的艱辛遷徙，王子王孫們不斷地想：我們爲什麼會落得如此的命運？結論只有一個，那就是由於甘蔗王納妾所致，於是他們相互約定誰都不准娶妾。

這時，增長王禁不住思念起這些王子，便向眾臣打聽他們的下落。當他得知詳情後，驚訝地問道：「王子們敢跟妹妹結婚嗎？」

眾臣答道：「是的，國王。」

增長王聽後感歎道：「他們可眞敢啊！」

釋迦族姓由此得名（意爲「有能」）。增長王死後，長生即位。長生王死後，沒有子嗣，於是由昭目、聰目、調伏象和尼羅相續執政。

淨飯王與摩耶夫人

尼羅王有子名**「烏頭羅」**（**棄家**），烏頭羅有子名**「瞿頭羅」**（**地宮**）。瞿頭羅被立爲迦毘羅衛國國王，而烏頭羅來到**末羅國**（**力士國**）。從瞿頭羅王起，又生了五萬五千零八十二位釋迦王。其中最後一位釋迦國王**智弓王**，智弓王有子**獅子頰**和**獅子吼**。獅子頰是閻浮提洲最好的箭手，在眾王族的推崇下繼承王位。他時常希望王族裡可以生個轉輪王。後來他生下了四子四女：**淨飯**、**白飯**、**斛飯**、**甘露飯**以及**淨女**、**白女**、**斛女**和**甘露女**。

與此同時，天臂城國王之子**善覺**繼承了王位，他娶了當地一個叫**藍毗尼**的女孩爲妃。他總想著將來和獅子頰王結爲親家。

天臂城有個長老，他有一座花園，藍毗尼妃見後很想擁有這座花園。善覺王就特地爲她造了一座更絢麗的花園，並取名爲**藍毗尼花園**。這座花園坐落在迦毘羅衛城和天臂城之間。當時在天臂城

的不遠處還居住著擁有億萬部眾的女神，名叫「威光賢城喜地吉祥」。

菩薩生在兜率天一百年後，即降凡閻浮提洲，這時藍毗尼花園中出現了如下十餘種預兆：地面平如手掌；大地變成金剛，遍地出現珍寶；寶樹成蔭；香苗和粉藏出土；寶幢如雲；仙花盛開；布帛滿倉；所有果樹生成寶藏；水面長出高聳的蓮叢；天龍八部等來到園裡，雙手合十；天龍八部的女子們仰望著樹王甄叔迦樹；諸佛從身體中心發光照耀著花園；在樹光壇城裡顯現菩薩誕生的情景和誕生的聲音等。這一切都被花園女神看在眼裡。

這期間，善覺王的王后藍毗尼生下了王子**神居**，他通曉五明，無所不知，尤其擅長騎術。此後，藍毗尼王后還生了兩位公主，妹妹名叫**摩訶波闍波提**，長得眉清目秀，迷人異常。會觀面相的人預言說，她將要生下一個才能超群的兒子，這兒子會成為轉輪王。姐姐叫**摩耶**，長得比妹妹更加楚楚動人，她生下時光芒照亮了全城。會觀相的人預言說，她會生下一個具有三十二種神功的兒子，這兒子將來會成為轉輪王。後來，藍毗尼王后死去，善覺王續娶了獅子頰王的公主**斛女**為妃，又生了王子**賢得**。

善覺王派使者對獅子頰王說道：「我有兩位公主，她們叫摩訶波闍波提和摩耶，相者預言，她倆成婚後皆生貴子，我願將她們許配給淨飯王子為妃！」

獅子頰王回派使者說道：「本來兩位公主都宜迎娶，但族人有約在先，不能同時娶兩位妃子，只能先迎娶摩耶公主，摩訶波闍波提公主待商議後再定。」

就這樣，在選定的吉日裡，摩耶隨五百侍從嫁給淨飯王子為妃。後來，釋迦國的宿敵山中人**迦**

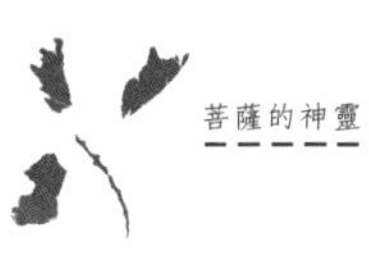

桑前來挑釁，釋迦族人聚集到獅子頰王面前齊聲奏道：「請國王率兵征伐！」

獅子頰王說道：「我已年老體衰，不能勝任，讓淨飯王子帶兵迎敵吧！不過有個條件，那就是答應王子的一個要求。」

釋迦族人應允道：「尊敬的國王，這有什麼問題呢！」

隨即，國王把四路大軍交給了淨飯王子。淨飯王子果然不負眾望，一舉擊潰山中人。

這時，釋迦族長老很高興來到獅子頰王面前，問道：「尊敬的國王，王子有什麼要求，請快說出來吧！我們一定照辦。」

國王說道：「我們釋迦人有不娶妾的約定，而且恪守至今。然而，王子的要求是從同宗裡娶妾。」

眾釋迦聽後，答應了這個要求。獅子頰王隨即派使者對善覺王說道：「我已和眾長老商量過了，請把公主摩訶波闍波提也許配給淨飯王子吧！」

就這樣，摩訶波闍波提公主也在五百侍從的簇擁下嫁給淨飯王子爲妃。

獅子頰王死後，淨飯王子繼承了王位，與兩位王妃生活在迦毘羅衛城的王宮中。他們沒有生育，整天與歌舞相伴。而這時，其他國家執政的國王是：**摩揭陀國**的**王舍城**有**大蓮王**；**憍薩羅國**的**舍衛城**有**梵生輻飛王**；**阿槃提國**的**烏惹爾城**有**無邊環王**；**跋磋國**的**憍賞彌城**有**百軍王**；**鴦伽國**的**瞻波城**有**梵施王**；**波羅奈國**的**迦尸城**有**梵生王**；**磨吐羅國**的**毗提訶城**有**賢臂氏勇主王**；另一個**磨吐羅國**有**賢友王**。另外，還有**象城**、**瓦爾噶**、**瞻波噶**、**石頭**、**地邊**、**金境**、**勝音**、**南北五取**等國國王。

當時這些國家都富饒強盛，和睦相處。後來，**鴦伽國**國王**梵施**與**摩揭陀國**國王**大蓮**之間發生爭端，經過戰爭，鴦伽國國王征服了除王舍城之外的所有摩揭陀國土，大蓮王每年向他進貢納稅。

五種觀察

這時候，**善慧菩薩**生兜率天，名爲**聖善白**，那裡有莊嚴美麗的瓊樓玉宇。有一回，在所享受的八萬四千種樂聲中響起了昔日所積的善妙資糧之音，這促使菩薩離開殿宇，來到對諸神說法的法勝寶殿，坐在高大的法賢獅底寶座上。當時還有彌勒菩薩和天子遍喜等各方眾多的菩薩和無數天神聚集在那裡，也都坐在各自的獅底寶座。

由於菩薩十二年後就要投胎，居淨天的諸神化作婆羅門前來閻浮提洲促使眾婆羅門誦念吠陀：「菩薩投胎會有兩種命運：如果他居家將成爲轉輪王，如果出家將成就佛果。」

其他諸神也來到閻浮提洲，鼓動那裡的獨覺者們說：「十二年後菩薩要在這裡住世，你們離棄這個世界吧！」

王舍城變尾山中的獨覺者聽到這句話後，在岩石上留下自己的一雙大腳印後圓寂了。波羅奈國的五百獨覺者也都入滅，他們的舍利掉落在大地，於是那裡稱爲**落仙**（**鹿野苑**）。

善慧尊者原是當即就能夠成就佛果的，但他想到諸神可以下凡閻浮提洲，而閻浮提洲的眾生不能到兜率天來聽聞教法，爲了圓滿成就善行，以五種觀察決定降生於閻浮提洲。這五種觀察是觀察種姓、洲界、時間、宗系和母體。因爲菩薩不出生於劣種，而生於婆羅門和刹帝利族，而現在刹帝利族受人崇敬，便決定投胎於剎帝利族，故而觀察了種姓；但凡菩薩不生於其他三洲和邊鄙之地，而生於閻浮提洲和中部，故而觀察了洲界；眾生過於長壽則不易發生悲心，過於短命又充滿煩惱，而百歲壽命之劫的現時最爲合宜，故而觀察了時間；菩薩不生於不合適的王族，要七代親系之間無甚阻礙，故而觀察了宗系；菩薩不會投胎於劣女，於是決定投胎到曾經發願成爲佛母、能夠懷胎十月的母親，故而觀察了母體。

就這樣，兜率天諸神和諸菩薩知道了菩薩所要降凡的種姓、洲界和時間之後，他們便開始考慮起哪位國王後嗣興旺、那位聖女將是誰等等問題。有的說摩揭陀國的勝身族興旺強大，適合菩薩投胎；而有的反對說那裡不合適，因爲勝身族宗系不淨，再說，那地方也屬邊地。有的說憍薩羅國人多官眾，牲畜興旺，可作投胎之地；有的反對說他們是屠夫之後，樂於劣業，不可投胎。又有人說跋蹉國合適；反對者說他們驕橫，血緣不正，甚至敢斷決王嗣，因而不妥。有人說毘舍離富饒美麗，人丁興旺，最爲合適；反對者說那裡沒有禮儀，人人都驕傲地認爲自己就是國王，故而不妥。有人說烏萇爾的勝光王族人強馬壯，戰無不勝，可作投胎之地；反對者說他們是狂妄之輩。有人說磨吐羅國國富民安，賢臂氏勇主王的王宮最爲合適；反對者說他們是邪道的後代。有人說另一個磨吐羅國是最爲理想之地，賢友王有征服敵人的力量，友善而熱愛教法；反對者說這位國王雖然具有這些優點，但他年歲太大，無力生育，而且多子多孫，菩薩不適於投胎到那裡。

諸菩薩和眾神議遍了閻浮提洲十六大國的眾王族，也沒有找到任何無垢無穢的剎帝利族，天神**智冠無回**對他們說道：「來吧！到菩薩座前問問看。」

降生的宣示

於是眾菩薩天神雙手合十地來到菩薩面前詢問此事。菩薩沈默良久說：「諸位朋友，我在轉世中的最後一世將生在具有六十四種功德的種族，那母親也具有三十二種功德。我將在十五日月圓、鬼宿星出現之時，投胎到齋戒中的母親懷裡。」

隨後，諸菩薩和眾神再次觀察時，發現迦毘羅衛城繁榮富強，國泰民安，是個啓發善願之地。那裡的人們身強力壯，騎術高超，寧願捨棄自己的生命也不傷害他人。淨飯王是轉輪王的後代，德高望重，俊美英武，富甲天下，是個賢明的國王。其王后摩耶夫人更在前五百世中曾爲菩薩之母，嫁給了最高尚的淨飯王爲后，在三十二個月裡未與國王同床，無人藐視其身，不沾女流之惡習，且光彩照人，具有適合作爲佛母的三十二種功德。他們認識到了釋迦族和摩耶夫人有菩薩投胎的種種功德，於是齊聲讚歎。稍後，菩薩來到了兜率天縱橫六十四由旬（一由旬約爲四十里）的講法之處勝幢殿，就坐於神聖的獅底寶座上，向眾神說道：「諸位朋友，看看我具有百福之相的身體吧！也看看來自十方的無數菩薩吧！」

眾神抬頭望去，便見到由菩薩的加持而顯現的諸菩薩遍佈兜率天，繼而又讚嘆不已。這時，菩薩即現五衰相，向眾神宣講了一百零八種法門，引領眾神到各自的法裡。隨後，他宣稱道：「我爲了圓滿成就佛果，要去閻浮提洲。」

聽到這句話後，兜率天的諸神忍不住潸然淚下，對菩薩頭面禮足說：「您不在了，兜率天將失

去歸依，誰來講經說法啊？」

菩薩對他們說道：「**彌勒菩薩**將會爲你們說法。」

說完，把自己的頂冠戴在彌勒菩薩頭上，並對他說道：「你會在我之後成就正覺，我就把你授記在這兜率天吧！」

隨即把彌勒立爲兜率天的怙主，並且向欲界宣告三次。接著又對諸神說：「請記住，我將從兜率天死去，前往人間，投胎到淨飯王聖妃，以成正覺。你們之中想要追求正覺的，就請轉世到中央六城，即舍衛城、遺城、毘舍離城、摩城、王舍城和波羅奈城中去吧！」

眾神應聲道：「那個世界現在罪孽深重，閻浮提洲氾濫著外道十八眾。外道六師爲：**富蘭那迦葉**、**末伽梨拘舍梨子**、**刪闍耶毘羅胝子**、**阿耆多翅舍欽婆羅**、**迦羅鳩馱迦旃延**、**尼乾陀若提子**；韋陀六師爲：婆羅門**詐行**、婆羅門**鼻擊**、婆羅門**賢良**、婆羅門**梵天壽**、婆羅門**蓮花心**和婆羅門**赤紅**；神通六師爲：**阿羅邏迦蘭**、**優陀羅羅摩子**、**遍行者極賢**、**波羅門子遍勝**、**阿私陀仙**和**優婁頻羅迦葉**。在這裡，我們爲了聽法將爲菩薩供奉豐富的供養，您的教法也將利益於我們。」

菩薩聽後，以法螺聲蓋過所有的樂聲，然後說：「就像這螺聲，我到南瞻部州壓倒外道十八眾，以正法甘露普度眾生。那麼我以什麼形象投胎母懷爲好呢？」

有人說以婆羅門子爲好，有人說以帝釋身、梵天身、金翅鳥身入胎等等，眾說不一。這時，梵天界的天子榮尊說道：「應以婆羅門吠陀經裡的白象身投胎。」

祥瑞顯見

不久後，淨飯王宮裡出現八種預兆：地面平坦，宮中一塵不染、淨水拋灑，不見蜜蜂、蝴蝶和毒蛇之影；雪山的布穀鳥飛到宮中的亭台上鳴叫不已；王宮的花園中各種鮮花爭相盛開；池塘中長滿了無數的蓮花；奶油、蜂蜜等美味佳餚用之不盡；各種樂器不彈自鳴；數不盡的寶器不啓自開；出現了蓋過日月、令人心身安逸的光芒。這時候，摩耶王妃洗淨身體，塗上胭脂，佩戴了各種首飾，在數千侍女的陪同下，來到淨飯王的樂藝大殿，坐在右邊的寶座，對國王說：「尊敬的國王，妾要受持八規十矩，請不要對妾產生欲望。妾將與賢良的侍女一起，在鵝涼宮中的花床上享受音樂。請國王大赦犯人，向窮人施捨錢財七天，視王宮四周的生命爲自己的王子。」

淨飯王答應了王后的請求。

摩耶夫人來到鵝涼宮，鮮花簇擁、馨香繚繞、數千騎士守護著，在眾賢良侍女的服侍下，解開首飾，臥在床上。

這時，欲界和色界眾多威力無比的天神們相互說道：「我們至尊的菩薩就要離開天界了，你們誰願意跟隨其後，從誕生直至涅槃？」

隨即有欲色界許多天子自告奮勇。同時，欲界和色界的眾天女們也想看看如此相好的菩薩投胎於怎樣的女子，便來看摩耶王后，並以鮮花供奉，讚美之聲不絕於耳。隨後，眾天子天女們回到了天界，呼籲眾天神們前去守護摩耶夫人。這時已到了菩薩爲承諾而現五衰相之時，十方各界的千萬

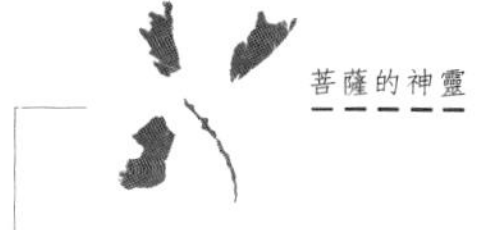

菩薩齊至，欲界天女們以妙樂供奉菩薩。接著，菩薩離開勝幢宮來到眾神所望的境莊嚴樓，在諸菩薩和眾神的簇擁下，準備降凡人間了。

第二章

以白象之身投入母胎

菩薩發出名為安樂莊嚴的千萬道光芒，頓時三千世界的黑暗處燦若白晝，其光輝超越日月，惡趣之苦剎時消失，生命不再受染污之苦，兇惡的人生起慈悲心，金剛持隨行，頑廉懦立。菩薩還為母親發出了特別的光芒，這道名叫「從母親的功德壇城中生出的光芒」，從身體的全部毛孔中發出，在摩耶夫人齋戒時照耀其身。在此特別光芒的照射下，摩耶夫人頓感全身安逸，感覺到自己的身體如天空般廣大卻又還是自己的身體，又見到十二行化身及前世無量功德充滿法界。

由菩薩聖宮**境莊嚴樓**裡發出的光芒照到母親的右脖，頓時母親的右肋處顯現出菩薩的聖宮寶城樓。此樓由蛇心旃檀木構成，四角柱上有頂樓莊嚴，高約同六個月的胎兒。其中有兩層樓，以及懸而不觸的第三層重樓，其質堅實而平滑，呈碧藍色，美麗無比，欲界天一切莊嚴盡在其中，三千界盛滿寶物也不抵這裡的半兩沙粒。周圍盛開著比仙花還美麗的花朵，色聲香味觸五種欲樂無不具足。在三層樓中有個適合安置六個月大胎兒的圓形寶座，其光輝蓋過梵天的服飾，寶座鋪有一對名為「千萬錦帛之莊嚴」的寶墊，為圓滿受用之意。

隨著十八相動的漸次呈現，各種樂器不彈自鳴，**吉祥之主菩薩**正在進行著從上天降凡人間的十大事業，未來的佛陀正由千萬個天神用雙手、肩膀和頭頂高高托起，遊歷天界各處，天女們以歌讚頌，天王帝釋也忙於修持母親的功德和清潔其胎宮。

冬去春來，花木復甦。當春色滿地之時，視三界之主宰時辰，擇四月十五日月圓氐宿吉辰，菩薩由上天下凡人間。此時發出名為「吉祥母」的光芒，這光芒瞬間即把地獄眾生解救到天堂；為使天界諸神除去斷見及常見，菩薩幻現五衰相；菩薩為了指出隨念善業的因緣，迎著星王鬼宿，化為

白象之身，長著六顆帶金環的牙，頭像瓢蟲一般鮮紅，自母親右肋入胎。

菩薩入胎之相

菩薩剛剛入胎便呈六月胎相，圓滿莊嚴，盤坐於母體右腔的樓中寶座，法衣裹身。這時候，熟睡的母親做了四個夢，即：眼見三千世界，隨著無數天神的讚美，有白象進入自己的右懷；菩薩於天空中盤坐；攀登高山，於獅底寶座上說法；眾神與眾阿羅漢向菩薩頂禮。另據載：夫人夢見四大天王連臥榻把她抬到雪山，諸天女把摩耶夫人領到**阿耨達（無熱）**池勸請沐浴，穿上天人的衣服。附近有座白銀山，山中有黃金宮殿。他們請夫人臥宮殿裡面朝東方的臥榻。這時菩薩化為白象登上宮殿附近的黃金山，又登上白銀山，銀色象鼻持著白蓮花，高吼一聲，自北面進入宮殿，繞床三匝，從母親的右肋入胎。

菩薩入胎後，母親心身頓感身心安樂，猶如禪悅。天亮後，隨眾侍女坐於無憂樹林間，派人向淨飯王稟報夢中奇景。淨飯王率眾匆匆趕往林中探究詳情，途中國王突然感到身體不適，有些沈重，又突然聽到居淨天神道：「菩薩自天而降，成為你的王子。」國王聽後，雙手合十，無比喜悅。他來到林中，又詳細聽王后敘述了夢中所見，並請婆羅門相者解夢。

國王招來六十四位婆羅門，他們聽完王后的敘述後異口同聲道：依照我們的吠陀，第一夢為誕生王子之兆，王子居家會成轉輪王，出家則成佛；第二夢為王子神通廣大之兆；第三夢為王子將向四眾弟子說法之兆；第四夢為王子將受到包括天神在內的一切世界的尊崇之兆。國王聽後歡欣無比，重賞了諸婆羅門。

菩薩投入母胎後，大地震動六回，金光普照四方，一切惡趣的苦難都得以解除。由於宮中降了七天七夜的寶雨，窮人都得到解脫。另據《**尼陀那**》（因緣經）記載：當時出現了三十二種祥兆，從盲者復明至枯樹逢春。

淨飯王正要考慮爲摩耶夫人選擇適宜的住處時，欲界六神在迦毘羅衛城顯現無數天宮，國王也在此建造最好的宮殿。由於菩薩的法力，每座宮殿都有個摩耶夫人的化身。王后懷胎時，由於受菩薩的法力，國王也長期持戒，雖不理朝政只行教法，然國泰民安，沒有戰亂。迦毘羅衛國中釋迦族人歡歌笑語，猶如節慶。日日夜夜仙樂齊鳴，花雨連綿。帝釋、四大天王、二十八大藥叉大將、金剛持等諸神常隨摩耶夫人，**鄔喬黎**天女等四大天女守衛其後，帝釋派四天子持劍爲其護衛。菩薩是能夠不受胎汙而證得佛果的，但爲了解除無知者的疑慮，也爲了以入胎相所要證實的一切，菩薩便這般投入母胎，供養諸佛，傾聽佛法。

菩薩入胎的夜晚，由於曾經給最上淨土奉獻過至上食物的緣故，有一朵蓮花破出大地和海洋，七天之內自人間生至梵天界。三千世界內的一切精華都甘露般生於其上，這些只有梵天才能夠看見，並盛於吠琉璃寶器，獻給菩薩。菩薩用之，身體漸長。世上沒有第二個人能消化這種東西。

母胎中的菩薩如火焰般明亮，其光芒照至五由旬外。人們前來謁見菩薩，看見菩薩如鏡像般地坐在樓中。先由菩薩致意，而透過母親之口對眾人說話。爲了接受菩薩的教法，色界天於上午來聽菩薩說法，菩薩伸右手指示席墊，眾王於是坐於其上。聽完言教要回去時，菩薩又伸右手指示。如

此這般，中午為欲界諸天說法；下午諸鬼神來獻甘露；夜晚三時，十方諸菩薩蒞臨，菩薩發出的光芒化為一個個獅底寶座，讓眾菩薩坐在上面，仍以伸縮手臂之姿勢談論廣大教法。手指到哪裡，母親就朝那裡看，而多數時間母親觀望著菩薩。十方無數菩薩及天界諸神為了受聽教法也進入母懷，母親也見到了這個情境。天龍八部恭敬著菩薩。菩薩在母胎裡行十大功德，向各受調伏者開示十二大功德。

入生地獄的無邊天界的天子們聽到天鼓之聲時感到非常悲哀。他們想見到菩薩，到處尋找，當看到菩薩在母胎中時，便想和他敘說苦難的往事。這時菩薩以鼓聲說法，使他們證得了十地菩薩果位。頓時，只見菩薩由母胎中的旃檀樓中發出光芒，每束光芒都有個如來佛向眾生說法。諸天子見後降下花雲香霧，供養諸佛，利益眾生。見到那座寶樓，二百四十萬天子便得菩提。

母親完全沒有饑渴、勞累、厭惡、噩夢、三毒之苦，她給予一枝野草，也能使病人康復。此間，摩耶夫人想要喝四海之水，國王便召集相者問詢此事。相者告知，王后所生王子出家將飲盡一切知識的海洋，如果不讓她喝，王子將會五官四肢不全。國王聽後，招來迦毘羅衛國的魔術師**未伽黎**照辦。未伽黎坐在宮中，便引來四海之水讓王后飲用。

國王還大赦犯人，布施迦毘羅衛城的眾生。國王也時常問摩耶夫人：「擁有至尊的生命是如何的幸福？」

就這樣，為避免「菩薩發育不全」等傳言，菩薩懷於母胎十個月，使三十六千億神和人得三乘之果。

第三章

從母親的右肋出世

二月八日，是菩薩降生的日子。

這天，淨飯王的花園裡發生了三十二種奇異的預兆，即：一切花朵沒有開放；生長出八種寶樹；兩萬個寶藏開封；房中出現寶芽；香液蒸餾出芬芳的甘露；從雪山而至的幼獅遊弋在迦毘羅衛城四周，不傷城中之人；五百隻灰色幼象來到國王跟前，用鼻觸摸國王的雙腳；諸天子在淨飯王眾嬪妃的懷裡輪番戲鬧；龍女托著供器露出半身在空中飛舞；手捧孔雀羽毛的一萬仙女顯於天空；一萬隻寶瓶環繞於迦毘羅衛城；天女頂著蜜瓶顯於天空；一萬天女手持蓋幡在天空飛舞；天女胸掛螺號、鼓等待於空中；不起風塵；江河不流不動；日月星辰留而不行；星王鬼宿顯現；淨飯王的宮殿被瓔珞覆罩；火不燃；樓閣、宮頂、牌樓等上懸掛著晶亮的珠寶；錦帛等各種財物充盈寶庫，且庫門敞開；聽不到貓頭鷹淒慘的叫聲；悅耳的樂聲四起；人們停止了勞作；街坊市井到處撒滿了花朵；孕婦生產自如；娑羅雙樹林的諸仙人從樹葉中露出半身頂禮。

夫人到藍毗尼園

菩薩始終樂處幽靜，而生於市井不會得到諸神的敬仰，釋迦人也會變得放逸。所以，當摩耶夫人感到菩薩誕生的時辰將臨，突然想要到幽靜的**藍毗尼花園**。傍晚時分，她來到國王駕前請求說：「我近期以來一直想著去藍毗尼花園走走，請國王准允。」

國王聽後，便命令**善覺王**去清掃花園。善覺王騎馬匆匆趕到藍毗尼花園時，看到諸多奇異的景象：數不清的寶樓在花園中顯出幻影，盛開的寶蓮花瓣中發出「誕生了！誕生了！」的呼喊。

淨飯王吩咐屬下準備了大象、馬匹和侍從等二萬餘眾，並安排用珠寶裝飾了藍毗尼花園。

第二日，前往藍毗尼花園的車隊帶著飾品，掛上鈴鐺，摩耶王妃安穩地坐在寶車上，在年輕侍女的護送下啓程了。車隊剛出宮門，只見各種禽獸齊聲鳴叫，千萬隻鈴鐺吉祥地奏鳴。寶車上豎起四株花繁葉茂的寶樹，上面有孔雀、仙鶴、天鵝等吉鳥在鳴叫，罩著仙帛和鈴鐺的瓔珞，插著由諸神安置的寶傘、寶幢、寶幡的獅底寶座。王后乘坐的寶車駛出宮門的時候，大地突然爲之震顫，諸神向天空拋撒花雨，歡呼道：「今天要誕生眾生的尊者！……」

途中，四大天王引導著寶車，帝釋清理著道路，梵天擔當著護衛，其他眾神叩首而行。王后的寶車後面，跟隨著馬車、象車、持械衛隊等八萬四千餘眾，數以萬計釋迦侍女在車前引路，六萬餘眾歌舞者在左右侍奉。另外還有天龍八部的侍女八萬四千餘眾唱著頌歌同行。

淨飯王站在迦毘羅衛城宮前高大的台階上看著這宏大的場面，心想未來的王子一定會成爲佛陀。

摩耶夫人抵達藍毗尼花園時，天神早在園中灑了淨水，撒了鮮花，各種樹木超越季節地發芽抽葉、開花結果。樹梢上裝飾著紅色的錦帛，掛滿了金銀珠寶。摩耶夫人下車後，與六千位仙女一起，在眾人的護衛下緩步慢行於林蔭道上。不一會兒功夫，便到了一個綠草如茵、柔軟適人的平整之地。此地長有無憂樹和吉祥的娑羅雙樹，是昔日諸佛母的居地，得到過眾神的禮拜，樹上發出耀眼的光輝，樹葉和花朵裝飾著寶物，盛開著人間和上天的各種花兒，散發出沁心的芳香，掛有五彩錦帛。

當摩耶夫人一行來到時，由於菩薩的榮耀，這些樹木的茂盛枝葉下垂禮拜。此刻，從摩耶夫人的周身毛孔中發出的光芒照亮了三千界，超越了一切光明，使惡趣和煩惱的苦難解除；大千世界盡納於其身中；在閻浮提洲，無數個國家的各種園林的每棵寶樹下都幻化有一尊摩耶夫人像；身體的各個毛孔中顯現出菩薩曾經敬拜諸佛的情境；諸佛賜予的教法一一響起，無一漏缺。如此這般，菩薩昔日的一切功業、諸佛無限的境界和一切器具盡顯於藍毗尼花園之中。

爲了順利分娩，摩耶王妃伸出纖小的右手，抓住無憂樹的枝條，動人的雙眼望著天空舒展身體。此時，從母懷中出現了比天堂還豐富的受用之品和釋迦牟尼一般的諸佛，母親面前出現了由金剛生成的八寶巨蓮等供品。帝釋心想，這王后知節，怕是羞於在我和眾人前生產，故一定得支走眾人，由自己接生菩薩。想罷便降下一陣風雨，使眾人四處逃散而去，而帝釋自己則化爲一個老婦，坐在摩耶夫人前面，還有梵天也在王后跟前。這時，隨著眾佛發出催生的光芒，菩薩爲證明不是由父母的精卵所生，特別是爲了展示潔淨和殊勝，特意從母體的右肋，隨著威武而又溫柔的光芒，於半夜鬼宿之辰合衣而誕生。菩薩誕生時，帝釋爲了實現昔日的祈願和眾神成爲其侍從，手戴皮套，用仙衣迎接。但菩薩爲了抑平帝釋的驕慢，將身體化爲金剛之身，毫無準備的帝釋未能接住，雙手不由得顫抖起來。這時，菩薩開口說出了他來到人世間的第一句話：「帝釋走開，放手！」

梵天也未能用仙帛接住菩薩，於是將菩薩的宮樓搬往梵天界，以作供物。同樣，四大天王也未能接住菩薩，四方四天子也想用獸皮衣布接住菩薩，但都未能如願。

這時，一切樹木開花結果；天空中降下花雨；惡趣皆斷除；眾生不受煩惱之害；肢體和器官殘

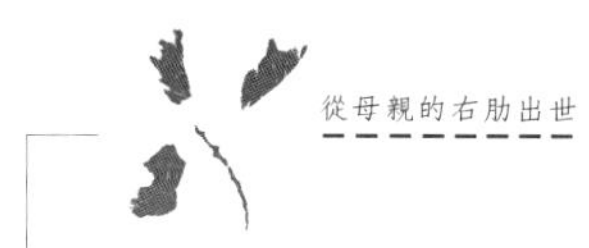

廢者得以復生；大地爲之震動。

菩薩誕生的同一時辰，四大王國的四位國王也生了四位王子，他們是**舍衛國**國王之子**波斯匿**王子，**摩揭陀國**國王之子**頻婆娑羅**王子，**憍薩羅國**國王之子**升起**，**烏丈那國**國王之子**增光**。這些國王都以自己太子的功德而自豪。而在釋迦城，降生了**跋提梨迦**、**難陀**等殊勝者五百人，其他釋迦五百萬人，**闡那陀**等臣民八百人，**耶輸陀羅**等釋迦女一萬人，**闡那陀女**等傭女八百人，刹帝利、婆羅門和平民之女二萬人等。另外還生了閃著金光、全身潔白的**犍陟**等馬駒二萬匹，聖象一萬頭，牛犢六千頭等等。帶著金飾的二萬頭大象吼叫著從天而降，淨飯王的大臣子**優陀夷**也誕生了。閻浮提洲中央長出菩提樹；無熱湖畔盛開優曇鉢羅花（伏摩花）；各小洲生出旃檀樹林；各山頂生出珊瑚樹苗；在羅赫達河（紅河）畔，生出一種叫善勝的樹木，此樹每天能長百尺高，日出前用手指甲也能將其掐斷，而日出後火焰也無法將其燒乾。在藍毗尼花園中築起一座蓮疊般的佛塔，名爲**降生塔**。爲了菩薩的受用，生成了無垢園等五百座花園和五百座寶藏，八方二萬諸侯國也都來進貢稱臣。

第四章

文武雙全的王子

諸天奉持

眾神誰都沒能把剛剛誕生的菩薩接住時，大地女神幻化出蓮花獻給菩薩作寶座，菩薩便將具有法輪相的雙腳放在其上。此時，諸如來佛向剛剛誕生的菩薩身上射出生命之氣，菩薩如同獅王一般，以四聖諦的目光眺望四方。當他看到沒有一個與自己相仿的生命時，以莊嚴的獅子吼說道：「我將證得菩提果位！」

不過，菩薩的這聲呼喚並不是從污染之心而發出，而是十行歡呼。由於菩薩立足之地不堪負荷，十方諸佛將其灌以金剛之地。

龍王**難陀**與**鄔難陀**於空中露出半身，用溫涼之水洗淨菩薩的身體。帝釋、梵天、天王等數以千計的天神用各種香液花瓣沐浴菩薩。天子**寶賢**撐著白傘，天子**寶滿**持著幡旗，其他天子爲菩薩搧著寶扇。

這時候，在王宮中焦慮不安的淨飯王接連見到了三個信使，首位信使奏道：「您的王子誕生了！相好無比！」

第二位信使在釋迦城中歡呼著：「多麼幸福！多麼高興！」

第三位信使引著國王來到了藍毗尼花園。

發號顯德

國王把與菩薩同生的一切生命記錄下來，用莊嚴的語詞送與王子。誰都不能接住的菩薩爲了展示聖者的神通教化眾生，朝東面菩提樹的方向邁出不多不少十力七寶步說道：「帝釋，這爲何方？」

帝釋答道：「這是東方。」

菩薩聽罷便說：「我要走在一切眾生及一切善根之法和解脫的前面。」

說罷，又如此向南方邁出七步，說道：「我將成爲一切眾生的福田。」

說罷，又向西方邁出七步，說道：「這是我最後的受身，我將解除生老病死。我是世間最偉大的聖者。」

他又向北方邁出七步，說道：「我要渡過世間苦海，成爲眾生的尊者。」

之後，菩薩又向下方邁出七步：「我要降伏妖魔鬼怪，爲撲滅地獄之火降下法雨，利益眾生。」

最後又向上方邁出七步：「讓一切眾生向上，降伏四方四魔，終得佛果！」

現大瑞應

後來，菩薩的雙足踏過之處，都生長出大地女神獻予的寶蓮。爲使權貴、驕橫的生靈向菩薩禮

敬，菩薩向多方所說的話音響徹三千世界。梵天、帝釋以及諸天子們聽到菩薩的聲音後叩首禮拜。淨飯王也向他叩首禮拜。後來淨飯王考慮到王子的誕生使自己的一切事業成就，便給王子命名為**悉達多**（意為「一切義成」），然後抱給乳母們和姨母**摩訶波闍波提**。她們洗理、餵養王子，並塗以香液，戴以首飾。隨後，又將王子交給國王。國王抱著王子左看右看，喜上眉梢。菩薩的母親也從臥床起身。雖然王子從她的腋下生出，但腋下無傷無痕，康如生前。此時，五百天女帶著甘露前來向她問安。隨後，帶著香瓶、仙帛、天子衣服、天宮飾物等物品的仙女也以五千人為一批，紛紛前來問安。母親的身前出現了龍王所獻的泉水，母親在此沐浴。另外出現了芳香的甘露水池。

這時，具有五種神通的諸婆羅門相師自空中而來，向國王賀喜。國王和王后向他們請求為王子相面時，其中一位來自臨近雪山的恒河畔的婆羅門相師說道：「在迦毘羅衛城的附近，釋迦族所得的這位王子，若居家則成為轉輪王，平定四方，國政興旺；若削髮出家，則成為如來殺賊圓覺佛陀。」

此預言聲如雷鳴，響遍天下各國。於是各國紛紛派來使者，帶著貢品，向淨飯王表示：「投靠這位王子會得到及時回報。故若問我投靠誰，那就是投靠剛喜得貴子菩薩的淨飯國王。」

就這樣，國王、母后以及諸神向剛來到人世不久的菩薩供養了各種食物、用品，上天與人間的鈴聲長鳴不息。每天宴請布施三萬兩千眾婆羅門，帝釋與梵天也裝成婆羅門，坐於宴會的首席，以吉祥的詩歌讚美菩薩。釋迦全族聚集在藍毗尼花園，以無比美好的儀式供奉菩薩七天七夜。

菩薩秉性聰明、正直，不久便按淨飯王的意願，學會了讀寫。其動聽悅耳的話語和優美莊嚴的儀態令眾人惜愛，禁不住一一接傳，你來我往。誕生七天後，菩薩剃去乳髮，留了髮髻。

與此同時，由於菩薩誕生而發出的光芒也照到了雪山上的一座山洞中。這是**阿私陀仙**和他的外甥**火施（那羅迦）**的修行處。阿私陀仙是位明察生成與滅亡之理、常入禪定的大仙。當光芒照到洞中時，火施問大仙道：「師傅，這是陽光嗎？」

大仙答道：「這不是陽光，而是菩薩之光。」

火施聽後請求大仙說道：「我們去看看菩薩吧！聽聽他的言教吧！」

大仙又答說：「現在，王子由眾權貴神及凡人侍圍，所以無法謁見。等他來到迦毘羅衛城中，另取名字時，咱們再去吧。」

菩薩誕生七天後，摩耶夫人仙逝，升入三十三天界。而菩薩在當初投胎時，他已預知到母親只能活十個月零七天。但由於不願意看到母親向自己禮拜，又因自己長大出家，母親會傷心而死，故明知而依然入胎。

以後，爲了啓示享有眾多嬪妃等無限榮華富貴的人也能夠出家，那麼還有誰不能夠出家的道理，菩薩準備進入迦毘羅衛城。菩薩啓程前往迦毘羅衛城時的場面比摩耶夫人進入藍毗尼花園時的場面還要盛大。在五千隻香瓶的牽引下，由持著花環、寶物和寶毯的侍女以五千人爲一眾，清掃前行道路；五千名婆羅門呼喊著吉祥的頌詞；五千頭大象、二萬匹馬開道；八萬輛馬車、四萬眾步行者以及無數天界神子服侍隨行；菩薩駕坐的馬車被眾神用寶物裝飾，由持著寶鍊的仙女們牽引；上天與人間的姑娘同在一起，但由於菩薩的功德，她們相安無害。在沿途，五百餘釋迦人在從藍毗尼

花園至迦毘羅衛城中間設了五百個驛站，菩薩每到一個驛站，他們就大聲呼喊著：「悉達多，請光臨！」

國王為了滿足眾生的願望而一一前往，歷時四個月。當菩薩來到王宮時，為了顯出敬仰之情，大自在天在淨土千萬神子的尾隨下來到宮門前，向菩薩禮拜迎接。他懷抱菩薩，預言說：「他一定能成佛！」

摩訶婆闍波提

說畢又升向天界。菩薩入住宮中後，釋迦長老們聚集在一起，討論為失去生母的悉達多選擇一位合適的養母。雖然有五百名釋迦女自薦，但她們都因未成年而未被應允。摩訶波闍波提夫人是王子的姨媽，她能夠養育王子並能使國王喜悅，故將四十二歲的她選定為養母，得名**摩訶婆闍波提（大愛道）**。

菩薩剛生下時的乳母們，此時仍選為乳母，作為王子的抱育者、乳養者、玩戲者和服侍者等，共有三十餘眾。國王還向菩薩獻了兩萬名侍女。另外，王族、婆羅門族以及平民之女和刹帝利之女等與王子同歲的二萬名女子，還有親友、宦臣之女四萬名也一同獻於王子。

按照慣例，釋迦族人無論誰家生育兒女都要帶到一個叫釋迦興的藥叉神廟禮拜。因此釋迦長老們聚集一起，向淨飯王說：「請帶王子到神廟禮拜。」

國王允諾並採納了眾臣的意見，下令將城內各處用吉祥之物裝飾一新後，吩咐摩訶波闍波提精心妝扮王子。摩訶波闍波提給王子的耳垂打了眼，配戴上了獅形耳環。她邊戴邊對王子說：「要去拜神。」

王子道：「眾神都向我頂禮，還有何神在我之上呢？」

「這是風俗，再說眾人都爲見你而高興。」摩訶波闍波提說。

「那麼就去吧！」王子說，並伸開兩臂讓姨媽抱他。

摩訶波闍波提抱起煥然一新的王子，把他放到大象牽拉的寶車之上，然後一行人馬浩浩蕩蕩地啓程了。

佛陀諸尊號

當國王一行來到迦毘羅衛城時，那裡早已聚集眾多的釋迦族人，其中曾經是蠻橫驕縱之輩，此時也變得非常溫和，就像是被菩薩馴服了一般。平常，迦毘羅衛城中常有大象、馬匹、馬車等的吵鬧轟鳴聲，令人聞而生畏，但是菩薩一入城，這座城剎那間變得異樣的清靜怡人，猶如寂靜的天宮，故王子又得名**釋迦牟尼**。「牟尼」（寂默）這個名字即爲王子的第二個名字。

菩薩快到神廟時，藥叉釋迦興見他臨近自己的廟宇，高興地出門迎接，並向菩薩叩首頂禮。菩薩的右腳剛邁進廟內，廟中的月亮、太陽、四大天王、帝釋、旱魃、大自在、梵天等神像都從各自的位置上一同起立，向菩薩禮拜。這時，大地爲之震動。淨飯王聽到此事後說道：「連天神都向王子行頂禮，眞是天中天！」

這樣，王子又得名**天中天**，此為第三名。

阿私陀仙人的預言

王子前去神廟進行禮拜後不久，釋迦人又舉行聚會，討論王子的將來事業。淨飯王心想：相者曾預言王子有兩條道路，如果阿私陀大仙這時能相命，那該多好啊！同一時間，在雪山的修行洞中，弟子火施向師父阿私陀大仙道：「王子已得三個名字，咱們去看他吧！」阿私陀大仙點頭稱是。於是，這師徒二人打點行裝，騰雲駕霧，向迦毘羅衛城飄行而來。然而，當他倆快到城門口時，突然失去了神通，只得步行來到宮門前。大仙使侍衛求見國王。國王道：「快快請進宮中！」

阿私陀大仙進宮後，與國王互致問候，並用聖水潑腳。國王將他讓坐於獅底寶座上，以示恭敬。之後，淨飯王對大仙說道：「好久不見，大仙今日前來，有何貴幹？」

大仙說：「尊貴的國王，我們今天來訪，是為拜謁您的王子。他是世間的至尊。」

淨飯王說：「既然如此，王子現在正在睡覺，請您稍候。」

大仙說：「如此偉大的尊者是不會睡久的，即使睡著我也想即刻拜見。」

此時，由於菩薩心傾於大仙，示意自己已經睡醒。國王便走進臥室將他從乳母懷中抱出，讓大仙拜望。大仙看著菩薩的瑞相，見他睡覺時也不閉雙目，便連連讚歎道：「世間出了如此神奇的至尊！」說著，將他抱於懷中，端詳一陣後，問道：「其他相者是怎麼預言的？」

國王答道：「或成轉輪王，或成佛。」

大仙聽後說：「這些預言不太確切，據我看來，目前不會出現轉輪之王，看其相如此明朗，定會成佛。」

他還預見到菩薩於二十九歲出家，苦修六年後便覺正法甘露，而那時自己將會辭別人世，故禁不住淚流滿面，連連歎息。淨飯王見狀，急切不安地問其爲何如此悲傷。大仙回答道：「並不是王子將有什麼災害，尊貴的國王，我哭是因爲自己已到風燭殘年，仍未得到解脫；我悲是因爲今日遇見這無上的法藏，但自己活不到他證果成道之時。」說罷，又預言道：「王子不會留居王位，而定成佛，廣轉法輪。」

國王聽罷此言，感到非常欣喜。看大仙圍著菩薩禮拜，自己也便向菩薩叩起首來。回去時，阿私陀大仙想用神通啓程，但是他的神通已經失靈。他怕自己步行走出城時，會受到眾人的譏毀，便對國王說：「既然您一直希望我步行來到迦毘羅衛城，那麼，我今天就步行出城，請您清理市街。」

國王應大仙的願望清潔了道路。在國王和眾大臣的隆重送行下，大仙步行著出了城門，隨後騰空而飛，回到了雪山。另據記載：大仙那天飛到三十三天。後來，大仙與世長辭，逝世前他對火施留下的遺言中說道：「你去東方吧，等到王子成道時，你要隨他出家。」之後，火施來到了波羅奈城。

集藝歷試

王子滿五歲時，又剃去頭髮，六歲則留了髮髻。有一天，乳母懷抱著王子，用金盤給他餵粥，王子將乳母手中的金盤搶了過去，乳母怎麼也奪不回來，便將此事稟報給了國王。國王命眾人把金盤奪回來，眾人敵不過王子。又用五百頭大象拽拉金盤，而菩薩只用手指頭往回勾了一下，便把象群拉了回來，仍未能奪得金盤。這時，國王心想，王子用手指頭便能拉回五百頭大象，若握起手來就能拉回千頭大象，王子由此又得名**能千象**，此爲第四名。

此後，婆羅門大臣**優陀夷**稟報國王說道：「大王，角宿時辰時，王子宜佩戴飾品。」

國王按照此意，命五百餘釋迦族人爲王子製作五百餘種飾品，於日出鬼宿時辰，在無垢花園由摩訶婆闍波提抱起菩薩，將爲其製造的飾品佩戴於身上。剛戴上不久，這些飾品就變得模糊起來。在此花園中的無垢仙女顯出身來說道：「王子的美在於天生的相好，而不在於後天的飾品。」說完，便消失在園中。此時，王子約七歲。

隨著菩薩年齡的增長，父王安排他學習語文等各種知識。爲了顯現菩薩前世所修得的功力，爲了展示前生前世精通於語言文字、工藝等各種學問，便在兩萬名男女童子以及淨飯王等釋迦眾人的簇擁中，首先來到了語文學校。該學校的老師名叫**眾人師**，是精通各種語文的大學者。當菩薩來到他跟前時，他由於經受不住其威懾，伏倒在地上。此時，天神**肢善**顯身把他扶起來，向淨飯王和眾人說道：「菩薩之上沒有師長，但爲了解救眾生才進入學校。」說罷，消失而去。就這樣，淨飯王

與眾隨眾回宮，菩薩與從一萬名幼童中挑出來的優秀童子五百人一起入學。菩薩所用的寫字板由蛇心旃檀木製成，塗以神漆，並鑲有金子和珠寶。眾人師寫了一至五百種文字，讓菩薩認，菩薩對他說道，「這些我已知曉，請講其他文字。」

眾人師說道：「人世間只有這些，沒有別的。」

菩薩問道：「老師啊，在梵天文或者蓮心文等六十四種文中，您能講述哪一種呢？」

眾人師又答道：「這些文字我連聽也不曾聽說過。」說罷，對菩薩的才學讚歎不已。

之後，菩薩寫了一種文字，又敬給眾人師看，並問道：「這個字叫什麼？」眾人師無言以答。菩薩又對眾人師說道：「世間出兩種人時，會出現這種字，那是『菩薩』和『轉輪王』。」隨後，顯於空中的梵天說道：「眾人師，菩薩說的對。」就這樣，由於菩薩的功德，他每唸一字，便會發出千百萬次法音，使老師和一萬名童子以及其他二千人得以菩提道果。其間，一位名叫**先知**的商賈之子發現菩薩的才學優於眾人師，便拜他爲師學習語文。由於菩薩的功德，他同時學就了菩薩所擁有的工藝之學。隨後，菩薩展示了精修星算、醫學、歌舞、音樂、數學、曆法等一切典籍的功業。

這時，淨飯王想讓武藝高強、絕世無敵的王公貴族給菩薩教授多種武藝，於是王子首先跟舅舅**賢得**學會了騎象技藝。之後國王向眾釋迦道：「現在該學箭術了，最好的箭師是誰呢？」眾人答道：「是王子的舅舅**神居**。」這樣，就招來神居，與五百釋迦童子一齊師從神居，學習箭法。其間，賢得對神居說道：「請給菩薩和其他釋迦童子五箭法一齊教授吧！但是提婆達多性惡，所以不要給他教授致命射法。」後者應允，菩薩也學會了射箭五法，即：遠射、有聲射、致命射、無虛發、重傷法。另外，菩薩還展示了神居所不曉的其他箭法，這使神居感到非常驚訝，並師從菩薩，學會這些箭法。這時，到處傳揚著菩薩練就各種武藝的消息。但是，雖然前世已經成就但今生沒有長久師從學藝，一些驕傲的人還不承認他精於武藝。此時，菩薩大約十三歲。

樹影的奇瑞

菩薩日漸成長，到初夏四月份，在車夫**闡那陀（車匿）**的勸誘下，與自己舅臣的孩子們和其他釋迦童子五百人一起到農村查巡。最後，坐在一棵瞻部樹的樹影下習禪。此時，天空中飛來五個具有五種神通的神仙，感到此地有某種阻力，便細心觀察起來。一會兒，此地的土地女神對他們說道：「這裡有釋迦之子在修禪。」神仙們聽後，落到地上向菩薩叩拜，巡禮後，讚歎著飛走了。淨飯王發現王子不在宮中，便不悅地四處尋找。找見王子時，雖然太陽已快落山，但瞻部樹的影子仍然從東向西覆蓋在他的身上。見此情景，國王向菩薩跪拜，五百釋迦人也就此發了願心。另外七千萬神子也被調伏。菩薩對國王說道：「父王，衣帛和穀物等一切所需我都可以從天降下，請減免農務！」說完，就回城了。

耶輸陀羅

菩薩到十六歲時，釋迦人向淨飯王進言道：「既然預言說王子有兩條道路，那麼就給他娶妃子吧！」如此商議後，同意由五百餘釋迦族每戶選送一個女孩，並把此事稟報了菩薩。菩薩回答說七天後給予答覆，菩薩沒有貪欲，也不爲女色所動心。然而有人認爲菩薩要厭離世間，因此而非常不妥。因此，菩薩爲了利益眾生，便慈悲爲懷地說道：「如果找到一位美貌、無婦道缺點、仁慈等諸多善性的女孩，就可以娶親。」

爲了能找到這樣的女孩，國王命大臣優陀夷四處尋訪。挨家挨戶地尋訪很久後，有一天優陀夷來到了釋迦族**持櫥**（**持杖**）的家裡，見到了一位美麗賢慧的女孩。這女孩見婆羅門來訪，便問道：「大臣到此，有何貴幹？」優陀夷向她解釋了來訪的緣由。女孩聽後說道：「你所說的那些功德我都具有，如果王子有意，我同意嫁給他。」優陀夷隨後回宮稟報了此事。這女孩的名字叫**耶輸陀羅**，是釋迦持櫥與妻子**善目**之女，她有個哥哥，名字叫**釋迦持箭**。

國王心想：這王子非同一般，而婦道人家生性狡詭，因此，得讓王子向女孩們施捨，看他喜歡誰就娶誰。於是命召集女孩們到迦毘羅衛宮前，受王子的施捨。其間，其他女孩都因不堪菩薩的榮耀，接過施物後都匆匆離去。此時，耶輸陀羅的父親對女兒說道：「王子在選妃，你去吧！」女兒聽後道：「無論中選或落選，這是我惟一的姻緣。」說著，耶輸陀羅如仙女般沈穩地走到王子身旁，目不轉睛地注視著王子。見王子施完了飾物，她說道：「我做錯什麼事了，以至於你這樣怠慢我？」王子回答說：「我並沒有怠慢你，而是你來遲了。」說完，向她展示了價值千金的戒指。耶輸陀羅毫不客氣地登上了獅底寶座的階梯，從王子的手上摘下戒指，並說道：「只給這個嗎？」王子回答說：「其他飾品也任你拿去吧！」耶輸陀羅聽後，又從容地從王子的胸前摘取了珍珠項鍊，戴到自己頸前離去。

競技大會

此事稟報了淨飯王，他說道：「這樣的女孩會合王子的心意。」於是國王給持槭寫信說：「王子傾心於你的女兒，請把女兒許配給王子吧！」釋迦持槭回話說：「我們有個規矩，凡女兒嫁人，都得嫁給精於藝術、劍法和箭術以及摔角等一切武藝的青年。而王子生於安逸的王宮，不懂武藝，故不予許配。」淨飯王聽後非常生氣，不禁怒言道：「此人兩次非禮於我。上次我爲王子的事宜召集眾釋迦時，他曾說過，『難道讓我去商議羊的事宜不成？』」

王子聽到國王的話後，來到他跟前問道：「父王爲何而生氣？」國王講述了事情的緣由。菩薩聽後說道：「父王啊！這城中誰敢和我比武呢?!」國王笑道：「王子，你會武藝嗎？」菩薩說道：「父王，我能夠做到，因此，請父王召集眾武藝高手，讓我展示武藝吧！」淨飯王聽後，向迦毘羅衛城降旨宣佈道：自今日起，七天之後，王子將展示武藝，一切會武功者，務必到會。

七天後，王宮中如期舉行了盛大的比武大會。參加比武的除菩薩外，還有摩訶婆闍波提之子**難陀**，白飯王之子**阿難**，斛飯王之子**婆娑**、**跋提**，甘露飯王之子**提婆達多**、**阿那律**，以及**喬迪黎迦**、**罕達提夏**、**迪達摩羅迦**、**大海施和難陀**、**鄔難陀**、**闡陀**、**阿說迦**、**補捺婆素迪**（以上爲釋迦牟尼六眾惡行弟子）等釋迦青年五百眾。另外還有王子的姑系兄弟**善旺**、**善覺**，釋迦子**樂容**、**阿輸迪**、**脫憂**，賢王之子**蛇夫**、**安樂**、**明容**、**光生**，持槭之子**持箭**等驕慢的釋迦子弟五百人，以及**優陀夷**等力大無比的眾宦之子。比藝大會約定，誰能在競賽中獲勝，那耶輸陀羅就將歸誰所有。比藝前，所有

參加者高聲歡呼，以此爲誓。

首先，提婆達多來到城門口，遇到一群人帶著一頭大象待在門口。這頭象是當初菩薩誕生時由於其英名廣傳而生於毘舍離城，離遮毗人認爲這頭象是由於王子悉達多的功德而生的，故帶來準備獻給王子。提婆達多向離遮毗人道：「這頭上等的大象是誰的？」眾人答道：「聽預言說悉達多王子將成爲轉輪王，這像是毘舍離人爲此而送的禮物。」提婆達多聽罷，頓生妒意，以釋迦人的驕慢和強壯，用左手拽住象鼻，右手一掌猛擊，將大象擊斃。之後說道：「他還沒有成爲轉輪王，你們怎麼能獻象給他呢？」

隨後，其弟阿難來到，見狀便問：「這頭象是誰殺的？」眾人答道：「是提婆達多殺的。」阿難聽後心想，這肯定是提婆達多驗其武功而所爲，我也不妨試試自己的威力。想畢，抓住死象的尾巴，扔至自門口七步之遙。

最後，王子來到城門口，見到死象後問道：「這象是誰殺的？」眾人又答說：「是提婆達多殺的。」王子又問：「罪過，罪過！那麼是誰扔到這裡的？」眾人回答說：「是阿難扔的。」王子聽後說道：「他做得好！」又心想，肯定是他們兩人試武功而這樣做的，我也試一試吧。便說道：「屍體爛了會有腐臭味，不可留在此地。」說完，坐在馬車上，用單腳拇趾拽住其尾巴，越過七道城牆、七道護城河，拋至城外一俱盧舍（約五里）之處。象屍落處出現了一個大盆地，得名**象窪**。後來，信徒們在此建築了象窪塔。

隨後，**淨飯王**、**白飯王**、**斛飯王**、**甘露飯王**、**獅子吼**之子釋迦王**善賢**、**無邊**、**善賈王**、**神居**、

賢得等釋迦王公和長老，以及**大怨光生**之父、**持橛**、**樂生**、**鈴聲釋迦時善**、大臣**鄒黎那**等達官貴人一齊來到賽場，觀看青年們試藝比武。此時，參加比藝的五百餘釋迦童子出城，爲比語文功力，將眾人師聘爲裁判。各個年輕人將自己所寫的文字呈上，讓他裁決。眾人師看完後宣佈，菩薩通達一切文字，世上無人能和他匹敵。這樣菩薩成了優勝者。

接著比試數學，大數學家釋迦**攝珠**被聘爲裁判。比試中，其他釋迦少年都試盡了各自的所學，而菩薩更勝一籌，得到了攝珠的讚歎。於是國王讓攝珠與菩薩比試一番。這樣，攝珠問王子道：「王子能懂得千萬以上的數法嗎？」王子答道：「一百千萬爲十億。」接著闡釋了從極微塵進到由旬以及須彌山和四洲界的計量等數理。攝珠驚歎不止，於是攝珠和釋迦族人除留一身衣服，將身上的其他飾品都獻給了菩薩，以示信服。這樣菩薩又勝了一輪。

此後，又比試了跳躍、游泳和跑步等技藝，菩薩都獲勝。

接著前往比試砍術。青年們像割毒草般地將樹木砍倒。而菩薩平鋪直砍，所砍樹木立而不倒。雖然砍術無比，但五百釋迦青年不知其故，便說王子砍術不比我們強。隨後，諸神施以風術，王子所砍的樹木隨風一排排倒下。眾釋迦族青年見狀，無不歎服菩薩的砍術。

之後，釋迦青年們又想試試菩薩的角力。於是從五百人中，優選了三十二人，其中又精選出阿難、鄔難陀等人，再從他們中間選出大力士提婆達多。只見提婆達多身裹布衣，摔倒五百釋迦青年，昂首挺胸，如同王者一般。其間，菩薩也爲展示角力而前來，提婆達多見後說道：「你站著幹什麼？」於是菩薩也身裹布衣摔倒五百釋迦青年。此後，阿難和鄔難陀來到王子跟前，要與其比試角力。但他們不是菩薩的對手，一交手便被摔倒在地。接著，提婆達多仗著自己的威力和釋迦人的驕慢，昂首挺胸、大搖大擺地繞著角力台轉圈挑釁，隨後向菩薩撲來。這時，菩薩也迅速地以熟練的動作，用右手將提婆達多高高舉起，在空中轉了數圈後，將他四腳朝天，重重地摔在地上。由於菩薩不是爲了摔死他，而是爲了制服他的驕慢，因此，並沒有使太大的勁。故提婆達多被摔倒後，安然無恙。這時菩薩邊整理衣服邊說：「如果還不服氣的話，你們大家一齊上吧！」五百釋迦青年聽後，便一擁而上，然而，菩薩一發力便一個個敗下陣來。四周觀看的無數神靈和凡人個個驚歎不止，眾神還降下花雨以示慶賀。

過了一會兒，精通箭術五法的釋迦持槭驕傲而威嚴地對眾童子說道：「現在咱們再和他比試比試箭術吧！」菩薩於是和眾童子比試了射靶等技術，接著比試了穿破技藝。比賽中，其他青年都向所豎的七株多羅樹靶射出斧頭鐵箭，有的穿破了一株多羅樹，有的穿破了兩株。提婆達多一連射出三箭，雖然每一箭都射穿了樹幹，但由於速度和力度不夠，樹幹都倒在了地上。而菩薩一連射穿了七根樹幹都是立而不倒，眾人無不驚歎稱讚。又進入破力比試時，豎起了七株鐵樹、鐵鼓和鐵磚作靶子。首先由提婆達多跨步而立，勁射鐵箭，穿破了一株鐵樹；阿難則射穿了兩株。菩薩射出的鐵箭，魚貫穿破所有的鐵樹、鐵鼓和鐵磚後穿入地裡，將箭拔出時，一股泉水出人意料地由洞中流出。後來，信徒們便在泉流之處建了一座佛塔。

菩薩的箭術如此超群無比，但仍然未能平息釋迦青年們的驕慢之情。持槭看到王子確是優於諸青年後，心想，該比試比試我的高明功力了。於是便從眾人中站起來喊道：「現在，請大家比試箭術中的最高功力遠射吧！」三位釋迦青年聞聲彎起了遠射弓，其中鄔難陀在二俱盧舍之處遙設了鐵鼓靶子；提婆達多在四俱盧舍之處設了鐵鼓靶子；阿難在六俱盧舍之處設了鐵鼓靶子；持楲在八俱盧舍處設了鐵鼓靶子。而菩薩則在十俱盧舍處設了鐵鼓，另外還設了七株多羅樹，這之後還設了一個鐵製帶輪的野豬靶子。隨後，他們各自施射，鄔難陀射出的箭飛至二俱盧舍處，射中鐵鼓，沒有再進一步。如此，提婆達多在四俱盧舍處中的，阿難的箭在六俱盧舍處中的。持楲以彎腰之勢發力射出，箭直穿前三位釋迦童子的靶後，飛至八俱盧舍處射中了鐵鼓。菩薩最後一個出場準備射出，但釋迦童子們所提供的遠射弓一到菩薩手中，不是斷弦就是折弓。無奈，菩薩朗聲道：「這迦毘羅衛城還能找出能承受我力氣的強弓嗎？」國王聽到王子這威震四方的聲音，驚喜異常，道：「你的祖父獅子頰王留有一弓，這弓沒人能拉開，在宮中供奉著。」菩薩聽後說：「父王，請叫人把它拿來。」弓送來後，釋迦青年都沒能拉開，持楲使出渾身解數，雖說拉開了一些，但遠遠達不到能射箭的程度，他不得不無奈地將弓遞給菩薩。菩薩接過弓，站都沒有站起來，他在坐墊上半盤著腿，僅用右手單指將弓拉開上弦。彎弓所發出的聲響震耳欲聾，城中人們議論紛紛：「這是什麼聲音？」「這是王子拉弓的聲音。」眾神回答說。菩薩拿出箭放在弦上，以威嚴的姿態猛力射出。飛箭應聲而出，眾人看到它穿過鄔難陀、提婆達多、阿難和持楲等人的靶子後，穿破自己的靶子飛過，在所經之處打開了一個水井般的洞，箭洞中頓時甘泉洶湧而出，後人們稱其為**箭井**。諸神和釋迦族人見狀驚歎不已，諸神再次灑降花雨而去。最後又進行了隨聲中的、切中要害、追射、跨步射飛輪等射術的比試，以及騎象、馬術、車術、弓箭製作、意志、力量、勇氣、鐵鉤、繩套、前進與後退、避讓、迎擊、砍、撕、穿、碎、劈、擲骰子遊戲、詩詞、方位、繪畫、顏色、紡織、火、車、樂理、戲劇、演講、笑語、串珠子、搧風扇、鑒別、染布、幻術、解夢、鳥語、女人、男人、大象、馬、牛、山綿羊和狗等的相法以及智力、歷史、吠陀、預言、祭祀儀軌、星算、數字、瑜伽、毗婆沙論、寶物學、橛樁、阿修羅、量學、漆器、製蠟、縫製、雕刻、剪花製香等世俗和超越神、人的一切技藝。菩薩樣樣都是優勝者。

就這樣，菩薩不離禪定，展示了比天龍八部還高超的才學和技能。比賽完畢後，青年們乘坐馬車返回迦毘羅衛城的途中，聽到出城的諸相師預言說：釋迦牟尼王子如果在十二年之內不出家，他將成爲轉輪之王。

第五章

嬪妃成群的太子

國王聽到這些預言後，把王子封為太子，準備給他娶親成家時，想到了王子所傾心的、並在比藝中作為勝者獎賞的女孩耶輸陀羅。而釋迦持橛看到菩薩武藝超群，也將自己的女兒耶輸陀羅獻給了十七歲的王子。淨飯王又另外給王子迎娶了二萬名嬪妃。而菩薩為了堅定對耶輸陀羅所發之願，也為了曾經向迦葉佛所作的祈禱成為現實，儘管接受了嬪妃，但只在法界明宮中與聖妃耶輸陀羅共度時日。其間，耶輸陀羅妃在菩薩的每個毛孔中看到了三時諸行，明白了三昧四禪。她不像一般新娘那樣羞澀忸怩，而是不遮不掩、落落大方，從而引起了眾人和家人的譏笑。對此，她不屑一顧地說道：「在眾人面前，聖者會理解我的行為，我本無罪過，具有道德，那麼何苦遮遮掩掩？」淨飯王聽到此言後，非常高興，於是賜給她一對飾有珍寶的紗麗、一串價值連城的珍珠項鍊和一串有紅珍珠的金色唸珠。後來，這位工公之女修得了禪定四法和幻術。當時，王子宮殿的守護者是**無憂**女神，門衛是羅剎**目善**。

撼動大樹

菩薩二十二歲那年，由於四方諸天降下暴雨，羅婆提河水位猛漲，致使生長在河畔的一棵高四十七由旬一俱盧舍的善根樹被沖倒在天臂城和迦毘羅衛城之間，形成水壩般的障礙。天臂城由此缺水而遭旱災，迦毘羅衛城因水患而遭澇災。

這時，**善覺王**派信使對淨飯王求道：「善根樹截斷了羅婆提河，聽說王子神通廣大，請求派他解難。」然而淨飯王愛子心切，不忍心將此事告訴王子。於是與善覺王和百萬部眾一同前往出事地，但沒能撼動其一毫一厘。這時，闡那陀稟報國王道：「國王不必下令於王子，我想辦法讓王子自己前去。」隨後，闡那陀在**羅婆提**河畔爲各釋迦少年每人建造了一座園林，請少年們前去遊玩。諸少年也應允乘車前往。

在遊玩中，提婆達多在園林上空射傷了一隻天鵝，落到了菩薩的園中。菩薩看到後將其抱回房中，熬藥爲其敷傷。提婆達多找到菩薩後說道：「這天鵝是我獵獲的，請物歸原主吧！」菩薩答道：「此言差矣，它是由我發願而獵獲的。」這件事是菩薩與提婆達多之間發生的第一次爭執。

過後，**優陀夷**對淨飯王奏道：「宜將災事告訴給王子。」國王道：「此事難以說出。」而善覺王聽說眾少年爲移開善根樹駕到，便派眾人去迎接。優陀夷讓這些人高聲叫嚷，以便引起王子的注意。菩薩聽到吵嚷聲，便問優陀夷道：「這些人爲何叫嚷？」優陀夷答道：「聽說眾少年爲移樹而至，故派眾人前來迎接。這是他們的歡呼聲。」菩薩聽後說道：「既然這樣，那我也去吧！」說罷，與眾釋迦少年一起前往。

路上，有一條毒蛇擋住了菩薩的去路。優陀夷怕它傷著菩薩，用利劍將它攔腰斬斷，他本人因此中毒，渾身頓時變成烏黑，**黑優陀夷**的外號由此而得。

抵達善根樹旁後，菩薩對提婆達多說道：「你來移一移，看你有多大的力氣。」提婆達多用盡力氣，只移動了一點。隨後，阿難也移動了一點。菩薩用足氣力雙手將其舉起，擲向空中，善根樹在空中斷成兩半，分落在河的兩岸。菩薩對眾人說道：「善根樹性質涼爽，能治癒膽病，大家分段拿走吧！」諸少年駕車返回迦毘羅衛城時，又聽到諸相師預言說：「王子七年之後不出家，則將成爲轉輪王。」

教化衆嬪妃

回城途中，菩薩遇見了釋迦鈴聲的女兒**隱女**。當時隱女站在房頂上，菩薩見後用腳趾壓住馬車，與隱女姑娘對望時，無意中將手中的箭捏得粉碎，而隱女姑娘的腳拇趾也捅破了房頂，以致鮮血直流還全然不知。菩薩繼續駕車前行時，站在城樓窗口的釋迦**時善**之女**鹿生女**說道：「善哉！此人母安父亦安，無論誰成爲他的妃眷，都將會得到解脫！」菩薩聽到「得到解脫」一詞後非常欣喜，於是將一串珍珠項鍊拋向鹿生女，並剛好落在了她的頸上。

衆人見此情景，稟報淨飯王道：「這兩位姑娘一定能合王子的心意。」國王聽到後便將她們各與二萬名妃子一起迎娶到了宮中。就這樣，菩薩與被尊爲王后的耶輸陀羅妃、隱女妃、鹿生女妃等六萬嬪妃，以及國王曾迎娶的兩萬名妃子共八萬四千名嬪妃一起，穿戴著仙帛仙衣，歡聚於善法宮中。尊妃耶輸陀羅時常坐在蓮花聖墊上，欣賞著菩薩的尊顏。嬪妃和宮女們歡歌笑語，受用著超越人間和天堂的享樂。嬪妃中有七人是菩薩的父親和母親的親屬，而其餘都沒有親緣關係。由於釋迦女兒比其他人出衆，並且她們曾經做過充分的祈願，因此她們成爲了衆妃中的佼佼者。

菩薩雖然明見三世，但天龍八部各王仍然懷疑如此豐盛的享樂會成爲菩薩的障礙。這時，伴隨著悅耳的鈴聲，響起了十方諸佛鼓勵菩薩的法音：「『看見這苦海中煎熬的衆生，眞希望他們擁有救星，就讓我成爲這救助者！』這是你曾經的許願。善良的勇士啊！請記憶起曾經的利生祈願。這

是你最後的限時，請出家吧，無上的聖者！」由於受到了法音的鼓舞，菩薩明察了各種欲望所致的罪孽、自己的許願以及出家和眾生得緣的時辰，於是如同昔日的諸菩薩教化眾嬪妃般宣揚四大法蘊。因爲其無邊的神通，眾嬪妃從歡歌笑語之中聞到了無限廣博的法蘊，從而使八萬四千眾嬪妃以及天子隱士等無數眾生得生菩提之心，眾嬪妃也實現了曾經的祈願。其間，嬪妃中受欲望之苦者，能與菩薩一般的幻身作樂，而菩薩本身則得樂於禪定之中。這時，兜率天的**有愧神**也鼓勵菩薩出家。

就這樣，爲了緣生眾嬪妃的善根，用樂聲供祭諸佛，以及宣教甚深教法等十大功業，在此，菩薩展示了受用、教化嬪妃的功業。

第六章

看破紅塵，離俗出家

建造三時殿

菩薩雖然與眾多嬪妃歡聚，但不染欲垢而保持著聖者的行爲。出家的時間已漸漸臨近。某晚，淨飯王做了一個夢，夢見菩薩在人們入睡時分出世離家，身著赤黃色袈裟。夢中醒來，問內臣道：「王子是否與嬪妃在一起？」內臣回答說：「是的，尊敬的國王。」國王心想：這肯定是王子出家的預兆，從此以後，不宜讓王子外出遊園，只能讓他迷戀於女色之中。於是下詔專門爲王子建造了室溫與一年四季相宜的各種寢宮，每座宮殿的巨大角梯由五百人早裝晚卸。

這其間，響起了「王子於無人知曉之中出家了」的聲音，這聲音傳到了半由旬之遙。諸相者也預言王子將出家離俗。因此，國王在吉祥門上構造了高大的門板，每葉門板由百人才能開關。開門與關門之聲也傳至半由旬之遙。

四門出遊

在菩薩二十九歲誕辰日，即四月十五日，諸相師又預言王子再過七個月仍不出家，則將成爲轉輪王。於是淨飯王給王子提供了豐富的五欲享受，想以此爲引誘不讓王子出家。然而菩薩不沈溺於色欲和娛樂之中。爲了展示居家塵世的諸多罪過，出家之因是畏於老、病、死，懷慈悲於眾生，而不是拋棄親朋，菩薩對生於牛圈的車夫**闡那陀**說道：「今天去遊園，去張羅馬車吧！」車夫把此事稟報給了淨飯王。國王認爲一定得按照王子所好去做。故向城裡的人們宣佈旨令道：王子於七天之內去遊園，把城裡和園中的一切醜惡的事物清理掉，變成仙境一般。眾人應命行事不敢怠慢。隨後，闡那陀牽來犍陟等四匹良馬駕上馬車侍候菩薩，菩薩乘車，與眾多隨眾一起從城東門上路，走向東面的園林。

此時，由於菩薩的法力，**居淨天**諸神變化了一位老者，只見他駝背彎腰，手依拐杖，顫抖而行，頭髮灰白，口中無齒，與眾不同。菩薩見後，明知故問地對闡那陀道：「車夫，這是誰呀？」闡那陀答道：「尊敬的王子，這是衰老者。」菩薩又問道什麼是衰老者？車夫答道：「他不久將會死去，故為衰老者。」菩薩還問道：「我也不能脫離這衰老的法則嗎？」車夫答道：「是的，尊敬的王子，您也不例外於此法則。」菩薩聽後，說道：「車夫，既然這樣，就駕車回城吧！讓我禪思自己也不能脫離法則的事情。」於是回到宮中，整天因自己也不能脫離衰老而苦惱。隨後，淨飯王問闡那陀道：「王子遊園快樂嗎？」闡那陀便稟報了遊園中發生的事情。國王聽後，仍想以提供五欲享樂，不讓王子生起出家的念頭。

過了些日子，菩薩如此這般地前往南面的園林，見到了一個面目發黃、體瘦如柴、精神恍惚、身出黃水、腹部水腫、陷於自己尿糞中的人，眾人避而不敢望視。闡那陀應菩薩的問話回答道：「尊敬的王子，這是病人。」菩薩繼續問道：「什麼是病人？」闡那陀答道：「因得此病而死去，故為病人。」菩薩又問道：「我也不能脫離得疾病的法則嗎？」闡那陀答道：「是的，尊敬的王子，您也無法脫離得病的法則。」於是又回宮，整天因自己不能脫離得病而苦惱。淨飯王聽說此事後，又向王子提供了豐富的享用物品。

又過了些日子，王子來到西面的園林中，遇見了這樣一個情景：幾個人抬著一口覆蓋著各色布料的木棺而行，前面走著許多人，後面跟隨著眾多捶胸號啕、披頭散髮的女人。菩薩又問闡那陀，後者答道：「尊敬的王子，這是死亡。」菩薩繼續問道：「什麼叫死亡？」闡那陀答道：「日後，他將見不到親近的父母和眾人，人們也不會再見到他，故爲死亡。」菩薩又問：「我也不能脫離死亡的法則吧？」闡那陀答道：「是的，尊敬的王子，您也不能脫離死亡的法則。」於是又回到宮中整天因自己不能脫離死亡而苦惱。淨飯王也如前行事。大臣優陀夷也慫恿和鼓勵眾嬪妃，讓她們想盡辦法，不讓王子心生出家之念。

過了幾天，王子又來到北面的園林，看見一位剃去頭髮、穿著赤黃衣服的人手持著缽盂，挨家挨戶地穿行，便問闡那陀道：「那是什麼人？」闡那陀答道：「尊敬的王子，那是出家人。」菩薩繼續問道：「什麼是出家人？」闡那陀答道：「他們溫順，嚴持戒律，看重事物的意義，身心安逸，行施善業，因此剃去頭髮和鬍鬚，穿上赤黃的袈裟，以虔誠的信仰離俗出家，故爲出家人。」菩薩又問那位僧人，他也給了同樣的回答。回宮後，菩薩又整天尋思著自己也出家之事。闡那陀也將此事稟報給了淨飯王。國王聽到後認爲相師們所作的預言很可能是當眞的，便又給王子提供了各種享樂物品。

出家的預兆

此後，於仲秋八月初八夜晚，摩訶婆闍波提夫人做了頭顱掉落、王子出家等六個夢，淨飯王也

做了王子的睡床折斷和自己斷子絕孫兩個夢。第二天早晨，菩薩聽說這些後，認為這是自己離城出家的預兆。隨後，國王心想，為了分散王子的注意力，可將他派往農莊。於是召來王子，下令道：「王子，你到農莊去視察一下農活吧！」菩薩雖然心中思念著出家之事，但父王之令難違，便駕車來到了農莊。途中，碰見了五百位披頭散髮、指甲長留的礦工，他們拿出所採掘的礦物獻給菩薩。菩薩對他們說道：「我不要。」說罷，那些礦物落入了大海之中。又去了一程，只見農夫們由於繁忙的農活而勞苦不堪，耕牛也由於耕地而倍受疲憊之苦。菩薩見狀問道：「你們屬於誰？」眾農夫答道：「我們是您的農夫，尊敬的王子。」菩薩聽後說道：「從今以後，不必作奴隸，去獲取享樂吧！」又把耕牛也解開，說道：「從今以後，自由地去吃草喝水吧！」就這樣，菩薩視察完農務，便和上次一般，在瞻部樹的林蔭下進入初禪而坐，隨眾也圍坐在樹的四周。

午後，淨飯王前來看望王子，看到樹影和上次一樣照在王子的身上不移不動，便跪拜頂禮。之後，國王把王子從修禪中喚起，與眾人駕車回城。途中，王子看到了橫躺的諸神幻化的屍體，又心生悲哀，就在原地盤坐於馬車上不走了。終在國王的規勸下進入城中時，諸相師又預言道：如果王子在七天之內不出家，則將成為轉輪之王。

回城後，經淨飯王、白飯王、斛飯王、甘露飯王等商議，決定在七天之中嚴加看管王子。為此，迦毘羅衛城四周修造了七道城牆和衛河；城門裝上了鐵製門板；所有門板都安裝了聲音洪亮的鈴鐺，其聲音可以傳至一由旬之遙；坐騎犍陟的馬廄用銅板鎖蓋，並用金網加固。四個城門均由持械釋迦衛兵、軍隊、象隊、車陣等嚴加把守。並吩咐眾嬪妃一刻也不能停止歌舞。眾大臣也與衛軍

一起巡邏在城市四周。圍牆上架起了要由五百人移動的雲梯。眾嬪妃的宮門上掛起了鈴鐺，每當開門時其聲便響遍淨飯王的宮中，使嬪妃的侍從、城中的看守以及城市四周的衛兵嚴陣以待。而菩薩在宮中與歡歌笑語的眾嬪妃一起玩樂著。夜裡，由淨飯王四兄弟親自把守四門，釋迦**摩訶那摩**為巡視者。他來到城東門問道：「誰在守衛城門？」淨飯王答道：「我在守衛。」摩訶那摩又道：「是您啊，尊敬的國王！請注意守衛。」摩訶那摩又來到南門問道：「誰在這裡守衛？」斛飯王答道：「是我在把守。」來到西城門問道：「誰在這裡守衛？」白飯王答道：「是我在這裡守衛。」又來到北門問道：「誰在守衛城門？」甘露飯王答道：「是我在守衛。」來到城中的各十字路口問道：「誰在此處守衛？」衛兵們回答說：「是我們在守衛。」又說道：「請注意防守。」

天亮後，摩訶那摩稟報淨飯王道：「尊敬的國王，七天之中已過去了一夜。」國王說道：「好哇！再過六個夜晚，王子將成為轉輪之王，我們將擁有七政寶，能飛上天空遠遊四海。」

初六日半夜，王妃耶輸陀羅做了一個夢：樹木倒地；頭冠失落；自己斷肢裸體；珍珠和金子的腰帶斷落；各種飾品落入河中；珍珠項鍊斷落，使大海咆哮等等。她從睡夢中醒來後，驚慌不定，趕忙稟告了菩薩。菩薩聽後對她道：「夢兆很好，請安心地睡吧！那是你將得到解脫的預兆。」隨後，發生了八種出家的兆頭，即天鵝、孔雀等落在宮頂上不鳴不叫；蓮花謝落；樹木枯萎；琴斷弦；樂器不響；眾人昏昏欲睡；無人癡心於歌舞；淨飯王感到非常悲哀。

告別父親

初七晚上，菩薩感到自己不告知淨飯王而擅自出家，那將是對父母知恩不報。於是在那晚眾人入睡時，離開自己的宮殿來到父王的宮中。他一到，淨飯王的宮中亮起了光明。雖然國王擔任著守衛的重任，但這時正在睡覺休息。國王因這光明而醒來後問侍臣道：「這是什麼，是不是太陽已經升起來了？」侍臣回稟道：「尊敬的國王，現在連半夜還沒有到呢！」國王聽後，生氣地看了一下，見到了菩薩。他想從床上站起來，但身不由己，沒能如願。這時，菩薩跪拜在父王的面前，恭敬地說道：「尊敬的父王，我出家的時辰已到，請國王不要動怒，也不要勸阻我。」國王聽後，雙眼含著淚水，勸王子說道：「王子啊！您得治理國家，爲我們去謀取利益，您需要什麼都可以滿足。」菩薩又說道：「父王啊，那麼請滿足我解脫生老病死的要求吧！」國王答道：「這是無法滿足的。」菩薩聽後，堅定地說道：「如果這四個要求不能滿足，那就讓我在此永久地消失掉吧！」國王聽到此言，只好應允道：「但願你的願望能夠實現，我稱讚你的想法。」隨後，菩薩無聲無息地獨自回宮，坐在床上。

第二天天剛亮，釋迦摩訶那摩稟報淨飯王道：「現在只剩下一個晚上了！」隨後，淨飯王召集起眾釋迦長老，宣告了昨夜發生的事情後，問眾人道：「如果王子今夜出家還有什麼辦法阻止？」眾人回答道：「尊敬的國王，嚴加看守吧！釋迦人多勢眾，而王子寡不敵眾，沒有能力突圍出家。」這樣，國王和眾釋迦長老命每五百釋迦人率千萬眾兵馬嚴守每座城門。釋迦長老們也分守城中的各

個路口。淨飯王率五百釋迦部眾巡視各方。摩訶婆闍波提夫人對眾嬪妃、宮女們吩咐道：「你們要點亮燈火，把一切寶物懸掛在寶幢上，把珍珠項鍊高高舉起，讓宮中充滿光明。要唱歌跳舞，關閉大小門窗，今晚一定要嚴加看護。」就這樣，守衛菩薩衛隊比以前多了許多倍。

初八夜晚，王妃耶輸陀羅與菩薩同床而睡。她做了八個夢，夢見：宮殿的橫梁折斷；自己牙齒脫落；頭髮掉散；太陽剛從東方升起便落於西方等等。而菩薩也做了十個夢：大地作床、須彌當枕；腹臍中長出硬草，直插天空；四隻白身黑頭的鳥直衝而下直到膝蓋爲止；四方飛來各種鳥禽，到他面前時變成同一個顏色；生出光芒照亮了黑暗，大地升起太陽；船隻救起眾多動物。菩薩醒來後，覺得這是自己將得生無上智慧的前兆，繼而感到非常欣喜。耶輸陀羅從夢中驚醒，向菩薩稟報了所夢的情景。而菩薩爲了使她安心，告訴她說，夢中的情景應從反面來理解，耶輸陀羅聽後便安下了心。這時，菩薩將自己的去意暗示給王妃。耶輸陀羅聽到菩薩的暗示後，祈求道：「尊敬的王子，您要去哪裡，就把我也帶到那裡吧！」菩薩爲了使她得到解脫，便允諾了。

歌舞妓的醜態

過後，菩薩心想，我以後不會有後嗣，爲此，人們會說因我拋棄耶輸陀羅等眾妃出家而斷了香火，那麼，就與耶輸陀羅合歡一次吧！想畢，便爲了實現黑仙曾對自己做過的祈禱，現顯了與耶輸陀羅王妃同歡之相。由此，黑仙剎那間從天界幻化，投胎於王妃的懷中。耶輸陀羅感到了自己已有了身孕，便想天亮後稟報給王子。而王子早已知曉此事，便說道：「我與女身合歡，這是最後一

次。從今往後，我不再與女身同住。」爲了發起他人的善根而如此享歡，實爲菩提入禪的化身。

正當菩薩感念昔日諸佛的功業，追憶自己曾經作過的祈禱而歇息於床上時，藥叉、四大天王、梵天、帝釋、天子**寂慧**以及諸龍王等聚集在一起，共同商議如何幫助菩薩出家的事宜。商定後，首先由天子寂慧施法，使城中的衛兵和眾嬪妃、宮女入睡。只見眾嬪妃好像被歌舞困乏，一個個昏昏而睡去。隨後，天子**真催**叫喚菩薩起床，天子**法行**和淨居天諸神將眾嬪妃變成醜陋的形象，並催喚道：「菩薩啊！怎麼能留在這屍林裡。」只見眾嬪妃衣衫襤褸、披頭散髮、飾物掉落、齜牙咧嘴、乳房脫垂、下身依在塵土和石頭之上，其狀醜惡無比。菩薩見到這情景後感到一陣陣噁心。

大出離

這時，帝釋和梵天知道了菩薩的心思，便規勸他立刻出家。菩薩聽後問道：「我被人這樣守衛，怎樣才能脫身呢？」帝釋答道：「眾神會幫助您脫身的。」菩薩聽後，非常高興，只感到渾身上下充滿著出家的念頭。

正當眾天子翹首等待時，菩薩從趺坐中起身，在歌聲法善宮的床上面朝東方站了一會，隨即用右手放下寶珞來到了宮頂，只見金剛持菩薩顯現在空中，其周圍聚集著帝釋、四大天王和藥叉、羅剎、乾闥婆、諸龍等眾，向他膜拜頂禮。天子日、月二尊侍立在他的兩旁，鬼宿星也升起在天空。菩薩見後，準備啟程，這時，帝釋命天子**五娛**道：「親友菩薩要出宮了，快快架起梯子！」於是菩薩從雲梯上下來，走向闡那陀的住處。見闡那陀還在睡夢之中，菩薩喚他道：「這是我吉祥如意的

時刻，今晚我的願望一定會成功。闡那陀啊，請不要耽誤，快快將飾有珍寶的犍陟給我牽來！」闡那陀從睡夢中醒來後，不悅地問道：「王子要去哪裡？」菩薩以偈語告訴他要去解救眾生。闡那陀聽後，拒絕在如此黑暗恐怖的深夜牽出坐騎給王子。

這時，天神**戲莊嚴**施法讓動物和眾人寂聲無息。菩薩想到再爭執下去會使眾人醒來，於是決定自己親自裝配犍陟。當菩薩打開馬廄的門，準備抓住犍陟時，這馬感覺到了菩薩是不期而來，故踢足搖頭，亂蹦亂跳，不予馴順。菩薩吉祥的雙手撫摸著馬頭，對它說道：「犍陟啊！這是你最後一次馱我，請快快將我馱到苦行林中。當我得到菩提之果時，將給眾生降下甘露之雨。」犍陟聽後，便溫順地等待著主人。菩薩又對闡那陀說道：「給犍陟配上吉祥鞍吧！」

闡那陀聽後，著急得不知所措，趕忙跑去向耶輸陀羅和眾人報信，但他們誰都沒有聽見。他四處張望時，見到了帝釋和眾神。眾神對闡那陀說道：「快將犍陟準備給菩薩！你看看吧，爲了尊敬菩薩，眾神來到了迦毘羅衛城，他們奏出的天樂都沒能把迦毘羅衛城叫醒。不要因給菩薩坐騎而悲痛！」闡那陀聽後，對犍陟說道：「眾人之王要出家啦，發出鳴聲吧！」犍陟也感覺到了菩薩出家之事，便發出了傳至一俱盧舍之遙的陣陣馬鳴，並用金銀珠寶嵌飾著的四足猛磕地面。隨後，闡那陀給犍陟戴上了金製頭飾和金轡，鞴好了飾有珍寶繩束的鞍子，並給四蹄戴上了金飾後，獻給了菩薩。諸神見後，對犍陟說道：「請不要爲馱起菩薩而悲哀，以後你不會再轉生爲惡趣。」這時，能分別舉起所有土地、水、山、樹木等的大力天神**邊緣**、**近邊緣**、**樹葉**、**著樹葉**等四神提舉坐騎的四足，當他們正想動犍陟的四足時，菩薩爲了打消他們的驕慢，用腳使了一點勁，四神便一動也沒能

動一下。之後，菩薩騎到犍陟身上，闡那陀騎到菩薩的身後，眾神施出法力，使寶馬騰空飛去。

由於與菩薩分離，常住宮中的諸神不由得流出眼淚，那淚珠從空中降下。闡那陀發覺後，問菩薩道：「王子啊，天上下了小雨，是不是神降下了雨啊？」菩薩回答道：「這不是神降下的雨水，而是居留在宮中的諸神由於和我離別而哭出的淚水。」闡那陀聽後，眼含熱淚，唉聲歎氣地不說話了。

隨後，菩薩升空至眾嬪妃所在的善法宮的上面，以大象般的姿態朝右下方俯視了一下，想著道：「這是我最後一次與女身同在。」又想道：「如果避開東門離去，父王因王子最後也不看望一下他老人家而不高興，那麼就去看望看望吧！」想畢便來到了東門。看到父王睡得很沉，菩薩便向他頂禮，並繞著他轉了一圈，說道：「我也熱愛自己的親友，但塵世充滿著苦難，這是我出家的原因。如果沒有老病死亡和離別所愛而生的苦難，我何苦拋下敬愛的父王您呢！」說完，便離開了。

這時，正在巡視的**釋迦摩訶那摩**來到這裡，見菩薩離去，不禁眼含熱淚，聲音嘶啞地問道：「王子啊！您這是幹什麼？」菩薩答道：「摩訶那摩，我要出走。」摩訶那摩求道：「這樣做不合適啊！」菩薩厲聲訓道：「我曾經生生世世苦心修煉，如今爲了證得菩提果位前去修行，您怎麼能認爲是不合適的呢?!」摩訶那摩聽後，淚流滿面，嗚咽不止地哀喊道：「嗚呼！國王和臣民的希望白費了！國王將倍受離子之苦，眾妃也因此而悲痛！」說著，高聲呼叫，想喚醒耶輸陀羅王妃。但任他怎麼叫喊，如同在空廟中叫喊一般無人答應。隨後，又高聲地叫喊淨飯王，說王子走了，但國王也沒有被喚醒。這樣，摩訶耶摩因失離兄弟而痛苦不堪，但自己又無法勸留菩薩，眾人又叫不醒，便無可奈何地留在了原地。

就這樣，趁著諸神為了使眾人不痛恨菩薩而施法讓他們睡去的當兒，菩薩為求索善道而捨棄了榮華富貴，於半夜顯示離俗出家之功業，來到了吉祥門。圍隨而行的右面有色界諸神，左面有欲界諸神，前面有帝釋和梵天。另外，千百天子和眾多藥叉降下了花雨，飄舞著衣袖，高唱著讚歌；龍王之子護地在自己的鼻子上幻顯出樓閣獻供；龍王無熱等幻顯出旃檀木雲彩，降下了蛇心旃檀之雨；天子莊嚴慧在路上擺設了七輛寶車；三天王和四位天子提舉著犍陟的四足而行，天王多聞子在前開路。這時，帝釋開啓了城門。這樣，菩薩于鬼宿星升空的同時，為了揭示塵世的罪孽，也為了使樂於其中的眾生上進，於是顯示了出家的善益，凡事有賴於自己，使沈溺於塵世享樂的人生起厭心等出家十業，棄家而去。又為了斷除諸神的疑惑，菩薩面朝右下方，以大象般的姿態俯視著迦毘羅衛城說道：「在沒有得到諸佛所示的聖道之前，我將不會重返迦毘羅衛城。」就在這時，大地震盪，菩薩身上發出光芒，使惡趣之苦得以解除，使眾生的煩惱得以息滅。帝釋和梵天等神對菩薩說道：「現在已經脫離了阻礙，到您成佛之時，請多加關照。」菩薩給予允諾。

隨後，菩薩越過**釋迦國**、**戈鄔達國**和**末羅國**，又經**美尼亞國**的**阿怒摩那城**，由此行至六由旬，抵達**捨棄國優頻陀螺城**附近的迷人河畔。這時，天才剛剛亮起。從釋迦國到美尼亞國之間有六由旬的距離，合起來一共走了十二由旬之遙。

第七章

歷經艱難，入定苦修

落飾

菩薩在天龍八部化顯的隨眾簇擁下，坐於銀色的河灘上，爲了顯示不貪戀財物，不崇尚小欲，於是解去身上的一切珠寶首飾，對**闡那陀**吩咐道：「車夫啊！請把我的坐騎和這些首飾帶回去給親人吧！我已放棄無盡的欲望，就此離俗出家。」闡那陀聽後，禁不住失離主人的痛苦，眼淚奪眶而出，隨即嗚咽著說道：「王子啊，您遠離親友，獨自留在這獅虎滿地、牛夫往來的叢林中，怎麼能夠修成聖道呢?!」菩薩答道：「眾生是單獨地生來，死也是單獨地死去，在這裡我會受點苦難，但塵世輪迴之中沒有救難者。」闡那陀又說道：「國王會因悲痛而死去。」但這些話仍沒有動搖菩薩的心。最後，闡那陀又請求道：「尊敬的王子，讓我也隨您出家吧？」對此，菩薩也沒有准允。

這時，菩薩心想：留著髮髻怎麼能出家呢？然而任何人都不敢剃去他的頭髮，如果剃了，國王也會問罪下來，於是以自己追求出家的堅定信念，將青蓮花瓣般的利劍從刀鞘中抽出，自己把自己烏亮捲曲的頭髮剪了下來。又把剪下的髮髻拋向天空，被帝釋接走，爲此還舉行了慶典。後來，信徒們在此地修建了紀念塔，稱作**剃髮塔**。

此後，菩薩問闡那陀說道：「誰若沒有這麼堅定的態度，還會有出家的可能嗎？」闡那陀答道：「不會的，尊敬的王子。」闡那陀已經有點失望，他感到不可能勸住王子，便準備辭行了。這時，犍陟忍不住離別菩薩的痛苦，用自己的舌頭舔起菩薩那生有法輪的腳底。菩薩用手撫摸著它說道：「犍陟不要流淚，你已經完成了使命。當我成道之時，將會回來報答你的。」又對闡那陀說道：「不要把犍陟留在宮中。」隨後，闡那陀聲音嘶啞、淚痕滿臉地牽著犍陟，一步一回頭地回去了。後來，此處修建了紀念塔，叫**闡那陀回歸塔**。由於闡那陀和犍陟至誠的祈禱，他們一直跟隨菩薩到了這裡，而菩薩也知道了這裡是最後的分別之地。

與獵人交換袈裟

隨後，菩薩心想：「自己已經不合適穿七寶之衣了，能找到更合適的衣著該多好哇！」這時，菩薩見到一個穿著麻衣的獵人走過來，便請求道：「袈裟適合於出家之人，你拿去我的七寶之衣，把你的袈裟給我吧！」那獵人聽後，拜在菩薩的足前，和他交換了衣服。菩薩穿上袈裟後，覺得不是太合體，便心想：「再合體一點該多好！」剛一想，這袈裟便變得非常合體了。這不是一件普通的袈裟。以前，**無比城**出了十個獨覺者，他們的母親給了他們一件赤黃的袈裟，獨覺者們說道：「母親，我們將會圓寂，而釋迦牟尼將會成佛，把它獻給他吧！」這樣，那老夫人留下了這件袈裟。到她臨死時，傳給女兒，並囑託了此事。後來，其女兒臨死時，又坐在一棵樹下，把袈裟託付給那裡的樹神。帝釋得知後，把袈裟從他手裡拿過來，並化作獵人等待菩薩來穿上。就這樣，當闡那陀和犍陟看到放棄七寶之衣、身穿赤黃袈裟的王子時，悲傷地暈了過去。醒來後，闡那陀抱著犍陟的脖頸大哭起來。後來，在那裡也建造了**初著袈裟塔**。諸神宣揚道：「王子悉達多出家啦……」

舉城哀泣

在宮中，眾嬪妃發現王子不在自己的寶床上，四處尋找也不見其蹤影，便聚在一起哭喊起來。淨飯王聽到嬪妃們的哀叫聲後詢問怎麼回事，釋迦族人回奏說：「王子不見啦！」國王聽後，命人關嚴城門，尋找王子，但到處找不到其蹤影。這時，摩訶婆闍波提王后在地上哀號打滾，向國王狂喊道：「還我的王子，還我的王子！」隨後，國王派人到各地尋找，並命令他們找不到王子不得回城。又吩咐道：「預言曾說從吉祥門出家，到那兒仔細找找。」這時，淨飯王也忍不住悲傷，昏厥過去，迷糊之中還哭叫道：「我的兒啊……」眾人見狀，向他身上潑灑冷水，喚醒了國王。耶輸陀羅王妃也從吉祥床上滾落下來，她解去首飾，亂拔頭髮，哭叫不止。

當尋找王子的人們走出一由旬之時，發現一個穿著王子七寶之衣的獵人走了過來，又見其後跟著闡那陀和犍陟緩緩而來。帝釋把七寶之衣帶到了三十三天界，還為此制定了慶典節日。國王的人馬見後，以為是有人為了七寶之衣殺害了王子，便來到闡那陀身旁打聽，闡那陀把事情詳細地告訴了他們。眾人又問他道：「我們有可能勸住王子嗎？」闡那陀答道：「不可能了。王子已發誓，不成佛以前不回迦毘羅衛城。」

犍陟悲死

七天之後，闡那陀來到了迦毘羅衛城，發現城中議論紛紛。他想道：「如果跟犍陟一起進城，自己會受不了哀叫聲而死去。」這樣，他留在附近的花園中，讓犍陟先進城去了。犍陟禁不住離別之痛，高聲地嘶叫起來。城中的眾人聽到了它的嘶叫聲。一個個出門探視。當他們只見馬而不見菩薩時，滿城響起了哭叫聲，隨後，闡那陀來到國王面前，向他詳細稟報了事情的經過。當闡那陀和犍陟來到後宮時，耶輸陀羅妃因沒見王子回來而昏了過去。經涼水潑灑醒來後，哀歎不止。她責問闡那陀道：「菩薩出走時，怎麼能不告訴我呢！」闡那陀聽後便向她解釋了當時的情況。這時，眾人和眾嬪妃抓著犍陟號啕大哭起來。犍陟因禁不住悲痛，沒緩過氣而死去了。後來它轉世成為勝音城的一位婆羅門之子。此後，摩訶婆闍波提王后把闡那陀帶回來的王子的諸首飾給**釋迦摩訶難**等，但他們誰都戴不動這些首飾。這使摩訶婆闍波提王后非常難過，她於是把首飾扔進了一個池塘，得名**首飾池**。由於受到菩薩加持之力，這時，國王和眾嬪妃已平靜下來，互相說著安慰之詞。

訪諸仙人

這時，菩薩來到了**婆羅無比城**苦行林中的**棄惡子**仙人修行處。他看到棄惡子仙人雙手托著面頰，若有所思地坐在那裡，便問為何如此。棄惡子回答道：「在我的修行處，娑羅雙樹長出了金葉、金花和金果子，而現在花葉和果子都消失了。」菩薩聽後又問道：「大仙，是誰的法力使這修行處的娑羅雙樹長出了金葉、金花和金果子？又對這些心生厭離而居於苦行林中，使它們消失了？」棄惡子說道：「這出家之人非你莫屬。」菩薩說道：「就是如此。」就這樣，棄惡子首次請菩薩坐，供奉了鮮花和果實。之後，菩薩問他道：「大仙，此地離迦毘羅衛城有多遠？」棄惡子回

答道：「有十二由旬的距離。」菩薩聽後心想，此地離迦毘羅衛城太近，會受到眾釋迦人的打擾，便決定渡過恒河。隨後，苦行林中的婆羅門**法胤**、婆羅門**蓮花**、**阿那律**仙人、**明燈**仙人等也邀請了菩薩。

入王舍城

此後，菩薩來到了**毘舍離城**，在此與藝通之子**阿羅邏迦蘭**及其三百位弟子一起，作爲他的弟子渡過恒河，遊歷到**摩揭陀國**。其間，菩薩帶著伽拉鄔拉樹葉做成的缽盂，來到**王舍城**中化緣。王舍城的人和坐在宮頂樓臺中的頻婆娑羅王見他無比平和的樣子，感到非常驚訝。後來，當他坐在王舍城**灰白山**的草蓆之上時，**頻婆娑羅王**帶著隨眾前來，跪拜於菩薩足前問道：「您來自什麼宗族？」菩薩答道：「聽說過富饒強盛的迦毘羅衛國，以及那裡的釋迦諸王嗎？我的父親是淨飯大王，我爲了追求智慧而出家。」頻婆娑羅王聽後，說道：「我給你半壁江山，您作我的朋友，從此不必坐在草蓆上。」菩薩回道：「層巒疊嶂的高山，也許會被大風動搖，而我追尋解脫的決心，不會被欲望所動搖。」頻婆娑羅王又問道：「如此堅定的出家之心，究竟要追求什麼呢？」菩薩答道：「無上遍知的菩提之果。」頻婆娑羅王聽後，請求道：「當您證得無上菩提之果後，請別忘了護持我。」菩薩答應了他的請求。

隨後，菩薩離開王舍城，來到離靈鷲山不遠的一處仙人苦行處。那裡有**遍顏**、**黑色**、**出升**、**快樂子**等修行者。他們苦修的是禪悅和自在。當他們單腳站立一天時，菩薩便能站立兩天。當他們忍受著五大苦行堅持一天時，菩薩又把這功法修煉了雙倍的時間。修行者們見狀，驚訝地讚歎道：「大沙門！大沙門！」故菩薩得名**大沙門**。隨後，菩薩問他們道：「你們修煉法是爲了追求什麼呢？」他們分別答道：「追求生爲帝釋、梵天和魔天。」菩薩聽後，心想，這些仙人求的也不離輪迴之道，證不到菩提之果。

兩仙人

當初菩薩剛出家時，淨飯王在悲痛之餘，曾派使者四處尋找。他們回來後，有的說悉達多王子與優陀羅羅摩子在一起，由於沒有人服侍，便離開王舍城到處流浪。淨飯王聽到這些流言後，又派去了三百位僕人。從天臂城，善覺王也派去了二百位僕人。後來，派去的三百人中，**憍陳如**、**阿說示**和**婆娑**三人投靠了阿羅邏迦蘭的門下，另派去的二百人中，**摩南拘**和**跋提**成了優陀羅羅摩子的學生。此二師的學生不分你我，因此阿羅邏迦蘭的三位弟子也常和優陀羅羅摩子在一起。憍陳如等五人稱作五比丘。這時，阿羅邏迦蘭帶著三百位弟子從毘舍離來到王舍城。優陀羅羅摩子也帶著七百位弟子來到了這裡。菩薩首先來到阿羅邏迦蘭的身邊，把他拜爲第一個導師，瞬間便從他那裡習得無所有處定。阿羅邏迦蘭見後，便非常恭敬地請示說：「你已經具有了和我同等的智慧，讓我們共同來培養這些弟子吧。」菩薩雖然特別感激，但感到此道也修不成菩提果，便又來到了優陀羅羅摩子身邊做了他的弟子，並且輕鬆學會了非想非非想處定。隨後，他問優陀羅羅摩子道：「在這之上還有學問嗎？」優陀羅羅摩子回答道：「我沒有比這更高的智慧了。」而且優陀羅羅摩子也知道菩

薩已經掌握了自己的學問，便請求和他一起帶這些弟子，並把他尊爲七百弟子的導師。就這樣，菩薩原本知曉這些道法，但爲消除人們的懷疑，即「如果不投靠他們，沙門喬答摩怎麼能夠知曉他們修得的禪道呢」這樣的懷疑，也爲了揭示有爲之禪沒有意義，不能產生厭離之心等道理，菩薩便做了他們二位的弟子。

五比丘

菩薩知曉這些道法不會得到菩提果，便離開了這個修行地。這時五比丘想：我們跟優陀羅羅摩子處學道這麼久，仍不見一點效果，而菩薩輕而易舉就掌握了他的智慧。這樣，他們也離開這裡，跟隨了菩薩。此後，從迦毘羅衛城和天臂城派來的僕人中的五人也找到了菩薩，跟隨著他雲遊於各苦行林之間。菩薩想到隨眾太多不利於甘露之法，於是除了五比丘外，把其他人勸回去了。菩薩帶著五比丘來到摩揭陀國，於王舍城的**伽耶山**頂修成了三種功法。

苦行

就這樣，在出家三個月零二十二天中，菩薩雲遊四方，隨處而居。這一天，他來到伽耶山南的**優樓頻羅**。那是一個美麗的地方。尼連禪河從南向北緩緩而流，寬闊的河灘綠草滿地，附近還有毗鄰的村落。此情此景，使菩薩頓生停留此地的念頭。他坐在尼連禪河畔的一棵樹下低聲誦道：「在這五濁橫流的閻浮提洲，眾人依靠著邪道，到處充斥著外道，非解脫之道當作是解脫之道，苦難無邊。嗚呼！爲了早日開示事業，爲了使身居靜慮的諸神喜悅，也爲了教化諸外道，讓我在這裡苦修吧！」**具衆村**的**善生女**（**難陀婆羅**）等十女子得知此事後，前來拜見靜修的菩薩，並供奉了齋飯。她們向五比丘也供養了紅棗、大米和芝麻等。

從隆冬十二月初八日晚一更時分起，菩薩咬緊牙關，舌頭貼齶，集中意志，開始修煉「遍天禪」，又名「浮動功」。只見他身上汗如雨下，汗滴掉到地上後竟能冒出蒸氣，口腔和鼻腔中的呼吸功能停止，使空氣上浮，感到頭昏腦脹；耳中因空氣流動響起轟鳴聲；當氣往下落時，腹部劇脹。隨後，又感到頭部劇痛，胸中撕心裂肺般疼痛，渾身燥熱難耐。這時，一位天神發現了菩薩，便大叫：「悉達多王子死啦。」另外一神說：「才不是這樣呢。」前者來到三十三天，向摩耶夫人報信說王子悉達多死了。摩耶夫人聽後，一路疾走，半夜時分終於來到了菩薩身邊，當看到菩薩那哀弱得跟死屍一般的身體後，嗚咽著歎道：「當你在藍毗尼花園出生時，自稱這是最後一次受身；黑仙預言說你將成佛，還說你將成爲轉輪之王，如今這一切皆成泡影，還有誰能給你一次生命啊！」菩薩聽後，說道：「這悲哭不止，披頭散髮，哀兒歎子的人是誰呀？」母親回答道：「我懷胎十月，生下了金剛般的兒子，我就是你的母親啊，我在爲您悲傷爲您流淚。」菩薩說道：「我會實現燃燈佛和黑色仙人的預言，你別悲傷了。母親，你不久將會看到一個眞正的佛陀。」摩耶夫人聽後頓時轉悲爲喜。她向菩薩獻上曼陀羅花，繞兒巡禮三匝後，彈著仙琴離開了。

斷食

菩薩苦修之時，不同教法的外道們的所行更是各式各樣，他們看到菩薩單腳蹲立、忍熱俯臥、墊刺仰臥、披皮、裸身等相，有的點頭稱是，有的搖頭否認，菩薩對此一概不予理睬。他想到一些修行者和婆羅門以禁食求淨的事情時，默念道：我也該禁一禁飲食了。隨後，他每天只吃一顆紅棗。諸神見後，請求讓他容光煥發，但他沒有應允。最後，雖然也喝一點豆漿，但已變得骨瘦如柴。當他用雙手擦拭身上的塵土時，糜爛的毛髮隨之掉落到地上。因其狀又瘦又黑，鄰村的人們說沙門喬答摩黑得像條芒沽魚。而三天神則分別說喬答摩身體烏黑、發青和紫黑。此後，世尊又證得未曾有的三種功法，雖然這個修法證了不菩提之果，但爲了展示世間的聖法，解釋禪定和表現福德與智慧二資糧的功德，他繼續只吃一點芝麻、米粒和豆子，躺在草蓆之上，一直堅持到營養消耗殆盡，身無生色時才再食下一點。

這時，淨飯王和善覺王特派了五百名使者來瞭解王子修行的情況，眾使者回宮向國王報告了王子的詳細情況。淨飯王悲喜交加，淚流滿面，這一夜竟與眾妃一起睡在了草蓆之上。耶輸陀羅妃聽說丈夫的情況後，更是悲痛異常，不顧有孕在身，扔掉身上的首飾，縱身跳入火中。所幸由於愛子慈心而沒有死去。還在爲兒悲痛的淨飯王得知耶輸陀羅妃已懷孕的消息後，擔心再提起王子之事會使她悲痛而流產，遂下令任何人不准再向眾嬪妃提起王子的情況。

這時，菩薩又想道：「有些人將絕食當作最神聖的行爲，我也絕食看看。」這樣，便連芝麻粒之類的東西也不吃了。這使他的身體更加瘦弱，皮包骨頭。而此時，耶輸陀羅妃也越來越瘦弱不堪。鄰村的年輕人和牧人們見了菩薩後，戲稱菩薩像條魚。

菩薩盤坐苦修六年，風雨無避，來毒蛇不逐，不排泄廢物，不伸縮肢體，也不俯臥仰躺。並且僅以一點黑穀、一點水、一點油、一滴蜂蜜、一滴奶等爲生。其間，幼童們在他耳孔中插上草莖和樹枝。這時，滿天聚滿了十方諸佛，以彈指般的聲音說道：「這種禪不是正道。」菩薩聽後，便從遍天禪中走了出來。而這種禪過去是任何人都無法修行的。就這樣，苦修六年的菩薩終於將億萬萬天神和凡人分別引入到了三乘之道。天龍八部日夜爲菩薩供祭、祈禱。當菩薩收回靜修之時，受到教化的天神和眾人看到了菩薩坐在寶樓之中，講經論法，而普通眾生看到的卻是上述苦修之相。當菩薩想起身時踉踉蹌蹌，不能站立。十二月初八站起身來到了尸陀林，把一具屍體當作枕頭，身體右肋著地躺了下來。這時，村中的男女青年和牧人、護草人、護林人等來到這裡，一邊喊著：「喂！看看垃圾中的食肉鬼！」一邊往菩薩身上塗白土，撒糞便、土塊和沙子。並往他耳孔裡插上纏著木棉的草莖，然後再從嘴和鼻孔中抽出，又從口中穿到鼻孔，從鼻孔中抽到耳孔裡。但是，菩薩行使了教化此類具有低下趣味的眾生、展現高尚的勤奮、使貪圖享樂者厭離、展示艱苦求索的精神等十種功業，忍受了這個苦行。苦行期間，妖魔雖然跟隨其後，但無法迫害其身。由於如此苦修，征服了四十二萬外道。

諸佛護持

這一天，菩薩的異熟身（化身）坐在尼連禪河邊，而智慧之身坐在**色究竟天**界的天王之地。這時諸如來雲集在此地，向悉達多菩薩提醒其業。菩薩受此鼓舞，從靜修中走出，站起身來請問道：「我怎麼修證空性眞理？」諸佛賜於廣泛言教，並稱道：「悉達多藉五現量而證得了涅槃。」此後，來到須彌山之巔，坐在金剛頂樓中。這時，**不動如來**、**寶生如來**、**無量光如來**和**無疑成如來**等也從四方前來，坐在其四周，諸菩薩向諸佛致以恭敬和讚美。

第八章

金剛座上，菩提樹下

菩薩認識到這樣的苦行終究修不成菩提果，而眞正的菩提之道是曾經在瞻部樹的樹蔭下修過的四禪，於是決定隨心呼吸、食用米粥和主食，恢復體力後前去金剛座。其實菩薩不攝食也能成就佛果，但爲了憐惜後來的追求菩提果者，爲了證示安穩也能解釋教法獲得智慧，也爲了放棄疲憊之態，便收回了苦修，來到了尼連禪河邊，依禮在河中洗淨身體。隨後自語道：「我要食用甘蔗汁、豆漿、麵團、米粥和奶油。」

乳糜供養

當菩薩準備飲食時，**優婆頻螺**的**具衆村**的**善生女**和**喜力女**等十位姑娘向菩薩供奉了各種蔬菜。菩薩不僅攝食，而且還用黃油和芝麻塗擦了身體，並用清水洗身。這時，五比丘對菩薩的行爲產生了不滿，他們認爲沙門喬答摩放鬆了戒律、大受供養、放縱了斷意，這樣求不到什麼智慧，於是離開菩薩，來到了波羅奈的鹿野苑。住在這裡的火施成了他們的朋友。此時，耶輸陀羅妃也放棄了苦難，開始吃東西。而菩薩在所到之處的各村落化緣用齋，使身體逐漸得到恢復，面容比以前更趨端莊俊美，因此得名「美顏」。一天，菩薩在墳地發現了一具女屍，原來這是善生女死去的女僕。菩薩見後，便撿起裹在屍體上的麻布遮陰。眾天神見狀，感歎道：「放棄了轉輪王位，在垃圾中撿物！」此聲傳遍了三千各界。這時，菩薩想找個水池洗滌這垃圾之物，天神往地面擊了一掌，便出現了一個池塘。菩薩又想找一塊石板，帝釋便獻了一塊石板。但菩薩拒絕帝釋爲他代勞的請求，親自把麻布洗淨了。當他想要離開池邊時，妖魔在池邊變幻了一座斷岩擋住了去路。這時，菩薩爲了幫助女神，便向池邊的女樹神說道：「請把樹枝往下伸出來。」當女神把樹枝伸下來後，菩薩抓住它越過了斷岩。並在此樹下把麻布縫成袈裟，穿在了身上。淨土天神**無垢**也向他奉獻了赤黃色的仙衣袈裟。隨後，菩薩身著袈裟，到村落裡化緣去了。

村女善生女和喜力女曾經聽相師預言說，王子悉達多將成爲轉輪王，也聽說過哪位女子將經過十二年努力精製而成的乳糜獻給因苦修而竭盡全力的婆羅門，她將成爲這位婆羅門的妻室。因此，她們便在菩薩苦修時，向五百苦修者奉獻了這樣的乳糜，並祈禱說：「我們供奉這乳糜，吃了我們的乳糜後，但願悉達多能夠成就佛果，或者我們能夠成爲他的妃子。」

這時，菩薩的舊友婆羅門神吩咐她們道：「那位大師已從苦修中站起來了，爲何不去給他首先供奉齋飯呢？」

兩位姑娘聽後，於三月十四日，先從一千頭奶牛身上擠出牛奶，然後把奶又重新餵給了一千頭奶牛，又從這一千頭奶牛身上擠出牛奶餵給了五百頭奶牛。如此這般，從二百五十頭到一百二十五頭、到六十五頭、到三十二頭、到十六頭、到八頭……經過十六次反覆，最後擇出精煉之奶留用（叫作轉乳）。

當天午夜，天神對善生女預示道：「今天，你可以實現自己善良的願望了。」

善生女一聽，睡意頓消。她立刻起床，把那牛奶精與米粥一起放在鍋中，煮成了乳糜。當時，淨土諸天和帝釋知道菩薩吃了這乳糜後會即刻獲得智慧，便往鍋中施了神藥。在乳糜煮沸的蒸氣中，顯現出了法輪、寶瓶、吉祥「卍」字元、蓮花、燈炷等瑞相。無所不知的諸大相師也預示說，

吃了這乳糜會獲正果。

此後，善生女將煮好了的乳糜鍋卸下來撒上花瓣和香料，並鋪上墊子，恭候著菩薩的到來。這時，遍行者**近行**獲知了此事，裝出饑餓狀，前來乞食，但她們沒有給。煮此乳糜而出現的瑞相雖然吸引了眾多的婆羅門，但由於受諸神的力量而對此沒生一點心趣。隨後，善生女吩咐女僕去邀請婆羅門。女僕應命前去，四處尋找。這時，帝釋、梵天和淨土諸神變作婆羅門前來，兩位姑娘供奉乳糜時，他們說道：「獻給我呢，還是獻給比我更神聖的人？」

她倆答道：「獻給比你更神聖的人。」

隨後，帝釋讓她們獻給梵大，梵天讓她倆獻給淨土諸神，而淨土諸神又讓她倆獻給菩薩。而這時，菩薩正在尼連禪河中洗澡。當他洗完想渡過河時，因體力不支而無法渡河。這時，諸神放下阿爾祖那樹的枝條後，菩薩借助它才渡過河來。菩薩一到河岸，便變化出神通，讓善生女的女僕們朝哪邊看，哪邊就能出現一個和菩薩一模一樣的沙門。善生女聽說後，吩咐她們道：「那肯定就是婆羅門，快去請來。」

就這樣，菩薩來到善生女家中，坐在爲他特意準備的墊子上。隨即，善生女和喜力女用碗盛滿乳糜，獻給了菩薩。當時，化作婆羅門的帝釋特意幫助了她們。

菩薩接過一碗乳糜，對她們道：「這碗也給我嗎？」

她們答道：「拿去吧！」

菩薩又問道：「做這施捨的目的是什麼？」

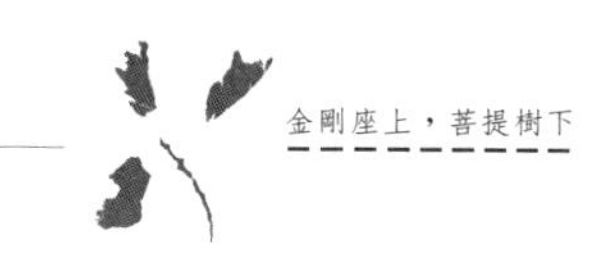

她們迫切地答道：「但願憑著這善業，使那預言成爲轉輪王的悉達多王子能夠成爲我們的丈夫。」

菩薩聽後說道：「他已斷除了欲望。」

她們又說道：「如果他不追求欲望，就讓這善行所得的一切資糧，促使盛名蓋世的悉達多，具有無上智慧的至尊，早日成就神聖的功業吧！」

菩薩聽後道：「但願這樣。」

說罷，拿著乳糜離開了具眾村，來到尼連禪河邊。

菩薩到尼連禪河邊後，把乳糜放在地上，走進諸神灑過香水和花瓣的河水裡又洗個澡。菩薩用過的潔水被諸天帶走了，以作恭敬之物。菩薩剃下的頭髮和鬍鬚賜給了善生女。洗完後，菩薩穿上袈裟，坐在龍女所獻的獅底寶座上。

中午時分，菩薩爲完成二位姑娘的菩提心願，把乳糜一點不留地吃完了。隨後，菩薩把碗扔進了尼連禪河中，被龍王大海當作聖物高高興興地拿去了。帝釋見後，化作大鵬從龍王手中搶回了聖碗，帶到了三十三天界，並制定了慶典日。獅底寶座也被龍女拿取，以作供物。由於菩薩的福田和智慧的力量，當他用乳糜時，身體立刻恢復了原狀，只見其頃刻間容光煥發，具有三十二相和八十隨好，以及五尺見方光環的莊嚴。另外，從神到天龍各部都帶著各自的佳餚前來，奉獻給菩薩。菩薩則施法讓他們相互避開，一一食用。當他們分別看到菩薩食用其飯時，便獲得了成就菩提果位的加持。

四方觀察

此後，菩薩爲尋找合適的成佛之地，沿**尼連禪河**而行。途中，菩薩看到了一座綠樹成蔭、鮮花遍野的山崗，便攀登而上，來到一處幽靜而明亮的地方後盤腿而坐。沒想到，剎那間那座山崗便塌落下來。這時，諸神對他說道：「凡處所不能承受者，是由於斷了善根或修了善根，這二者中，你是後一種。此處不是諸菩薩的居所，渡過尼連禪河往西有金剛座，三世諸菩薩因居住在那裡而獲證了無上的智慧。」

菩薩聽後，以大丈夫之勢，以昔日諸佛就坐於獅底寶座之態，以三千界無敵英雄之姿，以進入涅槃境之氣概等五十四種態勢，以及以拜望一切如來、行走之中進入禪境等十種方式走向金剛座。

這時，天子**地賢**等地行天的諸神清掃了大千界，灑上了清水；持盤神和持鍊神降下了花雨；四大天王用金珞、帝釋用妙勝宮般的樓閣莊嚴了大千界；時分天用吠琉璃珞、極樂天用珍珠珞、化樂天用瞻部河金鈴珞、自在天用仙寶等鋪蓋了大千界。

從尼連禪河到金剛座之間的道路由風之雲諸神清掃，並遍灑香水。這大千界中剛剛出生的一切樹木和孩子都把頭朝著金剛座。欲界諸神劃出兩地之間的近一俱盧舍遠的道路，在道路兩邊幻化出七棵多羅樹高的七個寶座，座上有珍寶瓔珞和神傘、寶幢莊嚴。這些寶座每座間隔有一箭射程之遙，循序漸進，並以多種珍寶相連。在每兩棵多羅樹間，設有一座鋪有金沙的香水池，池中盛開著金蓮花，池邊圍繞著寶座，並有吠琉璃寶梯莊嚴。孔雀和多種水禽在那裡鳴叫。沿途有八萬餘眾仙

女潑灑著香水和花環。所有多羅樹前都設有空中樓臺，其上有持著旃檀和沈香爐的八萬仙女和歡聲歌唱的五萬仙女。

這時，娑婆世界的怙主梵天對梵天界的眾神吩咐道：「朋友們，這位大丈夫爲了實現昔日的承諾而前往金剛座，你們快去供奉吧！看啦，欲界諸神所獻出的供品妝扮了大千世界！」

隨即色界眾神將此地妝扮成具有七層圍邊的金色蓮花，在菩薩經過的道路上幻化出七輛馬車。六千萬仙女給金剛座鋪滿了各種珍寶，其景觀勝過上天的喜樂花園。梵天也親自下凡到大千界，將大地變成平坦柔軟的七寶世界。就這樣，帝釋、梵天和天王們把這大千界用一千個佛界所莊嚴。諸菩薩也以難以形容的各個佛界的莊嚴妝扮了這個世界。

守護金剛座的天子鄔伽離等十六位天子將菩提樹的方圓八十由旬之內裝飾了各七層七寶靠座、多羅子鬘、鈴鐺瓔珞和珍寶鍊，並覆蓋了金箔和蓮花等。**鄔瑪**等四位菩提樹神女也將菩提樹妝扮得十分亮麗，並在裡層裝飾了七道七寶靠座、多羅樹、風鈴和珍寶鬘。

就這樣，十方各界的美麗景觀都集中在這閻浮提洲，使這裡變成最美麗最輝煌的世界，甚至來自享用無比地方的各天神都覺得自己的世界是一處不毛之地。

決定成佛之處

這時，三十六歲的菩薩在結束苦修後的三個月零八天的中午，渡過尼連禪河走向金剛座。

只見他的腳步斷除著惡趣之流，排除著眾生的苦難與煩惱。菩薩身上發出照遍一切佛界的光

輝，各佛界爲此搖動，奏鳴音樂，降下花雨，大地也像一個鋼器般發出聲響。菩薩的每一個腳印中皆生出蓮花。

風神施出微風，雨神降下細雨。

大海中溢出一座座蓮池。盛滿甘露的寶瓶和數百隻鳥兒圍著菩薩飛旋。有個叫**黑色**的龍王，他每遇到佛陀出現時雙眼就會復明，涅槃時會失明。他居住在尼連禪河邊。當他的居所被光芒照亮，這位熟於昔日諸佛誕辰和涅槃的龍王便知道了這是佛的誕生之兆，隨即帶著最好的供品前來恭候。當他遠遠看到菩薩時，就以偈句讚美，以香水、珍珠雨和音樂等供奉。其王后**金光女**也以寶傘和寶物供奉。

菩薩從龍王**黑色**處走向金剛座時，想到昔日諸佛曾坐於草蓆之上的事情。這時，帝釋知道了菩薩的心思，便從香積山採了一堆木棉般柔軟的草，化作草販**吉祥**的模樣獻給了菩薩。菩薩爲了成就草販吉祥的善根，看到他在道路右旁收割青草時便對他說道：「快把青草獻給我，今天我要用這些草，當降伏各路魔軍時，你會獲得神聖的菩提之果。」

而草販吉祥昔日生爲施主具智慧時，曾經在勝觀佛前發過願。因此，當他聽見菩薩的話後，無比高興地拿著一把孔雀翎般的草尖右旋、芳香輕柔的青草獻給了菩薩。並說道：「昔日諸佛藉草獲證了永生的菩提，請接受吧，功德如海的聖者，也請首先賜我以涅槃之果。」

菩薩聽後接受所獻之草，把他授記爲**吉祥無垢佛**後，繼續前行。

金剛座是三千世界的中心，它具有金剛般堅固不變的性質。在這裡，眾天神莊嚴了八萬棵菩提

樹。其中一部分是花樹，高一百由旬；一部分是香樹，高一千由旬；一部分是旃檀的性質，高一萬由旬；一部分是布帛的性質，高五萬由旬；一部分是珍寶的性質，高十萬由旬；一部分是七寶的性質，高一百萬由旬。

在這些菩提樹下，又設置了一座座相應的獅底寶座，上面鋪著仙帛。另外，還設置了蓮花寶座、熏香寶座和各種珍寶寶座。

菩提樹下

當菩薩爲了實現昔日的承諾來到金剛座旁時，那裡的眾神和千萬仙女手持著鮮花和香粉，來到菩薩面前向他頂禮叩拜，奉獻供品，並說道：「爲了解救芸芸眾生，您受了千世萬劫的苦難。大仙啊！您的宏願即將實現，請您坐在菩提樹下，修證無上的正覺吧！」

這時，菩薩繞菩提樹走了七圈，做了禮拜。爲了滿足趣味低下者的好奇之心，爲了瞭解最神聖的坐席，也爲了效法前佛，菩薩親自在那樹下鋪墊了個草尖朝裡、平坦而整齊的圓形草蓆。菩薩端詳著親手鋪就的草蓆時，心想：看這形狀，我將成佛無疑。

當菩薩鋪完草蓆時，一位欲界神問他道：「沙門，你這是幹什麼？是不是爲了菩提而受苦？」

菩薩聽後，對那位神說道：「你們爲我修菩提果吧！」

諸神聽後，不明白其意，便向帝釋請教，帝釋又向梵天請教，而梵天又向大自在天請教。大自在天想了一下後說道：「朋友們，菩薩就要展示成就正覺之相了，爲了供奉，咱們快去吧！」

隨後，梵天來到金剛座旁，鋪設了仙墊。另外，八萬四千眾天神也設置了鑲嵌著七寶，裝飾著寶邊、瓔珞和風鈴，懸掛著珍珠鍊穗，鋪設有仙帛等的八萬個高大而寬闊的獅底寶座。

據說菩薩這時爲了鈍根眾生，在一塊方形的白石上留下了足印。此時，菩薩進入了佛陀化身的等持，登上金剛座，以雄獅、自然、擊退妖魔等二十五種姿態，如同捲蛇般盤腿而坐。他上身挺直，神情自若，面朝東方，道：「不獲得徹底的苦難皆滅、煩惱已盡的境界，我將至死不解開這跏趺座。」

大自在天對菩薩勸道：「請從那草墊上坐到這仙帛的寶座上獲證正覺吧！」

菩薩說道：「朋友們，給我菩提果吧！」

眾神回答道：「我們無能爲力。」

隨後，由於菩薩等持的法力，眾神感覺到各自所獻的獅底寶座上也坐著一尊尊菩薩，便認爲菩薩坐在了自己的獅底寶座之上。

爲了守護菩薩，欲界諸神也侍立在他的四周。

這時，菩薩發出名叫招菩薩的光芒，這光芒照遍一切世界。一會兒，從東方**無垢光佛**的無垢世界中，**莊嚴菩薩**隨著光芒的召喚，率無數隨眾來到金剛座前，將一切佛界的道場變成了一片藍吠琉璃。這時候，眾生也看得到菩薩坐在金剛座上了。

同樣，從南方**寶光佛**的世界中**疊寶傘菩薩**率無數隨眾前來，將道場蓋於寶傘之下；西方**蓮敷佛**世界的**瓔珞菩薩**前來，將道場裝滿了珍寶瓔珞；北方**蓋日月光芒佛**世界的**莊嚴王菩薩**前來，將十方

一切佛界的莊嚴顯現在這道場之中；而東南**功德王**世界的**功德慧菩薩**前來幻化出樓閣；西南**寶心**世界的**生寶菩薩**前來幻化出珍寶天臺；西北**雷聲王**世界的**疊雲菩薩**前來，由沈香雲中降下了各種見所未見、聞所未聞的寶物之雨。

另外，其他各方菩薩也前來各顯神通，有的顯出蓮花寶樓、有的身顯七彩、有的發出光芒、有的震搖大地、有的頭頂四海降下香雨、有的獻出寶塔、有的從空中跳下變成花環、有的從毛孔中讀出無邊經藏、有的身變巨人、有的手持上有半身菩薩的樹葉、有的高舉著山崗、有的腳下滴水，更有的拿山作鼓，並且響聲傳遍一切世界，仔細一聽，那傳播的聲音竟是：「今晚菩薩將獲正覺了。」

這時候，各界諸佛都伸出右手歡呼著：「願大舵手得勝！」

第九章

降伏妖魔

當菩薩把三世諸佛境界的一切金剛座莊嚴顯現在這個金剛座上後，想到這四洲欲界的元凶是**他化自在天**的魔王，如果能打敗他就等於戰勝了全部欲界，天龍八部也會由此而發心。因此，爲了向那些好戰者展示自己無比的威力，也爲了教化具有善根的眾魔，決定與魔王挑戰。

這也是給魔王的一個機會，如果不挑戰，妖魔是無法前來的。這樣，菩薩在自己的眉間發出了召喚妖魔和降伏妖魔的光芒，這光芒照遍了大千世界的一切妖魔，使他們變得暗淡無光，毛髮聳立。光芒中還同時傳出這樣的聲音：「淨飯王的王子放棄了高貴的王位，這是爲了覺悟正法甘露。請注意啊！如今他來到了菩提樹下，要超越自己也要解救他人。釋迦王子要成就正覺，超過魔軍，你快去和他較量吧！」等等。

魔軍來襲

與此同時，魔王做了三十一個夢。這些夢的具體內容是：自己的世界被黑暗籠罩、自己向坐在菩提樹下的釋迦牟尼禮拜、部屬眾叛親離、婆羅門**火施**喊出惡兆、魔界的一切莊嚴仰面而倒等等。

魔王從夢中驚醒後坐立不安。在魔王的祥兆幢和惡兆幢中，惡兆幢就在這時候突然搖晃起來的。一會兒，他便見到了端坐在金剛座上的菩薩，於是想到：「這個傢伙要超越魔界，先去阻止他再說。」想罷，魔王化爲送信的使者，來到菩薩面前說道：「迦毘羅衛城被提婆達多征服，王宮被毀，眾釋迦被殺。而你怎麼還留在這裡打坐呢？」

菩薩聽後，爲了將計就計，裝出非常震驚的樣子，並裝出自己也將會被兄弟殺害的樣子，但仍

坐在那裏沒動。

魔王見未能讓菩薩停止修行，便回來招集魔軍首領**獅子頰**、自己的兒子和部眾吩咐道：「昨晚我做了個夢，夢中說釋迦王子將成就正覺，踏平我界，要我們注意。因此，你們準備發揮威力吧！」

這時，魔王之子**舵手**向父親說道：「父王啊，不可與法力無邊的王子挑戰。」不過，任他怎麼勸阻，也未能說服魔王。

鬼哭神號

就這樣，魔王召來了四大魔兵，他們個個勇武好戰，令人毛骨悚然，是眾天神和凡人聞所未聞之惡師。其中有的手足上繞著千萬條毒蛇；有的手持著毒劍、弓箭、斧子、三叉、刀輪、金剛杵、棍子等兵器；有的足下生頭、頭上長足；有的後腦生眼；有的面生火焰、齜牙咧嘴；有的口懸眾多鋒舌；有的長有千首；有的長有千足。還有的長著牛面、虎面、蛇面、豬面、象面、馬面、駝面、驢面、騾面、狗面、猴面、豺面等。又有一些長著魚、龜、蛟、烏鴉、鷹、大鵬、貓頭鷹、虎、豹、獅、野豬等的身體。其中有黃臉、白臉、黑臉和豁臉皺皮者，還有滿身滴著人血的骷髏、個高腹大塌鼻者和有首無足者。他們有的從手掌中抽出毒蛇；有的騎著山梁、手持著燃燒的山崗；有的從烏雲中施下暴風驟雨，並降下石頭、生鐵、熱銅、滾燙的江河等；有的用繩套搖山翻海；有的移動大山；有的施出黑暗；還有一些長著毛刺和各種毛髮的魔怪，他們呑吐著鮮血和鐵錘。另有一些

鼇魚狀長著山羊般耳朵者，目中燃燒著火焰，將樹木連根拔起，電閃雷鳴、降下冰雹。魔婦還哭喊著「帶走我的兒子」，魔女和食人妖以及餓鬼們歪著嘴揮著手，到處亂跑。總之，各種不絕於耳的叫聲，如「嗚嘟嘟」、「打呀殺」等聲音震耳欲聾。凡人聽到那些聲音後十有九個會吐血而死。不過，此時此刻，由於菩薩的法力，眾人都是充耳不聞。

就這樣，千萬魔軍蜂擁而來，圍滿了八十由旬的範圍。三千界內的億萬眾魔也尾隨而來，一時間，天空和四周的八萬由旬之內猶如蝗蟲覆地般被覆蓋得嚴嚴實實。而魔王則騎著二百五十由旬高的大象，用一千隻手揮舞著各種利器而來。這時，魔王的一千個兒子中舵手等敬仰佛陀的一部分站在右邊，惡性智慧等不敬仰佛陀的一部分站在了左邊。魔王自感勢力強大，高興地喊道：「看今天我等如何制服這個傢伙。」

魔王左路軍中的首領，魔王之子**惡智慧**、**百手**、**元兇**、**長手**、**大畏**、**尋機**、**天回**、**無息**、**樂欲**、**風力**、**梵天智**、**屠夫**、**思罪**等喊道：「我們具有如此的威力，消滅掉他吧！」

而右路軍中的首領**舵手**、**妙音**、**賢智**、**妙眼**、**得依**、**專注**、**福莊嚴**、**樂法**、**事成就**、**樂教**、**無動智**、**獅子智**、**獅子吼**、**事善思**等則說道：「你們的區區之力怎麼能征服菩薩，他功德無量，威力無比，反過來會降伏你們的。」就這樣，魔王的一千個兒子分成兩方，相互爭論著利弊成敗。

一會兒，魔軍上空下起了塵雨和墨雨，並響起了狐狸和貓頭鷹的叫聲。與此同時，金剛座的上空則下起了花雨，響起了孔雀和布穀鳥的鳴叫。

跟隨在魔軍之後的諸神和天龍八部等朝著菩薩合起了雙手。

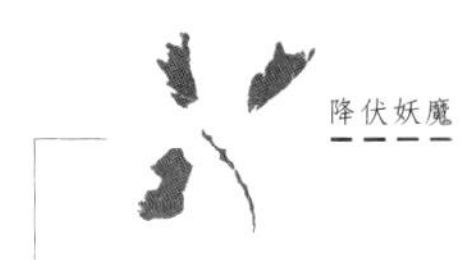

諸天潰散

梵天在金剛座上撐白傘而立。

帝釋則吹起了一百二十尺長的螺號。

龍王**黑色**也前來發出讚美之聲。

魔軍首領**善者**這時候才發現情況不妙，便勸魔王道：「今日制服不了他，他會勝利的。」

另一位狂妄的魔子聽後，責備他道：「沒看見他獨自一人嗎！」

一會兒，魔鬼**極滅**又勸魔王道：「他不需要部眾。」

然而，魔王怎麼也聽不進去兒子們的規勸，繼續以令人生畏的陣勢，隨同**黑品**藥叉、阿修羅、鬼怪等，於日落時分呼嘯而至。就在這時，龍王黑色撒腿而逃，後來他雙手遮目地藏在了一處。帝釋背起螺號，逃到了鐵圍山之上。梵天也把白傘插在鐵圍山後，逃到了梵天界。總之，一切眾神都恐懼極了，生怕釋迦牟尼不敵魔軍。

菩薩胸前有吉祥結的莊嚴，具有金剛般堅強的性質；其身時顯時幻，眾魔軍無以辨敵。爲了分隔魔軍，菩薩顯出衝進魔陣的神變，眾魔見狀四處逃竄。當眾魔發現菩薩安然無恙後，又轉身回來，兇狠地拋下了各種各樣的利器。令魔軍不曾想到的是，他們所投的利器快到菩薩身邊時都變成了花幔和寶樓，他們所發出的惡毒火焰也變成了百葉光蓮，在空中飄舞。隨後，菩薩用右手摸了摸頭，而眾魔見到的是菩薩揮起了燃燒的利劍，於是他們倉皇逃向遠方。然而，當他們發現自己不曾

被傷害後，便又捲土重來，射出了各種利器。可是這些利器又變成花環，成爲菩提樹的莊嚴。

大地為我作證

就這樣，魔王看見菩薩的這些功德和法力時，禁不住咬牙切齒地對菩薩吼道：「你爲什麼要坐在金剛座上？」

菩薩答道：「是爲了成就無上智慧。」

魔王又說道：「喂，年輕的王子，快起來去繼承王位吧，除此之外，你還能成就什麼呢？」

說罷，擲下了連環兵器，但這些兵器同樣變成了花朵。隨後，魔王的部眾也擲下了山崗，可是山崗也變成了花環。這時，菩薩又對魔王說道：「你這個元凶，藉一次祭祀就得到了欲界之王，而我行了三劫輪迴數不盡的供祭，爲了眾生，我已犧牲了一切可以犧牲的東西，怎麼會得不到無上的智慧呢？」

魔王聽後答道：「好吧！我藉一次祭祀便得到了欲界之王，由你爲證。那麼，你爲了得到無上智慧，行了三劫無數輪迴的祭祀，這由誰爲證呢？」

菩薩聽後，懷著大慈大悲之心，無畏自如地用顯有法輪和卍符的右手摸遍身體，以各界一切佛陀之態，敲擊了一下大地，說道：「大地爲我作證。這是一切眾生的依靠，她無私無偏，無遠無近。公證的大地啊，來給我作證吧！」

只見菩薩右手剛一觸地，大地就震顫了，並出現了十八種祥兆。這時，擁有八千萬部眾的大地女神破土露出無比莊嚴的上半身說道：「大丈夫，你說的一點也沒有錯，這都是我親眼所見。其實這不需要他人證明，您不就是天神等一切眾生的證人嗎？」

她又對魔王說道：「惡魔！世尊所說皆爲事實。」

說完，便消失而去。

魔王無言以對，不知所措地低下頭來。

事實上，菩薩擊地的聲音在諸魔軍聽來竟是震耳欲聾的「依呀呀，殺呀殺呀」的聲音和「皈依他吧」等頌詞聲。於是乎魔軍個個仰面而倒，連連喊出：「大丈夫饒命，大丈夫饒命。」眾魔嚇得不敢動彈。

婬女誘惑

菩薩這時候發出光芒，把他們一個個從惶恐中解救了出來。隨後，魔王的部眾億萬藥叉和億萬禽獸向菩薩發起了善願，曾經修煉的八萬四千天神獲得了無生智。這會兒，魔王顯然感到了一點慚愧，但是又不甘心逃走，便對部眾吩咐道：「你們先等一會兒，也許我用美色可以收買他。」

隨後，他又招來**魔欲染**、**能悅**和**可愛樂**等，吩咐她們道：「女兒們，你們前去金剛座，獻出女色的各種媚態！」

魔女們聽後，穿戴著仙衣前來菩薩身邊現出三十二種嫵媚之態，唱出催欲之歌引誘菩薩。而菩薩不爲欲望所惑，滿臉慈容地對她們教導了女色之罪如毒的道理，並把她們加持爲老婦，以示證

明。最後，使她們對菩薩產生了敬仰，紛紛稽首禮拜，祝願菩薩早日成就所願。這些魔女們回去後向魔王大講菩薩的功德。

魔王聽後大感不悅。

這時，菩提樹女神**祥女**等八仙女唱起了對菩薩的祝願和讚美之歌；淨土十六天子壓制了眾魔的氣焰；菩提樹十六侍衛神以十六種制術擊退了魔軍。

不動如山

然而，魔王還是不甘心失敗，而且惱羞成怒，想用三千三百六十萬魔軍的威力踏平金剛座。於是如前所述的諸恐怖之極的魔鬼，以充滿三十二由旬的部眾圍住了菩薩。魔王親自拉弓射箭，他把弓弦拉到耳根，吼道：「叫他起來！殺死他！消滅他！這沙門除逃跑之外，無路可走了！」

菩薩見他如此憤怒，便想道：「與一般凡夫較量也要將他引入智謀之中，更何況這是欲界之王，我要用智謀取勝他。」

菩薩想到這裏，隨即心平氣和地說道：「像我這樣的人是無法從樹王之下移開的。」魔王回道：「我是欲界之主，你在我的疆土，你快起身，從命行事吧！你獨自一人坐在這裏是找死啊？那無上之果你是無論如何也得不到的。」

菩薩又說道：「我是法王，放棄了坦途，打敗你後將成就離苦的境界。」

魔王聽後，更加惱怒，兇暴地對眾魔下令道：「快把這沙門捉起來，戴上鐵鐐押到我的宮中，

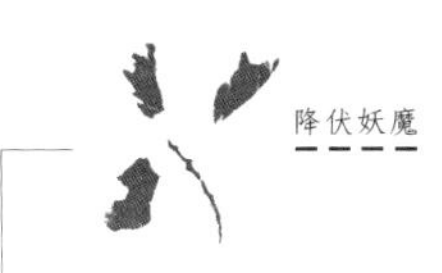

讓他嘗嘗我的厲害！」菩薩回道：「天空也許可以寫下圖案，但你等休想把我從樹下移動。」這時，強大的魔軍發出「哈哈」的怒叫聲，一部分還吼叫道：「嗚呼可憐兒！在戰場上他將會粉身碎骨。」對此，菩薩又道：「就像妄圖恐嚇天空，誰能讓我從這裏站起來？誰也不能夠動我一根毫毛。」

一聽這話，魔王更是怒不可遏，於是推進到離菩薩一丈遠的地方，放下弓箭，抽出利劍吼道：「沙門快起來，要不像砍苗一樣把你攔腰切斷！」

菩薩又說道：「即使是大千界的魔軍，舉著高山般的利劍而來，也動不了我的一根毫毛。」

魔王聽後又吼道：「讓我慢慢收拾你，不要著急。」說著，又招來魔軍，向菩薩拋出燃燒的山崗；降下金剛舌和鐵錘之雨；擲下各種利器；用百手射出百箭；口中吐出毒蠅和火焰；化作大鵬抓起龍蛇；叫嚷著左跳右蹦；捲起大地和江河前躍後跳；眼中發出火光。而此時菩薩進入慈悲的禪定，使一切兵器都變成了仙花青蓮和白蓮。隨後，魔軍躍到空中降下的旌旗之雨也變成了曼陀羅花。魔王又降下毒氣和石雨，被前來扶助菩薩的帝釋、梵天以及淨土諸神變出一座座草棚遮擋了。此後，魔王又用污泥塗染了菩薩的袈裟。在此情景下，菩薩想成就無上智慧，但由於被妖魔包圍而得不到心境，於是化作一座座水晶宮。魔王見後心想：「禪定的天敵是喧鬧，我一直將他圍住，並把菩提樹變成水晶樹，讓枝葉發出不斷的碰撞之聲。」這樣，菩薩更集中不了精神了。淨土諸神見後，每人抓住一片葉子不讓其發聲，但魔軍仍舊圍而不散。

降伏諸魔

這時，菩薩望著眾多的魔軍，說道：「這一切如同幻影，藉一切法皆爲空的這個眞諦，讓所有的武器變成花環吧！」接著又宣頌了《**明妃大隨求母經**》，使金剛起尸母和金剛持也前來助陣。在起尸母的請問下，世尊進入降魔禪定，變成三首六足六臂，右邊各手分別持有金剛杵、錘子和利劍，左邊各手分別持有環、杵和鈴，頂首爲怖畏狀，足下踩壓著水牛王。眾魔見後，嚇得顫抖起來。梵天和帝釋則向他叩起了頭。隨後，從身、語、意中顯出忿怒大威德，只見此神三首六臂，青身者右邊分別持有金剛杵、利劍和彎刀，左邊分別持有環、蓮花和頭骨，紅身者持著金剛杵和頭骨，明妃擁頸，足下踏著水牛和妖魔。菩薩說道：「金剛持，你也以這樣的忿怒之相去降伏妖魔鬼怪吧！」這時，釋迦牟尼成爲十三怖畏金剛的壇城，在金剛持與金剛起尸母的請問下宣講了《**紅黑怖畏金剛續經**》，受到了一切如來的讚美。隨後，用左手從腳摸到頭，然後舉向天空說道：「五行、梵天、星辰、日月、十方諸佛，一輩輩菩薩都可爲我作證。十方一切生靈不斷作出的供祭合起來也不抵我的百分之一。」說完，將左手重重地擊在了地上。這時，落到水晶宮上的兵器的撞擊之聲鎮住了眾魔，大地就像是銅盤被棍子敲擊一般。這會兒，太陽才剛剛落下。眾魔聽見如此巨大的聲音後，悉皆倒了下來，那聲音中還響起了「消滅邪惡之邦」的喊叫聲。眾魔頓時失去了威力，個個身出虛汗，捶胸頓足，叫苦連天，驚恐萬狀。

對這個情景，天神和凡人都分別見到了不同的景象：不斷地降伏妖魔，徹底消滅了妖魔；菩薩坐在蓮花寶座上，坐在獅底寶座上；坐在空中，坐在地上；菩提樹也顯出大香樹和寶樹之相。而統一的顯相是：菩薩坐在耶輸陀菩提樹下的草蓆之上。另外，天、龍、夜叉、阿修羅、迦樓羅、乾闥婆、緊那羅、摩睺羅迦等億萬眾和各種難以計數的生靈也看到了菩薩的威力和獅子遊戲，於是發起了菩提之心。

就這樣，菩薩以悲力、無觸、樂他等十種方式降伏了妖魔。

第十章

成就正覺

思維諸法

釋迦牟尼坐在**尼連禪**河畔的**耶輸陀菩提樹**下，他降伏了強大的魔軍，得到了勝利的寶幢，以恒久和勤奮進入菩提諸法的禪觀之中。至晚上一更時，他獲得了神境智證通而具有了各種神通，能從一變多，又從多變一；身可穿破牆壁、高山，也可鑽入地中；可浮水面而行；可盤腿坐在空中；雙手可遮日月；身體可遍梵天界。

眾魔落荒而逃後又聚集在一起，雖然沒了威風，但見到菩薩進入開示自己的所緣（心境）和法性，以魔王爲首的千萬妖魔怯生生地發出喧鬧之聲，以擾亂菩薩得到唯一境性。對此，菩薩變出一座十二由旬大的伽達摩跋樹森林，隔住了此聲。

菩薩又想獲得天耳智證通，便成就了遠近所有天神的無遮之耳。隨後，菩薩想知道眾魔誰在想迫害自己，誰又在想利益自己，冥想至午夜時，便獲證了他心智通。之後，菩薩冥想起這眾魔在前生前世與自己是什麼關係，於是知曉了他們或是自己的父母、或是兄弟、或是敵人、或是朋友等等，生生世世，無以計數。這樣便獲證了知曉昔日宿住的宿命智通。接著又觀想了眾魔哪些將生爲惡趣，哪些將不生爲惡趣，於是獲證了知曉生死的天眼通。然後又思考了一切眾生由於欲、有、癡三種煩惱而轉生於輪迴之中，怎樣才能斷棄這三種煩惱的緣由。這樣冥想至黎明時分，下半夜末更鐘聲敲響時，菩薩聚思路於四聖諦之法，反覆尋思了因緣循序之法，並進入金剛般的禪定，茅塞頓開，一切業障煙消雲散，獲證了漏盡智通。這是菩薩以苦行、梵行和出家等苦苦索求的甘露般的法

界等持；是到達了常樂我淨的彼岸；是諸佛各自智慧中的惟一眞諦；是摒棄了凡夫所究竟的無我、無常和法性的剎那，以及苦難、變化和不息的劇毒；是了知空性的寶藏；是入大涅槃的甘露寶瓶；是證得解脫的亮麗寶衣。總之，是無上的菩提之果。而在此時，滿月（三月十五日）卻被**羅**睺呑食。

這時的菩薩與常恒、堅固、永久、光明和不動不移的法身爲一體；統攝於大乘法的無退言輪則是與佛圓滿報身同一；永久地懷慈悲於眾生的行爲而與佛的化身一致。他具足有爲和無爲的一切功德，障礙和一切罪惡對於他而言都是不存在的。從而明悟了殊勝的空性，擁有了至尊至聖的佛主和徹底覺悟的智慧。

諸神禮讚

而此時，魔王已經一敗塗地，手中的劍掉落下來，寶幢栽倒在地上，所居之處動蕩不定。部眾四處離散，倉皇而逃，七天之中互不相遇，並從各種坐騎上摔落而下，一個個失聲地嘶叫著「逃命要緊」。菩提樹女神見魔王忍受著劇烈的痛苦，便心生悲憐，用寶瓶向他拋灑出淨水，並勸道：「快走吧！」魔王聽後自語道：「這都是不聽賢兒勸阻的後果啊！」說著，回到了自己的處所，悲苦地用箭往地上畫圖而居。梵天和帝釋施法降下花雨，歡呼著「佛陀！佛陀！」而此刻，耶輸陀羅妃生了太子，甘露飯王的王妃**大力具光**之妹也生下了王子。

就這樣，菩薩獲證正覺之時，大地爲此震動六日，從身上發出照遍一切世界的光芒，三惡趣的

痛苦被息滅，無間地獄被斷除」一切眾生都不再有邪惡、驕慢和兇狠。世尊在色究竟天界在清淨隨眾的簇擁下成就至尊佛果的時間是初八日，而在閻浮提洲成就至尊佛果的時間是十五日，降生和出家之時均為初八日。世尊一獲證遍知，便對居於自己心中的金剛持發出一百零八種名號的讚美，一切如來也向金剛持發出「善哉！善哉！」的稱頌。

這時，眾天神說道：「朋友們，他已成就了佛果，抛撒鮮花吧！」而熟知前緣的諸神則說道：「在發信號以前不能撒花。」與此同時，十方諸佛歡呼道：「善哉！成就了如來圓滿佛果！」並伸出右手問候道：「辛苦了，正覺順利地獲得了嗎？以自然之智掌握了一切法了嗎？」隨後，派出諸菩薩，給世尊帶去了能遍蓋大十世界的光芒萬丈的蓋傘。這些菩薩也向世尊叩首頂禮，將蓋傘獻給了世尊。隨後，世尊盤腿飛騰到七多羅樹之高的空中說道：「路已盡，垢已息，漏已止。」話音剛落，眾神便撒下了花雨。接著**居淨天**諸神帶著旃檀粉、**光淨天**諸神帶著傘和寶幢、**梵天**諸神帶著珍寶瓔珞、心向善業的魔子們帶著寶幔、**大自在天**等帶著金蓮、**樂化天**帶著各色旗幡、**兜率天**帶著布帛瓔珞、**時分天**帶著香珞、**帝釋**帶著香膏、四大天王帶著各種鮮花等，紛紛前來供奉讚美，把金剛座裝扮得異常美妙。只見世尊首次成佛之地的聖地金剛座**那爛陀**如同金剛般堅不可摧，四周撒滿了鮮花，懸掛著各色瓔珞，菩提樹吠琉璃的枝葉上掛滿了珍寶果子，所發出的光芒中降下寶石之雨，寶石中顯出菩薩祥雲，由寶物生成的四圍中顯出三世諸相，幻化於四方的宮門上垂懸著寶石鍊飾。天窗、風鈴、瓔珞、飛簷、亭台、寶柱、牌樓、樓閣一應俱全，壯麗無比。鮮花和旗幡滿天飛揚，顯現出一切眾生的居舍。佛界的音樂不斷。在這無邊法界照耀之處，普賢等無數十方菩薩、無數金

剛持眾、昔日**大日如來**所教化的證有無上解脫的各方三十八種諸神以及龍等無數眾神，一起坐在獅底蓮心座上入定。大日如來也以大海之性就坐，其境地是如同手掌上具有蓮心莊嚴般的四大部洲世界，娑婆界也屬這一世界。

這時，世尊的獅底寶座、蓮花心和寶座的莊嚴樓等壇城中的一切莊嚴之間出現了**大海智慧**等多如一切佛界塵埃的菩薩，以無邊的雲海供奉世尊，盤坐在各自的獅底寶座上，仰望著壇城連連稱頌。隨後，諸菩薩等待著，觀望所要顯現的佛的功德之海。只見世尊從臉上發出光芒，召來了十佛界的**法瑞蓮花觀**等十位菩薩，坐在世尊的面前，從他們的毛孔中發生光海供奉著世尊。接著，世尊從眉間發出光芒，一朵朵蓮花出現在其面前，一會兒，**無益界菩薩**與無數菩薩一起從眉間出現，向世尊叩拜、巡禮後坐在蓮心之上，其部眾坐在了花鬚之上。

大方廣佛華嚴經

此後，緣於佛的法力，諸佛催促**普賢菩薩**坐在世尊面前的獅底寶座上，普賢菩薩應命宣講了《大方廣佛華嚴經》等法門，並施出了降下寶石雨等神通。之後，世尊從毛孔中發出無數光芒，在光芒中無數佛陀呈現了出來。這樣，佛陀又從毛孔中發出無量的召喚，使十方無數菩薩、獨覺者聞聲後，都手持供品，前來供奉世尊。接著，又從十方各界走來**文殊**等十位菩薩，坐在世尊面前，**文殊**宣講了「佛名神咒」等法門。隨後，世尊從足底發出萬千光芒，照亮了大千界。每道光上坐有一尊開示誕生、出家、正覺、轉法輪和涅槃等宏業的世尊，十位菩薩來到其面前相互問答，宣講了

「潔淨行境」和「賢吉祥」等法門。

此後，世尊坐在菩提樹下的同時，來到無頂須彌之巔，由帝釋在**勝妙宮**設了獅底寶座，邀請而去。這時，**法慧**等十位菩薩前來拜謁。法慧宣講了「法慧十義」等法門。接著他還是坐在菩提樹下的同時，又來到了時分天，坐在**雙子**天王的**聚寶宮**中，**具功德**等十位菩薩即刻前來拜謁。具功德宣講了「十無盡行藏」法門。隨後，世尊又來到兜率天，坐在**極喜**天王的**莊嚴寶宮**。**金剛幢**等十位菩薩急忙拜謁。金剛幢宣講了「菩提十迴」的法門。

就這樣，諸業已淨的天神和各大菩薩看到世尊坐在菩提樹下的同時又前往各天界的情景；而凡夫見到的只是入定火境，七天之內不解趺坐，一直注視著菩提樹的情景，三萬二千眾天子由此而發了心。

這時，已圓滿獲證正法甘露的世尊說道：「我曾面對魔師起誓，不獲正覺，至老至死不解這趺坐。如今以金剛般的智慧，我消盡了無明，獲得了十力，因此將解開這趺坐。」說完，便緩緩站了起來。隨即大地爲之震動不已。欲色各界兩萬眾天神持著香水寶瓶，洗淨了世尊和菩提樹。天龍八部諸生靈拿世尊用過的香水擦拭自己的身體，並發了心。此後，世尊坐在了獅底寶座上，眾神請教他入定七天的禪名，世尊答道：「這是『喜食莊嚴』。」接著又說道：「無論是世間的欲樂，還是天上的享樂，都抵不上這輪迴已盡的十六分之一。」說話間，金剛座的大菩提塔也建成了。

二商人供養

這期間，昔日曾發過願的名叫**帝黎富婆**和**跋梨迦**的兩個商人兄弟發了大財，他們趕著兩頭靈象，帶著錢財從南向北途經金剛座附近。這兩頭大象一頭叫**江喜勒吉**、一頭叫**剳巴**。它們極通人性，從不惹是生非。過去，如果前方出現某種不祥之兆時，它們便停止不前。這會兒，它們又停止不前了。竹林中的女神也施法將象車的輪子陷入地中。此情此景，使兩位商人有點害怕，他們派暗探前去偵察，但回報說平安無事。而竹林女神也顯出原形，給予安慰。隨後，兩頭大象拖著象車把這兄弟二人帶到了世尊的面前。兩兄弟見到世尊後，發現是位出家人，便安心了。兩位商人回到家中後，他們的母牛群擠奶時擠出的儘是奶油，這使他們非常奇怪。諸婆羅門歪曲地預示了此事。兩位商人有一個親戚也是婆羅門，名叫**孔雀**。他生於梵界，這會兒化成婆羅門前來，對他們說道：「牛出奶油，這是祥兆。」說完，便顯出原形，繼續對他們說道：「諸位商人，世尊剛剛成佛，他結跏趺坐了七天七夜，獲得了極大的愉悅和安逸，到現在還沒有人給他供齋飯，你們去給他獻上第一頓齋飯吧。如果他食用了會妙轉法輪的。」那位親戚離去後，兩位商人開始商量和準備著給世尊送齋飯的事。

羅睺羅與阿難

與此同時，在迦毘羅衛城中，淨飯王正在舉行盛大的施捨活動，準備給耶輸陀羅妃的太子起

名。由於這位太子生下時，月亮被羅睺吞食，眾嬪妃和大臣提議取名爲**羅睺羅**（意爲「障月」）。

曾經被世尊打敗的眾妖魔七天之後聚在一起又想出了一個壞主意。他們來到迦毘羅衛城，宣稱說釋迦牟尼死在金剛座的草蓆之上。淨飯王和眾臣聽到這個消息後非常悲傷，眾嬪妃因此而昏厥過去。這時，護持世尊的諸神前來報信說釋迦牟尼不但安然無恙，而且已獲證了無上的智慧。淨飯王和釋迦舉國頓時轉悲爲喜。同 時間，甘露飯王也給公子取了名字，叫**阿難**，意思是「慶喜」，因爲他的出生使全城變成了歡樂的海洋。

後來，淨飯王稱羅睺羅不是釋迦牟尼的親生子，耶輸陀羅妃聽到此言後非常失望。她來到一個池塘邊，把太子放在一塊石頭上說道：「如果你是釋迦牟尼的太子，就跟石頭一起浮在水面上。如果不是，就跟石頭一起沈下去吧！」說完，便把王子和石頭一起扔進了池中。只見太子與石頭一起浮在了水面上。淨飯王見後，高興地親自下到池中，把羅睺羅抱在了懷中。

證道後七周

就這樣過了七天後的心宿月初八日，世尊來到他化自在天，和從異界前來的**金剛藏**等眾菩薩在一起，坐在天王自在的寶王無量宮中。這時，與金剛藏同名的千萬佛陀伸手加持了金剛藏菩薩。同時，在**解脫月菩薩**的請求和世尊的鼓勵下，金剛藏菩薩向眾佛和菩薩宣講了「**十地經論法門**」。就在此地，世尊又在無數菩薩的圍繞中就坐於獅底寶座上講授了「**身語意空心法門**」，並發出光芒，使**寶慧**等十方十菩薩帶著十佛所授予的陀羅尼前來坐在世尊的身邊。隨後，世尊寫出金剛壇城，加

持金剛持向他們授予教法。接著，金剛持向世尊請問佛的智慧、因緣、根本和究竟，世尊便詳盡地宣講了《**大毗遮那成佛神變加持經**》，金剛持也宣講了《**後續**》。世尊再次與普賢等無數菩薩一起就坐於部眾壇城中時，當即出現了十方十菩薩及其無數部眾，坐在了獅底寶座之上。除了普賢之外，所有部眾黯然失色，並向世尊奉以無量的祥雲之供。部眾不知這些菩薩從何方而來，便問普賢菩薩。普賢則像受了密法似的合十而望，只見他們是從世尊的腳底到髮髻間的十界之中顯現而來，這使他們獲得了遍知閃電等法果。

此後，世尊坐在當初成佛時的光心宮中，部眾有無數菩薩。這時，**遍目菩薩**向世尊請教法門，世尊則讚美了普賢。部眾這時候才發現普賢不見了，於是便禱告道：「頂禮普賢！」話音剛落，再回頭一看，發現普賢不知何時已坐在了世尊身旁。在遍目的請問下，普賢宣講了「十等持」和「十神通」等法門，接著心自在菩薩也宣講了「數」、「壽命」和「處境」等法門。隨後，世尊加持了青蓮心菩薩，並宣講了佛的妙法。普賢菩薩也宣講了無量的佛號。接著世尊又向珍寶手菩薩講授了「相好光」法門，普賢也宣講了「普賢行」法門。接著，世尊從眉間發出光芒，召來了宗生瑞菩薩。當他向世尊請問教法時，世尊向普賢照出光芒，使普賢從獅底寶座上鶴立雞群般地突顯了出來，在宗生瑞的請問下，他宣講了「如來轉世」法門，佛和眾菩薩連呼「善哉」。隨後，普賢又從大方廣佛入定中站起來，在遍目菩薩的請求下，宣講了「出世尊」法門，使十方諸佛顯出容顏，連聲稱讚。而普通的情景之中則是世尊在成佛後的第二周中，遠遊於三千界之內。到了第三周時，世尊說道：「我成就了佛果，脫離了生老病死之苦！」

隨後，便目不轉睛地注視著金剛座。

在第四周中，世尊遊訪了東海和西海之濱，並去了雪域。

在第五周時，發生了災荒，世尊坐在**目真林陀山**中，龍王**林陀**纏繞世尊身體七周，並豎起了首冠。另外四方諸龍王也如此照辦，拯救了災害。就是在這一次的賑災義舉中，諸龍王體驗到了因接觸世尊身體而得到的安樂是他們從未感到過的。

箕宿月初二日，世尊就在那座山中坐在燃燒的蓮花寶座上。他的身邊是**大力四手**，這是因爲世尊向金剛手講授了**《大力明王經咒》**。這時，三千界燃燒在一起，魔王持著兵器顯出各種神通向世尊走來。只見手持棍子和金剛杵的**紅忿怒穢積明王**從各方顯身，使魔王嚇得渾身打顫，不能自已。金剛持便用金剛套將他捆了起來。當金剛持燃起金剛杵由穢積明王指向魔王之首時，魔王向金剛持連連求饒，並接受了居士戒。到第六周時，災荒已過，眾龍從世尊身上解開了纏繞。隨後，世尊來到尼連禪河邊，坐在一棵尼拘律樹下。這時，那些龍王、眾瑜伽行者、遍行者和裸形者問他道：「喬答摩，平安地度過災荒了嗎？」

世尊對他們說道：「聞法見法、樂居幽境就是安樂；授戒於動物妖魔等生命，相安無事就是世界的安樂；不染一切罪孽，脫離各種欲望就是世界的安樂；克服了自高自慢，則是最大的安樂。」

到了第七周，世尊坐在娑羅雙樹和竹子林中的桌居樹下。這時，帝黎富婆和跋梨迦二位商人帶著轉乳、蜂蜜、蔗糖和豆羹等齋飯前來。他們請求世尊道：「請懷慈悲於我們，用了這齋飯吧！」

以石鉢接受供養

當他們捧起齋飯祈禱時，世尊心想：「用手去接拿會成外道之舉，昔日諸佛是用什麼器物用飯的呢？」

這時，諸神感知到了世尊的想法，於是默念道：「用鉢盂食用。」

世尊立刻感知到了此事。隨後，四大天王也分別向世尊獻上了金、銀、吠琉璃、水晶、冰珠石和松石等製作的鉢盂各四隻。不過，世尊認爲這些都不是法門的用品，故沒有接受。世尊想，昔日諸佛是用石鉢食用。這時，多聞子知道了此事，便想起以前青藍天界的**明照神**曾給了他四隻石鉢，並囑託他把石鉢獻給釋迦牟尼。當時**多聞子**把此事告知了另三位天王，他們便每人拿起一隻石鉢，裝滿仙花獻給了世尊。

世尊伸出右手先接過多聞子的石鉢，然後接過另三位天王的石鉢，接著又接過了其他無數四大天王獻的石鉢。世尊施法把所有石鉢加持爲一隻大石鉢。這樣，所有天王都看到世尊接受了自己所獻的鉢盂，便皆大歡喜，都獲得了無還大乘果。隨之，世尊慈悲地從兩位商人手中接過齋飯，盛在石鉢之中食用，並把他們用來裝轉乳的寶盤拋到空中。那寶盤隨即被天神**極梵天**接走，帶到梵天界以作供物。

大概就是從這時起，威光力神始終跟隨於世尊，把他人用鉢盂所獻的齋飯佈施給所有發過善根的窮人。窮人吃飽喝足之後，發起了心。不過，這神別人是看不到的。世尊則是爲了滿足施主之願

而顯出食用之舉的。隨後，世尊對二位商人說道：「你們要皈依佛陀，皈依佛法，也皈依將來的僧伽。」

當兩位商人承諾後，世尊以「吉祥如意，心想事成」等祝詞讚美了他們的施捨，並把他們授記為**密生佛**。與此同時，六萬天神也向世尊奉獻了齋飯，並從而使他們獲得了無還大乘果。商人們完成了心願，高高興興地走向北方繼續經商去了。

由於蜂蜜和豆羹使體內生氣，世尊為了教化眾生顯出患風病之態。這時，魔王勸世尊涅槃。世尊說道：「不到具備三寶、授記為菩提果、四眾弟子傳法之時，我不會涅槃的。」

魔王聽後，無可奈何地用嵩劃著地面。當三位魔女看見魔王不悅的樣子，分別變成老中青三個婦人前來挑戰世尊，但被世尊加持為老婦，無法變身。當她們前來向魔王求助時，魔王告訴她們說，得去找喬答摩。這樣，她們來到世尊面前請求寬恕，世尊解除了她們的老婦之相。這件事使她們一下子對世尊產生了敬仰，隨後，消失而去。

這時，帝釋向世尊供奉了訶子，世尊食用後身體得到了康復。

梵天勸請

箕宿月初四日，當太陽快要落山之時，世尊心想：「我徹悟的不是辯思者所求的度量境，而是惟有智者才能理解的甚深教法，這教法講給別人聽也不能理解，不如居於安樂瑜伽之中。」

於是又說道：「我獲得了正法甘露，這就是甚深無垢光明無行的教法。我講出來別人也不會理

解，不如去安坐在幽靜的林邊。」

說完，又想：「如果梵天前來勉力，我將轉啓法輪。」

於是世尊從眉間發出光芒，照遍了大千界。

娑婆世界的怙主**髻冠梵天**曾經生爲**法慧子**時發過願，大凡天神和凡人都視梵天爲主，所以世尊爲了教化更多的眾生，便心向著梵天。梵天得知了世尊之意，認爲世尊不應該無事而坐，便召集起六千八百萬梵天眾神，勸請世尊轉啓法輪。見世尊不說什麼，知道世尊已答應了此事，他們就又說又笑地回去了。世尊爲了讓眾人更加信仰教法，爲了梵天多多勉力會使善根興起著想，也爲了深入地講授教法，便第二次決意靜居，以示正法的廣大。

梵天得知後，邀請帝釋與欲色兩界的大自在天等眾多天神，一起到世尊面前乞求講法。但世尊沒有答應，眾神悉皆悲傷離去。這時，摩揭陀國人產生了這樣的罪惡之兆：風不起、火不燃、雨不降、莊稼不生、孕婦不分娩等。

可是這些飛來橫禍並不能動搖世尊靜居的決心，於是世尊還是毫不猶豫地進行了第三次靜居。

其實，世尊在這四十九天中所行的功業比其在三十五年中爲眾生所做的功業大得多。

第十一章

初轉法輪

這一天，**髻冠梵天**率八千部眾，於傍晚時分來到了世尊面前。他雙手合十地請求道：「曾經在金剛座興起的教法，不是完美無缺的眞理。故請啓開正法甘露的寶庫，宣揚您所證悟的妙法吧！請您用這神聖的教法明燈照亮黑暗吧！如來寶幢該由您來高舉，宣揚妙法的時候已經來臨，請敲出獅吼般的法鼓吧！」

世尊回答道：「梵天啊！我以艱苦的努力，滅除了惡根，證悟了教法，但沈陷於塵世的眾生，不會感悟這教法啊！」

梵天又求道：「世上有聰明和愚笨等各種人，有的人是易於教化的人，這些可教化之人如果聽不到教法，將會破落衰亡。所以，請宣揚教法吧！」稍頃，他又讚歎道：「您曾經爲了尋得正法，經受了怎樣的生生死死啊！」

隨後，眾梵天子也請求道：「世尊啊！您爲了教法受盡了艱難。而如今，世尊已證悟了圓滿的教法，爲何不點亮法燈而想著涅槃呢？」

世尊聽後，賜言道：「甘露之門已經開啓，願聽教法的人們啊，請拋開心中的疑慮。梵天啊！我不再推諉，要給人們宣講豐富而簡潔的教法。」

六萬八千眾梵天諸神聽到此言後，都不能不相信世尊是無上的聖者，進而從心中發起了菩提之心，隨後，消失而去。

這之後，世尊正在考慮著所要講授的教法時，眾天子宣佈道：「今夜世尊將妙轉法輪，這將使眾生得到利益和幸福。」

該對誰說呢

這時，**法存**等菩薩樹四神請問世尊道：「在何處轉啓法輪？」

世尊答道：「於**波羅奈**。」

四神又請求道：「那裡人少，請另選他處吧！」

世尊說道：「那裡是曾經眾仙人無數次供祭過的地方，故宜在那裡講法。」

之後菩薩心想：「首選給誰講法呢？聰明而易於教化的人是誰呢？哦，**優陀羅羅摩子**是我的老師，況且他崇尚眞理，應該是他。」

一會兒，又感知到優陀羅羅摩子已過世七天，諸神也向他稟報了此事。菩薩又想到應給**阿羅邏迦蘭**講法，可是立刻又感知到他也於昨夜三更過世，諸神也向他稟報了此事。

世尊這時候歎道：「哦，這兩位的去世是多麼不幸啊！他們沒有聽到我的律藏教法。」

後來，世尊想到純潔而易教化者應該是五比丘。於是他於初五巡遊了大千各界後，向**迦耶山**走去。途中，世尊遇到了一個叫**優婆迦**的苦行者。優婆迦見世尊後問道：「喬答摩，您的相貌如此之好，您在誰的門下求道？」

世尊答道：「我沒有老師，世間沒有我這樣的人，我是獨自證道悟法，恒久不變，也沒有煩惱。」

優婆迦問道：「喬答摩，您是說自己是佛陀嗎？」

世尊答道：「是的。」

優婆迦又問道：「那麼您要去哪裡？」

世尊答道：「我要去波羅奈，去那裡的**迦尸城**，向失去雙目般的世界點燃明亮的法燈。」

優婆迦聽後，連聲讚歎：「您就是佛陀！您就是佛陀！」

說完，與世尊分手，走向南方。

沿途，世尊受到了迦耶山龍王和施主的宴請，於初六日抵達恒河岸邊。爲渡過恒河，世尊找到了船夫。而船夫要求他先交船費。世尊聽後說道：「朋友，我沒有錢給你付船費。」說著，便飛上了天空。船夫見狀，追悔莫及，暈倒在地。頻婆娑羅王聽說此事後，下令從此不准收取出家人的渡船費。

為五比丘說法

初七那天，世尊遊覽了迦尸城，在波羅奈城用膳後，走向**鹿野苑**的苦行林。五比丘遠遠望見世尊走來，便私下商定道：「沙門喬答摩捨棄了富貴後，又來到這貧苦的地方，我們不和他搭話，不行站禮，不向他禮拜，也不給他讓座。」

但是憍陳如當時沒有作聲。

一會兒，當世尊來到他們旁邊時，五比丘由於承受不了世尊的榮耀，個個不由自主地從座上站了起來。**憍陳如**爲世尊祈禱；**阿舍婆誓**忙於迎接，他十分虔誠地從世尊手中接過袈裟和缽盂；**摩訶**

跋提爲世尊鋪坐墊；**摩男俱利**向世尊敬獻禮物；**十力迦葉**向世尊端洗腳水。後來他們一起說道：「聖者喬答摩，您的光臨是我們的榮幸。請坐！」

世尊坐到座位上後，五比丘又從宗族、長壽等方面誇耀了他。世尊聽後，說道：「你們不要這樣迎合如來，這會使你們受到長期的危害和苦惱。」五人聽後，不悅地問道：「喬答摩，您以前享盡榮華富貴，而後又刻苦修行，這能使您記得世俗之法和無上神聖之法嗎？」

世尊聽後說道：「這兩點並不是出家的依靠點。因爲一味地追求五欲是卑劣的，而一味地苦修自身對證悟聖道也是有害的。你不必依靠這兩點，我告訴你們，另外有一條中道，它能使你的智慧開啓，身心安逸，使你們明瞭一切，圓滿正覺，證得解脫。什麼是中道呢？那就是八支正道。」

就這樣，世尊上午爲五人中的兩人講授法訣，讓其餘三人前去化緣，所得食物供六人食用。而下午世尊又爲後三人講授法訣，讓另二人前去化緣。

轉法輪

初八日，世尊考慮著去鹿野苑的何處轉法輪爲好時，在諸佛曾經轉過法輪的地方出現了千萬座七寶法座。梵天也設了一座四萬二千由旬高的獅底寶座。另外，其他梵天諸神、帝釋以及數以億計的菩薩也設立了同樣的獅底寶座。諸天神爲了轉法輪，專門幻化了一個壯麗無比的巨大道場，其縱橫有七百由旬之大。天空中豎起了蓋傘和瓔珞等莊嚴，欲界諸神獻出八千座獅底寶座，祈求道：「請駕坐於此上，妙轉法輪吧！」

隨後，世尊爲表示對諸佛的恭敬，圍繞著三個寶座轉了一圈後，坐在了第四個寶座上，並且也顯現了就坐於梵天、帝釋和眾菩薩獻予的寶座的幻相。五比丘向世尊叩首頂禮，恭敬地跪坐在世尊的面前。

這時，世尊身上發出了一道強烈的光芒，它斷除了一切苦難；十八種瑞兆突然顯現，大千世界充滿了慈悲。而光芒中發出了這樣的召喚：「誰想聽聞佛陀千劫所證得的妙法，請快快前來傾聽吧！」

頓時，天、龍、夜叉、乾闥婆、阿修羅、迦樓羅、緊那羅、摩睺羅迦天龍八部也知曉了此事，紛紛來到世尊面前。十方眾菩薩也行將前來，總之，世尊的心聲傳遍了大千世界。隨後，十方眾菩薩、帝釋等大千世界的諸權貴跪拜於世尊的足前，祈求道：「爲利益眾生，請轉啓無上法輪吧！」

梵天也祈求道：「爲受苦於眾多煩惱病魔的眾生，聖醫般的佛陀，請轉法輪吧！請分賜七聖財寶（即：信受正法、持戒律、能聞正教、自分有慚、於人有愧、捨離一切而無染著、智慧照事理）而妙轉法輪吧！以圓滿無缺的思想消除病魔而轉啓神聖的法輪吧！」

說著，向世尊敬獻了法輪。

隨後，曾經在燃燈佛前爲了轉啓法輪而祈禱過的菩薩，名叫**發心便轉法輪**，也給世尊獻了法輪。此法輪是由天界的瞻部水的金子生成，具有千道輻條、千道光芒，無比莊嚴，是昔時諸佛使用過的法輪。據說當時有一對野鹿從林中走來，注視著法輪而久立不去。爲聽聞正法而雲集於此的眾人平靜地注視著世尊。而世尊在上半夜進入神聖的觀想，午夜時宣講了相關相應的言教，後半夜

時，他召喚五比丘，以十二種方式向他們講授了四聖諦的名稱和取捨，及其明覺、捨斷、證得等捨離兩極的八支正法中道。所講之法，三乘眾生聽得了各自所宜的種種妙法，大千世界中存在的無邊眞諦，都各自聽聞。就這樣，世尊宣講了無所不包的聖諦，使聖徒憍陳如以及威光等八萬神靈對教法獲得了無遮正法之眼。

隨後，世尊向憍陳如道：「你明知一切了嗎？」

憍陳如答道：「是的，世尊。」

這樣，憍陳如得了遍知憍陳如的美名，世間也有了三寶。

第二日，眾神宣佈道：「世尊在波羅奈以十二種方式宣講世間不曾有人講過的教法。」

證得阿羅漢果

之後，世尊又召集五比丘，第二次向他們講授了四聖諦法。聽了此法後，憍陳如脫離諸煩惱，獲證了阿羅漢果。這成了世間的第一位阿羅漢。第二位阿羅漢是世尊。而其他四位比丘，即**阿舍婆誓**、**摩訶跋提**、**摩男俱利**、**十力迦葉**也陸續證道。

就這樣，五群比丘獲得了全智後，他們身上的外道標誌和法幢等頃刻間化爲烏有，取而代之的是剃去髮辮、身著僧衣、手持缽盂等具足比丘之相。世尊宣稱在穿著僧衣的人中，憍陳如是法臘第一。隨後，世尊又爲其餘的比丘講授了色是無我的、苦的和無常的等廣大的教法。其餘四位比丘就是在這時候獲證了阿羅漢果。這時，世間有五位阿羅漢，第六位是世尊。總之，世尊這一次的講經

說法有著極其深遠而廣闊的意義。他使八千四百萬天神和八萬四千眾凡夫明悟了眞諦。

世尊講法的美妙梵音響遍了十方各界，因此十方諸佛也默不作聲。諸佛的侍從見狀歎道：「爲什麼不賜言教？」

諸佛答道：「世尊釋迦牟尼獲證正覺，現正在轉法輪，所以不出聲。」

爲此，千萬眾生發起了菩提之心。彌勒菩薩祈求世尊道：「想聽聽轉法輪的神變。」

於是世尊轉啓了空性和入聖行的法輪。據說，由於轉啓了此法輪，故得名**如來**。就這樣，世尊爲諸菩薩講授了深奧的教法，而凡人只能看到他給五比丘講授聲聞乘的四聖諦之法。

世尊第一次妙轉法輪時所行的利他功業，即使舍利弗也在百年之中無法估量。紀念世尊在迦尸城妙轉法輪的法輪塔也於此時修建。

時隔一日，來自東方**瞻匐色佛**世界伏敵界的**持力菩薩**，爲了恭敬世尊釋迦牟尼來到這裡。他想衡量衡量這位世尊的身高和髮髻，便將自己的身體化爲八萬四千由旬之高，尋視如來。但見如來之身有六百八十萬由旬之高。這樣，他繼續將自己的身體變大，達到超越恒河沙粒般的無數佛界，最後升到**蓮花目界**的如來**蓮花祥**面前。然而，從這裡也仍然沒能見著釋迦牟尼的髻冠。於是世尊蓮花祥對他說道：「即使你永遠升高，也無法量到釋迦牟尼的身高。」

他聽後，來到釋迦牟尼佛前禮拜，並以偈詞稱頌。爲此，千萬眾生發起了菩提心。由於以前的習慣，這時五比丘不由地將袈裟穿戴得跟俗人一般，這引起了俗人們的不敬。眾神見狀後，希望他們能像淨土諸神般穿戴。世尊爲此還兩次制定戒律，要求他們以繞周式地穿著僧衣。後來，由於五

比丘受到了獵豹等野獸的迫害，世尊接受了對自己特別虔誠的波羅奈城富有施主善賢的供養，在鹿野苑修建了第一座精舍，並居在其中。

第十二章

教團成立

耶舍歸佛

波羅奈城有一位叫**俱梨迦**的富有施主，他生有五個兒子，其中大兒子**耶舍**日夜與女色尋歡作樂。某夜，他疲憊不堪地和妻妾們一同睡去。由於受到善根的啓示，從睡夢中醒來時，看見自己的妻妾們赤裸著身體，披頭散髮，下身糜爛。耶舍突然覺得她們就是尸陀林中的屍體，繼而悲痛欲絕地從床上起來，穿上無價的寶鞋走出房門，連連哀歎道：「朋友，我苦啊！」

他走出來時，房門無聲無息地由鬼神自動開啓。他哭著來到城外，仍然沒人發覺，當他到達**縛羅迦**河岸時，正遇上世尊來到**善賢精舍**外面遊行。耶舍看見世尊後，喊道：「沙門，我苦啊！」

世尊對他喊道：「公子，到這邊來吧，對你沒有迫害的地方就是這裡！」

耶舍聽後，將一雙寶鞋脫掉留在河邊，渡河來到了世尊跟前。世尊把他帶進善賢精舍，向他講授了四聖諦教法。耶舍一聽這教法，便就地開悟，成爲了具足比丘。

那天晚上，耶舍的一位女僕從夢中醒來時，發現耶舍不在床上，於是將此事報告給了俱梨迦長者。俱梨迦聽後，懷疑是強盜劫持了公子，便派人四處追尋，自己親自與手持火炬的眾人一起尋到了縛羅迦河邊。見到那雙寶鞋後，渡河來到了河的對岸。世尊見狀，便施法將耶舍隱身起來。俱梨迦來到世尊旁，問道：「沙門，見到耶舍了嗎？」

世尊回答道：「施主，請坐到這墊子上，您即刻會見到耶舍的。」

俱梨迦聽後非常高興，隨即給世尊頂禮叩拜。隨後，世尊向他講授了教法。這樣，到太陽快從

東方升起時，俱梨迦長者獲得了法眼，而耶舍穿戴著俗衣飾獲證了阿羅漢果位。世尊完成這神奇的教化後，說道：「穿金戴飾也可修教法，對眾生沒有迫害之心，這就是比丘沙門，也是婆羅門。」

這時，世間有了六位阿羅漢，世尊是第七位。

俱梨迦在世尊的身旁見到了耶舍，急忙對他說道：「你母親在家爲你著急不安，快回家吧！」世尊聽後，對俱梨迦說道：「耶舍已經是阿羅漢了！」

這時，耶舍變成了比丘的裝扮。於是俱梨迦長者邀請世尊到他府上接受供養。世尊答應前往後，俱梨迦長者高興地回家了。

第二天上午，世尊帶著五比丘與耶舍來到俱梨迦家中，入坐後世尊向其家人講授了教法。聽完教法後，耶舍的母親、妻子以及女僕都悟了道，接受了居士戒。

群賢青年歸佛

之後，世尊一行用完俱梨迦供奉的午齋後辭別了。後來，俱梨迦的二兒子**滿慈子**、三兒子**無垢子**、四兒子**牛相子**和五兒子**賢臂子**四兄弟聽說耶舍出家後，也都生起出家的念頭。不久，他們幾兄弟一同離開波羅奈城來到**善賢精舍**拜見世尊，請求出家。後來，他們都證得了阿羅漢果位。這五兄弟被稱爲**五近比丘**。這時，世間已有十位阿羅漢，第十一位是世尊。

後來，波羅奈城富貴施主的子孫**兇猛**等五十人聽說五近比丘出家之事後，也生起出家的念頭，並追隨世尊而去。後來他們也在世尊面前接受具足戒律，獲證了阿羅漢果。這時，世間有六十位阿

羅漢，第六十一位是世尊。

火施出家，名迦旃延

在兜率天，曾經有過佛陀的「什麼王公生欲後，會染煩惱之塵垢……」的八行問句。當時這八行問句只有世尊才能解釋。其時，**多聞子天王**來到兜率天，獲聞這個問題後，將其刻寫在**楊柳宮**的草地上。藥叉**金光**在楊柳宮見到了這個問題後，很費了一番心思，但一直沒有解開其意，於是把它帶到**石頭國**，對朋友龍王**草果葉**說道：「朋友，這是佛陀提的問題，至今誰也沒解開其意。你帶著它巡遊各個城市，看有沒有人能解開這個謎。如果有，就賞他十萬兩金子；如果沒有，就宣稱這些城市只是名存實亡。」

龍王聽後，將自己變化爲婆羅門之身，帶著十萬兩金子到處巡遊，最後來到波羅奈城中，在各個路口宣告此事。人們聽後，覺得非常奇怪，但還是沒人能解釋其意。眾人告訴他道：「可去問問**火施**，他是阿私陀大仙的外甥，現在與五百婆羅門和吠陀等人居在修行者和婆羅門廟中。」

當他找到火施並提出問題時，火施讀了一下問題，便回答道：「好啊！婆羅門子，我可以解開它。」

龍王問道：「什麼時候？」

火施答道：「十二年以後。」

龍王聽後說道：「大仙啊！十二年也太長了吧！我給你七天的時間。」

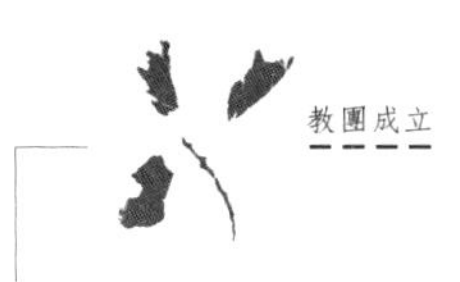

其實火施也不能解開這個問題，只是他想到了去請教五比丘。第二日，他就帶著十萬兩金子，來到五比丘處請教。五比丘聽後，對火施說：「你去請教世尊吧！」

火施驚訝地問道：「世間出了世尊嗎？」

五比丘答道：「是的。」

火施又問：「他在什麼地方？」

五比丘答道：「在鹿野苑。」

火施聽後非常高興，隨即前去拜見了世尊。經世尊的教化，火施明悟了眞諦，請求出家。世尊這時候對他說道：「你先去解答問題吧！」

說著，向他詳細瞭解了所要解答的問題。隨後，火施對化身爲婆羅門的龍王說道：「請提問吧！」

龍王提問後，火施回答道：「最重要的是明解聖言……」

龍王聽後，說道：「所言都是佛語，但你還沒有證實。我對此猶豫不決，請快快解除這個問題對我的誘惑吧！」

爲此，火施用指甲割斷動脈，以示證明。龍王見後問道：「世間出了佛陀了嗎？」

火施答道：「是的。」

龍王問道：「他在何處？」

火施答道：「在鹿野苑。」龍王草果葉聽後，心想：「如果我以婆羅門之身前往，會得罪於其

他婆羅門。如果我以自己的原身前去，會受到其他龍的陷害，那麼，就化身成轉輪王前去拜見世尊吧。」

於是化身為具有七政寶的轉輪王來到了世尊面前。世尊的眾隨眾見他前來，都感到非常驚奇，猜測著他的身份。這時，世尊對他說道：「你這個呆子，你違背迦葉佛的戒規而生為龍，這會兒又想騙我的隨眾嗎？快快顯出原身！」

草果葉說道：「那樣，我會受到和我有仇的其他龍的迫害。」

世尊聽後，派金剛持為他的護衛，讓他顯出原形。剎那間，大家看到他的尾巴位於石頭國，具有七個頭顱，每個頭上長著一株草果。位於波羅奈的七個頭上有無數蠅蚊在叮咬吸食。他來到世尊前祈求道：「請給我賜個教法吧！」

世尊對他道：「彌勒將會賜予你教法的。」

世尊剛剛說完，那龍王就消失而去。隨眾還為此而悲哀了好一陣。

就在那龍王離去不久，火施與五百部眾也來到世尊面前，授受了具足戒律，後經修煉，獲證了阿羅漢果位。由於火施是迦旃族人，故世尊給他取名為**迦旃延**。

遣諸弟子展開教化

當時，烏丈那國發生了戰亂和瘟疫，世尊想派迦旃延去教化烏丈那人，於是命他道：「迦旃延，去為烏丈那國的眾生著想吧！」

迦旃延應命後，不久就帶領五百部眾前往烏丈那國，勸戒**增光國王**。就這樣，世尊把其他聲聞徒弟也分別派往各地，其中有的在須彌山腰修禪而居。

世尊渡過恒河，漸次來到摩揭陀國的**優頻陀螺**地方。某一天，他來到一個叫**木棉**的森林裡，坐在一株樹下歇息時遇見了**鄔陀夷**。當時在這座城裡的鄔陀夷等六十餘人，整天與女色尋歡作樂，浪費精力。有一天，一位女人從他們手中逃了出來，他們急忙去追，這一追就追到了世尊歇息的森林裡。這夥歹徒遇見世尊後，毫不客氣地問道：「看見一個女人了嗎？」

世尊聽後，反問他們道：「年輕人，你們想一想，找女人與找自我中你們選擇哪個呢？」

他們聽後，答道：「尊者，選擇尋找自我。」

隨後，經世尊講授教法，他們明悟了眞諦，並皈依世尊出了家。後來修證了阿羅漢果位，被派往各地傳教。世尊稱鄔陀夷爲宗姓和調解者第一。這之後，世尊來到了舊友**婆羅門神**的家裡化緣。婆羅門神是迦毘羅衛城人，當時居在**具衆城**。他雖然是個貧窮的人，但是典當妻子的首飾換來食物供養世尊。後來，其妻子失竊的首飾失而復得，妻子清掃房屋時還找到了一個金瓶。於是他們一家對世尊產生了敬仰，經世尊的教化而悟道。

後來，世尊爲了報答曾經給他乳糜的**善生女**和**喜力女**兩位姑娘，特意向她們講授了教法，使兩位姑娘明悟了眞諦。

三迦葉的皈依

這時，世尊想在摩揭陀國找到一位受眾人敬仰，並且能夠順利統領眾人的沙門來教化。當時想到的人是**優婁頻羅迦葉**。此人生於優婁頻羅的富豪婆羅門家，受到了頻婆娑羅等六個外道之一的摩揭陀的尊崇，這年已有一百二十歲。他與自己的五百五十個徒弟居在尼連禪河畔。他的兄弟**那迦葉**和**伽耶迦葉**分別與二百五十個隨眾在尼連禪河的下游修行。

優婁頻羅迦葉見世尊前來時，對世尊說道：「喬答摩，如果我傾聽了您的教法，將失去眾人的敬仰，所以您趕快到別的地方去吧！」

世尊聽後說道：「如果您方便的話，就讓我在您的伙房裡借宿。」優婁頻羅迦葉歎口氣說：「那裡面有一條毒龍，它會迫害您的。」

世尊說道：「不會有事的，迦葉。」

優婁頻羅迦葉道：「那麼就請便吧！」

這樣，世尊那晚就住在了優婁頻羅迦葉的伙房裡。子夜時分，當他躺到草蓆上時，那毒龍看見了他，便發怒地吐出毒氣，但世尊施法解除了毒氣。毒龍見狀，更加發怒，接著又吐出了火焰，而世尊持定於火焰之中，頓時，伙房燃燒成了一片火海。當時正逢優婁頻羅迦葉出來觀察星辰，他見到火焰便想，這位沙門不聽勸言，此時可能被毒龍化爲灰燼了。天亮後，主人才知道，那毒龍已經被世尊馴服了。世尊把那條原來不可一世的毒龍裝到了自己的缽盂內，來到優婁頻羅迦葉的住處。

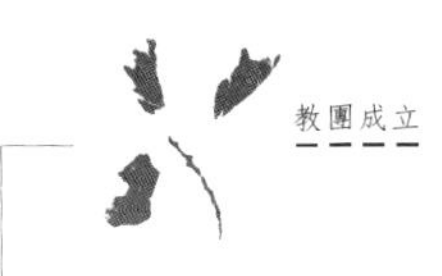

主人見後，驚奇地問道：「喬答摩，您還活著？」

世尊答道：「是的。」

迦葉又問：「缽盂中裝的是什麼？」

世尊答道：「這是您伙房裡不讓我睡覺的那條毒龍，我把它馴服後帶來了。」

優婁頻羅迦葉聽後目瞪口呆，於是對世尊施法之神奇感到非常驚訝，但仍然以爲自己也是阿羅漢。此後，世尊來到優頻陀螺的森林中，坐在林間。這時，迦葉的五百弟子在林中做火供，他們每人有三灶，總共有一千五百個火灶。他們想生火時，由於受佛的法力而沒能生起來。迦葉聽說此事後，認爲這可能是喬答摩施的法，便來到世尊面前，說道：「我的徒弟們沒能生起火，我想這可能是您施法引起的。」

世尊聽後問他道：「迦葉，想生起火嗎？」

迦葉回答道：「是的，請點燃吧！」

話音剛落，火不點自燃。迦葉想：喬答摩神通廣大，但我也是阿羅漢。

眾人做完火供後，想滅掉火，但沒能做到，又稟報給迦葉。於是迦葉又向世尊打聽滅火之事時，火又不熄自滅了。迦葉又想：他雖然神通廣大，但我也是阿羅漢。

隨後，迦葉親自做火供，他拿著降伏病魔的柴火，但火還是怎麼也點不起來。當他剛將此事告訴給世尊，那火又自然地燃了起來。後來他爲滅不掉火而請教世尊時，那火又不熄自滅了。然而，這仍然沒能制服迦葉的自滿。

此後有一天，迦葉的伙房失火，眾人怎麼努力也沒有能控制住火勢。世尊聽後對迦葉道：「要我幫你滅火嗎？」

迦葉答道：「是的！」

話音剛落，那火便自然地熄滅了。然而，這也沒有能制服迦葉的我慢。到了夜裡，四大天王前來拜訪世尊時，他們身上閃爍著火焰般的光芒。迦葉見狀心想：喬答摩又在做火事。

天亮後，他來到世尊面前打聽此事。世尊回答道：「迦葉，我從不做火事。大凡智者，首先要制服煩惱心，光靠火或是水，又有什麼益處呢？昨晚的光是前來拜見我的四大天王身上發出的光芒。」

就這樣，每晚都有帝釋、梵天等天王前來拜見世尊，迦葉見後如前打聽，世尊也如實相告。但這些也沒能制服迦葉的我慢。

這時，到了摩揭陀人在迦葉的修行處舉行七天的盛大供祭儀式的時候了。迦葉心想：如果眾人知道了喬答摩之神通廣大，就會失去對我的恭敬。如果這七天內他能到別處去，那該多好啊！

世尊知道了迦葉的心思後便去了別處。在這期間，迦葉得到了豐盛的供養。他心想：我有這麼多的美味佳餚，喬答摩來了多好啊！我可以和他分享。

世尊又馬上就知道了迦葉的想法，於是來到迦葉的修行處。迦葉見到他後，問道：「喬答摩，你怎麼離開這裡啦？」

世尊答道：「您不是總想讓我離開此地嗎？」

迦葉又問道：「那麼你怎麼又回來了呢？」

世尊答道：「您得到了豐盛的供養，不是想和我共同分享嗎？」

迦葉聽後，對世尊尊敬地說：「是這樣的，喬答摩，請您享用這美味佳餚吧！」

但是，到了這時他的我慢之心仍然沒有被消除。迦葉與世尊一起邊用餐邊說道：「喬答摩，既然這樣，就請留在我的身邊吧！我會給您供養的。」

世尊答應了迦葉的邀請。爲此，迦葉親自做飯，邀請世尊去吃午膳。而世尊一會兒功夫便採集了一缽盂瞻部樹的果子，來到迦葉的住處。迦葉見後，問世尊道：「喬答摩，缽盂裡裝的是什麼？」

世尊答道：「這是藉禪定之力於剎那間獲取的瞻部樹果子，如果您願意，就請享用吧！」

就這樣，世尊又從俱盧洲採來了無生稻，從天界採來了甘露，迦葉一一打聽，世尊也一一相告。雖然世尊採來的東西迦葉都享用了，但他的我慢之心仍沒有消除。過了五天，世尊帶著迦葉借給的食物，來到另一地用餐，當時需要用水，於是帝釋用力擊了一下地面，地上便出現了一方池水。世尊用此水時被迦葉發現，便問世尊緣由，世尊於是給他詳細解釋了池水的由來，並取名爲手挖池。然而，這仍然沒能消除迦葉的我慢之心。下午，世尊在這池水中洗澡後想上岸，這時，池水對岸的阿阻那樹的枝條如橋梁般地彎在了水面上。迦葉雖然又看到了世尊抓住樹枝上岸的情景，但他的我慢之心還是沒有消除。隨後，帝釋給世尊獻了一塊長條石板，用作他從垃圾中尋找的麻布袈裟的洗衣板，又獻給世尊一塊同樣的石板作曬衣用。迦葉雖然對這些都看在了眼裡，但這還沒有能

徹底根除他的我慢之心。這期間，尼連禪河猛漲至一人多高，河面漂浮著泥塵、枯樹，世尊如行平地般踏河而行，迦葉見後怕他被洪水沖走，便搖著一艘木船順河尋來。當他見到世尊後，問他道：「沙門，乘船嗎？」

世尊聽後說道：「好吧！」說完，變出一艘同樣的木船與迦葉的並排行駛。就這樣，世尊顯示了十八法等五百神通，但迦葉的我慢之心依然沒有消除。最後世尊對迦葉說道：「迦葉，你不是阿羅漢，而且你不知曉阿羅漢之道。」

迦葉聽後，認為喬答摩完全理解他的心思，馬上要求受戒出家。這時世尊問他道：「迦葉，你和信徒們商量了嗎？」

迦葉答道：「沒有。」

世尊聽後說道：「去和他們商量一下吧！像您這樣富有盛名的人，最好和眾徒商量好後再作決定。」

隨即，迦葉回到自己的修行處，對眾婆羅門信徒說道：「我將追隨大沙門修行，你們怎麼辦呢，智者們？」

眾徒弟答道：「我們所獲得的這點成就，全靠恩師您的教導，因此，如果恩師隨大沙門出家，我們也將跟他出家。」

迦葉聽後，說道：「那麼，徒弟們，馬上把皮墊、樹皮、手杖、淨瓶和圓杓等扔到尼連禪河中

去吧！」

眾人按照迦葉的吩咐，將這些祭具悉皆拋入河水中。就這樣，優婁頻羅迦葉連同五百徒弟一起前來皈依正教，受具足戒成爲了佛門比丘。

那一日，那迦葉和伽耶迦葉在尼連禪河的下游發現了順流而下的道具時，第一個念頭竟是他們高貴的修行者是否受到了強盜等的迫害。爲尋找優婁頻羅迦葉，他們兩人急匆匆地向上游奔來。當他們找到兄長時，發現他已剃去髮髻，身披袈裟坐在世尊面前聽聞佛法。他們不解地問道：「迦葉，這是最神聖的嗎？」

優婁頻羅迦葉回答說：「這才是一切法中最神聖的。」兩個迦葉聽後，隨即也要求出家。世尊要他們與眾徒弟商量。他倆和兄長一樣，與徒弟們商量後，一起在世尊面前受了具足戒，成了比丘。

之後，世尊率領這一千比丘，從優頻陀螺來到**伽耶山**，居住在伽耶山頂的塔中，向一千比丘展示騰空飛行，在空中遠遊、站立、定坐、臥睡四行，並展示了發光、生火、降雨等神通。由於世尊的說法神變和教戒神變，曾經是外道留辮者的這一千位比丘消除煩惱，獲證了阿羅漢果。

文殊師利菩薩問菩提經論

此時，各方菩薩也前來此地聽法。當世尊獨自沈思無上智慧正法甘露之時，應文殊之請求，在天子**無垢光**與文殊議論之後，世尊講授了《**文殊師利菩薩問菩提經論**》。此後，世尊與文殊、**佛**

集、**無盡慧**等來自各天界的諸菩薩和來自異界的四眾弟子、神、力士、裸形者、明燈等大仙大德十億三千九百二十三萬眾，以及五比丘之一的**跋提梨迦**等在一起。這時，世尊從身體兩側發出光芒，光芒中顯現出佛、菩薩、四眾弟子以及神和人等無數生靈。十方諸佛也施出了同樣的神通，他們化顯的一切現象融入世尊的毛孔之中。佛集菩薩看到如此廣大的神通後，禁不住連聲稱讚。

這時，已活了六十大劫的大仙明燈對他說道：「請先別出聲，讓我問他一問，如果他能對答如流，稱他爲遍知則名副其實。一點點神通不足爲怪，因爲魔術師也可做到。」作爲大仙提問的回答，世尊闡述了《**第一義法勝經**》。大仙要世尊逐一分析了此經後感到欣喜無比，說道：「善哉！人稱我是大仙，但比起這釋迦之子，眞是天壤之別。他眞是一位遍知，那麼就讓我以此名稱呼他吧！」隨即稱世尊爲**遍知**，並說道：「即使我在地獄中生活千劫萬劫，也不會停止爲證得菩提而努力。」就這樣，八萬四千眾仙人發心，世尊把他們授記爲菩提果位，並且將此經授予了文殊。

第十三章 頻婆娑羅王與竹林精舍

這時候，**頻婆娑羅王**統治著**摩揭陀國**。

頻婆娑羅王是**大蓮王**和**有色女**的兒子。他生下時，同時出生了五百位大臣之子。有一年，他同這些臣子出遊練藝習武時，遇到了**鴦迦國**的國王收稅，於是心生不平，與這位國王發生了戰爭，殺死了他，並留在那裡統治著鴦迦國。大蓮王聽說後，給他送去了王冠，賜予他另外三個與鴦迦國同樣大的領地，讓他治理。後來，大蓮王駕崩，頻婆娑羅繼承了摩揭陀國的王位。這時，毘舍離國的將軍**獅子**的哥哥**薩迥**與眾王不和，投靠頻婆娑羅做了他的大臣。與他一同來了一位名叫**芒果女（菴摩羅女）**的妓女，國王和她媾和，生了王子**無畏**，這位王子後來學了馬車技藝。國王又與王舍城的商人之妻媾和生了王子**耆婆**，這王子後來學了醫。頻婆娑羅王的聖妃去世後，薩迥想給國王迎娶獅子將軍的女兒**近衣女**。相師曾預言她將生育具相之子。但由於緣分和命運的力量，又聽得她會生育殺父之子。當薩迥帶著近衣女來到摩揭陀國時，頻婆娑羅對她非常鍾情，於是以允諾生子後，即刻繼承王位為條件迎娶她為王妃。就這樣，國王與妃子**勝身女**、**赤金女**、**安樂女**、**威光女**等眾嬪妃，以及婆羅門**住夏**等眾臣一起，在鴦迦國和摩揭陀國英明地治理著朝政。

在頻婆娑羅還是太子時，他曾經看中了一位富人的花園，後者沒有答應給他，因而耿耿於懷。繼承王位後，他便強佔了這個花園，常常與嬪妃在此遊玩。那施主死後，由於癡心於自己的花園，轉生為一條毒蛇，尋機想迫害國王。有一天，國王讓一個宮女拿著一把劍作守衛，自己便入睡了。這時那條毒蛇匍匐著向國王爬來，但由於國王的福氣，一隻家雀飛來，圍繞著毒蛇發出鳴叫，那宮女聽見後，發現了毒蛇，用利劍殺死了它。國王醒來後，那宮女將此事原原本本地稟告給了他。國

王聽了，非常高興，爲報那隻家雀的救命之恩，爲它營造了一個竹園，命誰也不准破壞它。那竹園離王宮不近不遠，花草豐美，碧水環繞，是昔日諸佛的修行之地。一進此園，會令人忘卻欲望，是個宜於菩薩講經說法、眾神禮拜的勝地。頻婆娑羅王一到此地，就作五種祈禱，心中時常憧憬這樣的景象：釋迦王子悉達多成佛後，會來到自己的國家，並深信他會廣布教法，到那時，把此園獻給他，自己也做他的徒弟。頻婆娑羅王曾經得罪了一個仙人，由於此人的詛咒，王妃勝身女懷了一子，此子生下後將會向母后要求吃父王之肉，並降下血雨。相者預言說王子生後會殺掉父王，因而得名**阿闍世**（意爲未生敵）。後來，頻婆娑羅王又生有一個叫**寶月**的王子。

頻婆娑羅王迎佛陀

當時，一些各自爲政的國王放言說：「聽說王子悉達多將成爲轉輪王或佛陀，如果這樣，他將是最有神通的降神師。」頻婆娑羅王以這話爲狂言，說道：「鄰國的國王們，你們不要這樣說，如果他成爲轉輪王，我願意俯首稱臣；如果他成佛，我願意成爲他的弟子。」就這樣，頻婆娑羅王時常在宮中爲此祈禱。當他聽說世尊連同一千眾徒弟避在伽耶山頂的塔中時，欣喜無比，於是派人送信，對使者吩咐道：「家夫，你前去向世尊問安，稟告他我願意供養他們師徒一生，請他駕臨王舍城。」世尊接到信後，感到應該答應此事，便動身前來。

世尊與一千比丘一起遊覽四方，途中居宿在**摩揭陀萬壽塔**的竹園。頻婆娑羅王知道後，爲謁見世尊，乘車離宮前往。但馬車出城不久，便陷入坑中。國王脫去王冠，懷疑自己遭了什麼罪孽。這時，神對他說道：「請把此事宣告給包括囚犯在內的一切臣民！因爲他們和你享有同樣的生命。」國王聽了，向全國宣告了謁見世尊一事，還隨同兩萬馬車、八萬騎者，以及數十萬婆羅門和百姓一起，步行來到了世尊面前。謁見世尊時，他把王冠、寶傘、寶劍、寶扇和花靴等七聖寶物放在一邊，向世尊叩首頂禮，把自己的名字連報了三次。世尊對他說道：「善哉！善哉！大王請入座。」國王聽後，便坐到自己的座位上。

摩揭陀國的眾人見到世尊一行後非常驚訝，他們不知道喬答摩是優婁頻羅迦葉的徒弟，還是優婁頻羅迦葉爲喬答摩的徒弟。世尊知道了他們的心思後，命優婁頻羅迦葉道：「賢徒優婁頻羅迦葉，你因何故而放棄了火事仙人之業？」迦葉答道：「我認識到自己從事的是歪門邪道，故而放棄了此業。」世尊又吩咐道：「迦葉徒弟，請發出厭離之心吧！」迦葉聽後，騰空飛到空中，顯現行、坐、臥、住的神通，並展示了發光等神變。最後，跪拜在世尊的面前稱道：「世尊是我的導師！」世尊也證實了此言。眾人見狀，對世尊生起更加堅定的信仰。隨後，世尊向國王和其臣民講授了**《頻婆娑羅王迎佛經》**等教法，國王和數萬臣民由此而悟道，並承諾爲居士。這一切使世尊的名聲大譟，引起了摩揭陀國的六師外道的不滿，他們帶著眾徒弟去了舍衛城。

竹林精舍

此後，世尊感到該去王舍城了，因爲頻婆娑羅王承諾供養世尊師徒一生。某一天，當世尊在王舍城附近的一棵樹下靜修時，頻婆娑羅王供養了午膳。齋後，國王用自己的鵝頸壺，灑出吉祥的香

水，並對世尊說，將棲息著家雀的**竹林園**獻給世尊。世尊也高興地接受了竹林園。隨後，國王爲報答開悟眞諦之恩，邀請世尊駕臨王宮。這時，臣民們清掃了從竹林園到王宮的道路，潑灑了香水，撒滿了鮮花，鋪了布帛。一路上，人們舉著寶幢和瓔珞，國王親自給世尊撐起自己的百輻寶傘，眾臣僚每人向一千位僧眾撐起傘蓋，浩浩蕩蕩地來到王宮。當世尊的雙足邁進城門門檻時，大地震動，大象的吼聲和各種樂器聲此起彼伏，城中的殘疾者得到了康復。世尊所到之處，腳印中生起朵朵蓮花。一切都沈浸在祥和之中。在宮門前，國王親自用聖水爲世尊和一千僧眾洗腳。來到宮中，向世尊一行供養了百味齋和伽希跋袈裟。

從此以後，頻婆娑羅王每天都前來向世尊和其眾聖徒禮拜，並宣佈：在我的國家裡，任何人都不能從事盜竊。

世尊回到竹林園後，應南面山中的婆羅門**富樓那**的邀請，與一千僧眾一起前來此地，化緣講經三個月。隨後，世尊遊覽各地，來到摩揭陀國天王山的娑羅雙樹洞中，靜修了大火禪定。在修禪定的七天中，其身上發出的光芒照遍了整個樹林。

對帝釋說法

這時，帝釋有了死亡之兆，他感到懼怕，於是來到瞻部洲，向這裡的聖仙們求教。但這些聖仙都以帝釋爲救星。對此帝釋感到非常失望，便與安善神、五冠伎樂神以及八千眾仙女一起來到了正在修禪的世尊面前。世尊聽到五冠伎樂神、五百仙女奏出的樂聲後，站起身來，向帝釋講解了他提

出的問題，並賜於了《**除障陀羅尼經**》，使帝釋就地死而復生。安善神見狀，問帝釋道：「帝釋，你死而復生了嗎？」帝釋答道：「是的，我又獲得了新生。」說著，懷著對世尊的無比信仰離去了。此後，世尊回到竹林園，與一千比丘以及文殊、彌勒等一萬菩薩在一起。

舍利弗和目犍連

王舍城的那爛陀地方有一個婆羅門，他生有一子一女，男的叫**摩訶俱希羅**，女的叫**舍利伽**。摩訶俱希羅爲了求道前往南方，舍利伽與被頻婆娑羅王尊爲論師的婆羅門**提娑**（**優婆提舍**）在那爛陀媾婚，生下了兒子**舍利弗**，又名**優婆室沙**。舍利弗長到十六歲時，成了所向無敵的辯師。王舍城的**木柵欄**地方有個叫**憍陳如普陀維伽**的富人，他是位大臣，與妻子**沒特伽羅**生有一子，名叫**目犍連**，又名**拘律陀**，他精通吠陀，成了吠陀無冠派的宗師。他們分別帶著各自父親派給的五百婆羅門徒弟，鑽研著吠陀。後來，他們成了親密的朋友。

有一天，在龍王**大山**和**迷人**的節日盛典上，他們又相聚在一起，在舍利弗的提議下，兩人相約出家，以誓爲證。目犍連沒有得到父母的准許，他便七天七夜不吃不喝，終於得到了准許，於是來找舍利弗，而舍利弗的父母則一口答應了此事。之後，兩人約定擇吉日一同出家。爲此，他們來到外道六師的面前請教。但他們的回答沒有能夠使他們滿意，繼而又來到了**那陀羅族**的祖師**刪闍耶**的門下，聽到了正確滿意的回答後，便做了他的徒弟。那位宗師也非常高興，將自己的五百信徒分半給了他們倆。後來，當這位祖師快要仙逝時，舍利弗對他說道：「請賜教正法甘露吧！」祖師回答

說：「徒弟啊！我沒有獲得正法甘露，釋迦王子將要成佛，你們將從他那裡獲得正法甘露，你們去拜他爲師吧！」說完便仙逝了。

其間，目犍連的母親得了重病，儘管受人百般服侍治療，但最後父母倆都離開了人間。對此，目犍連非常悲痛，一心尋思著報答父母的養育之恩。

皈依世尊

當他們分別與二百五十位徒弟來到王舍城時，世尊想以聲聞之規教化他們，便派弟子**阿舍婆誓（阿示比丘）**打聽他們的行蹤。某天上午，阿舍婆誓以優雅的風度在王舍城中化緣，舍利弗見後，問他道：「您的導師是什麼人？」阿舍婆誓回答說：「我的導師是喬答摩世尊。」舍利弗又對他說道：「既是這樣，請談談你們的教法。」阿舍婆誓聽後，向他宣講了偈句四聖諦法。舍利弗一聽便開悟，便又問阿舍婆誓道：「這位世尊現在住在哪裡？」阿舍婆誓回答說：「在竹林園。」舍利弗聽後，便向阿舍婆誓頂禮膜拜，一同走來。目犍連遇見了他們，驚奇地問道：「舍利弗，看您如此高興，是不是得到了正法甘露？」舍利弗回答：「是的，得到了。」目犍連又說道：「請講給我聽聽。」舍利弗聽後，將偈句四聖諦法頌了兩遍，目犍連於是也悟了道。這樣，他們倆連同弟子一起走向竹園。這時，魔王生怕這兩個有名的學者在喬答摩門下出家，會使自己的領地受損，於是變化成阿舍婆誓，想在途中阻止他們去竹林園。等他們走近時，說道：「我前面說的都是謊言，你們不必去釋迦王子那裡。」舍利弗和目犍連知道他是魔王，便由舍利弗守衛眾弟子，目犍連義正詞嚴地

駁斥了妖魔。那妖魔聽後，消失而去。

就這樣，舍利弗和目犍連與各自二百五十位弟子一起來到世尊門下，接受了具足戒律。世尊稱舍利弗為智慧者第一，稱目犍連為神變者第一。後來，他們率二百五十位弟子繼續遊行四方，其餘的二百五十位留住竹林園，漸次獲證了阿羅漢果。他們與迦葉等世尊的其他一千位弟子稱為一千二百五十比丘。

教化諸魔女

這時，那罪惡的魔王沈陷在悲恨之中。當**妙音閃電**等五百位妖女向他供祭時，那妖魔憤怒地叫道：「那釋迦王子劫空了我的領地，他得到了兩個聖徒，我憤怒難忍！」眾魔女聽到世尊的功德後，降下天珍之雨，落到了竹林園中。那魔王怎麼也沒能止住這些魔女走向世尊面前，便怒上加怒，叫嚷道：「看今天我怎麼消滅那釋迦王子！」隨即招來魔王之子**殊勝慧**等請求幫助。只見億萬鬼兵魔將在須彌山頂擺開陣勢，以令人望而生畏的姿態揮舞著兵器，發出震耳欲聾的叫喊。但這一切挑釁都變成了對世尊的供奉，世尊的身軀變高變大，如同看不見的頂髻，充滿了珍寶生成的娑婆世界。世尊身上發出了眾生都能看見的光芒，使兩萬魔子與五百魔女不禁對世尊發出讚歎，並撒下鮮花，落到十方諸佛的頂頂。世尊向這些魔子魔女講授了正法，使他們對無生法獲得了忍智。隨後，世尊又講授了《**寶星陀羅尼經**》及其緣由，使那五百魔女變成了男身，獲得第二個忍智。這時，那魔王獨自留在悲哀的小房中，三千界的眾魔心生疑慮，不知所措地等待著。

度化長爪梵志

竹林園的附近有一個叫靈鷲山的聖地，由於其形狀像靈鷲之首而得名。世尊這時來到了此山。妖魔見後變爲靈鷲，將世尊放在地上的袈裟劫去，但由於受到佛陀的法力，那靈鷲將袈裟就地拋下山變成了石頭，落在了層層疊疊如同法衣般的石山之上，故名**靈鷲山**。此山高大而形圓，山中長著茂密的瞻部樹和紅旃檀樹等，曾經有無數佛陀在此修行，故而鮮花遍野、河水潺潺、鳥獸相安。午夜會下起細細小雨，天亮時會霧散雲消。世尊與一千二百五十比丘居住在此地。這時，目犍連爲尋究父母轉世之處而前去**雞足山**苦心修煉，證得了阿羅漢果位。**摩訶俱希羅**（舍利弗之舅）來到南方後，發誓學不到經典不剪指甲，又得名**長爪**。後來他學得了經典，回到了摩揭陀。當他看到已出家半月的舍利弗站在世尊的旁邊爲他搧扇子時，便也來到世尊面前，向他請教了心中的問題。對此，世尊講授了**《長爪梵志請問經》**。後者聽後受了近受戒，便又繼續請教，世尊又講授了正法。因此，舍利弗獲得了阿羅漢果位，而長爪梵志也開悟了。後來，長爪梵志也請求世尊剃度自己出家，於是接受了具足戒，獲證了阿羅漢果。世尊稱他爲正知自己者第一。

摩訶迦葉

在摩揭陀有個叫尼拘律的婆羅門村，村中有個很有錢的婆羅門叫**尼拘律冠**，在他對尼拘律樹神的祈禱下，與妻子美色女生了一子，取名爲**迦葉**。迦葉長大到該成家時，他父親從迦毘羅衛國的毘舍離城迎娶了一位叫**灰白女**的迦毘羅衛女與他成親。但此後的十二年中，夫妻倆相互絕無欲望，甚至連碰都不碰一下，過著潔淨的生活。當他們的父母去世後，他們兩人生出苦行的想法，於是將六十戶佃奴、三十塊農田、六十個租借農莊、九百九十九對耕牛、六十萬兩金子、八十屯糧食等全部給予布施，只拿了家中價值連城的帛衣離家而去。灰白女緣於自身的業力，加入到了裸形派。迦葉來到舍衛城。有一天，他在王舍城的**多子塔**旁邊的樹下，遇到靜坐在此的世尊。當他見到世尊，便覺得遇見了導師，非常欣喜地來到世尊面前說道：「世尊就是我的導師。」世尊也答應作他的導師，給他授了具足戒。隨後，世尊給他講授了相應的教法。迦葉隨世尊服侍，將自己的帛衣墊在世尊的足下。世尊對迦葉說道：「迦葉，你的布帛多麼輕柔舒適啊！」迦葉聽後道：「世尊啊！發發慈悲，請接受我的帛衣吧！」世尊又對迦葉說道：「那麼你拿去我從垃圾中撿來的麻布袈裟吧！」迦葉應道：「好的，我一定穿上您的袈裟。」說完，世尊接受了帛衣，把自己的襤褸袈裟賜給了迦葉。以後，迦葉經過一百天的修行，證得了阿羅漢果位。世尊稱他爲無欲無望、修得知足功德者第一，後稱**大迦葉**（**摩訶迦葉**）。其間，**月光童子菩薩**也緣於祈禱而生在舍衛城，當世尊宣講《**寶星陀羅尼經**》時，他時常來到世尊面前聽受。另外，**賢護菩薩**和伽耶那的施主**青色**也常隨世尊。

王舍城有個叫**財賢**的施主，他有個兒子名叫**蘇達梨舍**。蘇達梨舍跟隨父母來到竹林園，見到世尊後，心中生出自己爲世尊之子的意識，連叫「爸爸」，依在世尊的身旁，任父母怎麼勸說也不肯離開世尊。其父親便留了下來，連續七天讓妻子爲世尊供齋。隨後，蘇達梨舍隨世尊出家，後來獲證了阿羅漢果位。世尊稱道：「僧伽蘇達梨舍曾經是他五百世之子！」於是給他講授了「布薩」、

「白四羯磨」等儀軌。

就這樣，世尊在竹林園中留住了一年後，來到了尸陀林。

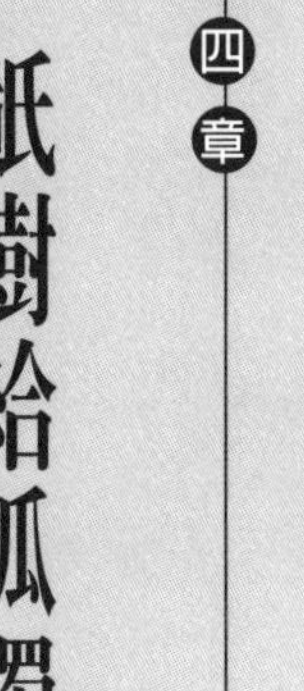

第十四章 祇樹給孤獨園

舍衛城的富人**施捨**生有個兒子叫**賢施**。他目如寶珠，聲如金銀，還在母親的懷中時，便將所得財物不吝惜地施給乞丐。因此，父母後來不准他出門，整天關在家中。有一天，施捨到河邊洗澡時，賢施也跟他來到了河邊。父親給他洗完澡後，讓他坐在河畔，自己則守在旁邊。兒子見狀問道：「父親，你爲什麼守衛著我？」父親答道：「我怕你又給乞丐施捨。」兒子又問道：「父親，難道你只追求財物嗎？」父親答道：「兒子，誰不追求財物呢?!」兒子聽後對父親說道：「既然這樣，父親你讓我下河吧！」施捨把他放入河中，只見他雙手伸入河中，取出一個裝滿金子的鐵瓶，對父親說道：「父親，你想要多少，就從這瓶裡拿吧！剩下的留在其中。」父親見狀，驚奇地問道：「兒子，你發現了河中的寶藏啦？」賢施答道：「不盡是河中的，而且也發現了地上的寶藏。」父親對此驚喜無比，因此讓兒子繼續施捨了。

給孤獨長者

後來，父親去世，兒子賢施繼承了家業。由於他常常救濟那些無依無靠的人，又稱他爲**給孤獨**（**須達**）。他與妻子生下了七個兒子，大兒子娶一位富人的女兒爲妻，其他五位兒子也成家立業。第七子**善生**沒有娶上媳婦，使給孤獨非常憂慮。這時，婆羅門**寶幢**之子**蜂蜜**爲了解除給孤獨的心病，來到王舍城尋親。但他在王舍城染上了痢疾，曾得到了二聖徒的服侍。他死後生爲四大天王的部眾之一，守衛在王舍城的南門。而給孤獨收到了蜂蜜死前寄來的信，信中提出娶親之事，並要帶上嫁妝。於是給孤獨準備了大量嫁妝，前來王舍城替兒子娶親。有一晚，他借宿住在朋友家。那晚，他

發現朋友喚醒家人，吩咐他們收拾廚房，忙個不停。他便向朋友打聽緣由，朋友告訴他說道：「準備設宴邀請佛陀等眾僧伽。」給孤獨聽到佛陀之名，便肅然起敬，問道：「佛陀是什麼人？」朋友回答說：「那是釋迦王子，他剃去頭髮，身著黃衣，離俗出家，證得了遍知佛果，他就是佛陀。僧伽是隨他出家的各族眾人。這位世尊現住在尸陀林，你等一下，明天就能見到他。」給孤獨聽後，便躺下身來，由於一心想著佛陀，所以，雖然天色沒有亮，但隨著幻覺中的光亮走向城南門。他剛出城，四周突然黑暗起來，便生起恐懼，準備回城。這時，守衛在南門的舊友蜂蜜發現了他，便施法使天空由黑變亮，鼓勵他道：「長老，繼續往前走吧！我是婆羅門子蜂蜜。」說著，將自己的經歷告訴了給孤獨。給孤獨聽後，心想：啊！佛陀是最神聖的，連神也為拜見世尊而如此努力。想著便走向尸陀林。

這時，世尊在院落中散步，正等待著給孤獨的到來。一會兒，給孤獨來到世尊的面前，跪拜在他的足前說道：「世尊睡得好嗎？」世尊回答道：「脫離欲望、超凡脫俗、苦難皆盡的淨行者，什麼時候都會安睡的。」隨後，世尊把他帶到房中，給他講授了正法。給孤獨聽後，使他平常所積的善德得以回報，成了居士。世尊問道：「你叫什麼名字？」給孤獨答道：「尊者，人們都稱我給孤獨。世尊請到我們舍衛城來吧！我保證終身供養您和僧伽。」世尊聽後問道：「舍衛城有精舍嗎？我想去並想留在有精舍的地方。」給孤獨回答道：「雖然現在還沒有精舍，但您來後我可以修建，請你給我派個幫手吧！」這樣，世尊派賢徒舍利弗與他同行。他們便乘車來到了舍衛城。

修建精舍

當他爲世尊修建精舍而尋找適宜的聖地時，發現**祇陀王子**的**祇園**非常適宜，於是連連請求王子把祇園賜給他，說他要在這裡給世尊修建一座精舍。但王子怎麼也不答應。最後給孤獨想用鋪滿園子的金子買下這座園林，但那王子硬是不准。給孤獨對他說道：「雖然你的園林值不了這麼多，但你還是收下這些財寶吧！」祇陀王子堅持說：「這園林是我的！」就這樣，他們爭執未果，便約定來到法官面前解決。這時，四大天王變成法官的模樣，正等待著他們。兩人來到他們面前，訴說緣由。法官們聽後判決道：「園林的價錢已定，王子請接受金子吧！現在園林已屬於給孤獨。」這會兒，王子也默認了。

隨後，給孤獨用馱畜帶來成堆的金子，想把園子用金子鋪設起來。但到最後，還有幾塊地方沒鋪上金子，很犯躊躇。王子見狀，以爲給孤獨後悔了，便對他說道：「如果長老後悔了，請收回您的金子吧！」給孤獨回答說：「王子，我並不是後悔，只是……」說著，便將事情的緣由告訴了王子。祇陀王子聽後心想，佛陀是最神聖的，連這位富有的長老也爲此而捨得花這麼多的財寶。想罷，對給孤獨說道：「長老，就把這塊沒有鋪金子的地給我吧！讓我在這裡爲世尊建園門吧！」給孤獨聽後，便把那五百步面積的地給了祇陀王子。

給孤獨爲世尊修建精舍一事得罪了本地的眾外道，他們對給孤獨說道：「長老，請不要爲喬答摩修建精舍，如果要修建，那我們就和他們辯論。」給孤獨將此事告訴了舍利弗。舍利弗隨即和眾

外道商定，答應七天之後予以辯論。眾外道推選遍行者**火曜**為辯論者。第七天，在架設好的辯論臺上坐滿各方學者和眾人。首先，火曜變了一棵芒果樹，舍利弗見後，毀掉了此樹；火曜又變了一個荷塘，而舍利弗變成一頭大象踩平了荷塘；火曜又變了一條七頭毒蛇，舍利弗變成一隻大鵬將其捕獲；最後，火曜變了一具起屍，舍利弗見後，施以咒語，讓那起屍反過來去殺死火曜。火曜見狀，懼怕得連連向舍利弗討饒，舍利弗拿出櫥子，那起屍便息寂而去。隨即，火曜皈依了佛道，並出家獲證了阿羅漢果位。其他外道仍是不服，舍利弗神變了一個鐵巨人，以便應付他們。當眾外道想殺害舍利弗時，舍利弗讓那鐵人去應付，眾外道見狀，連連向舍利弗討饒。舍利弗聽後，收回了神變。於是眾外道相信舍利弗為一位聖者，便皈依出家，獲證了阿羅漢果位。

這之後，舍利弗與給孤獨長老拿起線尺，準備設計寺廟。這時，兜率天中出現了金宮金殿。對此，舍利弗面露笑容。長老見狀向舍利弗打聽其由，舍利弗便告訴了給孤獨，後者非常高興，便將線尺拉開。隨即，兜率天中又出現了四室宮殿。舍利弗把此情告訴了給孤獨。就這樣，給孤獨長老在七天之內，為世尊建成了具有六十座大殿、六十座小殿、六十三座修行殿的精舍。這些宮殿中有溫暖如春的冬殿、涼爽如秋的夏宮。另外還有膳房、盥洗室以及廁所等，一應俱全。祇陀王子也修建完了園門後，向給孤獨道：「聖者世尊要到這裡來，他在路途上需要多長時間？」長老答道：「他如同轉輪王，一天能行十俱盧舍。」隨後，給孤獨長老算好了來期，讓家人準備了齋飯；蓋好了施捨的處所；沿路設立了報信站，插上了寶幢和瓔珞；用旃檀水清灑了路面，並設置了香爐。就這樣，一切都安排完畢後，給孤獨派一個人前去迎接世尊。那人來到世尊面前，致以問候後，說

道：「請世尊隨我去舍衛城吧！」世尊答應後，帶領自己的眾阿羅漢，在給孤獨長老和舍衛城眾以及諸神的簇擁下，來到舍衛城，並入住爲他所建的精舍，就坐於眾僧的首位。給孤獨端起鵝頸瓶，向他們潑灑淨水，但那水凝固了似的不能灑出。當他不住地搖動時，世尊說道：「此地曾經也是獻給佛陀的地方，我們到另一邊去灑水吧！」說完，就到另一邊灑了聖水。當世尊快要宣講因明五支言教（立宗、辯因、引喻、同類、異類）時，祇陀王子心想：如果世尊首先以自己的名字給精舍起名，那該多好！世尊明察了他的心思，便宣佈道：「眾僧伽，這是祇園精舍，是長老給孤獨的精舍。」祇陀王子聽後，異常高興。爲此，他用四大珍寶爲世尊裝飾了園門。

波斯匿王

這時候，在憍薩羅國執政的是**波斯匿王**。他擁有一件由以前的業力而得的衣裳，是個稀世珍寶。波斯匿王是個賢明之王，每天中午要吃下一大盆米粥、一根甘蔗和兩隻鵪鶉，因而長得大腹便便。他有個美麗的王后，是刹帝利族的後代，名叫**住夏女**。憍薩羅國人傑地靈，國泰民安。舍衛城中有個名叫**平和**的窮人，有一天他撿到了一個寶貝，當其他窮人想拿走這個寶貝時，他說道：「這寶貝我要賜給比你們更加貧窮的波斯匿王。」於是帶著此寶來到波斯匿王面前，說道：「你很貧窮，我把此寶施捨給你。」國王聽後反駁道：「我怎麼貧窮呢？」這樣，他們發生了爭辯，最後平和說：「窮人我有佛陀爲證。」國王聽到佛陀的名字後問道：「佛陀是什麼人？怎麼到這裡來啦？」平和答道：「他是遍知，具有神通，故來到了此地。」國王聽後便來到世尊面前互致問候後，說

道：「智者自稱爲佛陀，這是怎麼回事？外道六師不這麼認爲，更何況你喬答摩年紀輕輕，怎麼能夠呢？」世尊聽後，便向他講授了《**雜阿含經**》。這使波斯匿王非常高興，於是下令宣告，國中不得有盜竊發生，並向眾僧伽給予施捨。其間，爲了勝過給孤獨的布施，舍衛城的另一位富人在請教舍利弗後，剃髮出家，獲證了阿羅漢果位，並且勝過了給孤獨的布施。

坐夏安居

世尊成佛三年中，每年進行坐夏安居。

第四年，解制儀軌也舉行了。第五年，世尊與眾僧於祇園精舍坐夏安居，大迦葉擔任執事。**文殊**首次來到祇園精舍，連同舍衛城後妃們一起坐夏安居。大迦葉見後，認爲這染煩之舉不宜和僧眾一起解制，便敲響檀板，想逐出文殊。文殊得知後，向十方各界告知了大迦葉驅逐文殊的情況。這時，世尊對大迦葉說道：「你看看十方。」說著，從身後發出光芒。大迦葉看到這情況後，羞愧地想扔掉檀板，但怎麼也扔不出去，而且檀板聲響個不停。於是請求世尊開恩，文殊以各種教法給了迦葉很高超的才略。

這期間，一生下來便響起「塵世爲苦」的富豪之子**轉者**皈依了世尊，後來獲證了阿羅漢果位。另有一位富豪之子叫**寶生**，他剛投胎時便想坐在聖母的床上，後來出生放到床上後，那床也變成了仙床仙宮，一切與神仙的享用一般豐富。後來，他對世尊有了敬仰之情，便隨他出了家。出家後，那仙床仍然與他形影不離，於是生起羞愧之心。這時，世尊對他論道：「要一心一意地發心，不要

貪戀此物。」他遵循世尊的吩咐，那仙床便自然消失。後來，他也獲證了阿羅漢果位。

此間，有五百位商人帶著　位居士航海。當海神探問他們時，居士一一回答。海神大喜，賜給他們大量的寶物。後來，這位居士與眾商人供敬世尊並出家，獲證了阿羅漢果位。又有五百位商人外出，來到一個叢林時，一個兇惡的藥叉施出黑風，撲向他們。商人們魂飛膽喪，向一切神靈祈求佑助，但毫無用處。這時，只聽一位居士說：「向世尊祈禱吧！」

眾商人便齊聲說：「向佛膜拜頂禮！」語音剛落，世尊便伸出了雙手，把他們接到了祇園精舍。眾商人大喜，於是來到世尊面前出家，獲證了阿羅漢果位。在叢林中的一個湖水邊，有五百位仙人正在苦修。世尊為了教化他們，來到叢林中，施法使那個湖水乾涸了。眾仙人見狀，非常悲痛，便向所皈依的神靈祈禱。那神聽後，顯出身來吩咐道：「你們去皈依世尊吧！」

五百仙人前來皈依世尊，經世尊的教化，剃髮出家，獲證了阿羅漢果位。

這時，**阿舍婆誓**心生疑問，他來到天界，問梵天道：「病從何來？」

梵天雖然以智者自居，但對此無言以答。於是阿舍婆誓來到佛陀面前請教，世尊給予了解答。

這時，舞女之子**涅迪**也生了出家之心。

第十五章

重返迦毗羅衛城

就這樣，當世尊受到舍衛城眾人的尊崇供養時，波斯匿王寫信給淨飯王道：「大王幸甚，您的太子已經證得了正法甘露，利益眾人。」

使者優陀夷

淨飯王收到此信後，派使者邀請王子，但派出的第一位使者隨世尊出家了，又派出了第二個使者，也同樣出了家。就這樣，任他派去多少使者，都隨世尊出家，有去無回。淨飯王對此非常不滿，**黑優陀夷**發現後，問國王道：「大王爲何不悅？」

淨飯王告訴了緣由。優陀夷聽後，奏道：「讓臣去試試吧！」

國王聽後，說道：「你也會同樣不回來的。」

優陀夷保證說：「我一定會回來的。」

淨飯王聽後，便親自寫了一封信，信中說道：「你還如剛出生的枝條一般時，我以你爲榮，辛苦培育，以期成就大業。你對此不予回報，眞是沒有良心。昔日你剛出生時，便立志爲我爭氣、爲釋迦族謀福爭榮。如今你已證得了寂靜，就將我和眾親放在心上，請趕快回來吧！」

優陀夷帶著這封信，漸次來到舍衛城，將此信交給了世尊。當世尊接過信讀完後，優陀夷請求道：「世尊啊，難道您不回迦毘羅衛城嗎？」

世尊回答道：「優陀夷，我會回去的。」

優陀夷聽後說道：「那麼，世尊前去與淨飯王見上一面吧！」

世尊又說道：「優陀夷，佛陀的使者應該是出家人，那麼你也出家吧！」

優陀夷回答道：「我已經向淨飯王保證回去了。」

世尊說道：「出家以後，你仍可以履行諾言啊！」於是優陀夷隨舍利弗出家了。事後，他來到世尊面前，請求道：「我要回迦毘羅衛去。」

世尊聽後，吩咐他到迦毘羅衛後如此去做。優陀夷聽完說道：「世尊，我去了。」

世尊說道：「去吧！」

說完之後，施法力，將優陀夷頃刻之間送到了迦毘羅衛城。

優陀夷懷著對世尊的敬仰，坐在迦毘羅衛城門口喊道：「聰明的人們，請稟告國王，釋迦僧伽前來求見。」

衛兵們聽見後問道：「還有其他釋迦僧伽嗎？」

優陀夷回答說：「聰明的人們，有。」

衛兵們聽後，稟告國王道：「釋迦眾僧前來求見。」

國王聽後，命令道：「讓他們進來！」國王見優陀夷走進宮來，便問道：「優陀夷，你出家了。」

優陀夷回答道：「經過世尊毗奈耶經的教化，臣心生信仰而出家了。」

國王熱情地擁抱優陀夷後，便賜座讓他坐下，並讓他洗手吃飯。見優陀夷吃飯時的平和狀，國王驚異地問他道：「優陀夷，王子也像你這樣安詳嗎？」

優陀夷回稟道：「尊敬的國王，我只有些許的平和，我之於世尊，好比是芝麻粒之於須彌山。」

國王又問道：「優陀夷，王子也像你這樣裝束嗎？」

優陀夷回答道：「是的，尊敬的國王，七天之後，他將回來。」

淨飯王聽後，吩咐大臣們道：「王子快要回來了，把王宮和各殿堂清掃乾淨！」

優陀夷聽後，稟告道：「尊敬的國王，世尊不住王宮，而住這樣的精舍。」

說著，拿出畫有祇園精舍的圖案讓國王看。國王看後，吩咐大臣們道：「在尼拘律陀樹林中營建一座和祇園精舍一般的精舍！」

眾大臣便安排了此事。

迎佛

這時，世尊吩咐後，目犍連道：「眾比丘，世尊要去迦毘羅衛城，和父王相會。你們之中誰想去，就準備袈裟吧！」

眾比丘準備完畢後，世尊率領一千二百五十眾僧伽啓程，漸漸臨近了迦毘羅衛城。淨飯王聽到此情後，命人清掃裝飾了從**羅安伽河**到**尼拘律苑**之間的道路，並在一些平地上鋪設了美麗的毯子。在迦毘羅衛城中，命人清除了亂石瓦礫，用旃檀聖水清灑各處，設置了香爐，立起了各色瓔珞。世尊一行漸次抵達迦毘羅衛，入住到尼拘律苑。

這時，淨飯王心想：這王子出了家，住在尼拘律苑中，他的出家使我的國政威力受損，如果他

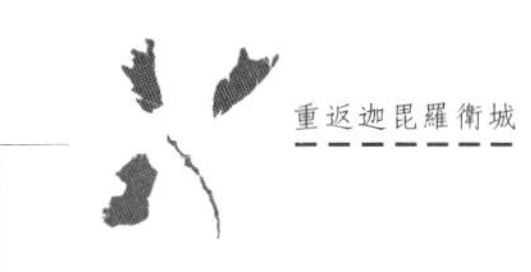

不出家，將會成為轉輪之王，國威無比。想完心裡感到很遺憾，轉而怒氣衝天，對聚集於宮中的諸釋迦長老吩咐道：「誰也不要去看望我的兒子，也不要去供養他們，如果誰去了，將會受到嚴厲的懲罰！」

由於王命難違，釋迦人誰都沒敢去看望世尊。世尊來到迦毘羅衛的第二天，想派六十六賢比丘之中另一個叫優陀夷的弟子去教化國王，便吩咐他說道：「賢優陀夷，快去讓神聖國王皈依佛法。」

賢優陀夷遵命，上午便來到了迦毘羅衛城，騰空盤坐，飛到淨飯王面前。國王見後，非常敬仰地對他說道：「你需要什麼，我即刻就給你！」

賢優陀夷回稟道：「國王，我是您太子的弟子，既然世尊具有如此功德，請您皈依他，給他送去齋飯吧！」

這時，淨飯王已從優陀夷那裡聽到了正見，看見了世尊證得菩提後的功德，也想起了王子曾經對他說過，我成道後會度化父王的話，於是對世尊生起敬仰之心，對優陀夷說道：「比丘，您是我兒子的弟子，就請用我的供養吧，也給世尊帶去齋飯吧！我也會跟隨著來看望世尊的。」

優陀夷帶著國王給予的齋飯，交給了世尊。隨即，淨飯王吩咐諸釋迦長老道：「朋友們，聽優陀夷的介紹，世尊他是位先知。你們去準備馬匹吧！」

釋迦族人問道：「這是為了什麼！」

國王道：「今天我們去看看相好無比的世尊。」

釋迦族人應道：「遵命，大王！」

說完，備好了國王的坐騎。國王又命人把從迦毘羅衛城到尼拘律苑之間的道路清掃乾淨，並鋪上了乾淨的沙土，沿路豎起了各色旌旗，安排了歌舞者、角力士和鼓樂隊。隨後，淨飯王騎上坐騎，在眾多釋迦青年的簇擁下，威武雄壯地啓程了。在國王的隨行中，有釋迦族人的隊伍，青馬青車，青衣青飾，所帶的寶幢、蓋傘、佩劍、頭巾、寶扇和靴子也都是青色的，身著青色衣飾的侍從，服侍著主人，每輛馬車周圍都有身佩青飾的百人圍隨……其餘隊陣，或爲金色，或爲紅色，或爲白色，或爲花色。在每輛馬車的後面，跟隨著飾有金飾金幢的八萬頭大象，象背上鑲著金網，上面造有七寶樓閣。其後，跟隨著飾有金飾、懸有金鈴、佩著七寶裝飾的八萬匹馬隊。當世尊看到眾釋迦族人如眾星拱月般地簇擁著淨飯王，浩浩蕩蕩地走來時，吩咐眾比丘道：「看哪！眾比丘，從迦毘羅衛城走過來的釋迦族一行，如同三十三天神前往樂園一般！」

隨後，世尊周圍聚集了五大比丘，火施、黑優陀夷、優婁頻羅迦葉、那迦葉、伽耶迦葉、大迦葉、舍利弗、目犍連等一千二百五十位比丘。按照世尊的意願，四大天王、阿修羅王毗摩質多等欲界和色界的各大天神也前來，簇擁在世尊的周圍。

世尊知道淨飯王生性高傲，自己若徒步前去迦毘羅衛國，惟恐失去眾釋迦族的信仰，於是施法顯出四方生火、發光、降水等神通，隨即，自己坐在七棵多羅樹般的高處，眾比丘坐在六棵多羅樹般高的地方，高低有別地來到國王抵達的道場。當世尊在一人高的空中走來時，其右面有梵天隨行，左面有帝釋隨行。跟隨其後的有撐著蓋傘、扇著寶扇的欲界四神。而四大天王在東西兩面雙手合十地立著。眾神用寶樓罩滿了天空。以花雨和香粉供敬世尊，歌聲樂聲不斷，祥雲中降下細細的香雨。當淨飯王看到如此多的神和眾多比丘時，分不清哪個是世尊，便向跟隨其後的優陀夷道：「有這麼多穿著赤黃的比丘，其中哪一位是我的王子呢？」

黑優陀夷指著世尊對國王道：「這就是世尊，大王請看吧！」

世尊施法使眾人與神互見其身，淨飯王也看見了世尊和敬仰世尊的諸神，以及充滿天空的七寶樓閣。繼而心想：這世尊的確非凡，他小時候就說過他要成為法自在，說的不就是這個嗎！我統治的只是凡夫，而他的統治之下不但有凡夫，而且還有天神啊！

這時，迦毘羅衛舉國釋迦族人前來觀望，看是父親跪拜兒子，還是兒子跪拜父親。只見淨飯王將無價的聖衣搭在肩上，右膝著地，將飾有寶冠的頭髻放在世尊的足下，說道：「智者啊，當您出生時，大地震動，而且㫋檀樹影從您的身上不移不動。加上這次，我已四次全身心地禮拜過您了。」

眾釋迦族人見國王跪拜王子，便心生不滿地議論道：「這成什麼規矩！」

淨飯王對他們說道：「賢者們，我並不是現在才向王子禮拜，在這之前還曾拜過三次呢！」

阿難皈依

這時，世尊收起神通，坐在眾僧之上、由諸天子張羅好的獅底寶座上，欲界諸天在其上懸掛了垂幔，道場的地面也鋪上了天帛。隨後，淨飯王聲音嘶啞、心情沈重、雙眼含淚地說道：「你放棄

了父王我身邊的瓊樓玉閣，怎能在曠野的精舍中獨自生活？」

世尊答道：「國王啊！我在那裡解脫了塵世的束縛，安居於佛法的境界之中。」

就這樣，父子二人暢談後，淨飯王非常高興，繼而又向王子禮拜，並理解了如來之法。他心想，我的王子獲得如此高深的功德，是國王我的大福大榮。

經過世尊在尼拘律苑的教化，淨飯王等七萬七千眾釋迦族人都悟道。第二天，世尊又在梵天所設的園林中宣講教法，使斛飯王等七萬六千眾釋迦族人開悟。釋迦甘露飯王之子**阿難**在出生時，相師預言說他要服侍世尊。甘露飯王想，怎麼也不能讓他跟隨世尊，於是讓他在迦毘羅衛城和王舍城輪流住，以免碰見世尊。世尊得知此事後，有一天，當阿難來到迦毘羅衛城，由甘露飯王藏在房中時，世尊施法打開了房門，阿難便脫門而出，拿出一把扇子爲世尊搖扇。當世尊要走時，他非要跟隨世尊不可，任何人都阻攔不住。這樣，白飯王舉行慶典，讓阿難騎上大象，送到尼拘律苑。由於坐騎大象吃了一簇耶彼羅花，故相師預言說，這王子將成爲多聞者第一。他來到世尊面前，在隨十力迦葉出家後，一直跟在世尊的左右服侍，並聽聞言教。其間，世尊在**羅婆提伽園**中宣講正教，使甘露飯王等七萬五千人開悟。而提婆達多則對世尊極爲不恭。

難陀出家

這期間，淨飯王邀請世尊受供，並將自己的金鵝頸瓶獻給了尼拘律苑。世尊回到尼拘律苑，舉行了第六個坐夏安居，淨飯王也在眾釋迦的陪同下常前來聽法。這時，遵照世尊的吩咐，目犍連向

眾釋迦講授了釋迦宗族史。世尊鼓勵胞弟**難陀**出家，難陀迷戀自己的妻子**彌陀梨**（**孫陀利姬**）而不肯出家。**釋迦持箭**也對此不滿，因爲他認爲世尊拋棄了自己的妹妹。但其他釋迦硬是把他帶到世尊面前，聽受了世尊的言教。

這時，有一位熱愛釋迦族的壯年釋迦人**喜生**去世，眾親友聚集在一起，請來婆羅門頌經，號啕著爲他舉行祭魂儀式。淨飯王知道後，把此事告訴了世尊，世尊便前來頌讀了「亡魂經」。**提婆達多**和**釋迦跋提**對此不服，於是提婆達多帶來各種樹木的灰，在每樣灰上打了只有自己才知道的記號，然後混合起來讓世尊區別。世尊毫不費力地挑了出來，提婆達多見後，對世尊有了信服。釋迦跋提則同樣帶來從各釋迦族那裡拿取的穀物，世尊也都分別無誤，於是承認世尊爲遍知。

十力迦葉是摩揭陀人，在世尊前往摩揭陀國時隨其出家，修得阿羅漢果位。他與阿難即世尊之弟出家之時來到了此地。這時，淨飯王希望太子的弟弟難陀能夠繼承王位。世尊慈愛自己的胞弟，於是帶著阿難來到其門口，發出金色的光芒。難陀雖然迷戀於自己的愛妻，但已得知世尊前來，便打開宮門向世尊跪拜，並供了滿滿一缽盂食物。世尊和阿難沒有接受供物，空手離去。難陀見狀，也跟隨他們來到了尼拘律苑，與他們一起用膳。其間，世尊問難陀是否出家。而難陀由於不敢拒絕世尊，便答應了下來。這樣，世尊爲他端起淨水瓶，阿難爲他澆頭，剃髮師給他剃去髮鬚。難陀心想，自己出家是出於對世尊的恭敬，傍晚可任意離去。當傍晚他溜回去時，世尊在他前面變了一道懸崖。難陀無法越過，便只能想念著彌陀梨，在此露宿一夜。第二天，世尊吩咐阿難安排難陀做精舍的房官。難陀心想，自己清掃完經院便可回家。但他剛清掃完，世尊便施法恢復成原樣。難陀又

想關門溜出去，世尊又施法打開了門。最後，難陀設法從小路往家走去，世尊也尾隨而來。難陀發現後，藏在了一簇茂密的樹葉叢中。世尊便施法撥開樹葉，對他說道：「難陀，還是跟我回去吧！」

難陀聽後，難為情地跟隨世尊回到精舍住了下來。

羅睺羅出家

淨飯王見難陀也出家離去，便寄希望於孫子**羅睺羅**繼承王位。而這時，世尊在王宮輪番與國王和自己過去的眾妃子一起用齋。這一天，為了讓六歲的兒子羅睺羅出家得度，也為了教化耶輸陀羅，他來到王妃的宮中用齋。耶輸陀羅妃為了喚起世尊的感情，向羅睺羅手中放了一塊飯糰，讓他獻給世尊。世尊知道了她的用意，便化出五百位世尊。但羅睺羅還是從眾多世尊之中認出了眞正的世尊，把飯糰獻給了他。世尊接過飯糰，吃了一口後又還給了羅睺羅。一會兒，耶輸陀羅妃為了引誘世尊，便與隱女、鹿生女等六萬嬪妃一起向世尊獻起連婆羅門仙人都能傾心的嬌媚之態。世尊為了教化她們而施出神通，使眾妃都證道。但耶輸陀羅由於欲望而沒有開悟，繼續想引誘世尊。當世尊用完齋離開時，羅睺羅也吃完了飯糰，跟隨世尊離去。耶輸陀羅見後，絕望地從宮頂跳了下去，但被世尊施法接住了。由於羅睺羅也有緣出家，淨飯王為他舉行了慶典，世尊命舍利弗為羅睺羅剃度，自己為超度耶輸陀羅而講授正法，於是耶輸陀羅也證道。

度化淨飯王

這時候，眾天神返回天界，服侍世尊的只有凡人。淨飯王由此而心生驕慢，因此沒有能得到果位。爲了解除淨飯王的驕慢，即神通最廣大的是我兒子的想法，就派目犍連到王宮。目犍連來到王宮，顯出廣大的神通後，坐在國王面前。國王問他道：「另外還有這樣神通廣大者嗎？」

目犍連答道：「這樣的人很多。」

淨飯王聽後，感到神通廣大者不僅僅只有我的兒子，還有其他許多人。這樣，就解除了心中的驕慢。爲了解除淨飯王的困惑之心，即世尊以前受到神和阿修羅等眾天神的供養，而現在只有凡人供養這個說法，世尊想讓諸神幫忙。帝釋得知後，命天子毗首羯磨在尼拘律苑顯現一座鋪有毛毯的四寶樓閣。寶樓顯現時，共四個門廳由四大天王分別把守，世尊應邀前往其中，與天龍八部等眾神以及各大弟子在一起。樓外聚集著六萬眾遊行僧。世尊坐在寶座上，準備講授《**父子合集經**》。

這時，賢徒目犍連帶著淨飯王從迦毘羅衛城來到這幻化的寶樓。目犍連先進入樓中，而後淨飯王想由東門進入時，被把守東門的**持國天王**擋在門外，不讓進入。國王問他緣由時，持國天王答道：「世尊在向潔淨的諸神講法，凡人不得入內。」

國王聽後問道：「英俊的大丈夫，您是何人？」

持國天王回答說：「大王，我是持國天王。」

隨後，淨飯王又想從南、西、北三門進入，但都被另三位天王擋在門外。淨飯王知道了世尊還

在向諸神講法，由此消除了困惑之心。

這時，世尊惟恐淨飯王因見不到自己而吐血死去，便將那寶樓化為水晶之樓，因此，淨飯王清楚見到世尊，繼而欣喜無比，禁不住地向他禮拜。隨後，淨飯王讓阿修羅王**毗摩質多**張羅供品。他乘坐七寶馬車，為世尊帶來了有多種供品的阿修羅眾仙女的寶車寶馬以及瓊樓玉閣等，以無比崇敬的信仰獻在了世尊面前。同樣，阿修羅王**具力**、**羅睺羅**伽，以及迦樓羅王**妙翅**等也來向世尊貢獻供品。眾龍女撐起寶傘，龍王**難陀**、**鄔難陀**等獻出了無數紅珍珠、七寶樓閣和各種寶貝；夜叉**鳩盤荼**和四大天王獻上了各種寶幔；緊那羅獻出了飾有寶傘的七寶樓閣；帝釋獻出了寶樓和背上有池水的大象。就這樣，受到欲界和色界的一切神靈恭敬後，世尊臉上露出了笑容。當弟子阿難問緣由時，世尊授記他們將證得菩提。遊行僧也得了菩提授記。這時，淨飯王沉陷在天倫之情裡。世尊為消除他的煩惱而講授了**《父子合集經》**，使他獲得大乘果位。繼而與七萬眾釋迦同獲無生之智。世尊臉上又露出了笑顏，給釋迦族人賜予菩提授記，並吩咐舍利弗將此經傳播與眾。

這時，文殊前來宣稱道：「世尊是過去諸如來之冠！」

淨飯王聽後，不禁大喜，於是回到宮中，想到難陀和羅睺羅已經出家，便對**白飯王**說道：「王弟，你已得到了王位，請繼任吧！」白飯王聽後，問道：「為什麼？」

淨飯王答道：「我已經悟了道。」

白飯王問道：「什麼時候？」

淨飯王答道：「就在今天。」

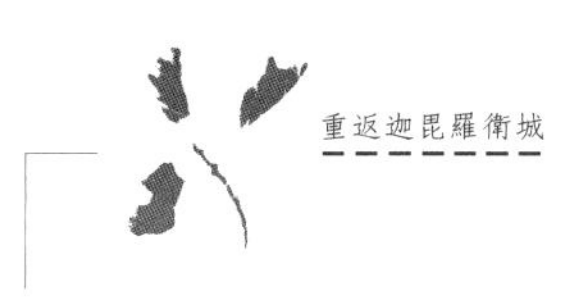

白飯王聽後，便將自己早已悟道之事告訴給了淨飯王。如此這般，淨飯王又找到**斛飯王**和**甘露飯王**，得到了同樣的回答。於是他們聚集起來，商議由誰繼承釋迦王位，最後商定由**摩訶難**繼承王位。隨後，就將摩訶難加冕於王位之上。

釋迦族人出家

淨飯王常常去世尊面前聽法，發現世尊雖然美如高山，但其眾弟子由於長年辛苦修行而憔悴不堪，便心想，什麼樣的隨眾才能使世尊更加莊嚴呢？那就是釋迦族人。隨即他聚集釋迦族，問道：「賢民們，如果王子不出家，他將會成爲什麼呢？」

眾人答道：「會成轉輪之王。」

淨飯王繼續問道：「如果這樣，你會幹什麼？」

眾人答道：「會服侍他。」

淨飯王又問道：「那麼，王子成了無上的法王，你們就不服侍了嗎？」

眾人聽後，問道：「尊敬的國王，您是說我們該出家嗎？」

國王回答道：「對，出家吧！」

眾人又問道：「每個人都出家呀？」

國王答道：「每戶出家一人。」

眾人應道：「遵命。」

隨後，淨飯王向全國下令：「在我的國家中，每戶人家，都要有一個人出家。」

摩訶難與世尊同歲，是個大福大德的釋迦國王。而**婆娑**是位幸運之人，金銀財寶，唾手可得。爲了執行釋迦每戶出家一人的王命，摩訶難國王設法讓**提婆達多**出了家，與**阿那陀**、**婆娑**、**喬迦梨迦**、**罕達提夏**、**迦達摩羅迦**、**善星**、**海施**、**阿難**、**補捺婆素迦**、**鄔難陀**、**難陀**等五百釋迦人分別坐上各自的馬車，準備啓程。淨飯王這時想看看他們最後的資糧，便在眾人的簇擁下，坐在獅底寶座上等候於城門口。相師預言說，跋提迦梨等眾人將得到善果。而提婆達多出城時頂飾被鵜鷹叼走，故相師預言說，他由於對世尊不恭而將陷入地獄。善星和喬迦梨迦等五人出城時聽到了驢叫聲，相師預言說，他們對各大弟子說過不恭的話語，因此會墮入地獄。如此預言後，賢王沒有讓兒子**蛇夫**出家。

理髮匠優婆離

隨後，理髮匠**優婆離**爲他們剃去髮鬚，王公子弟們便把自己的頭飾施捨給優婆離後去洗澡了。優婆離心想，這些公子都能捨棄榮華富貴去出家，而自己卻貪戀這些財寶，這會使自己痛苦難耐。於是請教舍利弗後，來到世尊面前出家了。世尊稱其爲持戒第一。這時，眾釋迦也授受四羯磨出家。世尊讓他們按大小互相跪拜，釋迦王摩訶難跪拜時，發現所拜的竟是優婆離的雙足，便抬起頭來對世尊道：「世尊，這是優婆離，我怎能跪拜在他的足前呢？」

世尊教導說：「你們是爲了解除傲慢之心而出家，優婆離大於你，因此拋除你的傲慢，向他跪

拜吧！」

摩訶難聽後，便跪拜於優婆離的足前，這時大地爲此震動了六日。隨即眾人悉皆跪拜。提婆達多不肯跪拜，拒絕了世尊的吩咐。但世尊想：他如果不出家將會成爲國王，危害到佛法，因此讓他出家吧。就這樣，釋迦王子們都已出家。世尊把其中的善星留在身邊隨侍。因爲如果世尊不將他留在左右，他會使無數眾生陷入罪孽，所以把他留住，任命他爲隨身侍從。善星後來入修四禪，服侍前輩。這時，**蛇夫**也經過向世尊請教，施捨七天後，背著眾親來到世尊面前出了家。當出家時，迦毘羅衛城上空出現了如同白晝般的光明。另外，釋迦王子**吉祥生**也施捨財產出家了。

這時，眾釋迦夫人也想聽到世尊的教法。釋迦摩那把此事稟報給了**摩訶婆闍波提**夫人。於是摩訶婆闍波提夫人稟報淨飯王道：「我們下午想到世尊面前聽法，請國王恩准。」淨飯王聽後，感到非常驚訝，一會兒便低著頭說道：「就這麼辦吧！」

就這樣，摩訶婆闍波提夫人率五百釋迦夫人，於當日下午來到世尊面前聽法。釋迦跋提之妻**月光女**派女侍**傑瑪**送去自己的珍珠項鍊，那女侍非常不滿，途中自語道：「可憐的女奴，我由於聽法而成了現在這個樣子。」

世尊爲了教化她也賜與偈語言教，使她感到非常高興。回家途中她卻被小母牛頂死。因她熱愛世尊，後來轉世爲僧伽羅國的一位姑娘。她出生時，由於空中降下了珍珠雨，故又稱**珍珠女**。摩訶婆闍波提三次請求世尊，讓婦女出家，但世尊沒有准允。這時，**間賢菩薩**也在迦毘羅衛城，來到了世尊的面前。

變化神通

須菩提

世尊爲了平抑貴族出生的出家者耽於供養的現象，也爲了解除胞弟難陀仍然迷戀愛妻的欲望，帶領眾釋迦比丘來到了祇園精舍。舍衛城中有個叫**具富**的婆羅門，他有個兒子叫**須菩提**。此人前世生在龍界，對佛的各大弟子非常恭敬。他在舍衛城出生後，生性非常溫順，後來隨仙人修行，聽到時有諸神在那仙人面前稱讚佛陀的功德，於是產生了對佛陀的信仰。後來，他來到世尊面前悟了道並削髮出家。

勸導難陀

同時，比丘**准提**也隨世尊出家了。這期間，賢徒難陀耐不住對嬌妻的思念，在石板上刻下了她的畫像。大迦葉發現後告訴世尊。世尊聽後，讓難陀帶著袈裟，帶他來到香積山，把他送到了天界。難陀來到天上後，發現寶樓中盡是美麗無比的仙女。難陀驚奇地問眾仙女道：「這裡怎麼只有仙女，而沒有天子呢？」

眾仙女答道：「世尊之弟難陀修行仙逝後，要轉世到這裡，我們在等待他。」

難陀聽後，回到世尊身邊。他已經忘記了彌陀梨，只想爲著眾仙女而修行。世尊兄弟二人回到祇園精舍後，世尊告訴眾比丘和阿難，不要接近難陀，因爲他只爲了得到仙女而修梵行。比丘們因此不理難陀，難陀便奇怪地問阿難道：「我是你的弟弟，你爲什麼不理我？」

阿難答道：「因爲你想得到的是仙女，而我們想得到的是解脫。」

難陀聽後，非常悲哀。世尊又告訴難陀，讓他到地獄去看一看，於是讓他抓住自己的袈裟，把他送到了地獄之中。難陀在地獄中見了水牢和刀林、火炭、互相砍殺等情景。又在另一處見到一口用火燒得飛騰的空鍋，便問守鍋的人：「這大鍋裡怎麼是空的？」

守鍋人答道：「世尊的弟弟難陀死後升入天堂，福報盡了以後將落入這鍋中。」

難陀聽後，非常恐懼，便急忙跑到世尊面前，嗚咽著將所見所聞告訴了世尊。世尊教導他道：「難陀啊，想升天就要有這樣的罪果。」

說完，他們回到舍衛城。世尊向難陀及五百弟子講授了《**難陀入胎經**》，使難陀悟道。隨即，世尊帶著眾弟子來到瞻波林，在仙人池邊又向五百弟子重講了《**難陀入胎經**》，使難陀證得阿羅漢果位。世尊稱他爲禁身者第一。

這時，**隱洞居菩薩**也來到了世尊面前。

摩訶劫賓那

世尊一行回到了祇園精舍。南方金地國國王**覺者**之子**劫賓那**統治著一萬兩千個諸侯國。有一次，舍衛國的商人到了劫賓那的面前，那國王向他們打聽何方的王國最爲強大。他們告訴了他六個大國，其中對波斯匿王國大加讚揚。劫賓那國王特意向六大國都和波斯匿國王派去使者，威脅地說道：「你等在七天之內前來朝見，如果誰想拒絕，則領兵消滅之。」

使者先來到五個都城，轉告了劫賓那國王的話。五位國王聽到此言後，非常畏懼，相約一塊來到舍衛城，將此事報告給了波斯匿王。經他們一起商定，前來世尊面前，將此事稟報於他。世尊聽後，對六位國王道：「讓使者到我這裡來吧！」

他們便回去對使者說道：「請到比我們威嚴得多的世尊那裡去吧！」

使者聽後，便來到了祇園精舍。這時，世尊神變爲轉輪王相，等待著使者。使者來後，將信呈給世尊。世尊接過信，把它踩在腳下，寫了一封信。信中說道：「你必須在七天之內來見我，否則將你繩之以法。」

寫完後，就讓使者帶了回去。劫賓那王接到信後，啓程前來。途中受到他的各屬國國王的迎接，並隨他而來。而世尊在祇園精舍神變出天宮般的王宮，自己變爲轉輪王相，目犍連變爲大臣之相，等待劫賓那王的到來。劫賓那王見到後心想：這些君臣一個個相好無比，不知道他們的威力有多大？

就在此時，帝釋帶著天弓，裝扮成車夫，將天弓奉給大臣。大臣按照轉輪王之意，把天弓遞給了劫賓那王。劫賓那王怎麼也提不起此弓。這時，幻化的國王舉起了天弓，用小拇指給弓上了弦。又讓劫賓那王彎起來，但他仍然無力彎起。而世尊隨著大地的震動彎起了天弓射出了一支神箭，那箭穿過七個大鼓後，變成七支箭，每支箭頭發出一束光芒，而每束光芒上顯出一尊尊轉輪王。那些光芒行使著眾生的利益，並且發出一句句讚美之詩。見到此狀，劫賓那王驚訝不已，自己的驕橫之氣隨之消失。隨後，世尊向他講授了相應的教法，使劫賓那王悟道。世尊顯出原形後，劫賓那王與

一萬八千位諸侯王一同出家，獲證了阿羅漢果位，成了聖徒**摩訶劫賓那**。

盲者復明，跛者能行

當舍衛城的居民都前去聽世尊講法時，有位通曉八種語言的婆羅門盲人問他們道：「你們都到哪裡去？」

眾人回答道：「到佛陀面前去。」

他聽後說道：「要是佛陀，應該具有梵天之語，把我也帶去聽聽吧！」

眾人便把他帶到了世尊面前。當他聽到世尊講話時的梵天妙語時，欣喜無比，而對世尊產生了信仰。這時他雙目也復明了。當他見到佛陀那金色的身體時，更是喜不自禁，隨即剃髮出家，獲證了阿羅漢果。

舍衛城有一個施主生了一個瘸腿的兒子，由於生了他，這一家便富裕起來。眾親人以他爲幸，將他抬上轎子，歡呼著遊城。到了世尊面前時，那瘸子心生敬仰，經世尊的教化，他的雙腿竟然痊癒了，並隨世尊出家，修成了阿羅漢果。這時，舍利弗爲了拜望文殊的神通去了南部。另有一位施主生了一個瘸腿的兒子。長大後，他學了裁縫。一位施主的妻子悄悄引誘這位裁縫師到家中，讓他縫補一頂破帽。這時，她的丈夫突然回來敲門。妻子非常緊張，把他裝進一隻箱籠裡，捆綁後藏在了庫房中。這天晚上，一夥盜匪破牆而入，將那只箱籠偷去。這夥盜匪來到一個叢林邊停了下來。當時明月高懸，關在箱籠中的瘸子因害怕而小便失禁。盜匪們發現後心想：看這箱籠中流出來的東

西，莫非裝的是水晶？

當他們打開箱籠發現瘸子後，又好笑又氣憤，於是商定用他來供祭藥叉。他們拿出利劍正要殺他時，那瘸子魂飛膽喪地連聲喊道：「不祈求世尊，還祈求誰呢！世尊保佑啊！」

而佛陀無所不見、無所不聞，於是化爲藥叉之身出現在他們面前。眾盜匪見後，非常欣喜，當即雙手合十地說道：「聖主，有何指示？」

世尊說道：「放了那瘸子，聽教法吧！」

盜匪們聽後，遵命行事。世尊便顯出原形，講授了教法，使五百盜匪隨緣出家，修成了阿羅漢。留在一旁的瘸子也心生出家之意，隨即雙腿痊癒，並得緣出家，修成了阿羅漢。

第七次坐夏安居

此間，釋迦族比丘們因爲耽溺於供養而沒有證道。世尊爲了教化他們，夏伏三月留在舍中正修，舉行了第七個坐夏安居。安居結束後，遠近比丘前來，世尊向他們講授了**《戒欲贊》**，使五百釋迦比丘把所得的供養獻給了精舍。隨後，經世尊的進一步教化，使得五百比丘開悟。其中摩訶難、婆娑、阿那律等修證了阿羅漢。

後來，摩訶難來到舍衛城，向一個窮苦人家化緣時被波斯匿王發現，後者驚訝不絕，從所騎的大象上掉了下來。世尊離開舍衛城向北，來到**那提伽國**的**勝音城**居住。

最初的比丘尼

這時，摩訶婆闍波提夫人因沒有出家而身心憔悴，但仍然帶著病體又一次請求世尊予以剃度出家。世尊回答道：「女流智短而貪欲，修不到菩提果，故不准。」

就這樣回絕三次後，夫人來到門廊，流淚而坐。阿難見狀，便向她問起緣由，夫人如實相告。阿難聽後，對她說道：「母親稍後，等我去求求世尊。」

當他來到世尊面前為夫人求情時，世尊告誡他道：「你不要替女流求出家了。女流如出家，會不利於佛法長存，五百年內佛法會寂滅。」

阿難繼續求道：「母親對您有養育之恩，更何況諸佛都有四眾弟子。」

最後，世尊答應道：「如果她們能在一生之中受持『八難斷法』（比丘尼八敬法），便可准予出家。」這樣，當摩訶婆闍波提夫人等五百釋迦夫人承諾一生之中受持「八難斷法」時，她們便成為比丘尼，並修成了阿羅漢之果。

至毘舍離城

此後，世尊來到摩吐羅國，居住在國王的芒果林中。此地的長老**皆生**有一子。他的前世是挖去獨覺者眼睛的**醜惡王**。由於他出生後雙目失明，天黑後父母將他棄給了狗群。世尊施法使狗不吃掉他，直至天亮後，世尊來到他的身旁，眾人也圍攏過來。世尊問他道：「你是醜惡嗎？這是你自己

罪孽所致的結果，那麼你的罪惡之師是誰呢？」

醜惡回答道：「我就是醜惡，你說得對，但罪惡之師是我自己的心。」

眾人聽到盲人的回答後，感到非常悲哀。世尊隨即向他講授了教法，使眾人都得其道。

此後，世尊來到了毘舍離城。當時，毘舍離城的城主是**片段**之子**獅子**。獅子生有大力士**離遮毗**、大力士**悲賢**、**醜陋子**和**寶貝子**等王子。毘舍離城中有三個宗群：第一個宗群擁有七千個樓閣，房頂皆用黃金鋪蓋；第二個宗群由一萬四千座樓閣組成，房頂皆用白銀鋪蓋；第三個宗群由二萬一千座樓閣組成，房頂皆用黃銅鋪蓋。居住在這裡的有大將軍**獅子**；由兩萬八千眾離遮毗人供養的**離遮毗寶生菩薩**；享樂如天神的**具財長老**；騎師**自在首**，以及兇惡的離遮毗大力士們。獅子將軍的房舍位於第一宗群，他還擁有一座相傳是猴子挖掘的池塘邊的舊園林，園林中長有一棵巨大的娑羅雙樹。另外還擁有其他眾多園林。這時，獅子之兄**薩迥**也從摩揭陀國歸來，兩兄弟歸信世尊，於是薩迥在那棵娑羅雙樹上刻畫了世尊的像，獅子爲畫像開光，並請來世尊，宣佈道：佛陀世尊駕臨舍衛城，住在薩迥和獅子的娑羅雙林中。隨後，獅子和眾舍衛城人在猴子池邊爲世尊建造了精舍。在此世尊受到眾人的恭敬，並向獅子將軍等人授教法，使獅子悟了道。隨即他宣佈道：從此以後，毘舍離城爲裸形派關閉了大門，爲世尊等人敞開了大門。

毘舍離有一位婆羅門生了一個滿身污垢、其臭無比的兒子。他長大後，時常鑽到糞坑中尋找汙食，並拔掉自己的頭髮，後來得名**糞坑**。他尋找汙食，到處流浪，被迦葉富樓那發現，認爲是一個得道者，便讓他出家了。以後，糞坑裸著身體繼續遊蕩，由於前世的緣分，他與毘舍離城壕溝中的

五百餓鬼成了夥伴。這時，世尊來到這壕溝邊，從手指間向這些餓鬼汲出水來，使他們得以解渴。

五百餓鬼非常感激，隨即死去，轉世為天神，並來到世尊面前聽法悟了道。而糞坑來到壕溝邊時，沒有看到自己的餓鬼朋友們，便悲痛地到處尋找。這時，世尊來到他的旁邊，糞坑看到後，對世尊產生了信仰，繼而隨世尊出家，修成了阿羅漢。但此後，糞坑仍然喜歡簡陋的生活，故世尊稱他為弟子中最喜歡簡陋的比丘。

世尊的舅舅**神居**曾經來到毘舍離城，向這裡的五百青年傳授了騎術絕技，使他們掌握了嫻熟的技藝。而神居時常稱讚世尊的威力，他們便想來看看世尊。神居將此事告知世尊，並帶著五百位青年來到了世尊面前。世尊為了平抑他們的驕慢，便拿出天弓射出了一支天箭，使他們消除了驕慢之心。繼而剃髮出家，修成了阿羅漢。這時，離遮毗寶生菩薩也來到世尊面前。

這期間，離遮毗族的**悲賢**被父親派去拜訪朋友，與朋友為妓女而發生爭執，殺死了三位朋友。對方前來向獅子將軍告狀，耿直的獅子王宣佈說他從此不是自己的兒子，眾離遮毗族人把他交給屠夫，準備殺死他。悲賢非常害怕，這時發現了前來的世尊，便訴說道：「世尊啊，發發慈悲，救救我吧！」

世尊聽到後，吩咐離遮毗族人放了他。隨後，他隨世尊出家，並修成了阿羅漢。

此後，世尊來到**具瞽**地方，將自己的坐騎犍陟轉世的婆羅門弟子剃度出家，後者修成了阿羅漢。隨即，他住在此地**古仔噶仙人**之處。有一天，一隻猴子來到世尊身旁，拿取他的缽盂從樹上採集了蜂蜜，挑取蜜中的生命，加上了清水之後，獻給了世尊。見世尊飲用，那猴子高興得活蹦亂

跳，不小心落入水井溺死，後來轉世為具聲國的一位婆羅門之子。由於出生時下起了蜜雨，因此稱為**有蜜雨**。

諸菩薩來詣佛所

這之後，世尊來到了波羅奈，住在鹿野苑林中。隨同他的有獅子菩薩、寶生菩薩、文殊菩薩和彌勒菩薩等一萬兩千位菩薩。在蓮花吉祥藏菩薩的請求下，世尊講授了《**觀世音菩薩授記經**》。聽了此經後，**蓮花吉祥藏菩薩**想見到**大勢至菩薩**和**觀世音菩薩**，請求世尊滿足己願。世尊聽後，便從身上發出光芒，使極樂世界和其怙主無量光佛顯現在眼前，並使這兩地彼此映現。這時，二位大菩薩請示無量光佛，得到恩准後與八百四十一萬菩薩一起從極樂世界降凡到閻浮提洲，來到了世尊面前。由於有兩位大菩薩的法力，使這裡的每位菩薩都擁有一座如意七寶樓閣，每座樓閣明亮如畫，裡面有手持各種吉祥物的仙女和坐在獅底寶座之上的諸如來，並各有一方撒著金沙的池子。而大菩薩自己的樓閣是這麼多樓閣的合體。他來到世尊釋迦牟尼面前致以讚美說，**世尊無量光佛**問候世尊安康。就這樣，由於世尊的法力，蓮花吉祥藏菩薩觀察四方，看見了遍入於各界的觀世音菩薩和大勢至菩薩，驚歎不止。當講完《**觀世音菩薩授記經**》後，**無垢妹**發心，由女身變為男身。此地有一個叫**蘆葦施菩薩**的也來到世尊面前。在草地棲息的一百隻天鵝也因此而轉世為天神並且開悟。

教化憍賞彌國王

此後，世尊爲教化憍賞彌城的優塡王而來到了**白薩**地方。優塡王爲征服**具金城**而率兵前往，途中遇見了世尊，優塡王把他當作不祥之兆，便想以利箭射死他。但那箭射出去後在空中打轉，並發出聲音。優塡王見後，對世尊產生了敬意，跪在他的足前，請求道：「我還從來沒有敗過，請放我去征服敵人吧！」

世尊聽後，對他說道：「你先征服煩惱這個敵人吧！」

國王聽到此言，明白了其意，對世尊產生了更深的敬意。隨後，世尊來到劣聲地方，在那裡向眾人講法。當時，國王弟弟的兒子也想隨世尊出家，但其父母沒有准允，便七天七夜不吃不喝，最終得到了同意，隨世尊出家成了比丘。

住王舍城

時隔不久，世尊又來到了舍衛城，並到摩揭陀國，住在王舍城的竹林園。這時，阿難的頭上生了個疽瘡，大醫師**耆婆**在他聽法入迷之時進行治療，不知不覺中將疽瘡治好了。阿難能夠分清世尊的肉身及其化身，而其他人不能，故稱他爲大識別家。

王舍城有個叫**極賢**的施主，他的妻子懷孕後，他帶她來到世尊的面前，請教世尊他妻子懷的是不是兒子。世尊預言道：「不僅要生兒子，而且會光宗耀祖，享盡榮華富貴，並能成就阿羅漢。」

然而，這位長老以前信仰裸形派。裸形派者**菩如伽**問他世尊如何預言。這位裸形派者精於卦相，發現了自己預見到的和世尊所預示的情況一致，但為了蔑視，他昧心地對那施主說道：「光耀是火的意思，因此，這兒生下來後，會使家府起火燒燼。」

極賢聽後，非常難過，想毀掉妻子腹中的胎兒，最終眞的把妻子帶到廟中毀掉了腹中的胎兒，妻子因此也死去了。妻子死去後，他把屍體送到尸陀林中。眾裸形派聽到這個消息後宣稱喬答摩的預言落空了，那胎兒和母親已經死去了。這時，世尊率眾弟子來到尸陀林，在頻婆娑羅王等眾人的簇擁下，世尊臉上露出了微笑。極賢受到那位裸形派的唆使，把妻子的屍體用柴燒了。她的屍體雖然被火燒毀，而腹部卻燒而不燃，隨即開啓，從裡面出現了一株蓮花，蓮花上托著一個可愛的嬰兒。眾人見後，無不驚歎。世尊吩咐其父將他接過來，但他因受裸形派者左右而未接。隨後被耆波接了過來。當時，正燃燒的火焰變涼了。其父親還是不接嬰兒，故把他送給了頻婆娑羅王。世尊給他取名**火生**，交由頻婆娑羅王撫養。

此後，世尊授記了眾多著火的餓鬼。當目犍連有一天到王舍城化緣時，見到天空中飛著五百位乾柴著火般的餓鬼，他們找不到任何落地之處，可憐兮兮地對目犍連祈求道：「我們生前是王舍城的五百位商人，由於憐惜財物，如今生為餓鬼。請轉告我們的親人，讓他們為佛陀等僧伽供養齋飯，常頌供施讚經。」

目犍連予以承諾，把此事告知了眾餓鬼的親人。眾親人也如此行事。後來，世尊招來這些餓鬼，讓他們與親人相見，並宣講了供說施頌。眾餓鬼由此而轉世為天神，來到世尊面前，明悟了眞

諦。

王舍城的一位長老在自己的園林裡埋下了大量的金銀財寶。他死後生為一條毒蛇，居在園林中，不論誰到此園，都會被它咬死。頻婆娑羅王得知這件事後，請求世尊制服那條毒蛇。世尊發出慈悲之光，讓那條毒蛇息滅了怨恨，被裝進缽盂隨身帶去。那條毒蛇非常高興，死後生為天神並證道。他告訴頻婆娑羅王打開那座寶藏，供養世尊和眾僧。國王打開寶藏，用它供養了三個月的齋飯。

法音無遠弗屆

此後，世尊來到靈鷲山，依靠彌勒菩薩宣講了《**菩薩清淨法門**》。

目犍連想測一測世尊的言輪能傳至多遠，便來到須彌山之巔，發現此處也響著世尊的法音。此後，憑藉佛陀的法力，他向西方走過恒河沙粒般的無邊之遙，來到了**光王佛**的面前，也聽到釋迦牟尼佛的法音。在那裡，目犍連行走於他們的光環之間，光王佛周圍的諸菩薩發現後問道：「世尊，沙門裝扮的這個小生靈來自何方？」

光王佛回答道：「你們不要小看他，他是神變者第一。」又對目犍連說道：「目犍連，顯顯神通吧！」

目犍連予以答應，並向此佛禮拜。之後，騰空而起，以一尊盤坐姿勢將這珍寶之界遍蓋於其下。隨後，顯出許多珍珠鍊環的一座座山頂發出一道道光芒，每道光芒之上顯現了一尊尊正在講法

的釋迦牟尼佛。當目犍連收起神通，坐在光王佛身旁時，其部眾非常驚訝地問道：「他為何而來到這裡？」

光王佛答道：「是為了測試一下釋迦牟尼佛的法音之輪。」

這時，目犍連因自己迷失了方向，精疲力竭，於是懺悔了測試釋迦牟尼佛音輪的罪過，向光王佛道：「世尊釋迦牟尼佛的居處在何方？」

「是東方，你膜拜這位世尊吧，他會給你引路的。」

目犍連聽後，面向東方叩首膜拜，祈求道：「讓我回到原地吧！」

由於佛陀的法力，那祈求之聲傳到了靈鷲山的世尊與眾弟子的上空。聽到這聲音，阿難向世尊問道：「這祈禱之人是誰呀？」

世尊答道：「這是目犍連。」

說著，便把事情的緣由講給了眾弟子。眾弟子聽後，請求世尊讓他們見見光王佛和目犍連。隨著世尊發出的光明，使光王佛的界地一覽無遺。世尊對目犍連吩咐道：「隨著這道光芒回來吧！」

目犍連瞬間便回到靈鷲山，懺悔了他的罪過。

此後，世尊來到竹林園。當時，王舍城的一個富人的兒子**帕喜仔**在玩繩索遊戲時從空中掉落下來，被目犍連施法救起帶到世尊面前，並出家修成了阿羅漢果。施主**下游**也在其母故去後，出家修成了阿羅漢。從石頭國來的妓女**蓮花色**也被尊者目犍連所教化，明悟了眞諦。她來到世尊面前後，世尊寫信把她送到王舍城的摩訶婆闍波提夫人身邊。在那裡，她修成了阿羅漢，並被世尊稱為神變

聖者。

當世尊來到鴿子國的薩者地方時，於十月二十日，沙門**稱壽**前去遺城時遇見了文殊，文殊向他講授了「殊勝咒言」。

第八次雨安居

此後，世尊來到位於王舍城的灰白山附近的藥叉**薄拘羅**之領地，舉行了第八個坐夏安居。有一天傍晚時分，當世尊外出散心時，天王帝釋來到世尊面前，幻化出一座吠琉璃淨房，在裡面向世尊請教正法。時間一久，由於習慣，服侍僧善星想讓導師早點休息，便不高興地將衣服翻過來穿在身上，口中發出嬰兒般的哭喊，大叫著：「我是藥叉薄拘羅。」

世尊聽到後，對他說道：「如來是沒有恐懼之心的。」

善星不高興地對帝釋道：「哪有這樣的修法之人！」

這期間，給孤獨長老特別想念世尊，於是請求波斯匿王幫忙。波斯匿王派了一個使者去邀請世尊，世尊結束了坐夏安居後，坐上那個使者的馬車，與眾弟子一起啓程了。途中，在憍薩羅的一個林間，五百牧人放著眾多的牛群。當世尊一行抵達這裡時，一頭強壯的狂牛直奔世尊而來，到世尊面前後用舌頭舔他的雙足。隨後，這頭牛便死去，轉世爲天神，並來到世尊面前證道。

五百位牧人得知後，供養了世尊和眾僧，並隨他們出家，修成了阿羅漢。

衆生證道

世尊一行抵達王舍城，受到了波斯匿王的迎接，住在祇園精舍。那時，有位屠夫之子出家修成了阿羅漢，並教化了其父母。後來，這屠夫之家成了衆僧常常化緣之處。期間，王舍城的一個糞坑中生了一隻黑蟲，其頭形像沙門的頭。原來他是個僧伽的服侍者，因偷吃齋飯而生爲此蟲。那蟲子身上滿是針狀的小蟲，它忍不住叮咬而到處遊蕩。有一天世尊來到此地，見到此蟲後，在衆人面前與它交談。衆人聽後非常悲哀，經世尊的教化，使許多人開悟。

此後，世尊來到王舍城的婆羅門**陀耶**之子**鸚鵡**家中。當世尊進門時，鸚鵡家名叫**佟**的狗正坐在布墊上喝洗淘水。它看到世尊後，便嗚嗚地叫了起來。世尊對它說道：「你以前說『喂』，如今只能『嗚嗚』地叫，還這樣驕慢。」

那狗生氣地坐在一條臭水溝邊上。

隨後，世尊回到了祇園精舍。主人鸚鵡聽說此事後，也非常生氣，來到世尊面前連聲問道：「喬答摩，你對那狗說了些什麼？難道你知道它前世爲何人？」

世尊對他說道：「那狗的前世是你的父親**陀提耶**。如果你不相信，去問問他死前隱藏了什麼財寶。」

鸚鵡照此問那狗時，那狗走到一間舊屋，張開四腳嗅了嗅房子中央。鸚鵡便挖掘此地，發現了四桶金磚和金粉，以及玉杖和寶瓶。鸚鵡對世尊產生敬仰，將世尊請到家中供養。

五取國國王給波斯匿王贈寄了五百隻天鵝，波斯匿王收到後，轉贈給世尊。世尊和眾僧用完齋後，將飯留給了這些天鵝，使它們轉世爲天神，並明悟了眞諦。

王舍城有一位施主生了一個兒子，那兒子出生後食用糞便，滿身污穢，父母將他逐出家門。因他食用糞便，人稱**狐狸**。狐狸四處遊蕩時被大迦葉發現，便帶回舍中給他理了頭髮，用孔雀毛清潔了身體，並讓他發誓從此不再吃糞便後叫他走了。有五百位餓鬼生活在糞坑中，狐狸聽到他們在那裡說話。這時，大迦葉問他道：「你看到自己行爲的一點特性了嗎？」狐狸答道：「聲音倒是聽到了。」

大迦葉又說道：「禁行已成，一定要堅持。」

由於業力，這時餓鬼們向狐狸顯出自己的原形，並圍到了他的身邊。狐狸便對大迦葉說道：「他們顯出醜陋之形。」

大迦葉說道：「也許還顯出狐狸之身。」

後來，那些餓鬼經舍利弗的教化，死後轉世爲天神，並來到世尊面前證道。這時，他們來到舊友狐狸面前，向他顯出天神之相。狐狸問他們道：「你們是何人？」

他們回答道：「是你以前的朋友們啊！」

狐狸聽後又問道：「形象怎麼變美了？」

他們回答道：「托舍利弗之恩，生爲天神。你也去皈依佛陀吧！」說完，就走了。

這樣，受到大迦葉的稱讚，使其他具有這樣惡習的許多人發誓不再食用糞便了。而狐狸來到康

丹河邊，用沙土搓洗身體，由前來此處的世尊剃度出家，修成了阿羅漢果。

這時，境滅國的喬達摩之女**瘦女喬達摩**流浪來到了王舍城，在世尊面前出了家，獲證了阿羅漢果，並被世尊授記爲持戒聖者。舍衛城之女**光賢**也出家，修成了阿羅漢果。舍衛城的婆羅門之女**月亮**，也獲證了阿羅漢果，被授記爲聽聞聖者。

世尊向眾比丘講一回戒律，由她記持。波斯匿王妃**巴爾利瑪**之女**醜陋女**也因受世尊的法力而變得異常美麗，出家修成了阿羅漢。

有一個叫**英明**的國王，因殺害了五百位阿羅漢，死後生在了地獄中。世尊施法將他引到了康丹河邊。只見他身高體大，雙日失明，渾身長滿瘤子，從頭到腳發炎膿腫，痛苦難耐地四處亂跑。他到平地被老虎追殺，進入水中被巨鼈追殺，飛到空中被老鷹追殺，來到林中被劍葉刺殺，坐到鳥巢又被持箭獵人射殺。就這樣痛苦無比地大叫大哭。這令人生畏的哭喊聲傳到舍衛城時，眾人悲哀地聚到了康丹河邊。這時，世尊也來到了此地，問他道：「你是英明嗎？是不是在自食其果？是誰教導你積下不善之業呢？」

借著世尊的法力，英明回答道：「罪惡的導師是自己的心。」

眾人見他如此與世尊對話，忍受著劇痛，便感到非常悲哀。隨即，世尊向他們講授了教法，使眾人獲得了巨大利益。

舍衛城的施主**聞甲**，有一個叫**世甲**的兒子。他的父親死後，由母親撫養長大。後來，他爲了一個鄰居家的美女，殺害了自己的母親。當他們即將媾和時，他由於其罪果，禁不住顫抖起來。那美

女見狀後，對他說道：「不用害怕，只有我們兩個。」世甲便將殺害母親的事告訴給了她。她驚恐萬狀，隨即跑到房中大喊強盜。世甲見狀，後悔地逃跑了。他來到了祇園精舍時，聽聞諸沙門的誦經聲，於是出家成了三藏師。世尊得知後，吩咐道：「這人殺害了自己的母親，把他驅逐出去。」

世甲便來到了一個邊遠之處，修建了寺廟，並招收眾多沙門，向他們傳授秘訣，其中有人還修得了阿羅漢果。世甲死後生在無間地獄，在那裡他禁不住大叫：「哦！這烤爐眞熱啊！」獄兵聽到後用錘子敲擊他的頭部將他殺死。他死後轉世爲四大天王的屬下，並來到世尊面前，經教化而開悟。又有一位舍衛城人殺害了自己的父親，得到類似的報應。

舍衛城有個音樂家叫**極喜**，他與五百親友常常彈奏樂器，技巧嫺熟得能在一根弦上彈出七種音色和二十一種音調。波斯匿王叫他來到了世尊面前，世尊借其琴聲講經說法，使他對世尊產生了敬仰，並出家修成了阿羅漢果。

瓦爾噶國有位施主生了一個具有七八種醜相的醜陋之子，被父母逐出家，他到哪裡，都受到人們的驅逐。無奈之下，他來到佟亞堅園林，用植物的果實和根爲生。當時，世尊也帶著四位弟子來到瓦爾噶，在四位弟子修寂滅法時，世尊在一邊化爲醜陋的人。那醜陋人發現後，撒腿就跑，但他發現對方也跟自己一樣醜陋，便和他交上了朋友。假醜陋子給了眞醜陋子豐富的食物。當他吃飽喝足時，世尊顯出了原形，醜陋子見狀，問他道：「你怎麼變美了？」世尊回答道：「是因爲我讓自己的心平靜愉悅。」

說完，讓醜陋子與四弟子一起修習悅心法，隨後他就成了美相，對世尊產生了敬仰，於是修成

了阿羅漢。此後，瓦爾噶國王子**覺者**請世尊一行到**具蓮宮**中接受供養。世尊回到舍衛城，住在祇園精舍時，**水天菩薩**也準備從遺城前來拜見世尊。

至憍賞彌國

這時，**優填王**統治著憍賞彌國。優填王得知施主**具財**擁有十萬金子後，便把他任命為自己的大臣，稱他為**美音**。優填王為試探美音的忠心，藉故假裝要懲治他。美音非常難過地向國王求情喊冤，並舉行了祭祀。後來他與南方來的五百位仙人一起來到了舍衛城，向給孤獨長老寫信求助。給孤獨詢問詳情後，把他帶到世尊的面前。那些仙人授受了具足戒，並修成了阿羅漢果。而美音施主因聽法而悟道，於是邀請世尊來到憍賞彌國。世尊答應前往，先派比丘准提與美音前去。回到憍賞彌國後，美音在自己的林中建造了精舍，相約世尊前去赴邀。這樣，世尊帶著憍陳如、婆娑、二聖徒、大迦葉、阿難、阿那律等大弟子前來憍賞彌國，接受了美音的精舍，住在其中。美音雖然信仰佛陀，但他的家眷不信，於是他把敬仰佛陀的女奴**喜女**升為主婦，由她供養佛陀等眾比丘僧。後來，有許多人信仰佛法，繼而出家。優填王和其大臣**持謀**以及在那裡的自在施菩薩也供養了世尊一行。

第九次安居

這時，世尊為了調伏爭強好勝的比丘而從空中返回，在祇園精舍舉行了第九個坐夏安居。其

間，波斯匿王每天都來拜見世尊。**迦留陀夷**、**難陀**、**鄔難陀**、**闡那**、**阿說迦**和**補捺婆素迦**稱爲六群比丘。六群比丘的職責是：祇園精舍不空門而留；知曉六城市的眾幼男幼女的姓名；具有無比的力量，發怒時會震動城池；通曉三藏。同時，**喜女**、**近喜女**、**粗喜女**、**頂喜女**和**闡那陀**等六群比丘尼也生成了。

富樓那

當時，**箜婁國**（**又名輸盧伽**）的長老**財寶**與妻子**戈達哥**生有**取財**、**救財**、**喜財**三子。其女僕**末利**（**彌多羅**）生有兒子**富樓那**，因末利異常疼愛富樓那，她又得名**滿慈女**，富樓那亦名**滿慈子**。富樓那生在有知識的家庭，很有財產，並善於相術，用五百元金幣從木材商那裡買了上等白旃檀木，變成了富翁。他曾經六次航海尋寶，當第七次航海時，有一天，來自中部地區的商人們放聲唱起黎明頌辭。富樓那聽後說道：「好歌，好歌！」

商人們說道：「舵手，這不是歌，而是佛陀的言教。」

富樓那問道：「佛陀是何人？」

眾人答道：「是釋迦牟尼。」

富樓那繼續問道：「他現在在哪裡？」

眾人答道：「在舍衛城。」

富樓那聽完便把船頭掉過來，對哥哥取財道：「哥哥！大海充滿了罪過，不要去了。我要去出

家。」

隨後，他帶著一個夥伴離船來到舍衛城，向給孤獨長老寫信求助。給孤獨把他請入家中詢問了來由後，帶他去找世尊。

他皈依出家後，來到**牛宿生城**修行三個月，獲證了阿羅漢果。在那裡，他受到了眾人的敬仰，還建造了五百座精舍。世尊稱他為說法第一。

這時，救財和喜財兄弟揮霍完了財產，便遣取財到大海尋寶。當船停泊在白旃檀島，準備伐木時，守護旃檀林的藥叉向藥叉王**大自在**報了信。大自在藥叉施出羅剎黑旋風。頓時，眾商人魂飛魄散，向各自所依的神靈求救，而取財則默默地自語道：「不聽弟弟的話，如今後悔莫及啊！」

眾人聽見後，問他道：「你弟弟是誰？」

他答道：「我弟弟是富樓那。」

眾商人聽後，一齊祈求富樓那保佑。

這時，一位天神將此情況報告給了富樓那。富樓那聽後，剎那間來到了海島，巨風隨即息去，藥叉**大自在**也成為幫手，船上裝滿白旃檀和各種珍寶，回到了輸盧伽城。

回城後，富樓那對哥哥說道：「把這些珍寶送給眾商人，用這些旃檀木為世尊建一座精舍吧！」

隨後，取財建造了一座旃檀寶堂，其鋸木屑也製成一串念珠。富樓那還讓其兩位哥哥也修忍辱行。

此後，取財問道：「富樓那，寶樓是爲世尊而造，那麼誰還能享用這個呢，這施捨會有福報嗎？」

富樓那答道：「世尊是徹悟四聖諦的大功德，他留下的每個遺跡都會成爲神和人所膜拜的佛塔，還有誰能享用此寶樓呢！快邀請世尊和其眾比丘僧來供養吧。」

取財聽後問道：「世尊現在何處？有多遠？」

富樓那答道：「住在舍衛城，距此有三千零六十四由旬之遙。」

取財又問道：「這麼遙遠，什麼時候能到這裡呢？」

富樓那回答說：「施主，世尊沒有遠近，瞬間即可到此。」

取財聽後說道：「那麼，稟報國王後，予以邀請吧！」

得到國王的恩准後，富樓那兩兄弟來到寶樓之頂，手捧香爐和供品，面向舍衛城方向一邊拋撒鮮花，一邊祈禱道：「請發發慈悲，明日世尊一行請駕臨我處吧！」

到輸盧伽國

那禱告聲傳到了世尊的耳中，由於佛的法力，祇園精舍中顯現出那些鮮花、寶樓和香煙。

這時，阿難問道：「世尊啊，是何方邀請您呢？」

世尊說道：「是輸盧伽國，明天要啓程前往，快向眾比丘僧散發木籌吧。」

當阿難正準備向各獲具神通者散發木籌時，住在優頻陀螺、還沒有修成神通的富樓那尊者也準備接木籌。阿難發現後對他說道：「你等著吧！」富樓那當即修煉神通，在阿難向第二位尊者發放木籌時練成了神通。世尊稱讚他為首先接到木籌者第一。

五百位獲具神通者拿到了木籌。這時，施主取財的家眷連夜準備了齋飯，國王也在天亮時命人裝飾了城池。那城池有十八座城門，國王讓自己的十七位王子坐在十七座門前，而在大門口，站著國王自己和富樓那聖者諸兄弟，等待著世尊一行的到來。當眾比丘奇蹟般地到來時，國王問道：「富樓那，世尊駕臨了嗎？」

富樓那回答道：「這些不是世尊。」說著，向他介紹了他們的身份。接著，諸比丘僧各顯神通地紛紛前來。國王又向富樓那詢問打聽，富樓那介紹道：「這些是世尊的弟子。」

當世尊從祇園精舍的聖殿中起身，剛剛邁進內殿時，大地震顫了，發出了金色的光芒。國王見到這光芒後，又問道：「富樓那，這是什麼光芒？」

富樓那回答道：「這是世尊發出的光芒，是世尊駕臨的前兆。」

隨後，世尊在五百阿羅漢的簇擁下，朝西南方向走來。

當時，祇園精舍的一位土地神用薄拘羅樹枝為世尊一行遮蔭，並跟隨著世尊，經世尊的教化而悟道。途中相遇的五百位寡婦也經世尊的教化而明悟了真諦。

另外，一座修行處的五百位仙人也前來皈依，出家後即成阿羅漢果。他們也隨同世尊，來到了位於舍衛城邊緣的**臼山**。

此山有許多仙人，生長著茂密的竹林和枇杷、梨樹林。**薄拘羅仙人**這時居在此山。這位仙人身

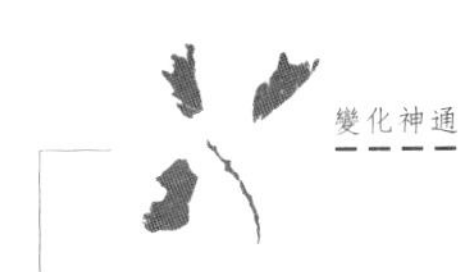

著木衣，故又名**木衣者**。他生在舍衛城的一個婆羅門家，精通婆羅門吠陀。父母死後，他遠遊到了輪盧伽國，再後來到臼山修行，現已一百二十五歲，身不染疾病。當薄拘羅仙看到世尊一行從山下走向西方時，認出了世尊，便從臼山山頂跳了下來，被世尊施法救起，經教化獲證了不還果，授受了具足戒。世尊稱他爲由信而得解脫者第一。世尊在薄拘羅由一千位阿羅漢的陪同下，顯出各種神通繼續西行，在受到梵天、帝釋等淨土諸神的禮拜，並降下甘露和百合花之雨後，來到了輪盧伽城中央。他們受到國王和富樓那兄弟的迎接，來到了白旃檀寶樓。

五冠乾闥婆也前來，以歌舞恭敬。輪盧伽城的眾人想拜見世尊，世尊便將寶樓化作水晶之樓，向眾人講授了教法，得益匪淺。此時，金剛持也來到了世尊面前，在帝釋的請求下，宣講了「具金咒言」。此後，施主取財兄弟邀請世尊到家中受供。

大海裡的諸龍聽到了乾闥婆的歌舞聲，龍王**優美**、**黑色**和**喬答摩**等無數龍想前來拜見世尊，因而大海生起狂濤。世尊想，如果眾龍前來這裡，會使輪盧伽受到災害，便決定前去龍界。隨即，眾阿羅漢也消失而去，在那裡留下了無數的幻化。

世尊與目犍連來到大海，向黑色和喬答摩等諸龍講授教法，使他們對世尊產生了敬仰。諸龍讓目犍連分開他們混淆在一起的海水，並邀請他們受供後，來到了無熱湖。途中，在一片平如手掌的地方，有一個名叫**火施**的苦修者見世尊從天上飛走時，非常敬仰地請世尊留下一點標記。世尊便在一塊岩石上留下了足印，以作供物，隨即飛到了無熱湖邊。這時，龍王**無熱**幻設了七寶坐墊，其中專爲世尊設置了蓋龍帛的寶座，來到了世尊面前。五百位比丘也來到了世尊面前。世尊對目犍連吩

咐道：「你去告訴舍利弗，導師叫他過來。」

目犍連來到舍衛城，對舍利弗說道：「快去，否則我施法力帶你去。」

舍利弗對他道：「你先把這腰帶拿去。」

說著，把它加持為七大世界。目犍連拽拉那腰帶，雖然其力量震動了大千界，但那腰帶卻動也沒能動一下。此後，二聖徒來到了世尊面前。

世尊在無熱湖的龍界把龍王優美和無熱等三十眾教化為菩提之道。此後，經目犍連的請教，世尊完整地宣講了《**興智寶經**》。舍利弗與五百阿羅漢一起以神變之道回到了舍衛國。

目犍連入地獄

目犍連曾經為了自己死去的父母而刻苦修禪。獲證了阿羅漢果後四處尋找，發現父親已生為梵界之王。父子相遇，欣喜擁抱，隨後，目犍連說道：「父親如此幸福，那麼，母親去了何方？」

父親回答道：「我前世手不離經，常行善業而生在這裡。她積罪如山，因此生在了地獄。」

目犍連聽後，於半夜走進地獄。在地獄中，他首先碰到了一位由一千名手持鐵叉的獄衛守護的人。他脖子上繫著長繩，面前站著五百個狐頭鬼在嘶叫，每根汗毛尖都在滴血、口出煙霧、鼻流血河，哭叫著被牽拉而去。他名叫**姜先哈**，生前是位富人，吃著羊肉，喝著美酒。他常常放鴿鷹和獵狗殺害生命，誹謗僧伽，口不離殺。上個月十五日，獄鬼兩次前來招他入地獄而死去。

目犍連繼續往下走，遇見牛頭獄鬼和馬頭獄鬼，他向他們打聽他的母親，但沒有得到音信。最

後，他來到了閻羅王的面前。閻羅王讓他到管轄五道獄的獄主**果迪宗更**處尋找。果迪宗更穿著金披甲，持著利劍。他聲如雷響，怒目而視，令人望而生畏。當目犍連來到時，他正與五百位部眾砍殺著人形者。目犍連問他道：「你看見我母親**目犍**了嗎？」

果迪宗更聽後，轉向他的文書，那文書口中唸著「目犍」，隨即說道：「來地獄已有三年，她現在在無間獄中。」

目犍連聽後，非常悲哀地前去尋找。一會兒，另一位獄主擋住他的去路，說道：「無間獄是非常恐怖的，上下都由生鐵鑄成，中間燃燒著烈火。到別處去不好嗎？」目犍連問他：「此地獄的大門由誰來開？」那獄主回答道：「有三個人能開，他們是閻羅王、果迪宗更和世尊釋迦牟尼。」

目犍連聽後，非常高興，他一會兒功夫便拿來世尊的袈裟、缽盂和禪杖，在無間獄門口用禪杖連敲了三下，那門便自動開啓了。從鐵門中走出一個手持鐵叉的牛頭獄鬼。目犍連向他說明了來由，那鬼說他的母親在無間獄裡面。又繼續向裡走去，這時，五百獄鬼擋住了他的去路，不讓他進入。目犍連注視著對方說道：「這房子是屬於我的，你們怎能不讓我進去？」

說著，敲了一禪杖，只見眾獄鬼手中的棍子和鐵叉掉在地上，沒有人能擋住目犍連。目犍連來到門口敲擊禪杖，只見滿眼都是劍海槍林、刀山針水、火焰衝天。此後，他又向出現的無數鬼卒打聽，也得到了同樣的答覆。

一會兒，眾鬼卒從鐵城中拖出目犍來到其兒子身邊，只見她頭大如山，頸細如絲，無力行走，身上釘著三百六十隻鐵釘。目犍連見後悲痛欲絕，哽咽著說道：「母親啊！您曾經是多麼的幸福，

而如今七竅流血，痛苦不堪。我把家中的財物都發給了您，沒有收到嗎？」

母親回答道：「兒子，你做什麼都沒有用處，如果說有用的話，請爲我謄寫佛經吧，沒有比這更有用的。」

就在這時，獄衛命令道：「把她帶走，往身上釘一千個鐵釘！」

目犍連聽後，捶胸頓足，七竅生血地向獄兵說道：「我母親爲何受這樣的苦啊！」

眾獄兵對他說道：「業果怎麼能改變呢？」

說著，將她帶走了。目犍連見狀，昏倒在地上。

度化母親

這時，世尊正在灰白山坐夏，教化惡趣。他得知後，派阿難到地獄頃刻間救起目犍連，並把他帶回到世尊面前。隨即，目犍連請求世尊解救自己的母親。世尊發出光芒，帝釋在前爲他撐蓋傘，梵天抓著他的袈裟跟隨在後，剛到地獄門口，門皆自然開啓，鐵錘變成了寶貝，鐵水頓變清涼，地獄中的眾靈魂升入了天堂。但只有目犍一人沒能解脫出惡趣之苦，生爲餓鬼，饑渴難耐。目犍連領著母親來到舍衛城，捧出食物給她吃。但母因心生吝惜，使放在口中的食物變成熱灰，無法食用。目犍連用金勺餵她，但母親的口和鼻孔中生出火舌，仍然無法食用。隨後，又把她領到大河邊，讓她飲用其水。世尊也化出五位餓鬼，做出飲水的樣子給她看。而目犍亡命地四處奔跑，阻止那些餓鬼喝河水。

這樣，河水也變成熱灰，無法飲用。目犍連對母親說道：「母親啊！您怎麼能阻止那些餓鬼喝那麼點河水呢？貪婪而吝嗇，仍不知足，您何時能升天堂呢？」

她聽到此話後，心中生起了對兒子的難爲情和懺悔，這一想，頓時變得能喝河水了。隨後死去，轉世爲舍衛城的一隻難以馴服的金眼黑母狗。目犍連化緣到舍衛城時被它認出，它跑過來舔他的袈裟。目犍連見後含著眼淚對它說道：「母親啊！您生爲狗也不放棄惡性，爲什麼呀？」

那狗聽後，也流出了眼淚。目犍連來到世尊面前，請教道：「我母親她生爲母狗，怎樣才能使她得以解脫呢？」

世尊答道：「召集諸聖者，連續四十九天誦唸經文，可以使她得救。」

目犍連如此照辦，使她死去後生爲光明界的善良姑娘。

當世尊從輪盧伽國前往無熱湖時，目犍連已知母親靈魂的去向，也知道了世尊會予以教化，於是向世尊請求了此事。世尊答應後，向目犍連說道：「借誰的神通前去？」

目犍連回答道：「憑我自己的神通去。」

這樣，當目犍連漫步於須彌山頂時，緣於神通，七天之後抵達了光明界。那善良的姑娘看見目犍連後，遠遠地喊道：「我見到了我的兒子！」

眾人聽後驚訝地問道：「這成何體統？」

目犍連解釋道：「她的前世是我的母親。」

世尊也向眾人講授了正法，使他們明悟了眞諦，讚頌了世尊。世尊和目犍連用完齋飯，目犍連

把母親送到梵界，見到了父親。此後，世尊問道：「目犍連，回去嗎？」

目犍連答道：「回吧，世尊！」

世尊又問道：「借誰的神通回去？」

目犍連回答：「當然借世尊的神通。」

世尊聽後說道：「既然這樣，以後請專心於祇園精舍。」

一會兒，目犍連問道：「世尊，咱們到了嗎？」

世尊答道：「目犍連，我們已到了。」世尊住在了祇園精舍。

在祇園精舍

這時，**薄拘羅尊者**經修行，三天之中獲證了阿羅漢果。波斯匿王的大臣**施捨**之女叫**法施女**，她時常在眾比丘那裡傾心聽法。後來，父母為了不讓她出家，把她許配給了大臣**獸聲**的公子**氏宿**。世尊得知後，派比丘尼蓮花色前去剃度她出家，獲證了阿羅漢果。世尊稱她為說法第一。

在祇園精舍，世尊與一千二百五十比丘、諸菩薩、天龍八部以及舍利弗、滿慈子富樓那和阿難在一起，向舍利弗和富樓那教授了持戒、忍辱和精進的教法，兩位弟子逐一解釋，將此法授予了阿難。

這時，大海中的龍王**財寶**的兒子**財賢**，忍受著滾燙的熱雨，而各龍主和皈依者未沐浴此雨。他向父母詢問何故時，父母說：「這些都是龍主和皈依者。」

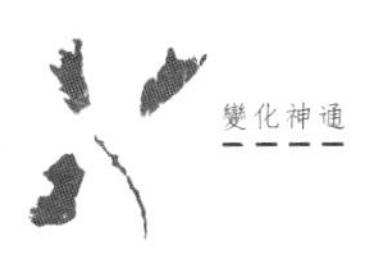

財賢聽後，便來到世尊面前，當他剛授受諸戒律時，那熱沙雨停止了。龍子非常高興，將前來舍衛城的道路清掃乾淨，以各種供品裝飾，並在各夜宿之站幻化出廟宇，將世尊從舍衛城邀請到了王舍城，住在竹林家雀園中。龍子侍奉世尊三個月。最後一天，當他以無上之寶敬供世尊時，世尊將他授記爲佛果。

此後，世尊來到了婆羅門城**那藍提羅**。在那裡，有些新近出家的比丘受到了外道的戲弄，那些比丘將此事告訴了舍利弗，舍利弗叫他們報告給世尊。世尊聽後，向他們宣講了《**正法念處經**》。隨後，來到靈鷲山，向舍利弗和滿慈子富樓那講授了《**禪定度經**》，兩位弟子徹悟了此經。

迦旃延

在烏丈那國發生瘟疫時，世尊曾從波羅奈派遣稱爲議論者第一和教化邊地者第一的弟子迦旃延率五百隨眾前去解救。當他們漸次抵達**伽延沽跋雜**地方時，一位叫**有髮女**的婆羅門女兒，由於敬仰而賣掉了價值五百金幣的頭髮，由母女倆供養了迦旃延聖者。當迦旃延聖者剛進入烏丈那國時，此國的瘟疫便消除了一半。專橫的國王**勝光王**拜倒在迦旃延的足前，並把他邀請到王宮中，以歌舞相待。然而，迦旃延進入沈思，對此不問不聞。國王對此不信，迦旃延便向他舉例解釋，使勝光王得以信服，向他侍奉了齋飯。隨後，迦旃延向國王及其臣民宣講了教法，使他們對世尊和眾弟子有了更深的敬仰。

勝光王賢明地治理著國家，後來他爲報答有髮女的賣髮之恩，把她娶爲王后，使烏丈那國的瘟

疫全部息滅。有髮女因此得名**息滅**。其間，有位商人之妻生下了國王之子，把他裝在一只箱子中放在王宮門口。一群牛圍著這箱子時被國王發現，打開箱子後，國王認出了這是自己的王子，便把他交給有髮女，說：「這是你的兒子。」

由於這王子被牛群養過，故得名**牛護**。息滅也因此而得名**牛護母息滅**。後來，石頭國國王**蓮心**發兵烏丈那國，勝光王敗下陣來，逃跑之中獨自來到了一座山腳下，由一個叫**那姆協**的農夫相救。國王特別感激，把那農夫任命爲大臣。由於他是由五位大臣培育，因此得名**培育**。國王給他賞賜了迦延沽跋雜地方。

有一天，培育帶兵征服了**迦桑人**，讓他們向國王進貢，並搶來一位美麗的迦桑姑娘獻給了國王。國王把她娶爲妃子，得名**迦桑女度母**。另外，國王深信一個叫**具衆女家**的虛弱的婆羅門，善於卦術，便將他任爲國師，賞賜了五座城池。就這樣，聖妃息滅和度母、聖臣培育、國師、王子牛護被稱爲五聖寶。還有日行一百由旬的公象**丹卜日**、日行八十由旬的母象**桑丹**、日行七十由旬的駱駝**嘉措岡巴**、日行五十由旬的駿馬**歸貞**、日行二十由旬的母猴**帕查**稱作五支寶。

有一晚，勝光王做了一個奇異的夢，迦旃延解釋說那是異國國王向勝光王進貢之意，果不其然，有進貢者到來，使勝光對此信服得五體投地，於是向迦旃延聖者獻了巨匹絨布，要把王位讓給他。對此，迦旃延回絕道：『國王，世尊有戒，沙門不得爲王。』

勝光王又說道：「那麼，聖者請享盡美色吧！」

迦旃延說：「那也是戒規之一。」

勝光王道：「那麼請享用財富吧！」

迦旃延說道：「先請示一下世尊再說。」

世尊此時在祇園精舍，迦旃延憑藉神目神耳，向世尊請示了此事。世尊便准允眾僧享用財富。這樣，勝光國建造了寺廟獻給四方僧伽，並給予了農田、牲畜等財產。

世尊宣稱道，首先向比丘、我的弟子給予財產者中的第一位是勝光王；供養齋飯者中的第一位是頻婆娑羅王；營造房舍者中的第一位是給孤獨；所建寺廟者中的第一位是**善賢**。

由於迦旃延，邊地烏丈那國興起了眾多僧伽。後來，他還前往邊遠的多堅等地，使眾人皈依三寶。最後，回到了世尊身邊。

第十七章

四處遊化

第二年春夏炎季，世尊在靈鷲山的蛇心旃檀木所建的寶傘殿中，與迦葉三兄弟、迦旃延、摩訶俱絺羅、薄拘羅、阿那律、須菩提、優陀夷、羅睺羅、難陀、阿難等一萬眾比丘，以及觀世音菩薩、彌勒菩薩、文殊菩薩等在一起。受佛的法力，那寶樓中出現了包著一尊尊光芒四射的佛像的億萬朵青色蓮花花苞，遮蓋了世間。**金剛智菩薩**問這是何故時，世尊隨機宣講了《**大雲廣如來藏經**》。隨後，世尊與一千二百五十比丘和**信明菩薩**等一起留在靈鷲山，在信大方便菩薩的請問下，世尊宣講了《**信修大乘經**》。將這兩部經授予阿難。

第十次坐夏安居

此後，世尊在竹林園舉行了第十個坐夏安居。這時，舍衛城的施主**達瑪喜子**有個兒子叫**安毗利**，享受著榮華富貴。有一天，波斯匿王到他家去要白旃檀，安毗利把國王邀請到寶樓中接待，給了大量的旃檀。這期間，經國王讚美世尊，安毗利來到王舍城，並削髮出家，修成了阿羅漢果。

王舍城中有一位婆羅門叫**拜特**，他的父親因皈依佛陀，死後生為三十三界天神，皈依世尊且並開悟。這時，他來到悲痛地為父親燒屍的兒子身旁，說道：「兒啊！請不必為我悲哀，想想你自己，去皈依佛陀吧！」

隨後，拜特來到世尊面前出家，並修成了阿羅漢果。曾經為世尊獻過乳糜的**善生女**和**喜力女**也出家，修成了阿羅漢果。

此後，世尊與眾弟子一起來到了舍衛城，住在祇園精舍。迦旃延聖者又去了邊地。窮人**善順**來

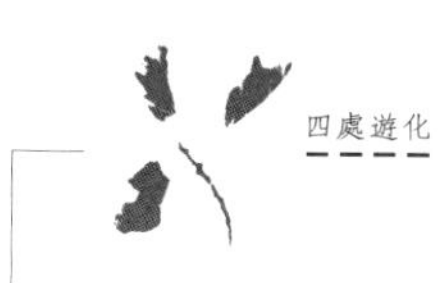

到祇園精舍，當時，帝釋與眾比丘在祇園精舍幻顯了**勝妙宮**，宮中有一棵如意樹，樹下設有獅底寶座。世尊就坐在寶座上，善順跪於其足前，隨便坐在波斯匿王遞過的一把小座上。諸天神與眾人驚奇地問道：「怎麼竟恭敬起這個窮人來了？」

經帝釋的請求，世尊發出光芒，照在善順身上，使他變得比帝釋還英武。眾人見後，無不驚歎。隨即，世尊授記善順為菩提果位。善順也心生出家之念，當世尊剛摸其頭頂時，他便成為比丘相。世尊這時向他宣講了**《大寶積經善順菩薩會第二十七經》**。此後，舍衛城的**勇施**等五百位施主來到世尊面前，世尊宣講了**《勇施所問經》**，並把這些施主授記為菩提果位，將這兩部經授予了阿難。

毗舍佉鹿子母

波斯匿王的大臣**毗舍佉**生有七個兒子，其中六個兒子已成家立業，第七個兒子**氏宿**因沒有娶到好女孩，便娶了一個叫**氏宿女**的妻子。她是被流放到瞻波羅地方的**阿羅邏迦藍梵施王**的女兒。由於她對毗舍佉給予了莫大助佑，故稱為**毗舍佉鹿子母**。毗舍佉鹿子母在舍衛城之東的舊園林中建造了一座廟宇，獻給了世尊和眾僧，稱作**東園鹿子母講堂**。後來，氏宿女生了七個力大無比的嬰兒。由於國師的挑撥，波斯匿王把他們的頭砍下後，裝在竹簍中，在氏宿女邀請佛陀及其弟子供養時送到了她家中。世尊知曉了此事，便當她正在打開竹簍時說道：「等一下，先聽我講法吧！」

經世尊的教化，她明白了眞理。當她打開竹簍發現兒子的首頸時，對世尊說道：「世尊啊！有

為皆無常啊！」

世尊教導道：「比丘們，波斯匿王殺害氏宿女之子是有罪的，而如不殺，他們以後會合謀瓦解王國的。」

第十一次雨安居

此後，世尊在祇園精舍舉行了第十一個坐夏安居。舍衛城的一位施主生了個掌中握有金幣的兒子，取名為**金寶**。他敬仰世尊，在向世尊和眾比丘循序頂禮時，先後生出一枚金幣。隨後，他削髮出家，修成了阿羅漢果。另一位施主生了一個兒子，出生時降下了仙花雨，因而得名**仙花**。他把世尊請到家中，讓世尊坐在寶座上供奉了仙齋，並出家修成了阿羅漢果。舍衛城中還有一個叫**月亮**的織布人，他見世尊的袈裟破了，便供養了碎布，他被授記為菩提果位。另有一位叫**跋羅墮者**的施主，他有一個兒子叫**迦諾迦跋羅墮者**。他雙手生有金幣之印，從中金銀財寶隨意可取。他來到世尊面前產生了敬仰，便向阿難道：「我要給世尊及其弟子供齋，需要什麼呢？」

阿難答道：「需要錢。」

他聽後，雙手一伸，變出許多金條銀磚，並用這些金銀供了齋。這兩人出家後，修成了阿羅漢果。

舍衛城的一位富有的施主家出生了一個全身金黃的兒子，得名**如金**。他出生後，家中出現了一口八尺寬八尺深的水井，從中取水可以得到任何想要的財物。此時，瞻巴國也出生了一個女兒，取名**金光**，其家也出現了同樣的水井。後來他們成爲夫妻，並邀請世尊及其弟子受齋，隨即，夫妻雙雙出家，修證了阿羅漢果。在這期間，世尊向眾弟子宣講了很多經文。

舍衛城施主**善覺**生下了一個相好無比的兒子，與此同時，一頭母象也生了一頭金象，因此，這兒子就叫作**有象**。這時，波斯匿王也生了一個女兒，她生下來時身上有法衣紋，故得名**法衣女**。後來，他們倆在花園中相識相愛。有象從自己的金象處拿來一對金牙獻給了波斯匿王。國王非常高興，讓有象索要中意之物。而有象什麼都沒有索要，並時常獻金象牙給國王，國王也每次讓他索要想要之物。最後，有象向波斯匿王請求道：「請把公主法衣女嫁給我做妻子吧！」

國王聽後便將愛女許配給了他。後來，當波斯匿王帶女兒女婿前往世尊面前時，小夫妻倆雙雙出家，修成了阿羅漢果。

這時，世尊又在一千二百五十位弟子和諸菩薩當中向文殊講授了《**無量光佛經**》、向阿難講授了《**燃燈佛授記經**》。

當世尊與這些眾弟子和諸菩薩在一起時，還向舍衛城的商人**辯意**講授了《**辯意長者子經**》，使他獲得了無生智。隨後，他邀請世尊到他的家中受供，世尊答應了他的邀請。第二天，他讓妻子準備了百味宴。當世尊一行來到他的家中，剛坐下來，便有兩個乞丐前來乞食，其中一個乞丐沒有乞得食物，便生氣地暗想道：如果我成爲國王，將把這禿頭沙門用劍斬首。

隨即又來了第二位前來乞食的乞丐，便給了他一點食物，這個人高興地想道：如果我成爲國王，將供養佛陀和眾比丘僧。

後來，當他們來到異地分別睡下時，敬仰佛陀的那位乞丐上空出現了飾有燈光的瓔珞。當時正好這個國家的國王死去，眾人商量著誰繼承王位。隨後，按照相師的預言，把那具有祥兆的乞丐帶到了王宮中推上了王位。而另一位乞丐被劍鋒斬去頭顱，陷入地獄，受著砍首之苦。此後，那國王裝飾了從舍衛國到本國的道路，邀請世尊供養了七天。世尊在此宣講了《**辯意長者子經**》，並把此經授予阿難後，回到了舍衛城。

第十二次坐夏安居

世尊在氐宿女的邀請下，來到東園講堂中，與一千二百五十位比丘一道在這裡舉行了第十二個坐夏安居。期間，世尊向眾比丘宣講了《**大乘阿磨毗達法門經**》。又在文殊菩薩的請求下宣講了《**文殊請問大乘百錘相經**》。頻婆娑羅王好久沒見到世尊，非常想念。世尊得知這一情況，坐夏安居結束後來到了摩揭陀國。當世尊一行經過一座樹林時，一隻會說人語的鸚鵡請求世尊在它的林中住一宿。世尊答應了，便在鸚鵡居住的樹下鋪設了草墊，歇宿在其上面。眾弟子也如此歇息於其他樹下。那鸚鵡為了保護世尊，一晚上在林間飛來飛去，巡遊放哨。天亮後，它飛到頻婆娑羅王面前，叫他準備齋飯。國王見狀，非常欣喜，以隆重的儀式迎接了世尊一行。

那鸚鵡心想，這一切都是我的功勞啊！想著便歡快地飛到國王身前。正在這時，一隻鷂鷹叼走了它。它死後瞬間生為天神，並立刻來到世尊面前悟了道。此後，世尊與一千二百五十位比丘來到了靈鷲山，與文殊等諸菩薩在一起。其間，向舍利弗和大迦葉講授了《**佛說稱揚諸佛功德經**》，又

向大迦葉講授了《**佛說大方廣佛冠經**》。隨即渡過恒河，來到捨棄國的**伽藍陀伽城**。此時，成佛已過了十三年。

制定戒律

在此之前，世尊的弟子眾比丘沒有出現什麼問題，也沒有得水泡疾病，時常唸誦著簡要的解脫經。這時，此地的伽藍陀伽之子**須提**出家後，與妻子媾和，生了兒子**種子**。後來他出家，修成了阿羅漢果。世尊得知此事後，爲了受戒的十大利益，制定了戒律：凡比丘媾和行不淨行，則犯他勝罪（即波羅夷罪，比丘之重罪）。此後，世尊來到王舍城，住在竹林園。這時，王舍城的比丘**野居**與母猴交媾，故世尊又制戒禁止了與動物交媾之行。此後，世尊來到舍衛城，住在祇園精舍。這時，**甲卜年**、**瑪旁巴**、**曲堅**、**夏日伽**、**協瑪傑**等人削髮出家。烏丈那國守衛城的施主**阿難**之子因曾經爲世尊清掃道路之故，生得異常好看，因此得名**美相**。他來到舍衛城做生意，財物被妓女**賢女**騙去。他對賢女的行爲不滿而出家，後來獲證了阿羅漢果。

另外，**塞爾薩國**的婆羅門**劫賓那**、**更毗拉國**的**更毗拉**和**恒車**、**尊者**、**巨人**以及舍衛國的**山女**姑娘等也在這個時候出家，修成了阿羅漢果。舍衛城的一位施主的兒子掉入河中，被一條大魚發現後吞了下去。另一位施主的女兒在捕魚時，正巧捕上了這條魚，那魚的腹部暴裂，露出一個嬰兒，被施主撫養。前一位施主得知此事後，兩人發生了爭執。後來由波斯匿王判定爲兩家都擁有這個兒子，並給他取名叫**雙姓子**。雙姓子後來知道了這件事後，悲痛地出了家，並獲證了阿羅漢果。

舍衛國的一座森林裡有五百位仙人在修行，他們隨世尊的腳印，來到世尊的面前出家，修成了阿羅漢果。舍衛城裡有兩頭牛相互頂撞，其中一頭被另一頭頂破腹部，拖著外漏的腸子倒在了地上。世尊見後把腸子裝進其腹部，並誦經教化，使它平和地死去，後來轉世爲舍衛城一個商賈的兒子。當他長到七歲時，便獲證了阿羅漢果。

有一時，波羅奈國國王梵生發兵舍衛國，波斯匿王率兵迎戰。在漫長的戰爭期間，梵生王生了一位王子，波斯匿王也生了位公主，兩人都取名爲**和者**，兩王和好，想讓王子與公主聯姻。但和者公主聽聞了世尊的教法，獲得了不還果，想削髮出家。而梵生硬是叫來了和者王子，把她許配給了王子。這時和者公主顯出神通，才得到了父王的准允，並出家獲證了阿羅漢果。

在世尊前往王舍城的途中，一頭受到獅子驚嚇的大象，托著一根尼拘律樹枝爲世尊遮陽，一路陪伴世尊。回來後被獅子捕殺，那象剛死便生爲天神，並來到世尊面前悟道。

此後，世尊住在竹林園。當時，陶工比丘**具財**偷竊了阿闍世的木材，由此，世尊制定了第二個戒律：凡不與取者犯他勝罪。

王舍城拜薩族婆羅門**毗藍陀衛聖**之子出家後，修證得阿羅漢果，世尊稱爲慈懷者第一。他在渡恒河時喊道：「賢母停流」，恒河便停止不流。他出家後，一直患病不癒，常住在王舍城中。世尊常派人服侍他，並制定了比丘病人戒律。

世尊遊歷摩揭陀國時，遇見了金剛座的婆羅門**居堅**，他有五百弟子，向他們傳授著密法。當他見到世尊後，乞求說：「我承諾自己是您的弟子，請護佑我吧！」

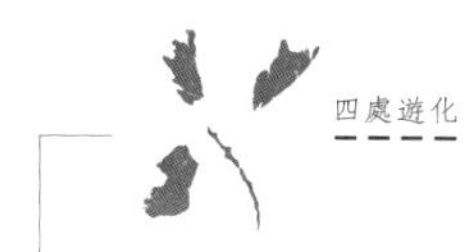

世尊聽後，用手撫摸著他的頭頂，說道：「剪下你的長辮，出家吧！」他的眾弟子見狀，悲痛得四處散去。居堅則皈依了世尊，並削髮出家，修成了阿羅漢果。

第十三次安居

此後，世尊來到舍衛城，在祇園精舍舉行了第十三個坐夏安居，波斯匿王向他供養了三個月的所需物品，並在祇園精舍附近開闢了牛欄，用牛奶供養僧伽。最後還供養了百味齋飯，另向世尊敬獻了價值連城的袈裟，向眾弟子也布施了布匹。這時，牧人們心想，這麼大的國王也布施，我們爲什麼不布施呢？於是在牛欄中爲世尊及其弟子供養齋飯。當他們開悟後，把牛群交給了波斯匿王，自己則出家並證得阿羅漢果。

釋迦跋提有個叫**月亮**的女僕，她善於串花鍊，得名**末利**（**茉莉**）。有一次，她在拜見世尊師徒時，向世尊供養齋飯，乞求自己不再是奴僕。後來，波斯匿王在狩獵途中被坐騎拖走，遊蕩到了迦毘羅衛城釋迦跋提的花園。末利用溫水給他洗臉，提供茶水，並用柔軟的雙手撫摸他的雙腳，對此，波斯匿王非常感激，於是向跋提請求，把她娶爲妃子。她生下的**毘琉璃**王子，成了王位的繼承者。

這時，目犍連到給孤獨家化緣，發現其公子們讀著外道的經典，便說道：「施主，這些經典如同鐵果，你很難理解其意，即使理解也不會使你發心，而佛陀之言教始終是善的，爲什麼不讀這個呢？」

給孤獨說道：「聖者請不要失望，會讓他們讀佛經的。」

隨後，便送兒子們來到祇園精舍，讓他們跟隨目犍連學習佛經了。當他們穿著盛裝前往祇園精舍時，途中遇到了強盜劫持。消息傳到了給孤獨的家裡，給孤獨請求波斯匿王相救，而國王派毘琉璃前去解救。

這時，天神把這件事報告給了目犍連。於是目犍連顯神通變化爲毘琉璃王子的軍隊，敲鑼打鼓，使王子們從強盜手中解脫出來。當他們過來時，途中遇見了目犍連，目犍連問他們說：「你們要去何方？」

王子們回答道：「我們是遭到強盜的劫持後逃出來的。」

目犍連又說：「今天你們讓父母家人擔心了，先快回去吧！」

他們繼續前行，一會兒便遇到了毘琉璃王子的軍隊。毘琉璃王子問道：「誰救了你們。」

王子們回答說：「是毘琉璃王子救了我們。」

毘琉璃王子奇怪地道：「我們才剛到這裡，怎麼能救你們呢？那你們還遇見過何人？」

公子們回答道：「目犍連聖者。」

這樣，他們一致認爲是目犍連救了他們，並大加讚美了目犍連聖者。

這期間，一位施主家生了一個駝背的兒子，他多方求醫，連外道六師也求到了，但仍沒能治好他的駝背。後來前往世尊面前出家後，其病自癒，隨後，修成了阿羅漢果。在世尊成佛七年之時，優陀夷之妻舍衛女**隱女**剃髮出家。有一天，她發現優陀夷的袈裟上沾著精液，便拿來放入胎中懷

孕，經世尊的准允，被眾比丘尼帶到幽靜之處服侍，生下了迦葉子。後來他出家獲證了阿羅漢果，又得名**語自在**。世尊稱他為美言和具善者第一。

有位施主有個兒子叫**快樂**，他非常懶惰，到六歲時還不能站起來，外道六師也沒能救癒。但當他見到世尊後便站了起來，世尊給了他一根旃檀木棍，讓他敲擊。當快樂敲擊這木棍時，聽到了悅耳的聲音，並見到了寶藏。從此他勤奮努力，六次航海尋寶，供養世尊，被世尊授記為菩提果位。

有一位敬仰佛陀的施主生了七個兒子，其中六個兒子邀請外道六師，最小的兒子則邀請世尊前去受供。後來七個兒子都皈依佛陀，並出家修成了阿羅漢果。

一個船長率領五百隨眾航海，被黑妖的巨風困住了。信仰外道的船長祈禱外道六師保佑，但無濟於事。眾人向世尊祈禱，順利得救。後來他們供養世尊，並一起出家獲證了阿羅漢果。

舍衛城有兩位商人，其中一個信仰佛陀，另一人信仰外道。他們都說自己的導師聖明，相爭不下，便拿出全部財產作為賭注，想比個勝負。波斯匿王得知後，派大臣前去裁決。大臣宣佈道：「七天之後，將裁定兩位導師的勝負，請諸位到場觀看。」

七天之後，那裡聚集了幾十萬天神和凡人，只見外道商人說道：「外道六師是最神聖的，這是事實，讓這些花飛向他們的方向去吧！」

但他拋的花朵一個個落在了地上。那商人見後低下了頭，什麼也不說了。接著，那位佛陀的居士跪拜在地上說道：「憑著世尊是最神聖的這個事實，讓我的花朝著世尊飛去吧！」

只見那花緩緩飛向祇園精舍，眾人跟隨著也來到了祇園精舍，看見那花落在了世尊的頭上，無

不驚歎。

隨後，那位外道商人也皈依了世尊，並被授記爲菩提果位。

此後，世尊來到王舍城，住在竹林園。**毗靈陀子**的孫子們閱讀外道經典，這位尊者叫他們學習佛經。後來，這些人被強盜劫去，放到船上運走。天神把此事報告給了毗靈陀子，他便來到船舷上解救了孫子們。頻婆娑羅王堅持每天都去向世尊和其弟子禮拜。有一天，他來到竹林園向世尊和毗靈陀子禮拜，發現毗靈陀子正在修復自己破舊的寺廟，便派去了五百位工匠幫忙。世尊也爲了眾僧，從上天請來了天匠，在竹林園和王舍城之間建造了房舍。五百位工匠到那裡時，強盜竊走了他們的物品。毗靈陀子收到天神的報告後，修築了一道圍牆。眾強盜在圍牆內找不到出路，便棄下竊物。這時，那圍牆也消失而去。就這樣反覆七次後，眾強盜認識到這是一位神通廣大者所爲，便放下贓物逃跑了。毗靈陀子從此名揚天下，他解救了眾多人的生命。其間，**薩增國**國王向頻婆娑羅王贈送了一件寶衣，後者把寶衣轉贈給了毗靈陀子。毗靈陀子穿著這件寶衣來到寺廟，有一天晚上強盜爲了得到那件寶衣來到他的門前敲門。毗靈陀子知道了強盜的來意，便對他們說道：「諸位賢者，從天窗中伸手拿吧！」

他加持那件寶衣爲不損不斷之物，從天窗中遞出一角。眾強盜從天窗中拉寶衣，但怎麼拉也拉不完，而且用刀割也割不斷，用火燒也燒不壞。於是威脅道：「聖者不要與我們抗衡！」

毗靈陀子回答道：「諸位賢者不要找我的麻煩！」

眾強盜聽完，知道這是位神通廣大的人，便逃散而去。

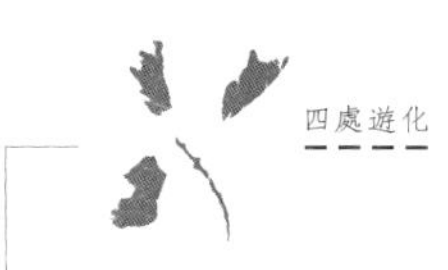

戒殺生

舍衛城有一位商賈，他是目犍連的居士，他想給世尊奉獻一次盛大的供養，便請目犍連幫忙。目犍連邀請帝釋把竹林園化作喜林園，以仙饌仙樂供奉世尊，世尊授記這位商賈爲菩提果位。

世尊來到捨棄國，住在迷人河畔的油松林中。世尊吩咐諸比丘入修醜陋法。眾比丘紛紛詆毀各自的身體。昔日，在如來迦葉之時，有六十位入修醜陋法萬年的比丘，他們死後會得到預流之果。他們向一個叫**隱士**的沙門請求道：「請殺了我吧！死後我的袈裟和缽盂全歸你所有。」

隱士聽後，殺死部分比丘，來到迷人河邊洗劍上的血跡。這時，一個妖魔對他連聲說：「好！好！」

於是，他把六十位比丘都殺死了。而六十位比丘死後都升了天，獲得了預流果。由於這些惡習使僧眾逐年減少，這時，世尊授命阿難制定了第三條犯他勝罪：戒殺生。

此後，世尊遊歷捨棄國來到了毘舍離的獼猴池邊，住在重樓中。這時，毘舍離時至節日，在迷人河邊，五百位漁民在舉行捕魚遊戲。他們每二百五十人爲一組，分別用一張小網和一張大網在河中捕魚。前二百五十人用小網捕獲了許多魚，而那張大網撒下去後，捕住一條正在睡覺的奇異的大鼇，它原來是迦葉佛弘法時的一位三藏經師，名叫**摩納縛迦薩迦**，因受母親的誘騙而向諸阿羅漢誣罵詆毀，因此生爲大海中的大鼇。當千百人一齊把這龐大的生命拉上河岸時，只見它長有大象、馬、駱駝、驢、牛、猴、獅、熊、豹、貓、山羊、綿羊、野牛、狗等十八個頭顱。這時，多種動物

和外道六師等前來觀看此物。世尊也來到這裡，吩咐五百位漁民把其他魚放回河中，然後對那大鼇說道：「原生是薩迦嗎？」

那大鼇答道：「我是薩迦。」

世尊繼續問道：「你從這裡又轉生何方？」

薩迦答道：「地獄各界。」說著，便嗚咽起來。世尊對他說道：「你皈依我，就會解脫惡趣之苦。」

就這樣，在世尊的教化下，那大鼇絕食死去後，轉世爲天神，並來到世尊面前明白了眞理。那五百位漁民也感到悲哀，決心再不生爲漁民，削髮出家。舍利弗得知後把他們領到世尊面前，讓其皈依佛法，成了比丘。

第十四次坐夏安居

這時，發生了災荒。世尊與阿難一起，在毘舍離附近的**有竹城**北面的夏瓦樹林中舉行了第十四個坐夏安居。曾經是漁夫的五百位比丘在坐夏之餘，來到自己的城池四周化緣，謊稱自己是羅漢，尋得大量食物。由此，世尊制定了妄說上人戒。

這時，淨飯王駕崩。世尊從有竹城沿舊路追思而行到了**喬拉婆國**，在此國的**查吾都城**宣講了**《斤柯喻經》**。

此後，來到了**天臂城**，說道：「阿難，這是釋迦善覺王生長之地。」

來到**藍毗尼園**說道：「阿難，我是在這裡出生，並邁出最初七步的。」來到迦毘羅衛城，說道：「阿難，淨飯王是在這裡出生、長大的。」

說著說著，世尊顯得非常悲痛。世尊供祭了父王淨飯的遺體，並建造了靈塔。他對眾比丘教導道：「孝敬父母是最神聖的。」

淨飯王的車夫**極賢**以前詣見世尊師徒，承諾自己如得子，將送他到世尊門下。後來他生了兒子**賢良**，在世尊的教化下，父親送他來到世尊面前，出家後修成了阿羅漢果，稱爲**跋陀羅尊者**。跋陀羅尊者向其父母顯出神通，使二老也皈依了佛門，並出家獲證了阿羅漢果。世尊來到了賢良城，那裡有一位叫**釋迦安居**的盲人，世尊給他授予《**能淨一切眼病陀羅尼**》後，他一會兒便得到了光明。

世尊與一千二百五十位比丘，以及彌勒、文殊等菩薩在一起，住在尼拘律苑。一次在迦毘羅衛城中受供時，釋迦族的**明顏**請求世尊賜予父母不受外人迫害、自己外出時消除障礙的教法。這樣，世尊講授了《**佛說滅十方冥經**》。羅睺羅某晚受到一妖魔的迫害，世尊給他授予了《**佛說寶帶陀羅尼經**》。

世尊漸次遊歷迦毘羅衛國的**木棉箭村**、**有間村**、**平機村**、**沐浴村**等，又來到憍薩羅王的**合意**地方，在那裡的樹林中修禪三個月。當禪事結束時，受波斯匿王敬仰的婆羅門**蓮心**聽說了世尊駕臨此地，便叫來多聞弟子婆羅門子**醜陋**說道：「據說沙門喬答摩具有大丈夫的三十二相好，你去看看吧！」

醜陋與眾多婆羅門長老一起去拜見世尊。他到世尊面前後，連鞋都不脫，還高聲喧嘩，而且沒談完話就起身，非常無禮。又揚言：他曾到迦毘羅衛城時，受過釋迦人的污辱，所以，釋迦人都應逐出去。

世尊聽後指出：「醜陋曾經是甘蔗王女僕的子嗣。」

醜陋聽後低頭不語。但得知不給答覆，金剛持就會打破他的腦袋後說道：「我聽說是這個宗族的後代。」

隨即對世尊產生了敬仰，並得了世尊的教化。回來後，他將事情原原本本講給了蓮心。蓮心聽後，生氣地朝他頭上踢了一腳，說道：「你這樣非禮於喬答摩，眞是個不稱職的使者。」

第二天，蓮心親自帶去一車供品，獻給了世尊及其弟子，並請教了賜予醜陋的那些教法，使他開悟。

此後，世尊雲遊到了憍薩羅國的**七葉**地方。那裡有個叫**伐那波斯**的人，隨世尊出家後獲證了阿羅漢果，稱爲**伐那波斯尊者**。

世尊來到舍衛國，住在祇園精舍。施主給孤獨聽說後，在自家的花園中供養了世尊一行。一位婆羅門乞丐不恭敬佛陀，後來他被馬車輾去了頭。一位剎帝利敬仰佛陀，後來被任爲商主，他時常供養世尊，經教化悟道。世尊漸次遊歷了**手鐲村**、**具土村**、**獅子村**、**新莊**、**有城村**等地，最後來到了王舍城。這時遠遊僧雙座居在摩揭陀賢女池塘邊。他夜裡打魚，白天坐在雙層小座上裝模作樣，經世尊的教化而證道。世尊來到了婆羅門莊的尼拘律樹下化緣。在那裡，從迦毘羅衛城遠嫁來的一位婆羅門女恭敬地供養了世尊，世尊授記她爲圓滿獨覺果位。她的丈夫聽後，不相信她的話，於是

前來詢問世尊。世尊聽後，以一棵大尼拘律樹的種子和果實的比喻教化，並以舌頭遍蓋全臉說道：「怎麼明知故問呢！」

他聽後對世尊產生了敬仰，並明白了眞理。

世尊來到了竹林園。在王舍城的熱水邊有個比丘，天神讓他請求世尊宣講**《佛說善夜經》**，世尊應請求宣講了此經。在王舍城的一個修行處有位仙人，他撒下的尿被一隻母獸喝下後，受孕生下了一個獸面人身的兒子，得名**野獸頭**。他後來學習了敲頂蓋骨相命法，聽人聲音便能爲其相命。這時，世尊讓阿難帶著已有四種報果的頂蓋骨前去請他相命。野獸頭敲擊了前三位頂蓋後說他們將升入天堂。當他敲第四個阿羅漢的頂蓋骨時，沒有相出什麼，便難爲情地問道：「你碰到過知道一切法術的人嗎？」

阿難答道：「世尊就是這樣的人。」

他聽後，高興地來拜見世尊，並出家當了一名比丘。

此後，世尊來到了憍薩羅國，住在毗舍佉鹿子母園中。世尊測了星相，吩咐野獸頭道：「看看什麼時候下雨。」

野獸頭答道：「十二年中不會下雨。」

世尊便加持調順了星辰，又吩咐他道：「你再測試一下！」

野獸頭答道：「十年、五年、七天，漸次下雨。」

世尊對眾比丘說道：「今天，天神就會降雨。」

世尊講授了與此相應的教法，使野獸頭獲證了阿羅漢果。後來，毗舍佉之母**瞻跋摩**得知世尊獨自一人住在精舍中時，便前來供齋，請求世尊讓她做八種施捨，即：向新比丘施捨；向旅行的比丘施捨；向生病的比丘施捨；向服侍病人的比丘施捨；供養粥飯；供養湯藥；向比丘施捨雨衣；向比丘尼施捨浴布。

調伏惡龍

世尊在此園舉行了第十五個坐夏安居後，來到祇園精舍。此時，部分比丘在須彌山坐夏。生在山中的龍王**阿難**和**鄔難陀**纏繞須彌山三周，口中吐出毒霧，使比丘們變得面黃肌瘦。他們坐夏回到舍衛城後，把此事講給了其他比丘。世尊知道該教化這兩條龍，便在他們撐著白傘遊戲時，與五百位比丘一起坐在白傘上面。二龍見狀，憤怒地來到山腳下，變成兩條巨蛇，把須彌山纏繞七周後，在頂端露出蛇頭，遮擋住了須彌山。弟子**護國**見後，問道：「怎麼看不見須彌山呢？」

世尊答道：「被發怒的白龍遮住了。」

護國聽後，請求世尊讓他去治服。世尊沒准允。弟子**跋提梨迦**請求去征服，世尊也沒有准允。最後，世尊吩咐目犍連道：「去教化二龍。」

目犍連應命前去，見二龍已熟睡，他彈了彈手指，沒見二龍醒來；又踩在二龍身上行走，也沒見二龍醒來；進入他們腹中雷鳴般地大喊，二龍還是沒醒來。此後，目犍連化作一條巨龍，纏繞他們七周後，把龍頭變得十分巨大，用力壓二龍的頭，這才把二龍喚醒，二龍從口中吐出煙火。目犍

連也口吐煙火，那二龍畏懼地問道：「你是何人？」

目犍連答道：「我是目犍連！」

二龍聽後，又說道：「沙門，請露出原形。」

當目犍連露出原形時，二龍欲一口呑掉目犍連。目犍連從他們的鼻孔和雙耳鑽了進去，又從張開的口中鑽進去，在其渾身上下到處奔走。出來後，他變作一隻大鵬威脅二龍。二龍嚇得變作兩個婆羅門逃走了。目犍連又顯出原形，在路邊等著他們跑來後，問道：「兩位哪裡去？」

二龍回答道：「來了一條巨龍，我們在逃跑。」

目犍連說道：「過去看看究竟。」

回到原處時，那巨龍已無影無蹤。這時，二龍明白了過來，便對目犍連道：「聖者，我們犯了什麼錯了？」

目犍連說道：「你們沒有看佛陀使者的面子。」

二龍聽後說道：「聖者饒命，聖者饒命！」

目犍連繼續說道：「過來，到世尊面前去。」

他們來到世尊面前後，受了諸戒，皈依世尊。此後，世尊回到了舍衛城。給孤獨爲感恩而供養了目犍連七天的齋飯。那二龍每逢吉日，以施主之相前來拜見世尊。有一次，波斯匿王也來到世尊面前，二龍見後問道：「恭敬佛法好還是恭敬國王好呢？」

波斯匿王答道：「恭敬佛法吧！」

二龍沒有起身行禮，波斯匿王不悅，便對大臣們說道：「當他們出來時，斬下他們的頭顱。」等待在路邊的二龍的隨眾聽見後，憤怒地向波斯匿王投去了兵器。這時，世尊吩咐目犍連道：「快去救波斯匿王。」

目犍連修入慈悲功法，使兵器變成花雨落了下來。而國王一行則以為是自己的功德。當波斯匿王將此事稟告世尊時，世尊對他說道：「這是目犍連的法力。如果他不修此功，整個舍衛城將變為廢墟。因此，你去感謝他吧。如不相信，把花朵拋到地上看看。」

波斯匿王聽後，把花朵拋在地上，只見花朵變成了一個個金剛杵、槍等兵器。國王見狀，非常害怕，隨即問世尊道：「這是怎麼回事？」

世尊答道：「這是由於你對兩位龍王不滿而引起的。」

說著，便給他解釋了事情的緣由。波斯匿王問世尊道：「該給他們做什麼好呢？」

世尊說道：「當他們兩位來我這裡時，請求他們寬恕。」

於是，當那兩條龍再次來到世尊面前時，波斯匿王向他們請求給予寬恕，二龍聽後也寬恕了他。波斯匿王為了感謝目犍連，向世尊及其弟子布施了七天的僧齋。這時，王宮中因燒製餅子而失火，燒死國王的許多大象。國王宣佈舍衛城中不准燒火。

舍衛城有位施主叫**善生**，他在妻子懷孕之日邀請世尊受供，獲證了不還果。

這時，三天王施法恫嚇國王，國王畏懼而向世尊求救，世尊對他說道：「請寬恕善生吧！」於是國王寬恕了善生，成為奇事；施主善生無財但樂於施捨，成為奇事；施主**尸羅**在裁定糾紛時，被

強盜劫去，死到臨頭還堅持眞理，成爲奇事；波斯匿王的弟弟雖然腰纏萬貫，但極少貪婪，成爲奇事。

這時，迦葉佛時期皈依佛法的一位龍子因怕受熱沙之苦，化作婆羅門來到祇園精舍出家，被世尊認出後逐出祇園精舍。他懷著信仰離去，在某地變現出一、兩座應有盡有的精舍爲僧伽供養所需。這時，六群比丘前來比試，使他收回了所變精舍，回到了大海。當六群比丘早上醒來時，發現自己睡在河灘上，便回來了。

僧伽海

舍衛城有個施主叫**佛海**，他生有一子叫**僧伽海**（僧伽羅）。與他同時生的還有五百位商人之子。僧伽海長大後，被送去服侍舍利弗，並出了家。那五百位商人之子想去航海，邀請僧伽海同行。他請求舍利弗放行，於是又請求到了世尊面前。世尊答應了他的請求，臨走時說道：「僧伽海，你去大海忍受一下大海的威脅吧！」

這樣，他與五百位商人的兒子一起來到了大海。有一天，大海中響起了「把僧伽海給我吧」的叫聲。五百位商人的兒子說，我們寧死也不交出僧伽海。僧伽海想起了世尊讓他忍受大海的威脅的教導，認爲這就是世尊所說的威脅，便縱身跳入海中。他被龍王領去，準備給眾龍講法。當他發現這些龍的目光、氣味和身體上都有毒性時，便感到害怕，想要回去。眾龍見狀，把他送回到船上。後來，商人們遺忘了僧伽海。他獨自一人在海岸上行走，在一座寺廟裡看到了昔日迦葉佛的弟子因

齋飯而發生爭執、死後入地獄的情形：中午時分，他們的缽盂變成了鐵錘，打碎了他們自己的腦袋。他繼續向前行走著，陸續看到了因不給新僧施捨而生在地獄者：中午時分食物都變成鐵餅而受苦；因燒死了許多比丘而生在地獄者：中午時分寺廟變成火海，忍受著燒燙之苦。又走了一會兒，看見了因曾經向佛門淨地吐痰、擤鼻涕，而死後生爲牆形和柱形地獄者；普通人因享受僧人享用品而死後生成果樹、樹葉和花朵狀等入地獄者；因曾經向阿羅漢說不恭之辭而死後生爲臼狀入地獄者；因破壞僧舍而死後生爲瓦罐狀的入地獄者；因把僧伽夏季用品變成冬季用品而死後生爲斷腰入地獄者，等等。看到這些，使僧伽海非常悲傷。隨後，他來到了一處住有五百仙人的修行地，在此地女神的勸請下，他開始講法，使這裡的仙人紛紛來到他的身邊，並獲證了不還果。僧伽海知道後，發現自己仍是個凡人，頓感羞愧，於是勤奮修行，也獲證了阿羅漢果。這時，僧伽海讓五百仙人抓住自己的袈裟，飛行而去。途中，被五百商人發現後，也對他產生了敬仰。僧伽海把他們也用袈裟帶了起來。就這樣，僧伽海帶著一千位隨眾，回到了世尊面前。後來那一千位隨眾也皈依了佛法，並出家修成了阿羅漢果。

憍梵波提與阿那律

這期間，舍衛城中有一頭牛陷入泥灘。佛門弟子將其救起後爲他說法，從而使那頭受重傷的牛臨死前不曾受到痛苦。後來，這頭牛轉世成舍衛城裡的婆羅門王子，因他依然像牛一樣具有兩個食道，由此便得名**憍梵波提**（牛相）。後來，憍梵波提被送給舍利弗作沙彌，後出家獲證了阿羅漢

果。世尊讓他在邊地居住，他隨即來到三十三界，住在一座叫悉利舍樹的空樓中。世尊稱他為樂居邊地者第一。

阿那律也出了家。因他對一切法都抱有懷疑，故得名**疑阿那律**。須菩提獲證了阿羅漢果，他因明知了嗔怒會使人生為龍界，便決心做一個對他人永不嗔怒的比丘，選擇了無煩惱之道，故被世尊稱為持無煩惱者第一。

在靈鷲山

此後，世尊與一千二百五十位比丘一起來到了摩揭陀國，住在靈鷲山上。

有一天，他們到王舍城化緣時，商賈賢護施主一行五百人發現世尊踩蓮而行盤坐於空中的情景，便產生了敬意，經世尊的教化而證道，並出家修得阿羅漢果。世尊來到城裡後，受到了藥叉**無懼**的供養，世尊把他授記為菩提道果。後來，世尊踏著無懼用金片鋪設的道路回到靈鷲山，坐在阿難鋪設的坐墊上。隨後，他派大迦葉去叫居住在雪山的目犍連。大迦葉到雪山後對目犍連說明了來意。目犍連聽後道：「你先回去吧，我隨後就來。」

目犍連瞬間就來到了世尊身旁。然而，他沒有想到大迦葉已在那裡坐著，目犍連由衷地讚道：「迦葉，你的速度可真快呀，真是神通廣大！」

隨後，世尊應舍利弗的請求，宣講了《**大寶積經菩薩藏會**》。商人之子**火施**聽到後發心，帶著自己的樂師和五百位隨眾前來。當他們看見面前的世尊坐在空中時，便不由自主地鬆開了手中的樂

器，誰知所有的樂器不僅神奇地飄浮在空中，而且鳴響了起來。世尊把火施和眾樂師授記爲菩提果位。

薩羅那

迦旃延前往憍賞彌國期間，優塡王的王子**薩羅那**因不滿父王的暴政而心生厭離，隨迦旃延出家了。迦旃延帶他到了烏丈那國。後來，薩羅那來到城中化緣時，因不知詳情，竟然闖進了王宮的後宮，並向後妃們講授教法。勝光王發現後對他生了疑心，用鞭子痛抽一頓後才放了他。薩羅那受了皮肉之苦後，便憤怒地跪求迦旃延道：「那暴君無故痛打了我一頓，我要回國帶兵來懲治這個暴君。請您收回我的戒律吧！」

迦旃延勸他不要爲此嗔怒，但怎麼也勸不住他，便說：「你實在要走，那麼明天再走吧。」當晚，迦旃延讓他做了這樣一個夢：他帶兵來攻打勝光王，爲勝光王所敗，他自己也成了俘虜並被處以極刑。就在臨刑前的一剎那，他看見了迦旃延，絕望中的他立刻向迦旃延求救。就在這時，他突然驚醒了。醒來後他感到非常害怕，由此徹底頓悟了。後來，他在迦旃延的教化下獲證了阿羅漢果。勝光王聽說這事後，於是向迦旃延奉獻了七天的供奉。他們爲了斷滅所受財物和供奉，二人來到了王舍城。

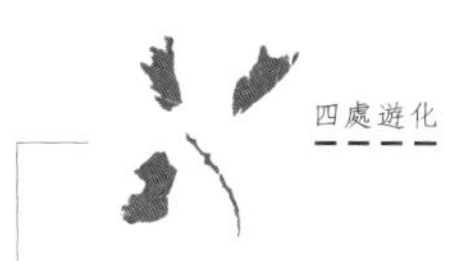

講授六度法門

這時候，住在靈鷲山上的世尊，除隨同他的五千比丘外，還有耶輸陀羅和摩訶波闍波提等五千比丘尼，另外還有許多居士和居士尼以及觀世音、文殊、彌勒等無數菩薩，還有二聖徒、須菩提、富樓那、摩訶俱絺羅、聖者迦旃延、迦葉和阿難等眾弟子。有一天，世尊坐在獅底寶座上，身上金光四射，耀眼的光芒充滿了十方各界，所照之處的眾生都得到了菩提之道。隨後，世尊又展出遍蓋大千的舌頭，舌頭上也同樣光芒四射，一道道光芒中有著眾多的金蓮，每朵金蓮上端坐著一尊尊如來，並且在給十方講授**《六波羅蜜多經》**。隨後，由於世尊的法力，三千界震動起來，惡趣之苦被斷除後生為天界，傾聽諸佛的法音。一切殘廢者均得康復，一切眾生具有了幸福和智慧。這時，世尊顯示出光芒萬丈的佛身，征服了所有的世界。眾神供敬的仙物和眾人拋撒的花朵在他的身上堆成樓閣，充滿了三千界，使十方諸界的一切眾生感覺到如來就坐在自己的面前講法。

世尊的光芒照亮了寶生等十大如來宣講甚深波羅蜜多法的十大界。只聽他們的十部隨眾問道：「這大光芒從何而生？」

十大如來教導說：「這光芒是從世尊釋迦牟尼在娑婆世界宣講波羅蜜多經而發出的。」十部隨眾聽後，想去拜見世尊，十大如來便賜給他們每位一朵金色的蓮花，吩咐道：「去把這花獻給世尊釋迦牟尼，不要無禮。」

般若法門

隨後，十隨眾來到娑婆世界，跪拜在世尊足下代各自的佛主向世尊請安，並獻上了金蓮。世尊接過蓮花，向十方拋去。只見十朵蓮花中諸多如來宣講起波羅蜜多法，把三千界的眾生引入到菩提之道。這時，由於世尊的法力，三千界變成了蓮花界一般的美妙世界。

此後，世尊向舍利弗講授了**《般若甚深波羅蜜多經》**，又鼓勵須菩提解釋。須菩提便與舍利弗議論此經。於是又由舍利弗、須菩提、富樓那、彌勒等一起再次向世尊請教，並由他們議論。世尊還把此經三次授予了阿難。這時，凶魔來到此地，把帝釋思索此經的思路給攪亂了。由於世尊的法力，眾弟子看到了**不動佛**。這時，觀世音向舍利弗講授了**《般若波羅蜜多心經》**。世尊對此表示稱讚。

示現如來大悲經

此後，世尊與憍陳如等二萬五千比丘，以及文殊和藥師等諸多菩薩在一起，坐在靈鷲山的法界殿中。世尊面前出現了一個光芒四射的獅底寶座，天龍八部各主也前來供奉世尊。隨後，世尊坐到了這個獅底寶座上，應文殊的請求，宣講了**《智慧光莊嚴經》**。世尊又與六萬比丘、無數菩薩，以及總持大自在王、彌勒、智慧疊、迦葉尊者坐在靈鷲山的昔日諸佛曾入住過的大塔中。這時，到了宣講**《大乘大集經》**的時機。由於世尊的法力，從欲界到色界的天空中出現了一座無邊無際的巨大

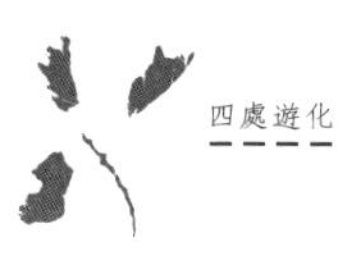

法場。法場上塗著蛇心旃檀，四面八方布有各種莊嚴，還出現了眾多的獅底寶座，並由四千層寶梯連接於四大洲。世尊在眾隨眾的簇擁下，借佛陀的法力神通，由靈鷲山攀登階梯而上。這時欲界六天的各位主神讚美、供奉著世尊。世尊就坐在這法場的獅底寶座上向諸菩薩教導之後，由十方走來了**花瑞神變王**等十位菩薩，他們用吠琉璃瓔珞等供品供奉著世尊就坐於法場中。這時，世尊發出了清脆的通告，使四眾弟子從欲界順梯而上，色界眾神也前來就坐在法場中。花瑞菩薩請世尊坐在獅底寶座上後，從世尊的頂髻中發出了光芒，這光芒消失在**陀羅尼自在王菩薩**的頭頂。隨後陀羅尼自在王威懾住其他菩薩的光芒，從寶座上站起身來，向世尊供奉了寶傘，並請求講法。世尊便宣講了**《示現如來大悲經》**。十方菩薩飛到空中，以各自的身體供奉世尊。剎那間，那法場被珍珠瓔珞覆蓋，每串珍珠鍊的每顆珍珠之上都顯現出無數菩薩。他們繞世尊三匝而坐。這時，**神變魔**想看看是怎樣一個處所能容得下這麼大的場面，便望瞭望世尊。他隨即便看見世尊端坐在青蓮上的講法之相，使那妖魔頓起菩提之心。最後，世尊把**《示現如來大悲經》**授予了陀羅尼自在王。

第十六次坐夏安居

世尊在靈鷲山進行了第十六次坐夏安居。安居解制後，與一千二百五十比丘以及普賢、無盡慧、陀羅尼自在王、文殊和賢護等菩薩在一起。這時，護國在舍衛城進行坐夏安居中獲證了阿羅漢果，來到了世尊面前。在他的請求下，世尊宣講了**《大寶積經護國菩薩會第十八經》**，並將此經授予護國，稱他為住阿蘭若者第一。又在舍利弗的請求下，宣講了**《不動佛莊嚴經》**。須菩提和阿難

也議論了此經。此後，世尊又與眾比丘以及二聖徒、須菩提、迦葉、優婆離、羅睺羅、阿那律等弟子及五百菩薩在一起。

菩薩**勝志**到王舍城化緣，傾心於一個女孩，便未拿齋飯走向另一方。世尊化爲那女孩隨他而來。菩薩勝志見後問：「姑娘去哪裡？」

女孩答道：「你去哪裡，我就去哪裡。」

勝志聽後，非常畏懼，便逃到了一座山中。在那裡，他見那女孩自盡後非常悲傷，隨後消除了欲望，並前來世尊面前認罪。世尊給他宣講了《**大寶積經發勝志樂會**》，使他獲得了無生智。隨後，世尊把他授記爲菩提果位，把此經授予了阿難。

這期間，王舍城的龍王**大山**和**蟻穴**心想：龍王**阿難**和**難陀**從須彌山前來供奉世尊，咱們自己爲何不親自前去供奉呢？

於是，他們來到世尊面前，接受了戒律，使他們的身心得到安頓。當他們請求世尊前往大海時，世尊讓他們先與國王商議。二龍王聽後，認爲世尊回絕了邀請，便留了下來，每天以施主之身前去拜謁世尊。有一天，頻婆娑羅王來到世尊面前，當他看到二龍因供奉教法而沒有向他起身行禮時，非常生氣，下令大臣把他們逐出王國。二龍王聽後，高興地發出洪水，藉此回到了大海，悠遊自在。而王舍城的江河由此而乾涸，發生了嚴重的旱災。於是頻婆娑羅王向世尊打聽，是不是大山和蟻穴已經死去？

世尊提醒他道：「他們是由你逐出這裡的。他們再來我處時，你請他們恕罪，災害就不會再發

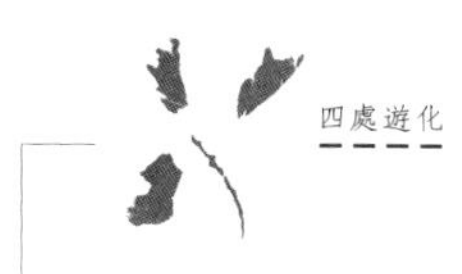

生了。」

這樣，當他們再次來到竹林園拜謁世尊時，國王主動去請罪，並邀請道：「你們常到這裡來吧！」

二龍聽了這話後說：「如果我們以正身前來，摩揭陀國是容不下的。所以，請建造兩座龍王廟，供養六個月，會使摩揭陀興旺發達的。」

國王聽後，如此照辦了。

在世尊第七次坐夏安居之時，得到了許多布匹，他便用這些布匹給僧侶製作了袈裟。**耆婆**把給烏丈那國王治病而獲得的價値千金的絨布獻給了世尊。世尊用它製作了三套袈裟。頻婆娑羅王在碰見比丘和比丘尼時，有從座位上下來禮拜的習慣。有一次，他把一個遍行者當作比丘，請他爲世尊的袈裟標上記號。這時，世尊與阿難一起憑神通飛到勝身山上，看到摩揭陀國的土地以畦埂相連，顯得異常美麗，便吩咐阿難照此裁剪縫製。阿難照此就辦，得到了世尊的首肯。又在此次坐夏安居之時，還收到了專橫的勝光王經耆婆寄給他的大量布匹。而世尊所穿的袈裟離身體總有四指寬的間隙，而且從不滑落。

世尊與一千二百五十位比丘在一起時，外道遍行者們遣使七具用腳趾也能將須彌山移動的起屍，誰都沒抵擋住他們。可當他們剛一接觸阿難，便有了快要死了的感覺。這時，二聖徒用轎把他們抬到了世尊面前。當世尊剛一宣講**《七起屍陀羅尼經》**，這七具起屍便活過來了。

此後，世尊來到王舍城的竹林園中，與眾比丘和諸菩薩在一起。在力蓋世的請求下，向他講授了《**大般若波羅蜜多經**》。舍利弗和須菩提也議論了此經。

六師外道

在這期間，頻婆娑羅王向世尊師徒供奉了四大供品。外道六師也在王舍城。國王的一個弟弟特別信奉他們，跟隨這些外道的其他人也很多。頻婆娑羅王特別喜愛這位弟弟，便規勸他改信佛陀和眾比丘。這位弟弟雖然把六師外道尊爲導師，但王命難違，便設宴宣稱：誰不叫自到，就供奉誰。隨即，他就暗地派人邀來六師外道，讓他們坐在宴會的首席。世尊一行也應邀前來，但被安排坐在末席。這時，六師外道因受不了世尊的榮耀，不由自主地從首席退回到了末席，覺得非常尷尬。隨後，施主向六師外道獻水，但水怎麼也倒不出來，但向世尊一行獻水時，水自然流出，世尊一行隨機用水洗了手。施主又讓他們作飯前祈禱，六師外道怎麼也張不開口，便揮手示意讓世尊做祈禱，世尊就自如地做了祈禱。在向六師外道供奉齋飯時，食物出奇地漂到空中無法接住，而向世尊供奉時，食物自然接在了手中。最後，讓他們講法施法。同樣，外道六師無言以對，而世尊則降下了正法甘露，從而使頻婆娑羅王的弟弟悟道。眾人也皈依了三寶，從此，再沒有人去恭敬六師外道了。

這使六師外道非常不高興，於是來到幽靜的修行處，進入研修。這時，魔王變成富蘭那迦葉，來到另五位外道師面前顯現神通，又變成另一位外道師，到其他外道師面前顯神通。就這樣，他們每個人都感到除了自己之外，其他都具有廣大的神通，便一個個來到住所，一起商議道：「以前，

施主都來供奉我們，而現在大家都去供奉喬答摩。因此，我們一定要跟他比一比神通，他顯一個神通，我們就顯兩個神通。」

他們來到頻婆娑羅王面前，稟奏道：「大王啊，我們與喬答摩都同樣是眾生的導師，請讓我們比試比試神通。」

國王聽後，看著他們說道：「你們眞是自不量力，世尊如此神通廣大，你們怎麼能跟他比呢？」

六師外道說道：「七天之後讓我們一比高低，到那時才知道誰的神通更大。」

國王又說道：「我可以讓你們比一比，但只怕到時候你們會無地自容啊！」

當國王把此事告訴世尊時，世尊答應道：「我已經知道時間了。」

隨後，頻婆娑羅王準備了比試神通之地。但到第七天時，世尊帶著眾比丘去了毘舍離。六師外道得知後，傲慢地對頻婆娑羅王道：「我們說過喬答摩比不過我們的神通，你硬是不信，現在看見了吧，比試時間一到，他就逃跑了！」

他們跟隨世尊也來到了毘舍離。頻婆娑羅王也來到了毘舍離。六師外道來到毘舍離後對那裡的眾生說道：「七天之後，讓我們跟喬答摩比試比試神通。」

眾人稟報世尊，世尊從容應道：「我已經知道時間了。」

然而，等到比試的前一天，世尊又帶著眾比丘去了憍賞彌國的**升起國王**之處。六師外道前往那裡請求比試時，世尊又同樣地來到了**瓦爾伽國**的**舍涅旃提王**處。同樣，從那裡又來到了**者摩跋羅國**

的**恩紮瓦爾迷王**處，從那裡又來到了波羅奈國的梵生王處，從那裡又來到了迦毘羅衛國的釋迦王處。這樣，六師外道更是不可一世，他們不斷地催促頻婆娑羅王安排比試的時間和場所。頻婆娑羅王無奈，最後警告他們道：「如果你們再糾纏，就把你們流放出去。」

六師外道聽後憤憤不平，覺得頻婆娑羅王是站在喬答摩一邊的。他們聽說波斯匿王是一個公正的國王，便想讓他來安排此事，於是尾隨世尊來到了舍衛國。這時，世尊住在舍衛城的祇園精舍。

在這期間，**頻婆娑羅王**帶領著五百騎士和四十萬隨眾，**離遮毗王**帶領著五百騎士和七千隨眾，**優填王**帶領著十萬隨眾，**舍涅旃提王**帶領著五萬隨眾，**恩紮瓦爾迷王**帶領著六萬隨眾，**梵生王**帶領著八十萬隨眾，**釋迦王**帶領著九萬隨眾，都來到了舍衛國，一時間，舍衛國裡賓客盈門。

至波斯匿王處

這時，六師外道對波斯匿王稟奏道：「我們與喬答摩相約比試神通，但他屢次臨陣逃避。現在，各國人士已經聚在了貴國，請國王您像大地般公正無私地處理這件事。如比試中喬答摩勝了，我們甘願俯首稱臣；如果我們勝了，那就讓我們做天下的導師。」波斯匿王聽後，說道：「為什麼你們這幫無知的邪道者非要與世尊比試神通呢？你們必敗無疑。」

六師外道又道：「您也被喬答摩欺騙了，比試之後才會見分曉，現在如此說還為時過早。」

國王答應道：「既然這樣，我可以去告訴世尊。」

波斯匿王就這個事情向世尊告知了三回。而世尊已知道在舍衛城昔日諸佛顯過神通，也知道七

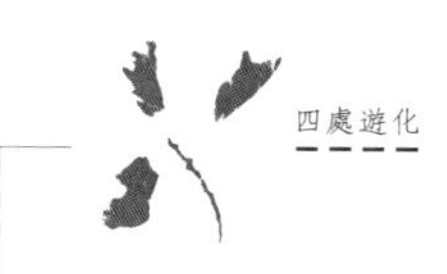

天之內各國要人都將聚集舍衛城。因此，他對波斯匿王說道：「大王，那就七天之後比試吧。請您找一處寬闊的地方建造個比試場所吧！」

隨後，波斯匿王把世尊的話告訴了六師外道。六師外道聽後認爲喬答摩如此拖延並不是逃跑，而是尋找同伴幫忙。於是，他們也想找些同伴相助。於是找到末羅國的遍行者**極賢**說道：「我們準備與喬答摩比法，你跟我們一起去吧！」

極賢告訴他們道：「我曾經在緩流湖邊化緣得齋飯，拿到無熱湖邊食用時，見到舍利弗的沙彌**准提**拿來的從垃圾裡撿來的袈裟，無熱湖神替他洗淨後，他把洗剩的污水倒在了我的頭上，我沒敢言聲。我們連他的徒孫都抵不上，你們卻向這位大法師挑戰，這不是招禍嗎！」

六師外道碰壁後又來到雪山深處，找到了在那裡修行的五百位婆羅門，告訴了比試神通的事情後，那五百位婆羅門答應幫忙，要他們到時候發出信號。

這期間，由於大臣的誣陷，波斯匿王割去了與他同父異母的胞弟**黑色**的四肢，並將之拋到湖中。黑色的親人們請求六師外道施出恢復的法咒，但六師外道無能爲力。當阿難來到這裡時，黑色的親人又向他求助。阿難又把此事稟告給了世尊。世尊聽後，便給阿難授予了法咒，讓他去解救黑色。阿難又到那湖邊後說道：「藉三寶最神聖的眞理，讓此人四肢康復吧！」

話音剛落，黑色的四肢就恢復了原狀。這時，圍觀的眾人讚歎道：「阿難打敗了外道，阿難打敗了外道！」

黑色受了世尊的教化，獲得了不還果。他雖然收到了波斯匿王准許回宮的請求，但他沒有答

應。他就地營造了一座花園住在其中，因而名爲**斷肢花園**。他時常供奉世尊，並修成了神通。

這時，波斯匿王在舍衛城至祇園精舍之間修建了神變處所，鋪設了價値千金的錦帛，拋灑了旃檀香水，豎起了寶幢和瓔珞，把那裡裝扮得跟仙境一般。又在此處設置了用金子製成並鑲有七種珍寶的獅底寶座。外道居士們也在此處建造了六座鋪有錦帛的房舍，設置了六個寶座。隨後，六師外道先來到神變處，坐在各自的座位上，派人對國王說道：「尊敬的國王，既然我們已經先到了，就請喬答摩來吧。」

波斯匿王聽後，便派婆羅門子古如前去邀請世尊。就這樣，於十二月一日，世尊猶如鵝王般飛向天空，來到了神變處所。波斯匿王見後，對外道說道：「世尊已顯出了神通，該輪到你們了。」

六師外道聽後說道：「尊敬的國王，這麼多人聚集在這裡，這種神通是沙門喬答摩的呢？還是我們的？誰能斷言？」

這時，斷肢花園藉其神通，從香積山帶來一株白枝白葉的芒果樹植在了神變處所的北面，樹上還有鳥禽在鳴叫。施主少賢施也藉其神通帶來一株菩提樹，種在神變處所的南面。波斯匿王對六師外道說道：「世尊又顯出了神通，你們也該顯顯法了。」

六師外道又對國王說道：「誰能說這是喬答摩的神通呢？」

來觀看大神變的各種生靈不斷地雲集而來，天空中也站滿了無數天神。世尊來到精舍，從門縫中發出光芒，神變處頓時燃起了大火。六師外道見狀說道：「尊敬的國王，喬答摩的房舍著火了，如果他有神通，該顯出來了。」

波斯匿王及其王后**末利**和**住夏女**，以及眾妃子、巫師**婆羅門生**、瓦匠**誓者**、施主**給孤獨**等信仰佛陀的眾人都知道其中的緣由，只是放心地在一邊觀望。而六師外道及其信徒們顯得非常得意。一會兒，由於世尊的法力，只見那大火燒空房舍上的污垢後自然熄滅了，神變房舍顯得比以前更加富麗堂皇。這時，波斯匿王對六師外道說道：「這下該看清世尊的神通了吧，你們到底顯還是不顯？」

六師外道無言以答。

人天供養

隨後，世尊來到神變處，首先受到了波斯匿王的盛大供奉。只見世尊剛把牙籤插在地上，便長出一棵五百由旬高的果樹，其花朵有車輪般大小，果實有能容五斗稻穀的瓶子般大小，樹上還散發出了芬芳的香氣，其光芒蓋過日光。從此以後，此樹每天都顯出一種神通，使雲集在此的眾人心生敬仰，並分別被引入到三乘之道。

初二日，世尊受到了優塡王的供奉。世尊在其身體兩邊變現兩座高聳入雲的五彩山崗，右面的山上生長著百味果實，眾人在上面隨意地享用著；左面的山上生長著甘美的鮮草，各種動物在此盡情享受著。

初三日，世尊受到了舍涅旃提王的供奉。只見世尊把漱口水倒到地上後變成了一個二百由旬見方的湖水。湖水中鑲嵌著七種珍寶，盛開著各色蓮花，與其相仿的光芒照亮了大地和天空。眾人讚歎不已。

初四日，世尊接受了恩紮瓦爾迷王的供奉。世尊神變出一個湖，在這湖水的四面各有八條水渠，其潺潺的流水聲響起的是法音，而渠水又迴流到湖中。

初五日，世尊受到梵生王的供奉。從世尊的口中發出的金色光芒照遍了大千世界，那光芒照射到的一切眾生脫離了三苦五障，身心感到了非常的安逸。

初六日，世尊受到了離遮毗人的供奉。世尊施法使其眾生相互明察各自的想法，分別了善業與惡業，皆大歡喜。

初七日，世尊受到釋迦人的供奉。世尊施法使其眾生看到了各自成為轉輪之王、擁有七政寶和一千王子、四方諸侯之國和眾臣向他們畢恭畢敬的情境，興奮異常。

初八日，世尊受到帝釋的邀請。當世尊剛邁進帝釋的內殿，大地便震動起來。這時，被外道六師邀為同夥的五百婆羅門以為是給他們發的信號，便迅速來到了這裡。當他們見到如太陽般發著光芒的世尊時，不由得皈依出家，獲證了阿羅漢果。隨後，世尊率五百阿羅漢回到神變處，就坐於帝釋放置的獅底寶座上。

示現神變

這時施主**少賢施**夫婦、沙彌**准提**、居士**尼無忘**、比丘尼**蓮花色**以及目犍連等紛紛要求，由他們來施法打敗這些外道。世尊聽後，吩咐道：「這些外道是特意叫我來比法的，就讓我自顯神通

吧！」

隨後，世尊向波斯匿王道：「誰來請求如來與外道比法？」

波斯匿王雙手合十地站起身祈求道：「世尊啊！請一定顯顯神通。」

世尊聽後，便從寶座上消失而去，在天空中向四個方向做了行、立、坐、臥等五行，發出各種光芒，又顯出身體的下半部著火、上半部流水，繼而上半部著火、下半部流水。一會兒，便收起神通，說道：「這是聲聞和共同神變。」

說完，坐回到獅底寶座上，梵天和帝釋侍立在其左右。稍頃，世尊又問道：「大王，誰請求如來與外道比法呢？」

波斯匿王回答說：「是在下。」世尊聽後，用手觸了一下地面，只見由眾龍奉獻的具有金瓣和石心的一朵巨蓮破土而出，世尊坐在了蓮花中心。隨後又出現了眾多的巨蓮，每朵巨蓮上坐著眾多幻化的佛陀。這一朵朵巨蓮充滿了三十三界。巨蓮上的眾佛陀中，有的在發光、有的在發亮、有的在降雨、有的在閃電、有的在授記遍知、有的在求救、有的在講法、有的在散步、有的在用齋、有的在起身、有的在坐著、有的在睡臥……這一切，連幼童都能清晰地看見。各國雲集於此的王公大臣、特使以及天神和百姓，要麼目不轉睛地望著這景觀，要麼不斷地叩著頭，喜悅地拋撒出花朵和香粉。

幻化的諸佛陀也都發出讚美之辭。

世尊對眾比丘吩咐道：「神變就要結束了，快記住相號！」

話音剛落，一切便消失得無影無蹤。隨後，波斯匿王對六師外道說道：「喂！世尊已經施完了神通，該輪到你們了，快施出神通來吧！」

這時，**富蘭那迦葉**默默地用肘捅了一下**末迦梨拘奈梨子**，末迦梨拘奈梨子捅了捅**刪闍夜毗羅胝子**，刪闍夜毗羅胝子捅了捅**阿耆多翅舍欽婆羅**，阿耆多翅舍欽婆羅捅了捅**迦羅鳩馱迦旃延**，迦羅鳩馱迦旃延又捅了捅**尼犍陀若提子**。任波斯匿王連催三回，他們只是相互用胳臂肘捅來捅去，低頭不語，且顫抖起來。這時，世尊用手壓了一下獅底寶座，只聽到一聲牛叫般的巨吼，隨之出來五大妖怪，開始毀掉了六師外道的座位。金剛持將燃燒的金剛杵擲向六師外道的頭頂，並施出了暴風和驟雨，六師外道驚恐得四處逃竄。其中末迦梨拘奈梨子逃到了山中，刪闍夜毗羅胝子逃到了草叢中，阿耆多翅舍欽婆羅逃到了森林中，迦羅鳩馱迦旃延逃到了居所中，富蘭那迦葉則在脖子上掛了一隻裝滿沙子的頸瓶跳入湖中自盡。隨後，剩下的外道把一個與富蘭那迦葉同名的弟子選爲其替代，一起逃到了波羅門之城。跟隨他們而來的九萬徒弟悉皆皈依世尊，並出家獲證了阿羅漢果。

講授正法

隨後，世尊由身上的七萬巨孔中發出光芒，每道光芒上顯出一尊尊正在講法的蓮座佛陀。

初九日，梵天供奉了世尊。只見世尊的身體升高到梵天界以內，發出的光芒照亮了天地，向眾生講授了正法。

初十日，世尊受到四大天王的供奉，其身體升高至大千界，又是光芒萬丈。

十一日，施主給孤獨供奉世尊時，世尊的身體消失在空中，只看到光芒和聽到法音。

十二日，施主黑色供奉世尊時，世尊發出了金色光芒，這光芒所照到的一切眾生都心懷慈悲。

十三日，舍涅旃提王第二次供奉了世尊。只見世尊坐在獅底寶座上，從肚臍中發出兩道光芒，升至其身體上空五尺高的地方。每道光芒上出現了兩朵蓮花，每朵蓮花上分別顯出兩尊幻化的佛陀，而兩尊佛陀肚臍又分別生出兩道光芒。就這樣，無數道光芒和無數尊佛陀充滿了大千世界。

十四日，優塡王第二次供奉了世尊，他拋撒的花朵變成一千二百五十輛金光閃閃的鑲寶馬車，一字排列到梵天界中。每輛馬車上坐著一尊幻化的佛陀，其光芒照遍了三千世界。

十五日，頻婆娑羅王供奉了世尊。只見一切容器都盛滿了美味佳肴，使前來觀望神變的眾人盡情享用，大飽口福。而且，當世尊用手觸地時，十八層地獄中忍受著火燒刀砍等各種苦難的生命顯現無遺。當聽到這些可憐的生命哭喊著「我們忍受著如此的苦難啊」時，眾人只感到十分畏懼，又特別悲傷。地獄中的生命們也看到了世尊，而且剛一聽到世尊的言教，便升上了天空。

最後，世尊在頻婆娑羅王的請求下，講授了**《千輻足輪之相》**。後來，在世尊這次講經的地方建造了凸肋塔。

遊化諸城

爲了使殘廢者得到康復，破除煩惱而產生悲心，見而生益；爲了貪婪者和寄人籬下者，也爲了顯示貧窮者小施可滿缽盂、富有者大施也不滿缽盂；盛入缽盂中的任何食物都不會混亂；缽盂中盛

入的僧齋從不盈滿；施捨何種供養都成大善；出生高貴的出家人也得去化緣等二十一個緣由，世尊每天上午前往舍衛城化緣。

其間，世尊與一千二百五十比丘住在祇園精舍，在須菩提的請問下，宣講了《**金剛經**》。世尊還在此處與眾比丘以及彌勒、觀世音和文殊等五千菩薩在一起講經論法。這時，舍衛城的施主**郁伽**長者和給孤獨長者等五百施主來到世尊面前，世尊向郁伽長者講授了《**大寶積經郁伽長者會**》，並將此經授予了阿難。聽了此經後，五百位施主獲得了無生之智，除給孤獨外，其餘施主都請求世尊授戒出家，世尊答應了他們的要求，讓一萬六千施主出家。

世尊又與眾比丘一起，在天子**舵手**的請問下，向他講授了《**大寶積經大神變會品**》，並授記他爲菩提果。文殊菩薩和舍利弗也議論了此經。

當時，舍衛城的一座空房中有一個棄嬰，他吮著自己的右拇指，生得非常可愛，野狗和豹狼不但不傷害他，還十分憐愛地舔著他的小身體。

有一天，世尊與阿難化緣後來到這裡，與這嬰兒議論了甚深的教法後，把他帶到了街上，只見那嬰兒突然飛向天空，並發出光芒，因而天神們給他取名叫**不思議光**。帝釋賜了這個嬰兒兩件仙衣。隨後，世尊與這個嬰兒一起來到祇園精舍。波斯匿王見這嬰兒如此可愛，便讚歎不已。而世尊宣講了《**不思議光子經**》，授予了阿難。這時，護國請示世尊要去看望自己的父母，世尊應允後，他來到了劣聲國看望父母。母親給了他一人多高的金子，而護國卻把它扔到河中，接著給父母講經說法，並飛到天空中坐在毛訶子樹下。誰料這情景被他的叔叔劣聲國國王**喬羅瓦**看到後，對三寶產

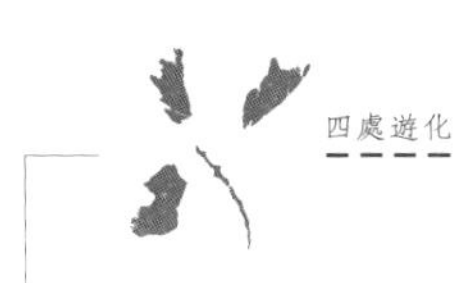

生了信仰，從而使**優婆離**和**快樂**等十七位少年隨目犍連出家，其中優婆離修成了阿羅漢果。後來，這幾個少年有一次戲水時，被波斯匿王看到而視爲不敬。這時，優婆離用袈裟帶著其他人升上天空，深得波斯匿國王的敬仰。後來，他們玩狎胳肢窩遊戲時意外地死了一人，剩下的十六人中，快樂也修成了阿羅漢果，被推爲比丘尼之師。期間，大臣毗舍佉之子**高傲**也皈依出家，修成了阿羅漢果。這時，二萬比丘、觀世音和彌勒等眾菩薩聚到了世尊面前，世尊向**自在王菩薩**講授了《**自在王菩薩經**》。並把此經授予了阿難。

後來，世尊遊歷到憍薩羅國，當他抵達邊地的婆羅門城時，六師外道向諸婆羅門唆使道：「憍答摩揮舞著刀劍就要來了，他將使你們斷子絕孫，大家趕快逃離此地，不然就團結起來殺掉他。」眾婆羅門聽信了此言，個個蜂擁而上，企圖殺害世尊。一位釋迦老人見後想阻止他們，然而無人能聽得進去，釋迦老人便放火點燃了那裡的岩山，使他們不得不停下來滅火。然而他們怎麼努力也控制不了火勢。這時，剛巧世尊前來，他們便請求滅火。只見世尊剛一張口說話，那大火便不滅自熄，眾婆羅門對世尊由此產生了信仰，並經世尊的教化，明悟了眞諦。六師外道不得不倉促逃往波羅奈。

此後，世尊來到了摩揭陀國，在伽耶山隨同七萬二千阿羅漢和金剛藏、觀世音、普賢、文殊和彌勒等眾菩薩以及天龍八部眾生一起，就坐於獅底寶座上發出了光芒。這時，東方升起的光明，使娑婆世界覆蓋了珍寶瓔珞，且祥雲繚繞。目犍連問道：「這光發自誰的瑞相？」

世尊說道：「這光發自**蓮花佛**的蓮花界中，是**除蓋障菩薩**前來此地的預兆。」

果不出所料，除蓋障菩薩頃刻功夫便來到了世尊面前。在他的請求下，世尊宣講了《**寶雲經**》，並把此經授予了帝釋。隨後，世尊又回到舍衛城。

來到天界

世尊為了削減自己與眾弟子得到過多的供養，也為了看望生母，便又來到了三十三天界，坐在**普法宮**中。這時，《**大白傘蓋陀羅尼經**》就在世尊的頂髻中產生了。接著，世尊來到**喜林園**中，與帝釋、梵天等天龍八部以及大智菩薩等眾菩薩在一起。世尊發出的光芒，使大千世界的一切惡趣能解脫出苦難，紛紛來到世尊面前的寶地上發出讚美之詞。帝釋問世尊道：「在這天界，天子**無垢寶**已死去七天了，他將生在何處？」

世尊答道：「神主，他將生在無間地獄中。」

帝釋聽後，請求世尊救出那天子。世尊便講出《**教化惡趣金剛續經**》，讓帝釋將其屍體收回並裝入壇城中加持。這樣，天子一瞬間便解脫出地獄，生在了兜率天。他為了感謝世尊的恩德，以祥雲供養世尊和帝釋，並致以讚美。隨後，在金剛持的頂禮之下，世尊講授了《**金剛續第二品**》。

以後，世尊坐在仙樹大香樹之下的白衣石上，與舍利弗、大迦葉、迦旃延、富樓那、阿那律、阿舍婆誓、劫賓那、摩訶俱絺羅、須菩提等八千阿羅漢，以及阿難一起舉行了第十七個坐夏安居。眾菩薩也前來拜見世尊。養母摩訶波闍波提夫人也得到了極大的喜悅。此間，世尊向**妙居菩薩**講授了《**如意寶總持王經**》。

諸神與阿修羅王之間的戰爭就是在這時候發生的。諸神大敗而歸，帝釋驚慌失措地來到世尊面前求助。世尊先是安慰他不要慌，後又向他講授了**《無能勝幡王如來莊嚴陀羅尼經》**。不久，世尊便向觀世音講授了**《因緣根本經》**。這時，天子**極穩**聽到了這樣一個聲音：「七天之後，自己將死去，輪迴七世後生在地獄。」

他十分沮喪地把此事告知了帝釋，帝釋又請求世尊相助。世尊宣講了**《最勝佛頂陀羅尼經》**後，使那天子的罪孽得以消除，延長了壽命。隨後，彌勒菩薩請求世尊息滅閻浮提洲人的災禍，世尊隨即化顯出忿怒相，制服了禍害，並宣講了**《不動續經》**。另有一位天子發現自己死後將生為豬，便捶胸頓足，世尊來到他的旁邊說道：「皈依三寶吧！」

他聽從了世尊的規勸，皈依了三寶，後來他死後生成了毘舍離城的一位商人之子，得名**智者**。

時隔不久，大家誰也不知道世尊在什麼地方，就連目犍連和婆娑的神通之目也未發現世尊的身影。於是，眾生非常悲傷。波羅奈國國王**仙道**因過分思念世尊，便用白旃檀木雕刻了一尊世尊像（據說這白旃檀佛像後來傳到了中國），以作供奉。他向六師外道打聽世尊的蹤影時，六師外道回答說：「喬答摩跟魔術師一樣，沒有什麼真東西。」隨後，六師外道乘著這個機會便將許多眾生引入邪道。後來，頻婆娑羅王、波斯匿王和四眾弟子向正在舍衛城坐夏的目犍連道：「世尊在什麼地方？」

目犍連答道：「在天界。」

眾人聽後非常高興。等過了夏伏三月後，他們又來到目犍連面前求道：「不見世尊已經很長時

間了，請替我們去邀請世尊回來吧！」

目犍連答應了他們的請求後，瞬間便來到天界代他們向世尊請安後，乞求世尊說道：「世尊啊！閻浮提洲人來不了天界，而眾神有能力下凡閻浮提洲，請前往閻浮提洲吧！」

世尊聽後，對目犍連說道：「目犍連，你去告訴他們，再過七天，我將會在迦尸城菖蒲林中的伏魔樹下。」

目犍連應命返回到閻浮提洲報信後，又從舍衛城回到了三十三天界。當婆娑把此信轉告給仙道王時，仙道王高興無比，命人清掃了迦尸城，備齊了各種供物。四眾弟子也將此地變成了喜林園一般美妙。外道六師見狀非常不高興，傳出各種謠言，但眾人還是信仰世尊。

這時，世尊從三十三天界與諸神一起漸次而上，抵達時分天，又到了兜率天，還在那裡向雲集而至的諸菩薩講授了**《聖救度母經》**和**《除蓋障續經》**。當時，三十三天界的天子**無垢寶**正與一仙女夜宿在無量宮，半夜時分，藥叉**流星**面對他說：「七天之後，你將死去，趕快想辦法吧！」

天子聽後口吐鮮血，顫抖不止。於是連夜找到帝釋求救。黎明前帝釋帶他來到了世尊面前，世尊便講授了**《無垢淨光大陀羅尼經》**。天亮後，經世尊和帝釋所做的法事，使那位天子脫離了死亡和惡趣。

此後，世尊來到他化自在天，諸菩薩也雲集而至。這時，世尊向金剛持講授了**《開覺自性般若波羅蜜多經》**。在諸菩薩、一一聖徒、阿舍婆誓、迦葉等四千萬阿羅漢的陪同下，世尊向金剛持講授了**《妙吉祥最勝根本大教經》**和**《降伏不動勇夫續經》**。接著，世尊與欲色眾神一起從梵天界來到究竟天，在究竟天宣講了《**誓言三尊續**》和《**臨終智經**》等後，由從上漸次而下，在三十三天界坐到白衣石上，向八千弟子以及天子**月亮**、**聖月**和帝釋等眾隨眾講經說法。其間，在天子**月亮**的請求下宣講了《**三十三天月亮請問經**》，並把他授記爲菩提果。隨後，月亮和聖月相互議論著教法。

而目犍連在**勝妙宮**向眾神講法後，起身出來散遊，心想這閻浮提洲沒有了如來眞是空虛，隨即便不經意地向閻浮提洲的各城望去。誰知，就這麼一望，便看見世尊正在向包括自己在內的眾弟子講經說法，目犍連大吃一驚，隨即脫口而出道：「頂禮佛尊！」

這時，天地震盪，喊聲四起。眾神問世尊緣由，世尊解答說：「這是目犍連禮拜之威。」與此同時，目犍連也來到世尊面前，世尊便吩咐他召集部眾。目犍連來到梵天界後招來了欲界和色界的眾神。這時，世尊向目犍連講授了《**佛神變大自在經**》，並將此經授予彌勒。此後，世尊在日月之界殊勝天中與億萬阿羅漢及眾菩薩在一起。世尊吩咐**殊勝蘊**道：「你到北方，去供奉**法勝佛**。」

殊勝蘊得令後轉眼間來到了法勝佛面前。法勝佛問他道：「你從何而來？」殊勝蘊沒回答。其部眾奇怪他爲什麼不回佛陀的話。這時，那佛露出了笑容。**光鬘菩薩**問他爲何發笑時，那佛回答道：「殊勝蘊以無語回答了問題，我就是世尊釋迦牟尼。」隨即宣講了《**大雲廣獅子吼經**》。世尊在日月界中，**智炬如來**等四如來和普賢菩薩等四菩薩前來向天子月亮和太陽講授了《**智炬陀羅尼經**》。

返回人間

仲秋八月二十二日，世尊決定返回閻浮提洲。這時，帝釋吩咐工匠神**毗首羯磨**變出三部天梯。世尊及其眾弟子從中間的琉璃梯上順級而下；梵天及其部眾從右邊的金梯上揮著扇子而下；帝釋以及欲界諸神從左邊的水晶梯上手撐傘蓋而下。世尊爲了教化毗首羯磨，一邊邁步而行，一邊藉神通而行。到十二由旬時，因爲有凡人的氣味而眾神不敢繼續下凡，世尊便施法洋溢出檀香之氣。當時凡間的男人看到女神、女人看到天神，他們就會死去。爲此，世尊施法讓男人只見天神、女人只見女神而下，於是眾神平安地來到迦尸城，坐在帝釋爲其設置的獅底寶座之上，並受到了四眾弟子和仙道王的隆重歡迎。乾闥婆**法鬘**奏出的琴聲使各大弟子的身體隨之搖動不已。這時，小菩薩坐在一棵樹下，看見這麼宏大的場面，心中生出「這也是無常的啊」的悲心而悟道，逐漸修成了阿羅漢果。而眾比丘尼無法前來世尊面前，便變成**蓮花色**的車夫前來拜謁了世尊。眾人見狀不知他們是從何界而來，而黑優陀夷從青蓮花香味中認出了她們。其間，因舍利弗等不知高聳入雲的世尊昔日生爲**忍怒王**的舍利塔，經彌勒菩薩請問，世尊向眾人說道：「這是我昔日爲了父母犧牲自己而留下的舍利塔。」

在那裡，一位轉世而生的比丘用觀想而成的供物供養了世尊及其部眾，便獲證了阿羅漢果。隨後，信徒們在此建造了四面有階梯的天降佛塔。而外道六師則從這裡逃到了毘舍離。

此後，世尊來到鹿野苑，住在善賢寺。有一天，世尊與彌勒前去化緣，一位名叫**吉祥**的婆羅門

女向他們供奉了旃檀，由此，她被授記爲菩提果。世尊又到**悉跋布羅城**化緣。在那裡，眾人見到世尊的腳印而產生了敬仰。善星想用掃帚抹掉世尊的腳印，卻怎麼也抹不去。他受到了眾人的責罵。

其間，波羅奈城的施主**大衆**向世尊及眾比丘供養了三個月的齋飯。當時，有位比丘得了疾患，醫生說只有吃肉湯才可治癒。然而一時又找不到肉，大眾之妻便從自己的大腿上割下肉施捨給那位比丘，從而使他康復了。這位比丘爲了報答她而修行獲證了阿羅漢果。世尊得到這個消息後來到大眾家，治癒了其妻因割肉而得的病，並向他們夫婦賜授了教法。

第十八章

講經說法

世尊來到王舍城後，住在靈鷲山。這時，**火生**的舅舅從外地歸來，聽說火生被國王領養後，對**極善**非常生氣，叫他去把兒子討回來。極善前去國王處訴說此事，最後又到世尊面前請求幫他討回兒子，世尊就幫助了他。父親死後，火生成了家長，享用著天神般的生活。有一天，他將一個裝滿財寶的旃檀木器掛在一根高杆上，宣稱誰顯神通取下此物，這財寶就歸誰。**十力迦葉**取得了財寶。火生的衣服曬乾時被風吹到頻婆娑羅王的王宮，被稱作是天神降下了帛雨。後來，他把頻婆娑羅王也邀請到家，以天神般的享用招待了七天。他證道後，在以前母親被殺害的地方建造廟宇，名爲**揉腹園**，獻給世尊。

富蘭那迦葉

王舍城中還有一位施主叫**德護**，他娶了給孤獨的女兒和火生的妹妹爲妻後，供奉了一個叫**富蘭那迦葉**的裸形派者。有一天，火生對他說道：「你最好還是供養佛陀等僧伽。」德護問他道：「我可以這樣做，但你得供養富蘭那迦葉及其部眾。」

火生聽後，把富蘭那一行接到家中。當富蘭那迦葉剛邁進火生的門檻時門便關了一下，另一位裸形派者問其原因時，富蘭那迦葉答道：「在康丹河畔，一隻猴子從樹上掉落而死了。」

火生聽後，不以爲然。隨後，他在碗底盛了菜，菜上覆蓋了一層米羹，端到富蘭那的面前。富蘭那迦葉見後說道：「施主，我的飯上沒有菜。」

火生聽後便掀開了米羹，從碗底夾出菜讓他看。富蘭那迦葉感到非常尷尬，便藉故要離開火生

家。誰知出門時火生將一瓶米湯灑在門下，富蘭那迦葉滑倒在地，頭撞在了門邊上。這樣，富蘭那迦葉頭破血流地來到德護家，說道：「火生加害於我。你在門廳中挖一個深洞，裡面裝上火爐，然後在洞口鋪上一層布，再準備毒飯，邀請喬答摩受供。如果他來了，說明他不是遍知，會被燒死在門廳之中。」

德護聽了富蘭那迦葉的話，來到靈鷲山邀請世尊，世尊也答應了他的邀請。德護便以爲世尊沒有看出他的心思，回來後照富蘭那迦葉的話安排了。還把火生的妹妹領到了倉庫，把給孤獨的女兒領到裡屋，等待著世尊前來。

世尊帶著五百僧伽，在諸神的簇擁下，踏雲踩霧地來了德護的家。他的身前下著細雨，身後陽光普照，身邊雲彩萬端。同行的兩位居士和兩位天神怎麼都勸阻不住他。當他剛邁進德護家的門廳時，那火坑便變成了一眼蜜蜂飛舞的荷塘。頓時天神與凡人一起讚歎起來。這時，給孤獨的女兒以爲世尊已掉入火坑而死，便破門直奔門廳。當她見到如此神通後，埋怨丈夫道：「夫君，看到這情景了吧！」

當時，德護驚得瞠口結舌，繼而對富蘭那迦葉說道：「富蘭那迦葉！看看世尊的神通吧！」

富蘭那迦葉卻固執地說道：「施主，不要相信喬答摩的雜耍。」

德護說道：「富蘭那！你若知道這樣的雜耍，也顯出來讓我看看。」

富蘭那迦葉聽後，無言以對，隨後難爲情地溜走了。之後，德護從倉庫中放出火生的妹妹，請求世尊寬恕他的罪過，並設座請世尊入席。他說：「我把這毒飯扔掉，重新做飯獻給您享用。」

世尊吩咐他把那毒飯裝在密罐中，免得使其他生命受到傷害。這更使德護對世尊敬仰不已。後來他經過世尊的教化也證道。

度化藥叉女

此後，世尊來到了竹林園。

王舍城中的藥叉**薩達羅**有一個女兒叫**嬪迦羅女**，她嫁給了伽達羅地方的藥叉**波者羅**之子**波者迦**。嬪迦羅女生了五個兒子，其中最小的也叫**嬪迦羅**。由於以前的業果，嬪迦羅女在王舍城中吞噬所有剛生下的男嬰，從而導致了諸多孕婦逃離家園。頻婆娑羅王向巫師請教，惹怒了那藥叉。儘管頻婆娑羅王在藥叉的居地獻祭男嬰，但仍然無濟於事。這時，王舍城的土地神顯身對頻婆娑羅王說道：「你們的嬰兒是被藥叉嬪迦羅女奪吃了，去請求世尊降伏她吧！」

嬪迦羅女因此又名**掠女**。

世尊接到降伏藥叉女的請求後，來到掠女的居地。這時，掠女帶著其他孩子外出，家中只留有嬪迦羅，世尊便把缽盂蓋在他的身上藏了起來。當掠女回來時，不見了小兒子，便四處尋找，最後問到毗沙門天王那裡。天王對她說道：「你去問世尊吧！」

當她來到世尊面前打聽兒子的下落時，世尊笑眯眯地對她說道：「你有五個兒子，其中才一個不見了就如此痛苦，那麼別人唯一的兒子也被你掠而食之，那他們的痛苦該有多大呢？所以，你得皈依我，授持戒律，給王舍城以安寧吧！」

掠女答應了世尊，當世尊交給她嬪迦羅時，便高興地離開了。後來，她果眞履行了諾言，不再掠奪別人家的孩子了。

大寶積經與文殊自在經

此後，世尊來到靈鷲山，又來到了八千比丘和諸菩薩們中間。這時，在大迦葉的請求下，宣講了其所問經中的**《大寶積經普明菩薩會經》**和**《大寶積經》**。隨後，天子**寂靜**在大自在天的鼓勵下前來聽經，文殊也前來向他講授了**《清淨毗尼方廣經》**。世尊、大迦葉和天子**間賢**議論了此經。

此後，世尊來到舍衛城，與上述比丘和諸菩薩、須菩提、舍利弗、阿難等住在祇園精舍。這時，在天子**寶勝**的催促下，文殊向舍利弗講授了**《大寶積經法界體性無分別會經》**。世尊、文殊、各大弟子、天子寶勝等議論了此經。世尊還將此二經授予了阿難。隨之，世尊又與一千二百五十比丘在一起。這時，文殊向天子**衆光**講授了**《文殊自在經》**。借文殊的法力，魔王化作佛身，回答了大迦葉、須菩提、二聖徒、富樓那、優婆離、天子**倉桑**等的提問。

有一回，舍利弗來到憍賞彌國時，施主**拔提梨迦**之子**羅鳩吒迦拔提**爲其侍眾。他與眾不同的是，聲音美妙無比。就是這一次，他在舍利弗的感召下，隨舍利弗出家，修成了阿羅漢果後時常來到祇園精舍，以悅耳動聽的聲音宣講教法。爲此，世尊稱他爲美音者第一。

央崛摩羅

舍衛國有個大臣生有一個名叫**央崛摩羅**的兒子，他力大無比，這個兒子長大後被派到一個婆羅門身邊學習吠陀。誰知那波羅門之妻竟傾心於央崛摩羅，乘機要求與他媾和，遭到了央崛摩羅的拒絕。這件事使她非常尷尬，於是向其丈夫誣陷了央崛摩羅。她的丈夫聽後竟信以為真，非常生氣地把央崛摩羅叫到面前說道：「央崛摩羅，我要傳給你我惟一的密法，那就是七天之中齋戒，砍掉一千人的頭，把他們的指頭串成鍊環。這樣，你就可以升入梵天界。」

他說完，把符有惡咒的利劍交給了央崛摩羅。央崛摩羅接過利劍後，出來見人便殺，用所殺人的指頭串起來的鍊環裝扮自己的身體。他在七天七夜的時間裡，一共殺了九百九十九個人，因人們都害怕被殺而逃走了，所以他找不到要殺的最後一個人。這時，慈愛的媽媽前來給他送飯，央崛摩羅竟跑過去要殺自己的母親。母親見狀說道：「為什麼非要殺我？割去我的指頭不成嗎？」

就在這時，世尊化作一個比丘來到了他們母子倆的身邊，央崛摩羅看見幻化的世尊後便追了過來，想要殺了他。世尊見狀撒腿就跑。那殺人魔王邊追邊喊道：「站住！比丘！」

世尊聽後，停下來對他說道：「我可以站住，但你被老師引入邪道，不會停止的。」央崛摩羅聽後，扔下手中的利劍，說道：「我皈依你，過來吧！」

隨後，世尊便顯出原形，這使央崛摩羅更加悔恨，於是放下了屠刀隨世尊出家，並獲證了阿羅漢果，隨世尊來到了祇園精舍。

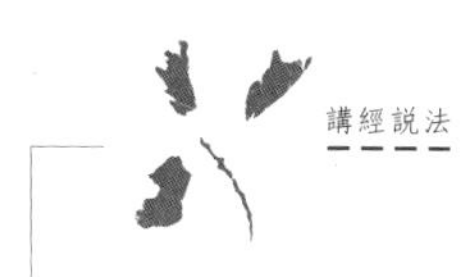

這時，波斯匿王率兵前來制服央崛摩羅，國王騎著白象親自領軍。當他們經過祇園精舍時，聽到了悅耳的頌經聲後，他們的坐騎停下來，怎麼也不走了。國王特別驚訝，他想了想，便拿出一件袈裟獻給了**羅鳩吒迦拔提**。但因這件袈裟太難看而被羅鳩吒迦拔提扔掉了。世尊碰見國王後問他道：「大王要去哪裡？」波斯匿王答道：「我們要去制服殺人魔王具央崛摩羅。」

世尊聽後，又說道：「央崛摩羅現在在祇園精舍，你到他的居處去吧！」

然而，當國王率部來到央崛摩羅的房門口時，裡面傳出一聲咳嗽，波斯匿王頓時嚇得倒在了地上。隨後，他來到世尊面前問道：「有了罪過是不是要得到報應？」

世尊答道：「會得到報應的，你去看看吧，央崛摩羅的毛孔中已經燃燒地獄之火了，他正在忍受著這個苦難。」

世尊說完，又吩咐一位比丘道：「你去把這把鑰匙放到央崛摩羅的門洞中。」鑰匙剛被這個比丘從門洞中塞進去後便熔掉了。波斯匿王見狀，更是相信了因果報應之法。央崛摩羅改邪歸正後，世尊稱他爲聰慧者第一。

隨後，世尊與一萬比丘、眾多菩薩和天龍八部在一起。在天子**須真**的請問下，世尊宣講了《**佛說須真天子經**》。隨後又解答了文殊、迦葉、二聖徒、須菩提、慈滿子富樓那、阿那律、優婆離、婆娑、薄拘羅、央崛摩羅、迦旃延、摩訶俱絺羅、羅羅、阿難等對此經提出的問題，並將此經授予彌勒。

第十八次坐夏安居

此後，世尊在祇園精舍舉行了第十八個坐夏安居。

安居解制後，迦旃延去了石頭國。這時，舍衛城的一位施主生了個兒子，她生下兒子後一直說：「終於得到了雙手。」故得名**具臂**。後來具臂隨世尊出家，修成了阿羅漢果。另有一人，他昔日曾無禮地用手去摸年青女子的身體，因而在地獄中生了五百世。這時，他已經生爲婆羅門村的一位施主之子，但生下來後右手萎縮。他後來也隨世尊出家，修成了阿羅漢果，稱爲**賢名尊者**。

在曠野

在世尊成正覺後三年時，憍薩羅國和摩揭陀國的強盜們被各自的國王逐出，在兩國之間的曠野搶劫過往的商人。頻婆娑羅王曾派兵三次鎮壓都大敗而歸。有一次，他找到一位遊方的勇士擔任自己國家商隊的保鏢。那保鏢帶著裝有五百支箭的兩隻箭筒先行，和強盜對陣射殺，趕走了強盜。從此，那位勇士成爲商隊的保護人，並在此地築牆建房而居。因此，這個曠野之地漸漸地成了一個商都，名爲**曠野城**。來往商賈，絡繹不絕。頻婆娑羅王把他任爲曠野城的首領，他也自稱爲「**曠野**」。

曠野城的人們爲了感激首領，約定誰娶親之時，都要向曠野奉獻食品和一匹布。後來，有個窮人娶親，他沒有東西可送，便讓曠野在第一個晚上與自己的新娘同床。當人們知道曠野首領的這樁

好事後，娶新娘時也都這麼辦了，久而久之，便形成了這麼一個規矩。後來，有一位快要出嫁的姑娘不願意這樣做，便赤裸著身體當眾撒尿，遭到眾人的責備時，那位姑娘對眾人說道：「你們還是男人嗎？看看女人們是怎樣洗涮首領留下的污濁。」

此話激怒了眾人，大家便一起商定要殺掉首領。這期間，二聖徒來到了曠野城被首領邀請到家中受供，但曠野對他的施供讚語聞而不聽。隨後，眾人把曠野騙到了水池邊，說是給他洗理頭髮，曠野信以爲眞。當曠野坐下洗頭時，沒想到眾人往他頭上澆了鹼水，曠野頓時淚流不止，眾人想借機砍殺他。曠野見狀，趕忙問道：「我犯了什麼罪，你們如此恨我？」

眾人說道：「是你第一次玷污了我們的妻子。」

說完，用亂刀殘殺了他。曠野在臨死時祈禱道：「藉我向二聖徒供齋的福報，讓我生爲殺害這些人的藥叉吧！」果然，他死後生爲藥叉，而且毗沙門天王給了他曠野城做居地。這樣，他又來到曠野城。他這次轉生後，施魔法使曠野城出現了更大的災荒，導致許多眾生因饑餓而死。面對如此前所未有的大災，倖存的眾生求問巫師：「這是什麼原因？」

巫師告訴他們，這是由於曠野首領轉生爲藥叉後施出的災荒。眾人聽後，紛紛準備逃離他鄉。這時，曠野藥叉顯出可怕的原形，吼道：「你們誰要逃跑，我就吃掉誰。」

眾人嚇得連連求饒。藥叉說道：「你們每天給我獻上一千人，我就饒恕你們。」

眾人聽後，求道：「首領啊！這太多了，能不能一天獻上六頭牛車裝滿的食物，再加上趕車之人，您就饒恕我們吧！」

藥叉說道：「那好吧！不過你們不准哭哭啼啼，要歡歌笑語地送來。」

眾人承諾了他的要求，隨後便聚集商定，把每戶人家的戶名裝進缸中，以抽籤的方法，抽到誰，誰就將自己或是其兒子送給藥叉。第一次抽到籤的那位施主剛巧也生了兒子，他悲痛欲絕，其妻子在萬般無奈的情況下手捧供品，面朝東方祈禱道：「世上不會沒有善良和息寂者，我在此爲我的兒子祈禱，請保佑我的兒子吧！」

世尊這時從舍衛國來到了摩揭陀國，正與二聖徒等一千二百五十位弟子和眾菩薩一起坐在金剛座的塔寺內，向施主**護賢**講授《**甘露源陀羅尼經**》、向金剛持講授《**金剛秘密善門陀羅尼經**》、向**月心**講授《**月心波羅蜜多經**》。隨後，正當普賢宣講《**普賢波羅蜜多經**》時，世尊聽見了那位祈禱的女子的聲音，便立刻來到了曠野城。

當時，曠野藥叉出門訪友去了。另一位叫**毛驢**的藥叉知道世尊到來後，報信給了曠野藥叉。曠野藥叉回來後氣勢洶洶地對世尊說道：「沙門出去！」

世尊爲了教化，如此照辦了。

曠野又說道：「沙門進來！」

世尊又如此照辦了。就這樣重複了三次，當曠野第四次叫世尊出去時，世尊回答說道：「首領，你已經三次邀請我了，這次我就不出去了。」

說完，化作一個令人望而生畏的餓鬼，搖晃了幾下曠野的居處。曠野大怒，準備迎戰時，發現對方是個可怕的餓鬼，便嚇得昏死過去。隨後，世尊摸了摸曠野的頭，曠野便蘇醒了。他想，這位

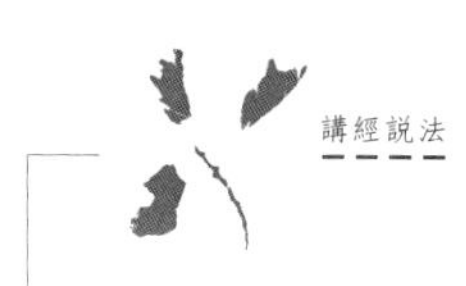

餓鬼還挺慈善！就在這時世尊顯出了原形。曠野看到世尊時，一下子又傲慢了起來，他對世尊說道：「沙門，我問你幾個問題，如果你回答的令我滿意就罷了；如不滿意，我將把你扔到恒河那邊，叫你膽破身碎，口吐鮮血。」

世尊說道：「首領，我還未見過能這樣對待如來的人，你有什麼問題快問吧！」

世尊圓滿地回答了他的問題後，反問道：「你本來死後生為天神的，但因邪惡的祈禱而生為藥叉，迫害生命，你知道自己將來要生在何處嗎？」

曠野聽後，祈求世尊道：「我該做什麼，請指教。」

世尊吩咐道：「在我的面前授持戒律，還給曠野城人以平安。」

曠野聽後，承諾了此事。

這一天快到午夜時，那位施主趕著五輛裝滿食物的牛車，帶著自己的兒子，唱著歌走來。世尊聽到歌聲後，問曠野道：「這是什麼聲音？」

曠野答道：「這是給我獻嬰兒的歌聲。」

不一會兒，施主來到他們面前，把兒子送給了曠野，曠野把那嬰兒送給了世尊，世尊又把他還給了施主。那位施主見狀先是驚愕，繼而非常高興地問世尊道：「這孩子應取什麼名字呢？」

世尊對他道：「這孩子從藥叉手中傳到我的手中，又從我的手中傳至你的手中，就叫**手傳**吧。」

隨後，那位父親帶著手傳回到了家中。眾人見後，不解地問道：「你沒有激怒藥叉吧？」

那施主說道：「世尊給藥叉授了戒，給眾人帶來了平安，你們可以高枕無憂了。」

眾人聽後，高興得歡叫起來。那嬰兒從此被眾人稱爲**手傳曠野**，又稱**諾桑**。後來，那藥叉問世尊道：「我以後靠什麼過活？」

世尊規勸道：「凡我的弟子，以後要給藥叉供養食物。」

舍利弗的弟子

此後，世尊來到舍衛城，住在祇園精舍。當時，舍利弗患疾，目犍連按照醫生的藥方，施神通來到龍界，從長壽龍處要到了蓮根奶。他把一缽盂蓮根奶帶回來讓舍利弗飲用，以便使舍利弗的病早日痊癒。隨後，長壽龍也讓黑身象馱著蓮根送到了祇園精舍的廊下。當這頭大象回去時，途中邂逅一頭母象。那頭母象後來生了一頭獅吼小象，便嚇得拋棄了象子。這象子被一個木匠發現，帶回去後以牛奶餵養，故名**牛養**。後來，牛養象被波斯匿王送給了頻婆娑羅王。而那些蓮根由二聖徒食用，並分給了眾僧伽。

舍利弗有兩個侍從，其中一人前世是一條狗，被主人打斷了四肢後扔到摩揭陀的野外，舍利弗發現後給它誦了經。它死後生爲舍衛城一位八十歲的婆羅門之子。長至七歲時，父母把他送給舍利弗做了侍從。隨後出家並修成了阿羅漢果。另一位的身世是這樣的：有一次舍利弗在舍衛城化緣時，一位施主家的狗咬傷了他的腿，舍利弗教化了那位施主，隨後那條狗也與舍利弗逐漸熟悉起來，並時常迎送舍利弗。後來，那狗被別人打死後轉生成了主人的兒子，再後來，被父母送給舍利

弗做了隨身侍從，並出家修成了阿羅漢果。有一天，當舍利弗用油敷抹腿上的傷疤時，侍從問他道：「師傅，這傷疤是怎麼留下來的？」

舍利弗說道：「好好想一想吧！」

過了幾日，他終於知道了這是自己生爲狗時給咬傷的。他想，如果不是師傅的保佑，自己或許下一生還會轉生爲狗的。這位侍從爲了報答舍利弗的恩德，一直服侍著舍利弗。

舍衛城有一位婆羅門，他生了好幾個兒子都不幸夭折了。後來，他按照一位老婦的建議，把剛生下的兒子用白布裹身，口中餵滿奶油後，讓一位女僕把他放到大路口，想以此來求得此兒平安。當諸尊者和世尊前來時，就讓他叫道：「頂禮諸菩薩和世尊。」世尊聽了以後說：「讓他長壽吧！」

周利槃陀伽

太陽快要落山時，那家的主人來到路口看到兒子沒有死去時，便高興地帶回家中，並取名**大道**。第二年，這位婆羅門又生了個兒子，於是如法炮製而得救。因這後一個兒子是放在小路上，故名爲**周利槃陀伽**（**小道**）。後來婆羅門讓他們學習吠陀，大道聰明伶俐，很快就成爲大學者，並被尊爲五百婆羅門的導師。而周利槃陀伽愚笨之極，學「唵」會忘掉「叭」，說「叭」便忘了「唵」。後來，這兩個孩子的父親死去了，大道繼續誦唸吠陀。在一個婆羅門子的鼓勵下，來到祇園精舍，向一位比丘請教，對佛法有了信仰，並私下隨婆羅門**盛名**出家，修成了阿羅漢果。隨後，五百婆羅

門子也出了家，於是他們師徒一起來到舍衛城。而此時周利槃陀伽由於難以度日也來到兄長身邊出家了。大道讓他背誦一偈經文，周利槃陀伽用了三個月時間還不會誦念，而此時聞他背經聲的牧牛人也會誦念此經文了。大道對周利槃陀伽說道：「你如此遲鈍，出家有什麼用呢？」

說完，便把他逐了出來。周利槃陀伽覺得自己沒有什麼希望了，便獨自啼哭起來。世尊發現後安慰了周利槃陀伽，並為了教化他，讓他一邊擦眾比丘的靴子，一邊誦唸「佛塵除垢」的經詞。到天亮時，他不但擦拭乾淨了所有的靴子，還會背誦這些經詞並且思考其意，不久即修成了阿羅漢果。眾比丘對這件事議論紛紛，說周利槃陀伽如此遲鈍也能出家啊！世尊為了周利槃陀伽不受欺辱，便要他擔任眾比丘尼的導師。比丘尼們聽說此事後非常不樂意，她們說世尊鄙視婦女，竟讓遲鈍的周利槃陀伽來當我們這些精通三藏的比丘尼之師，如果他能當師傅，誰還不能當師傅啊！於是有十二個比丘尼，六人擺設了獅底寶座，六人召集了舍衛城的眾人。周利槃陀伽來後，用手按住那獅底寶座，身體飛到空中顯出四種神通後，向眾比丘尼講解了半偈經文，這使一萬二千個眾生開悟。世尊也稱周利槃陀伽為改變偏見者第一。

文殊化齋

此後，舍衛城下了七天七夜的雨，並由此發生了嚴重的饑荒。眾比丘尼斷了齋，一個個變得面黃肌瘦。阿難把此事告訴世尊，世尊要他去告訴文殊。文殊聽後，對阿難說道：「阿難，把楗椎敲起來，我要到舍衛城去化緣。」

文殊說完，便拿著缽盂飄然而去。這時，魔王施法讓誰也不給文殊化齋。但文殊藉其法力，各家門戶不叫自開，化得一缽盂齋飯。他對魔王說道：「你能把這缽盂從地上端起來嗎？」

魔王使出了吃奶的勁都沒能端起缽盂。接著，文殊端起缽盂放在魔王的手中叫他走在前面，二人師徒般地來到祇園精舍。當楗椎敲響時，八百比丘和一萬二千菩薩聚集在一起，這一缽盂齋飯就讓他們都吃飽了。

此前，魔王為了阻止用齋，化出其醜無比、衣衫襤褸、手持破缽、器官殘缺、令人生惡的一群比丘，他們個個能吃掉十斛齋飯。但文殊用勺子餵他們時，他們則難以下咽，咳嗽起來。見此情景，世尊展顏微笑，阿難問其故，世尊答道：「將來，大部分比丘都會成為這個模樣。」

這五百位比丘聽到這句話後很難過地消失了。

玉耶女

這期間給孤獨生了個女兒，名叫**玉耶**。玉耶七歲時剃髮出家，世尊派阿難對她說道：「先做侍從，服侍四眾弟子三個月。」

她的父親和波斯匿王等竭力勸阻她不要去，但她卻毫不猶豫地聽從了世尊的安排。為了布施窮人，她來到叢林中，得到天龍八部之助，供養了世尊舉行第十九個坐夏安居的一切所需，獲證了阿羅漢果。

比丘之諍

時隔不久，世尊來到了祇園精舍。在這之前，世尊曾經到憍賞彌國時，憍賞彌國和毘舍離國的比丘正在相互爭鬥，任世尊怎麼勸誡也無濟於事。世尊不悅地飛回到了舍衛國，而那些比丘們連續爭鬥了十二年仍然沒有分出勝負。由於他們連年爭鬥不止，連憍賞彌國的施主們都斷絕了給他們的供養。他們疲憊不堪地來到了祇園精舍。按照世尊的吩咐，負責提供住宿的阿難等比丘、比丘尼和給孤獨都不理他們。直到這幫傢伙因得不到食宿而懺悔時，世尊才與他們和解了。

牛宿生

這時，在石頭國的**邊緣城**中，施主**力衆**和其妻**勝衆女**生下了一個戴著價值千金的耳環的兒子。由於他生於牛宿，故名爲「**牛宿生**」。這個兒子長大後，請求父親派他去航海尋寶，得到同意後他與五百位商人一起航海數年，雖歷經艱辛，最終尋得了珍寶。當他們把船停靠到某處海岸邊睡覺休息後繼續航行時，眾商人忘了叫喚，從而把他一個人留在了這個陌生的海灘上。牛宿生醒來時，四周已無一人，他又急又渴，便獨自往前尋找。當他來到一個幽靜的娑羅雙樹林時，看到了一個鐵鎖。牛宿生又驚又喜，他趕快來到鎖門口道：「喂，主人，有水嗎？」

誰知裡面卻出來了眾多餓鬼。餓鬼們對他說道：「哦！十二年來，今天第一次聽到了有人說『水』。」

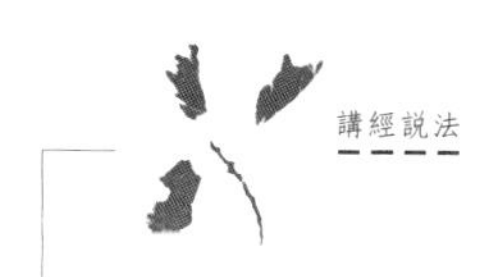

牛宿生又問道：「你們是誰？」

眾餓鬼答道：「由於貪財，未做一點施捨而生於此處，這裡是餓鬼城。」

牛宿生繼續往前走，日落時他來到了一座無量宮前，宮中有四個仙女和一個男子正在合歡。牛宿生便在窗外睡下了。第二天天亮時，他睜開眼睛往窗內一看，卻看見四隻花狗正在吃那男人的肉，一直吃到太陽落山。牛宿生問道：「你是誰？」

那個疼痛不堪的男人回答道：「我上輩子是邊緣城的屠戶。由於迦旃延讓我晚上戒掉殺生，所以現在晚上安樂，白天受苦。如果你去邊緣城，請告訴我的兒子，在屠台下面有瓶金粉，把它獻給迦旃延，並呼叫我的名字，這會使我的罪孽減輕。」

牛宿生又繼續向前走，當太陽快要升起時，他看見宮中一位仙女和一個男人在合歡。天黑時，他發現一隻巨大的百足蟲纏繞那男子七周後開始吃他的腦漿。牛宿生問他這是怎麼回事，他回答說：「我前世是邊緣城的一位淫夫，由於迦旃延讓我白天守戒，我便晚上出去亂淫，因此落得現在這個下場。你回去後能否告訴我的兒子，我家的灶下有一瓶金粉，讓他把它獻給迦旃延，以超度我的靈魂。」

牛宿生繼續前行來到了一座無量宮前，宮中有位美女，在她座椅腿上分別拴著四個餓鬼，當她向他們餵食時，食物便變成糠皮、鐵錘、自身的肉和膿液，但四個餓鬼還是分而食之。牛宿生奇怪地問道：「妹子，這些都是你的什麼人？」

那女子答道：「我生為邊緣城的婆羅門女時，向迦旃延獻齋供養。那時丈夫說：『他為什麼不吃糠皮。』兒子說：『該叫他吃鐵錘。』而媳婦說：『吃了我的份。』女僕說：『吃了我要寄給別人的食物。』並分別以自身的肉和膿液起了誓。而我則暗暗祈禱，叫他們的願望成眞。這樣我們便生在此地。你去告訴我的女兒，在父親的房間有兩大鍋金子，中間還有金杖和金瓶，叫她把那些都獻給迦旃延，以超度我們的靈魂。」

牛宿生就這樣遊蕩了十二年。其間，父母由於思念兒子而哭瞎了雙眼，還分別在每座花園之中寫下了「牛宿生，我的兒，如果你還活著就趕快回家吧！如果你已經死了，願上蒼保佑你升入天堂」。迦旃延爲牛宿生的父母所感動，使法指使那美女叫四個餓鬼把睡著的牛宿生送到了一座花園中。牛宿生醒來後，雖然看到了父母寫在花園中的字，但這時由於早已爲迦旃延的事蹟所感動，正一心想隨他出家。當他終於找到迦旃延時，迦旃延對他說道：「你先把口信送給各自的主人吧。」

經他報信，這些家人按吩咐照辦了。隨後，牛宿生來到自己的父母面前行禮，父母從他的聲音認出了兒子，便睜開了乾澀的眼睛，滿含思念地對他說道：「兒啊，待我們死了以後你再出家吧！」

牛宿生聽後，答應了父母的要求，並把他們帶到迦旃延面前接受教化，讓他們證道。父母死後，他把家產作了施捨後，剃髮出家，並受了具足戒，修成了阿羅漢果。隨後，他要求迦旃延讓他去拜謁世尊，迦旃延答應了他的請求，讓他帶著自己請教世尊的五個問題前去了。他來到舍衛城後，第一天晚上在祇園精舍與世尊一起進入聖默而坐。天亮後，世尊向他開了口，他便將師傅託他問的問題請教了世尊，得到指教後又回到了自己的家鄉。

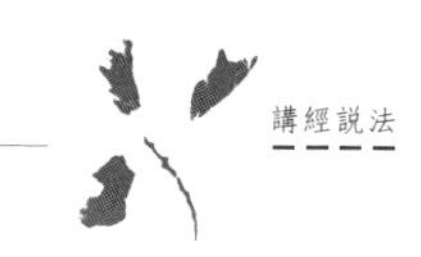

舍衛城有一個婆羅門，他以前五百世時生爲世尊的生父。當有一天他見到世尊，一邊叫著「兒子」一邊想擁抱世尊時，比丘們趕忙去阻止他。這時，世尊吩咐道：「不要阻止他，這樣他會死去的。」說完，便讓他依在自己的後頸上，經世尊的教化，那位婆羅門悟了道，並出家獲證了阿羅漢果。

諸弟子行相

舍衛城有個叫**賢者**的施主，他曾經向舍利弗和眾比丘做了供養。有一天，他來祇園精舍的途中遇到了五個強盜。強盜們向他索要首飾和衣服。這時，無數龍破土而出，向強盜們提供了他們想要的一切東西，這使強盜們驚訝不已，於是隨同賢者一起來到世尊面前，都明白了眞理。世尊對賢者說道：「在這饑荒之時，向眾比丘供齋。」

賢者應命向一千二百五十位比丘提供了齋飯，因而他家也出現了百種寶藏。賢者把寶藏的十分之一獻給了波斯匿王，並向眾人布施。但這些財寶到眾人手中時，卻一下子都變成了木炭。賢者於是又給了他們物品，讓他們去請求世尊等做法事，這樣，那些木炭又變成了珍寶。隨後，賢者隨舍利弗出家了。

有一天，當賢者正在寺中修道時，舍利弗去敲他的門。世尊知道這樣會打攪他的禪定，便前來與舍利弗說話，不讓他前去。這樣，賢者便獲證了阿羅漢果。

此後，世尊帶著眾弟子前往舍衛城。途中，當來到一片森林中時，已經是齋盡糧絕。到吃午齋

的時候，有個叫玉耶的比丘尼用左手托著鉢盂祈求道：「如果有一點功德，就讓這鉢盂盛滿食物吧！」沒想到，話音剛落，天神便在她的鉢盂裡裝滿了甘露。她把甘露分給了眾僧、世尊以及眾比丘。世尊由此稱她爲積德者第一。

世尊一行來到了竹林園後，受到了**耆婆**的邀請。但由於周利槃陀伽曾因遲鈍出名而沒有受到邀請。這時，世尊叫耆婆把周利槃陀伽也請來。當耆婆讓使者去邀請周利槃陀伽時，後者化出了一千二百五十個周利槃陀伽，並同時叫出聲來，這樣，使者便不知道哪位才是眞正的周利槃陀伽而無功而返。當使者第二次去邀請周利槃陀伽時，按照世尊的吩咐說道：「請眞正的周利槃陀伽出來。」這樣，周利槃陀伽便來到了宴席上。然而，主人又沒恭敬地給他端齋，周利槃陀伽就伸出象鼻般的手臂拿走了世尊的鉢盂。耆婆見後，非常後悔，並向周利槃陀伽致了歉意。

王舍城的婆羅門部多生了個兒子，他因長的烏黑而得名**烏黑**。他長大後精通吠陀，父親就給他召集了五百位弟子。但由於弟子們時常不和，使他心灰意冷。一天，他來到了經常迫害王舍城眾生的一個可怕的藥叉居住的森林。在那個森林中還居住著一位仙人，烏黑便隨這位仙人出了家。這時，王舍城的人們請求世尊降伏林中的那個藥叉，世尊施法招來那個藥叉，給他授受了戒律。那藥叉到林中後，知道了仙人七天之後要死亡，便向他告知了此事。仙人聽後非常悲傷，並失去了神通，不知怎樣才好。這時，藥叉對他說道：「大仙，世尊在王舍城，你去求他護佑吧！」

仙人匆匆來到王舍城求見世尊，並對世尊萌生了信仰，經教化明悟了眞諦，而且延長了生命，修成了阿羅漢果。這期間，世尊對阿難講了《**中觀道**》。

第二十次雨安居

此後，世尊來到了靈鷲山，與一千二百五十眾比丘、觀世音、藥王等菩薩在一起。在文殊的請求下，世尊宣講了《**入定不定印經**》。世尊來到竹林園，在富商**護賢**和**大益**的請求下，講授了《**靈魂死亡示經**》。在**無邊莊嚴菩薩**的請求下，講授了《**大寶積經無邊莊嚴會**》，並將此二經授予了阿難。又在**無邊智慧菩薩**的請求下，講授了《**大寶積經披甲莊嚴會**》。

這時，迦旃延和牛宿生也來到竹林園，世尊在此與眾比丘一起舉行了第二十個坐夏安居。頻婆娑羅王為這次安居供養了僧衣、敷具、藥品等一切所需。醫王耆婆也送給了世尊許多醫藥。

王舍城有三眼熱泉。其中，第一泉為國王的洗澡處，第二泉是眾妃的洗澡處，第三泉為百姓的洗澡處。這時三眼泉也都獻出來，第一泉給了比丘，第二泉給了比丘尼，第三泉給了眾生。

有一天，**烏黑**在樹林裡縫補袈裟時，突然想吃蔗糖。在天神的召喚下，頻婆娑羅王讓耆婆帶去四大缸蔗糖給了烏黑，烏黑把它們分給眾比丘享用了。

在末羅國，大鼻部末羅族的**勝眾生**有一個兒子叫**末羅寶**，他精通各種武藝。後來，他的父親給他建了三座房舍，並娶了三房妻室。有一天，他與五百個同齡人去狩獵，因生慈悲而被同伴們拋棄，這使他的心靈受到了極大的創傷。雖然父親答應從此不再讓他去狩獵，但他還是心生悲憫，想找個解脫之道。後來，他請教了六師外道，而他們的回答沒能令他滿意。於是心想：「能使我脫離輪迴的道法在哪裡呢？」

世尊感知到了他的心思，便對阿舍婆誓說道：「你去關照末羅寶。」

就這樣，阿舍婆誓來到了末羅國，住在鄙惡城的巴笥蟲林中。由於阿舍婆誓的行爲舉止引起了天神和凡人的注目，因此，當他上午去化緣時，樓臺上的末羅寶發現了他，末羅寶非常驚訝。他來到在林中居住的阿舍婆誓面前，要求皈依出家。阿舍婆誓對他說道：「你先去徵求父母的意見。」

當他回到家中對父母說出自己的想法時，父母怎麼也不肯讓他出家，於是他便七天七夜不吃不喝，父母無奈，便答應他了。末羅寶高高興興地隨阿舍婆誓出家後，白天誦經，晚上入室修持，不久便修成了阿羅漢果。入秋後，他與眾隨眾一起來到了世尊面前，世尊見他後連連說道：「善哉，善哉。」並按其昔日的祈願，任爲敷具管家。他向前來的比丘們提供敷具時，晚上一更來的點一指高的油燈，晚上二更來的點二指高的油燈，而想看神通的則點五指高的油燈。他帶來的隨眾們後來也修成了阿羅漢果。世尊稱他爲敷具者第一。

瞻跋國王的公主**集女**是個精通學問的智者，她與南方的學者迦旃延族人**山羊仔**媾婚，生下了兒子**集迦旃延**。集迦旃延在其父母的影響下成了一個大論師。他聽了佛陀的名字後，便與其父母一同來到竹林園，三人都獲證了阿羅漢果。

這期間，勝音城由**仙道王**執政。他的王后叫**月光**，太子叫**具髻**，大臣有**私嚕迦**和**毗嚕迦**二人。仙道王與頻婆娑羅王是未見面的世交，時常互獻禮品。有一次，仙道王給頻婆娑羅王送來了一件價值連城的甲衣。頻婆娑羅王因不知該回敬他何等禮物才能與此相宜，便前去世尊的面前請教。經世尊的指教，將一幅繪有世尊圖像，圖像上寫有因緣法的布畫裝在一個用金銀銅製成的筒中，由一頭

大象馱給仙道王。此前他寫信給仙道王說道：「我給您寄去了一個三世間中最珍貴的禮物，請您到三由旬半的地方來迎取。」

仙道王如約迎接了禮物，並在一個開闊的地方打開了布畫。這時，中部來的商人喊出了「頂禮佛陀」之聲。國王聽到「佛陀」名號，便毛髮豎立，向他們道：「所謂佛陀是什麼人？」

商人們回答道：「他是預言所說的居家會成爲轉輪王，出家則成正覺的釋迦王子。這就是他的畫像。」

仙道王聽後非常高興，當即讀了因緣經而悟道，於是又寫信給頻婆娑羅王說道：「託您的福，我可望能解脫出輪迴，我想見到比丘。」

頻婆娑羅王將此事告知了世尊。不久，世尊便帶著迦旃延和五百比丘前往勝音城。仙道王熱烈地歡迎了他，親自建造了五百座精舍，讓鬼宿和鬼宿星也隨迦旃延出家，修成了阿羅漢果，顯出了神通。另外還建造了涅槃塔。隨後，爲了向眾嬪妃講法，派去了比丘尼山女一行，使勝音城國政教興盛。

王舍城中，頻婆娑羅王有個象官叫作「**象依**」，在象宿時辰生了兒子，名爲**象居**。其父死後，國王讓他繼承了父親的大任。後來，他出家成了三藏師。有一次化緣時，他受到前妻的誘惑，犯戒住在了過去的家中。世尊在王舍城化緣時知道此事後，使法到他家門口發出金光，使他重新跟隨世尊，授受了具足戒，並獲證了阿羅漢果。

調解紛爭

這期間，舍衛國的眾人時常不和，爭鬥頻繁。波斯匿王也與施主**給孤獨**起衝突，經常相互詆毀。而且盜匪猖獗。此時，世尊來到舍衛城，住在祇園精舍。給孤獨一到世尊面前便道：「國王時常詆毀我，該怎麼辦呢？」

世尊宣講了《**多子陀羅尼經**》，使他們重歸於好了。隨後，世尊到舍衛城化緣，對爭鬥的人們說道：「你們要對治煩惱才是，怎麼和他人諍鬥呢？」

這話使許多人厭離而出家，獲證了阿羅漢果。

這時，南方**五取國**和北方**五取國**的兩個國王發生了爭執，由於波斯匿王對兩個國王都很友好，便請求世尊爲他們調解。這樣，世尊來到對陣中的二王面前，使他們兩人都看到了自己的失敗，繼而發心，南方五取國的國王出家修成了阿羅漢果，北方五取國的國王爲世尊供養了三個月，被授記爲菩提果位。

這時，北方**碎石國**的**龍印**王子爲了奪取政權而殺了父王，後來他悔恨地放棄了政權，來到世尊面前請求出家，懺悔罪孽。另有一位叫**斯毗拉**的王子砍斷了父親的手腳，並把父親扔到洞中。這個兒子的母親把丈夫帶到了世尊面前，一瞬間後者就復生了四肢。

此後，世尊來到舍衛國，住在祇園精舍。當時，舍衛國有個**娑羅雙樹林**裡居住著五百多個野人，他們時常襲擊商人。波斯匿王讓護國率兵前去鎮壓，並把他們抓了回來。正當波斯匿王命人砍

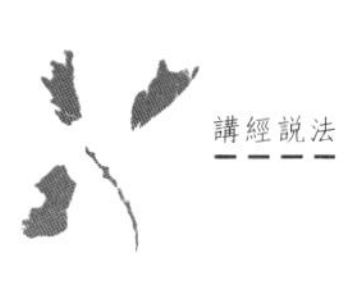

掉他們的頭時，世尊來到了刑場。他對波斯匿王說道：「大王，請放了他們。」

波斯匿王說道：「如果他們出家，則可以釋放。」

隨後，他們獲釋，並隨世尊出家，獲證了阿羅漢果。另有五百名盜匪，被波斯匿王抓住後挖去了雙眼，流放到森林中。他們時常祈禱：「頂禮佛陀，」希望能使他們重見光明。世尊在祇園精舍聽見後，施出清風，使**香積山**流出甘露般的藥液，並積滿了他們的眼眶，從而使他們的眼睛得以復明。這時，世尊來到他們面前講授了教法，使他們發菩提心。

波斯匿王和**梵生王**爭鬥了很久後，波斯匿王派使者對梵生王說道：「我們講和吧！把你的公主**行樂女**嫁給我吧！」

梵生王答應了此事，他們便和睦相處。後來，波斯匿王到波羅奈迎娶行樂女後返回時，其兄**行樂**不聽各種勸阻，一同來到了舍衛城。在那裡，波斯匿王讓他學習工藝和武藝，使他成了文武雙全的人。但行樂在舍衛城爲非作歹，任波斯匿王和行樂女怎麼勸也無濟於事。後來，波斯匿王寫信將此事告訴了梵生王，梵生王便宣佈說行樂不是他的王子。

有一天，波斯匿王和行樂女在宮中彈琴，沒讓行樂進來，行樂大怒，射箭截斷了琴弦。波斯匿王先是一驚，轉而大怒，他下令把行樂抓起來押往刑場。正要砍頭之時，世尊前來解救了行樂。行樂隨世尊出家，修成了阿羅漢果。

在舍衛國，這時候又有五百不法之徒迫害過往商人，世尊得悉後化作騎象人來到這裡，與這五百人對陣射殺。不一會兒，那五百人便人人都中了箭，並且怎麼都拔不下來。於是，這五百人連連

求饒，請求騎象人幫助。這時候，世尊顯出了原形，向他們講授了教法。那五百人再低頭一看，只見原來從他們身上流出的血不知何時竟變成了奶，傷口也隨之消失。這樣，五百野人從此發了心。

當時，由於盜匪狂猖，危害四方，世尊便在祇園精舍宣講了**《具光女神陀羅尼經》**。

第二十一次安居

時隔不久，波斯匿王效仿頻婆娑羅王的做法，供養世尊，舉行了第二十一個坐夏安居。這期間，波斯匿王還叫御醫**常知**之子前去服侍比丘們。這位醫子服侍了三個月後，終於露出了不信佛教的本性，不願意爲一個患了痔瘡的比丘看病，遭到了波斯匿王的責罵。受氣的常知之子就把一肚子怨氣都發到了這位比丘的身上，竟慘無人道地以治病爲名截去了那個比丘的肛腸。受傷的比丘疼痛難忍，於是低聲唸道：「世尊怎麼也不保佑我！」

世尊感知後瞬間就到了常知之子的面前，豈料那位醫生之子竟然不恭敬地對世尊說道：「是來看你那徒弟的屁股的吧！」

世尊沒有搭理他，轉身來到精舍裡嘆道：「七天之後，常知之子當吐血而死，生爲地獄。」常知之子被波斯匿王逐出舍衛城，他每到一處，都遭到天神和眾人的痛罵，七天後在無處立足的情況下吐血死亡，生在地獄之中。

這時，波斯匿王的一位大臣作亂，因爲他行邪祭，死後生爲兇惡的藥叉，施法向憍薩羅國散佈瘟疫，無數人死於瘟疫。在該國國王的請求下，世尊借神力用火輪降伏了那藥叉，並授予戒律，還

使那藥叉成了舍衛城的守護者。

此後，舍衛城有個商人之子臨近死亡時請世尊保佑，世尊來到他家後用帝釋從香積山採來的白旃檀藥治癒了那人的病，經他們的供養，把他授記爲菩提果位。這時，梵天乞求世尊保護娑婆世界，於是世尊向眾比丘宣講了**《隨持陀羅尼咒》**。觀世音在竹廊下向世尊獻了**《十一面觀世音神咒經》**。世尊給阿難授予了**《還顏與飛揚咒經》**。

這時，有個叫**土山**的比丘，剛出家不久，在劈柴時被柴木縫中鑽出的一條黑蛇咬住了腳拇趾，這個比丘於是中毒而倒。阿難發現後想了許多辦法都不能使他蘇醒，便請世尊施法。世尊便授賜了**《大孔雀陀羅尼經》**。

此後，世尊爲眾比丘講授了**《解毒陀羅尼咒》**。

時隔一日，世尊與觀世音、四大天王在一起時，經金剛持的請求，世尊講授了**《最聖咒續》**，魑魅主**自在**也宣講了**《羯磨集》**。隨後，毗沙門天王爲了四眾弟子不受邪門非人的迫害而向世尊請教了**《遍行與非遍行合宜經》**。天亮後，世尊把此經授予了眾比丘。另外，還給眾比丘講授了**《神聖幡幢經》**和**《除一切疾病陀羅尼經》**。

娑婆修證阿羅漢果後，曾經被世尊稱爲天眼第一。他來到一座山崖，用天眼望視了六時，使一萬二千眾生入道。又制服了五百盜匪，把他們帶到世尊面前出家，並修成了阿羅漢果。

舍衛城有個施主生了兒子，這兒子出生時天下了豆蔻花雨，故取名爲**豆蔻**。豆蔻後來成了娑娑的侍從，出家後修成了阿羅漢果，並把其父母也引入了正教。有一次他去取水時，水瓶從空中隨他

而來。

舍衛城的童子**野居者**也隨婆娑出家，修成了阿羅漢果。

這時，**具益王**、**大黑尊者**等眾多阿羅漢也出家了，其中大黑因居在尸林，又得名**尸林尊者**。富商**鬼宿生**有一個頭戴珍珠鍊的女兒，得名**珍珠鍊**。後來她嫁給了給孤獨的第八個兒子**破布**，他們夫妻雙雙出家，修成了阿羅漢果。

此後，世尊從舍衛城前往摩揭陀國，眾多商人也隨其而行。當他們來到一座娑羅雙林中時，遇到了強盜。強盜們說道：「世尊先行，我們要劫掠這些商人。」

然而，商人失財後不久，世尊便施法再把被掠的寶藏拿回來還給了商人。一路上商人們先後六次遭洗劫，世尊都使他們的財寶失而復得，他們因而皈依了世尊，向世尊供養齋飯，並出家獲證了阿羅漢果。

至王舍城

此後，世尊與一千二百五十比丘、五百商人和五百乞丐一起走向王舍城。途中，他們遇到了一場森林大火。當大火危及眾人生命時，世尊說道：「大火開路！」

話音剛落，大火不滅自熄。這時，世尊向眾人講授了教法，使他們悟了道。

此後，世尊來到靈鷲山，與一千二百五十名比丘在一起。這時，羅睺羅住在尸陀林，他受到了眾藥叉的迫害後，哭哭啼啼地來到世尊面前訴說委屈，世尊於是向他講授了《**大寒林聖難拏陀羅尼**

經》。世尊與眾隨眾一起來到尸陀林。有一天晚上，爲了保護世尊的部眾，四大天王前來向世尊獻了《**尸陀林陀羅尼經**》。天亮後，世尊將此經傳授給了眾弟子。這時，發生了瘟疫，世尊向阿難講授了《**除病陀羅尼經**》。

此後，世尊來到了位於王舍城的東面、婆羅門城芒果地北面的勝身山的天王洞中。世尊曾經在這裡使帝釋明悟了眞諦，頻婆娑羅王舉行了慶典。那時候，山中全是石頭，不長草木。在眾比丘的請求下，世尊施法使山中長滿了茂密的芒果樹和箄拔樹林。因爲世尊曾經在這裡修行火功，此洞又名**火焰洞**。而此時世尊與眾比丘和毗沙門一起住在洞中，邪門天龍八部非常惱怒，施出疾病，大喊大叫。應世尊之命，金剛持施出一千個燃燒的金剛，並請求密咒。這樣，世尊便授予了《**最上燈明如來陀羅尼經**》。這天晚上，龍王前來請問，世尊便向眾比丘講授了《**弘道廣顯三昧經**》。

這時候，舍衛城與王舍城之間的娑羅雙林中有一千多食人鬼經常危害過往的客人，從而使那裡成了一個沒有生靈的禁區。爲此，波斯匿王寫信對頻婆娑羅王說道：「請您請求世尊降伏食人鬼。」

這樣，經頻婆娑羅王的請求，世尊來到此地，在毗沙門天王的協助下，用火焰的神通降伏了眾食人鬼，並給他們授了戒律。而那些食人鬼從此改邪歸正，不但再未危害過往客人，還經常向過往客人送水引路。

這期間，王舍城發兵毘舍離，而毘舍離的騎術師**天王首**帶著五百弟子殺掉了對方的五千人，王舍城人頓時惶恐萬分，請求世尊降服天王首。這樣，世尊來到毘舍離，施法讓他失去了騎術。這使

天王首產生了厭離廝殺之心，不幾日就帶著五百弟子出家，並修成阿羅漢果。隨後，世尊來到了竹林園。

勝身地方有五百個具有獸性的人，他們穿著獸衣，戴著獸角，與各式各樣的野獸一起喝水吃草。世尊化作野獸把他們引到了王舍城。當幻化的野獸消失時，他們被眾人追到了竹林園。這幫人見到世尊，悉皆皈依出家，並修成了阿羅漢果。此間，許多比丘得了痔瘡，世尊召集了五百比丘，向阿難講授了《**療病陀羅尼經**》，從而使這五百比丘很快痊癒。

悲華經

世尊來到了靈鷲山，與六萬二千比丘和諸菩薩在一起。這時，東南天蓮花世界中的**蓮花尊如來**入涅槃，他從恒河之沙般的無數如來處授受了《**補位菩薩陀羅尼經**》，而彌勒等已立為補位菩薩的一萬個菩薩起立向東南方向禮拜，祈求道：「頂禮**蓮花尊如來**！」

明照菩薩不解其意，問道：「他們為什麼要這麼說？」

世尊說道：「**蓮花尊如來**涅槃了。」

並在**寂意菩薩**的請問下，宣講了《**悲華經**》。這時，世尊的舌頭上發出光芒，在每個惡趣生靈面前化顯了一尊尊佛像，並使他們升入天堂。同時，無垢、不動、無憂光、無量光等十方諸佛的寶座也為之顫動，其部下問緣由時，諸佛答道：「這是引我入菩提之道的啓門導師，以四法高超於其他如來的釋迦牟尼講法的緣故。」

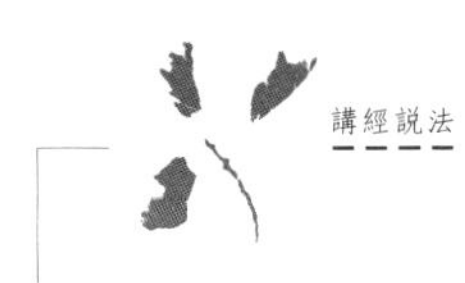

說完，派眾菩薩帶著睡蓮花前去問候世尊。這些使者充滿了娑婆世界，但相互看而不見，只顯出天空中一朵朵睡蓮進入世尊的毛孔，而且每個毛孔中都顯出令人嚮往的如兜率天般的世界。娑婆世界的眾生都進入到了世尊的毛孔中。這時候他們才發現了對方，相互道：「釋迦牟尼在哪裡？」

彌勒答道：「我們都在他的毛孔中。」之後，眾生從世尊的毛孔中走出。諸佛的使者們都看到了各自的世界，在那裡，他們仍然能聽到世尊的法音，能看到其毛孔中過往的無數菩薩和弟子。隨後，世尊將此經授予彌勒帶來的藥叉仙人**福山**。這時，王舍城流行了眼病，世尊向藥叉**黑色**講授了**《能淨一切眼病陀羅尼經》**。

於竹園安居

世尊來到竹林園，在那裡舉行了第二十二個坐夏安居。這時，梵天**蓮花焰**請求世尊說法，世尊向眾比丘指著結跏趺座、入禪定、身出光芒的諸菩薩說道：「他們所坐之地，將來會出現佛塔和寺廟，我將受用那裡的供品。」

隨後，世尊、伽耶伽葉和頻婆娑羅王等談論了教法。這時，從東方，**瞻波伽佛**派來的**目力心菩薩**化作梵天之身，從南方**山王佛**派來的**香象菩薩**化作帝釋之身，從西方**智慧祥疊佛**派來的**光心祥菩薩**化作大自在天之身，從北方**吉祥蓮心佛**派來的**空心菩薩**化作轉輪王之身等，前來向世尊獻了諸佛所寄託的經咒。世尊將這經咒授予跋提梨迦、憍陳如、舍利弗和目犍連後，宣講了**《雜阿含經》**。這使頻婆娑羅王非常喜悅，請求世尊讓他看看諸佛的世界。世尊應允後，將三千世界收在自己的身

體裡，斷除了苦難，從身體的毛孔中發出光芒照亮了十方各界，使各界的佛陀前來繞世尊數匝並致以供養。各界的眾生見狀也無比敬仰世尊，於是各界的十方菩薩也帶著各自世界的眾生前來，世尊向他們講授了教法，並引入了三乘之道。

降伏魔王

這時，魔王妒火中燒，流淚而坐。一個叫**脫天木**的魔鬼看到後，想前來和世尊挑戰，但不戰而敗。他對魔王說道：「魔王，你另想辦法吧！」

隨後，魔王施法在各龍宮化出醜陋的蒼蠅群，使那裡惡臭難耐。只見四大洲八十八萬四千地的諸龍震怒地離開了各自的龍宮，來到了須彌山腳下的**伽羅提耶山**頂的**遍居**地方。那裡是諸多仙人的居住地，高四萬由旬，遍地都是七種珍寶。在那裡，他們一個個變得木杆一般，不能出聲也不能走動。這時，一個叫**脫戒**的魔鬼口出「消滅釋迦子」，帶著八萬部眾來到世尊面前叫罵。而世尊讓他想起了前生前世的經歷，使那魔鬼發出了菩提之心。魔王見後，更加心煩意亂，於是閉門而居。眾龍因變不了原形，便向諸魔、諸神求助，最後向六大仙求救。這時，妙音山中有**聚光**、**穩堅**、**馬護**、**高飛**、**棄惡子**等仙人在聽聖仙**悅星**對釋迦聖者的讚美。當他們聽到諸龍的求救聲時，五位仙人來到了遍居，讓他們向眾仙之師**悅星大仙**祈禱保佑。悅星大仙帶著天神、人非人、藥叉等數千部眾，於六月來到了遍居，向求救的諸龍講了駱駝和驢的前生前世。龍王大海聽後說道：「請把我們從痛苦中救出來吧！」

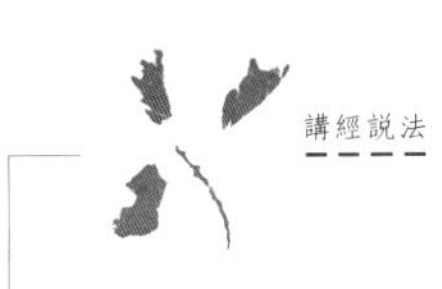

大仙說道：「我所講的駱駝和驢並不是我的前世，而是釋迦牟尼的前世。你們向他祈禱吧！」

眾龍聽後，祈求道：「向大慈大悲、受眾龍恭敬之主頂禮！請把我們從這裡解救出來吧！」

由於世尊的法力，祈禱之後，眾龍恢復了原身，但仍然不能走動。諸龍繼續請求大仙前去世尊面前乞求，而大仙向他們講述了世尊的功德，使大海等四龍和其他八十四個龍王發出了菩提心。

此後，悅星大仙來到世尊面前致以問候，並請求世尊點化諸龍。這樣，世尊在無數弟子和菩薩的簇擁下飛向北方。眾龍見後沒有認出世尊，便由**寶髻**龍王和**錐身**龍王作了介紹。這時，在高大而寬廣的須彌山上，欲界和色界的諸神幻化出直達究竟天之間的瓊樓玉閣，在其中間，世尊坐上了金剛寶座，露出了笑顏。剎那間，這三千界中的所有神、阿修羅、仙人等都聚在其面前。龍王**大海**在南面、**寶髻**在西、**錐身**在北、**月護**在東，各自把尾巴放在各方海中，頭放在須彌山之巔，注視著世尊。隨後，在**金剛藏**、**金剛慧**、**金剛持菩薩**和二聖徒、富樓那、劫賓那、須菩提、伽耶迦葉、大迦葉、優婁頻羅迦葉等眾弟子和緊那羅、羅剎女等無數隨眾的簇擁下，世尊向悅星大仙講授了《**普遍光明潔淨熾盛如意寶印心無能勝大明王隨求陀羅尼經**》。

此後，世尊從身上發出光芒，使魔界燃燒起來。魔王見狀，又害怕又憤怒，率兵向世尊攻來。但他們射出的兵器變成了鮮花，所發出的吼聲變成了三寶的法音。最後，魔王被五條繩套捆綁而倒。見了這個情景，其八十四千由旬之內的魔軍都皈依了佛陀。隨後，世尊讓金剛持叫魔王站起來，只見金剛持渾身燃起火光，金剛藏顯出各種光芒射耀無量宮的神通，前來恭敬世尊和金剛持。觀世音等十方菩薩也如此前來，使這娑婆世界變成無量宮的世界。隨後，在十方諸降魔伏鬼的催促

聲中，金剛持齜牙咧嘴，千隻手臂揮舞著各種器械，各個關節中生出各色忿怒之相，額間滴落著火星，手指中發出「吽吽吽」的聲音，使一切鬼怪紛紛來到世尊身旁求救。魔王也嚇破了膽，欲哭無淚。此後，金剛持又從自己的腳中化出兩個憤怒相，額頭化作一個憤怒相。當他們喊出陀羅尼咒時，天空劃出金剛流星，如雨點般落到地上，並發出驚天動地的巨響，終於使魔王恭敬地皈依了三寶和金剛持，而且發了菩提心。只見眾人拋散的鮮花，變成了一座座無量宮，魔王撿起這些無量宮獻給了自己的導師金剛持。金剛持又命這些憤怒神降伏天龍八部，使他們也發了心。金剛持把此等持名號告訴了舍利弗。世尊連呼「善哉」，把這**《大金剛妙高山樓閣陀羅尼經》**授予了阿難。

這時，遍居的其他諸龍仍無法走動，便向世尊求救，阿難和難陀用身體從須彌山頂到遍居之間架起了橋樑。為了掩蓋龍身的粗糙，帝釋在龍身上鋪設了仙帛。在變得非常寬闊的遍居的地面，梵天也鋪設了仙墊。此後，世尊一行從龍橋上來到了遍居，就坐在寶墊之上。在這裡，世尊向龍王大海講述了龍的身世，並解除了千萬餓鬼的痛苦，授記為彌勒時劫的菩提果位。另外，將八千零四萬條龍引入三乘之道，向諸龍王和藥叉王賜予四大洲的二十聖地，以作部眾。這些魔王也更加信服世尊，連連求世尊寬恕。這時，在**月心菩薩**的請求下，世尊預言了佛法存滅和佛法興盛的偈句。

地藏菩薩來詣佛所

正在這時，從南方飄來一陣香雲，降下了寶雨，響起了法音，使隨眾覆上了寶飾和仙衣，手中亮起寶光，地界趨穩，諸佛顯身。見到這些，帝釋問道：「這是什麼兆頭？」

世尊說道：「這是地藏菩薩來臨的預兆。」

話音剛落，地藏菩薩以沙門之身前來。向世尊禮拜後，經他的請求，世尊講授了**《大集地藏十輪經》**。此後，經優婆離、遍知憍陳如以及**金剛藏**、**梵天藏**的請求，將這位梵天所奉的陀羅尼傳授給了彌勒和目犍連。就這樣，**《地藏十輪經》**還沒有授予誰時，從西方飄來一個托著帝釋神的珠寶，其四周圍繞著數十萬珍寶，發出的光芒照遍了三千界，使世尊之外一切有身之物均不可見。除了十地菩薩外，一切部眾都被這情景嚇暈了。這時，**大梵光菩薩**問道：「這是什麼兆頭？」

虛空藏菩薩

話音剛落，眾人便顯出身來。世尊伸出手臂說道：「**虛空藏菩薩**來了，你們去迎接吧！」

這時，娑婆世界變成寶地，眾人雙手中亮起了寶光，空中降下了寶雨。在這樣的莊嚴中，虛空藏菩薩前來在世尊頭頂撐起寶蓋傘，在一枝寶蓮的蓮心上坐了下來。蓮鬚上就坐了其部眾。這時，在彌勒的請求下，世尊宣講了**《虛空藏菩薩經》**。隨後，眾隨眾供養了虛空藏菩薩，虛空藏供養了世尊，並向世尊請教正法。世尊回答了他的問題後，把**《地藏十輪經》**授予了虛空藏菩薩。此後，在**吉祥天母**的請求下，世尊講授了**《吉祥天母陀羅尼咒經》**。吉祥天母等獻了咒經，將此經授予了帝釋。此後，世尊來到**林陀山**，當須菩提詢問世尊怎樣記下**《出生一切如來法眼遍照大力五明經》**時，世尊叫他問金剛持。金剛持給予了解答。

之後，世尊從天空回到了竹林園。

在勝音城

這時，勝音城中王后**月光**知道了自己七天之後會死去，便隨仙女比丘尼出家受了密法，死後生爲天女。她來到世尊面前聽法後證道，又來到仙道王面前說道：「我已死去，並生爲天女，如果你想見我，就到世尊面前出家吧！」說完，便消逝了。

天亮後，國王把王子**頂髻**立爲國王後，託付給大臣**私嚕伽**和**毗嚕伽**，自己帶著一個侍從來到王舍城，把自己的想法告訴了頻婆娑羅王。頻婆娑羅王熱烈歡迎了仙道王，並把他們引見給世尊，後皈依出家了。當他來到王舍城化緣時，眾人好奇地前來圍觀。頻婆娑羅王於心不忍，要把一半江山給仙道，被仙道婉言謝絕了。

這時，在勝音城中，頂髻王逐出了兩位老臣，政權被兩個奸臣所竊，國政日益廢弛。當仙道比丘從勝音城的商人處聽說這個消息後，來到世尊面前跪求世尊前去勸戒兒子。世尊吩咐他道：「你去吧！」

於是仙道比丘因業所引，來到勝音城的一座山中化緣而居。這時，兩位奸臣對頂髻王說道：「你父王奪你的王權來了。」

頂髻聽信了他們的讒言，命人去殺掉仙道。

當那些殺手前來說明來意時，仙道對他們說道：「等一會兒再殺，行嗎？」

說完，坐在一棵樹下修行，一會兒便修成了阿羅漢果。之後，他又對殺手說道：「我的事情可

以完成了，請殺吧！」

殺手們問道：「國王問我們你死前之語，我們該怎麼回答呢？」仙道說：「就說你殺害了父親和阿羅漢，會生在無間地獄，請懺悔吧！」

說完，殺手們砍下了他的腦袋。這時，世尊也把頂髻授記爲生入無間地獄。殺手們帶著仙道的缽盂等遺物，回來向國王報信，頂髻問道：「父王有多少部眾？」

殺手回答道：「大王，他怎麼有部眾呢？只有這件袈裟、這個缽盂和這根拐杖。」頂髻聽後昏死了過去，經潑灑涼水蘇醒後，又問道：「父王臨死前說了些什麼？」

殺手們如實回答了。頂髻逐出了兩位奸臣，重新起用了從前的兩位老臣。後來，兩位奸臣又讓頂髻之母宣稱，國王不是仙道親生之子，施詭計誣衊阿羅漢，把頂髻引入了邪道，斷掉了迦旃延和比丘尼及其眾弟子的供養。這樣，眾弟子不得不離開勝音城，而迦旃延和山女比丘尼爲了教化頂髻繼續留下了。

有一次，當頂髻王遊街玩耍時，兩位奸臣看見了路邊的迦旃延，便對國王說道：「他在說國王您的壞話。」

頂髻王聽後，惱羞成怒，命隨眾向迦旃延的身上撒沙子，把迦旃延覆蓋在沙堆之下。這時，兩位老臣前來，驚訝地問迦旃延道：「大聖，這是怎麼回事？」

迦旃延答道：「這是國王所作。」

老臣們又問道：「他會得到怎樣的報應？」

迦旃延預言說：「七天之後，勝音城國會被沙土淹沒。」

老臣們聽後，分別把自己的兒女**青藍**和**青藍女**託給了山女比丘尼，並說道：「憍賞彌國的施主**妙音**是我的世交，請交給他吧！」

隨後，山女借神通把青藍女送給了施主妙音，並回覆老臣們。

隨後的第一天，刮起的大風把勝音城國吹得乾乾淨淨。接著，第二天下起了花雨，第三天下起了綿雨，第四天下起了銀雨，第五天下起了金雨，第六天下起了寶雨。這時，同謀者們聚到了一起，奸臣們更是歡天喜地。兩個老臣於第六天用船裝滿了財寶，駕船逃離了。到了第七天，空中下起了巨大的沙土雨，將頂髻王、兩位奸臣以及眾人淹沒在沙土之下。這時，迦旃延讓青藍抓住自己的袈裟，騰空飛到了**伽瓦那山**。勝音城的女神也跟隨他來到了此地，並被迦旃延任命為此山的守護神，在這裡坐夏。迦旃延為女神留下了供奉之物後，又帶著青藍來到另一座山中，見那裡沒有國王，便把青藍立為當地的國王。隨後又來到**白烏頭國**，在那裡見到了自己的母親已生為一個姑娘，便向她講授教法，將她引入到正教之道，還留下了供奉之物。隨後，漸次來到舍衛國。

在王舍城

這時，二聖徒向眾人揭示了惡趣的苦難，使眾人生起了厭離之心。此事報告給世尊後，世尊吩咐道：「二聖徒不會常常以身說法，就在竹林園的門廊中畫上輪迴之圖吧。」

當輪迴圖畫好後，有個孩子被圖中的惡趣之法所震懾，而體認到皈依佛陀才是解脫輪迴之法。

因爲他家境貧寒，故勤奮爲別人做事，掙得了五百金幣，用來供養世尊和眾比丘。後來，他被授記爲升入天堂，並被任命爲王舍城的商官而且證道。由於他是在很短的時間裡發了財，故得名**暴發**。

王舍城的大臣**跋羅墮者氏**有個公子叫**賓度羅跋羅墮者**，他雖然出身名門，但因業力，其食物變成石頭而生了厭離之心，後來隨世尊出家，證得了阿羅漢果。因他依靠化緣爲生，又得名跋羅墮者化緣者。世尊稱他爲獅吼者第一。

王舍城有位施主叫**吉祥生**，當他活到一百歲時，受到了妻兒的虐待，便來到竹林園請求舍利弗、迦葉、優婆離和婆娑等想出家。因他們都沒有答應，他便坐在門檻上大哭起來。這時，世尊前來安慰了他，並讓他隨目犍連出家了。因爲他年歲已大，受到了年輕比丘們的虐待，便失望地想跳河自殺。目犍連讓他抓住自己的袈裟，飛到了大海邊。在那裡，他看見了如下的情景：一個女人死後，因憐惜自己的身體而生爲一條蛇，吃自己的肉。她是因爲前世偷食了獻給比丘的齋飯，又不承認，並發誓如果偷吃了，死後就吃自己的肉。只見那條蛇吃完屍體後爬到滾燙的鍋中融化而死，又復活起來吃自己的肉。就這樣反覆輪迴。另有一位執事因把比丘的糧食給了俗人而生爲一棵果樹，有各種蟲子在吸食著樹體。一位獵人生爲獸頭人身相，被無數餓鬼亂箭射殺。一位大臣奔跑於刀劍之中，粉身碎骨等等。最後，他們來到七百由旬之外的屍骨山，目犍連對他說道：「這是你昔日生爲大鼈時的屍骨。」

這一切使吉祥生非常悲傷，繼而修煉獲證了阿羅漢果。隨後，他們一起飛回到了世尊面前。這件事在王舍城傳開後，許多人因而厭離世間出家了。

這時，摩揭陀國出現了流星掉落等惡兆，在頻婆娑羅王的請求下，世尊宣講了《**十二目經論**》。此後，在竹林園，世尊與一千二百五十比丘和諸菩薩在一起，在頻婆娑羅王的請求下宣講了《**流傳諸有經**》。這時，娑婆世界被各種寶物所籠罩，看不到世尊的身體和相符，從十方來的無數菩薩和天龍八部聚集到了這裡。二聖徒、摩訶俱絺羅、迦旃延、大迦葉、富樓那和須菩提等因不知世尊坐在何處而向文殊打聽，文殊讓他們祈禱。隨後世尊便顯出身來，在舍利弗和彌勒的請求下，宣講了《**深明無二智經**》。這時，頻婆娑羅王的王后勝身女和千萬者之女金女各獻出一匹布帛和財寶，請求讓八千嬪妃將來留記此經，世尊將她們授記爲菩提果位。此後，在王舍城**善臂菩薩**的請求下，向他講授了《**大寶積經善臂菩薩會**》。隨後，世尊來到靈鷲山，休息一日後，世尊望著綠色的稻稈，心情激蕩，於是宣講了《**大秉稻稈經**》，舍利弗和彌勒議論了此經。世尊向舍利弗講授了《**大乘四法經**》，後與眾比丘、諸菩薩和目犍連在一起。

這時，王舍城的施主**狂暴**之女**慧賢**來到了世尊面前。她曾爲數千萬佛陀發願，爲了教化而生爲女身。世尊向她講授了《**慧賢女請問經**》，在文殊和慧賢議論此經時，世尊對文殊說道：「這女子使你得到了忍智。」

文殊聽後站起身來，向她禮拜後說道：「老師與弟子早已相識，希望繼續保持女身。」

慧賢說道：「文殊不要戲言，不過我可以消除你的疑心。」

說完，便變成男身，成了比丘。

來到祇園精舍

世尊把此經授予了文殊後，來到了祇園精舍，與上述比丘、難陀和金剛慧、虛空藏、普賢、除蓋障、觀世音、金剛持、彌勒等千萬菩薩，以及天龍八部各王在一起。

這時，從無間地獄發出的光芒照到了祇園精舍，使寺中的杜樑都被仙寶莊嚴，牆面上飾有金銀，四周以菩提樹和蓮池環繞。這時，**除蓋障菩薩**問道：「這是誰的預兆？」

世尊說道：「這是觀世音的法力。」

觀世音前往地獄，使地獄中熱鍋破裂、火焰變涼。閻羅王得知後，讚美了觀世音。隨後，觀世音又來到餓鬼世界，從手指間賜予淨水，解除了饑渴。這時，世尊宣講了觀世音曾經從諸佛面前聽法等功德，以及六字眞言的功德。除蓋障請求世尊授予六字眞言，世尊講述了苦行而聽修的經歷，然後讓除蓋障到波羅奈的說法者面前去。

除蓋障來到波羅奈後，只見說法者已失去了戒律，和妻兒生活在一起。當除蓋障給了他一些法器，叫他賜予六字眞言時，說法者沈默不語。這時，觀世音從空中飛來，並吩咐道：「把六字眞言給他！」

這樣，波羅奈的說法者才把六字眞言給了除蓋障。除蓋障向其禮拜後，來到世尊面前想拜見觀世音。這時，觀世音前來，向世尊奉獻了無量佛陀獻的鮮花，問候了世尊。

世尊把**大自在**和其妃子也授記爲菩提果位。與此同時，須菩提化出五百隻大鵬，降伏了五百惡

龍。他又化作巨龍，成功地把五百大鵬也降服了，他受到了彌勒的授記。

早些時候，舍衛城的商賈**箕宿**出家後在一個樹林裡修行，當時同城的施主**角宿**因非常信仰佛法，成了各方僧伽的大施主。有一次他邀請了舞女之子**近衆**及其五百弟子受供，使箕宿產生了妒意。後經世尊的教導，箕宿向角宿表示了歉意，並來到恒河邊以三片多羅樹葉爲宿。經三年的面壁靜思，修證了阿羅漢果。

第二十三次安居

這時候，在舍衛城中發生了這樣一件事。一位施主之子到大海尋寶，其父在家隨世尊證了道，當兒子航海歸來後，父親對他說道：「你千辛萬苦，從大海尋得普通的珍寶歸來了。而我在家毫不費力就得到了稀世珍寶。」

兒子聽後，主動爲世尊及其衆弟子提供了各種所需，供世尊舉行了第二十三個坐夏安居，世尊把這位施主授記爲菩提果位。

這時，**利見菩薩**來到了北方五取國。那裡的國王曾經被世尊授記爲菩提果位。這回，王子**梵生**也發心，成了利見及其五百弟子的坐夏施主。六十位比丘因此而妒忌利見，但被大臣**昏聵**和解了。梵生王子聽說利見回到了世尊身邊，他也來到世尊面前，被世尊授記爲菩提果位。這期間，阿難在遺城施主**烏黑**的花園中坐夏，解制後來到了世尊面前，世尊向他講授了《**聖大總持王經**》。

舍衛城的施主**萬壽**與妻子**妙目**生了兒子，因兒子出生時天上下起了蜜雨，因而得名**蜂蜜居**。蜂

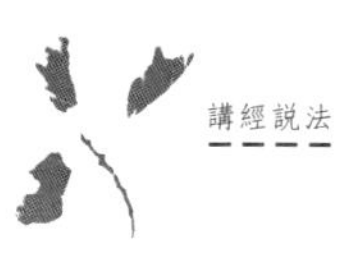

蜜居隨阿難來到祇園精舍後，向世尊師徒供養了大量的供品，出家後與眾多比丘住在一座山中。他們剛去不久，當地的五百個盜匪爲祭祀女神而欲帶走一位比丘。蜂蜜居得知情況後，自告奮勇地讓眾盜匪帶他去祭神。然而，當那幫盜匪正要殺他時，他獲證了阿羅漢果，隨即顯出了神通，剎那間使盜匪們皈依出家，後來還都修成了阿羅漢果。

那時候，舍衛國的眾多商人發財心切，便掀起了到遙遠的大海裡去尋寶的熱潮。其中有一夥商人，他們合夥來到海裡尋寶時遇到大鼇，於是，就驚慌失措地呼喊著：「佛陀保佑！佛陀保佑！」沒想到這麼一喊，佛陀眞的從千萬里之外保佑了他們。兇惡的大鼇頓時閉口齋戒而死。死後，生爲婆羅門**蘇曼底**之子，其前世的大鼇屍骨在大海邊變成了一座屍骨山。而眾商人回到舍衛城，隨世尊出家修成了阿羅漢果。

由於蘇曼底之子飯量極大，故名爲**欲物**，雖皈依出家，但總是吃不夠齋飯。有一次，舍衛城的一位施主向眾比丘供齋時，欲物一人竟將全部飯食一掃而光。見到這個情景，那位施主誤認爲他是一個藥叉，於是嚇得撒腿就跑。後來，世尊把欲物帶到了海邊的那座屍骨山上，對他說，這就是你的前生。欲物見後，非常悲傷，回到祇園精舍獲證了阿羅漢果。

這期間，一位患病的比丘掉到糞池中，世尊見後，把他托出來拂去身上的汙物，用帝釋所獻的白布擦拭，用無熱湖之水洗淨後讓他穿上袈裟盤腿而坐，接著世尊把自己齋飯的一半給了他。後來，那位比丘也修成了阿羅漢果。

此後，世尊與一千二百五十比丘、五千菩薩在一起，經須菩提和文殊議論後，世尊宣講了《大

方廣寶篋經》。舍利弗、阿難、迦葉、富樓那等讚美了文殊的法力，世尊將此經授予了阿難。這時，一個叫**亂柱**的人，他在地獄經過五百世後才轉世爲人。他出家後，一聽到地獄之事便渾身流血，世尊拭去了他身上的血污。

世尊離開舍衛城來到王舍城，在途中遇見一隻兇獅。這隻猛獸不但不傷害世尊，還很高興地望著世尊。世尊看到它的嘴角潰爛了好大一塊，便爲它誦經祈禱。後來這只獅子死後生爲天神，並來到世尊面前證道。

住龍界

世尊又來到了靈鷲山，與眾比丘和諸菩薩在一起。這時龍王無熱前來恭敬世尊。世尊在他的請求下，宣講《**弘道廣顯三昧經**》。無熱邀請世尊到其龍界居住三個月，世尊答應說可以住半個月。這樣，龍王無熱回到了自己的領界，在雪山和無熱湖之間幻化出七百由旬見方的法場。這個法場的廊基爲吠琉璃，有寶樹莊嚴，其中還有設有獅底寶座的一千座寶樓。天亮後，世尊在眾多菩薩和二千比丘的簇擁下，從天空徐徐來到了雪山的南隅，並讓目犍連前去報信。目犍連變作大鵬快速飛抵無熱地界，誰知那裡的龍子們看見他一個個嚇得四處逃竄。龍王無熱出來說道：「你們不要怕，這是目犍連。」

這時候，世尊也已飄然而至。龍王高興地走上前來，把世尊迎到了道場，以百味美齋供奉。世尊向無熱龍王和其子善生等講授了教法。大迦葉和須菩提等和諸龍子們談論世尊的教法時，無熱湖

中突然長滿了許多盛開的蓮花，其中一株蓮花還突出眾蓮越長越高。大家都停止了談論，注視著那枝急速升高的蓮花。一會兒，從蓮花上出現了文殊及其六萬部眾，他們坐在蓮花之上與世尊開始交談。大迦葉和無熱龍王也交談了教法。此後，龍王無熱及部眾幻化成帝釋的坐騎大象，馱著無量宮，把世尊一行送到了靈鷲山。

世尊立足未穩，**無垢菩薩**就前來向世尊獻出了寶蓮問候。經文殊的請求，世尊又不顧旅途的疲勞，講授了**《大寶積經文殊師利普門會經》**。此後，世尊又來到了竹林園，與五百比丘和彌勒、觀世音、由女變男的慧賢等在一起共進了晚餐。飯後，在**莊嚴菩薩**和金剛持的請求下，世尊宣講了**《功德莊嚴王經》**，並把以上三經授予了阿難。

這期間，一位比丘患了天花後遭到眾比丘的嫌棄，他不得不眼淚汪汪地一個人到處流浪。世尊知道這件事後，在異常繁忙的情況下來到他的身旁，從頭頂發出光芒，使那位比丘解除了病痛。世尊用右手拿著帝釋所獻的寶瓶，洗淨了那位比丘身上的膿血，終於使他得以康復。經世尊教化，那位比丘修證了阿羅漢果。

提婆達多

就在這一天，王舍城發生了罕見的災荒，已修證神通的僧伽們用缽盂盛出瞻部穗、無生稻和天界甘露享用，並布施給眾人。提婆達多看到這情景也產生了貪心，便來到世尊面前請求授予神變之術。世尊看穿了他的心思，於是對他說道：「勤奮三學，你就會得到神通。」

提婆達多聽後，認爲世尊沒有給他秘訣，於是到眾比丘等五百尊者面前請教。然而他依然一無所穫。最後，他來到正在**具衆洞**修煉的十力迦葉面前請教。十力迦葉將神變法門大致授予了提婆達多。這樣，已得神變本領的提婆達多借助神通到處招搖撞騙，還收了五百個弟子。他想引誘**阿闍世王子**，經常以各種神變來到這位王子的面前。有一次，他變成繫著金腰帶的幼童在王子懷中遊戲，並和阿闍世王子親嘴，還把王子的口水咽到肚裡。

阿闍世王子被提婆達多哄騙得迷迷糊糊，也到處宣稱提婆達多的神通高超，並說都超過了世尊。這位王子由於非常寵愛提婆達多，向他提供了五百人的廚子。提婆多達從此過起了醉生夢死的奢侈生活。

這年冬天，阿闍世王子對提婆達多說道：「師傅，我想看到仙花盛開。」

提婆達多滿口答應了。不久他來到天界想採集蓮花，然而到處碰壁，誰都不讓他採摘。後來他謊稱自己是世尊的弟子，背著十力迦葉，擅自採花。但是，他的手剛觸到花葉上，就一下子失去了神通。這樣他不但難以採花，連阿闍世王子那裡也回不去了。於是，他只好暫時待在王舍城。有一天，突然與阿闍世王子不期而遇，這使他非常難爲情。這個無恥之徒還想著怎樣繼續沽名釣譽。經過幾天的苦思冥想，他來到世尊面前說道：「世尊啊！你年事已高，向四眾弟子傳法太累了，你老人家就把眾僧交給我，讓我來帶他們吧！」

世尊聽後說道：「連一兩個愚人都帶不好，我怎麼放心把眾僧交給你這個喝口水之人呢？」

提婆達多聽後更加憎恨世尊，惡狠狠地說道：「咱們後會有期，你等著吧！」

說完，揚長而去。他召集朋友**喬伽梨伽**、**勘遮剳耶**、**伽提摩羅伽提舍**、**海生**等，準備加害於世尊。

來到舍衛城

世尊又來到了舍衛城，與五百多名比丘和彌勒、文殊、金剛持、除蓋障、金剛藏等一千菩薩在一起。在舍利弗和優婆離的請求下，世尊宣講了《**大寶積經優婆離會**》。此後，世尊來到迦毘羅衛城，住在尼拘律苑。在那裡，**釋迦摩訶那摩**向世尊及眾比丘供養了四個月的必需品。釋迦族的**金光**、**芳香**、**美相**、**末羅**、**可愛**、**蓮目**、**鼓聲**、**太陽**、**盛名**等青年紛紛隨世尊出家，修證了阿羅漢果。

當時，還發生了這樣一件事：有個釋迦族人之妻生了個巨大的黑色肉團後，早晚坐臥不寧。聽到無所不能的世尊正在迦毘羅衛城後，她十分虔誠地來到世尊面前，請教這是個凶兆還是吉兆？世尊說道：「把它用柔布裹起來，每天用手敲打，並給其灑上牛奶，七天之後它就會破裂而生出一百個兒子。」

那位婦女聽後，非常高興地照世尊的吩咐去做了。到了第七天，果然由那個肉團裡生出了一百個兒子，並且一個個都具有力士之相。後來，這一百個兒子全都出家了，也都修證了阿羅漢果。

與此同時，阿難在一處幽靜地修煉時，有一天晚上，來了一個餓鬼對他說道：「後天，或者是不過七天之內，你將死去，生爲餓鬼。如果明天你向眾餓鬼和婆羅門提供食物，並供奉三寶，將會

脫離這個災難。」

阿難聽後，憂心忡忡地來到世尊面前訴說此事，世尊便給他講授了**《口出火解除陀羅尼咒經》**，使眾餓鬼和婆羅門得到了食物，從而使阿難得以長壽。

不久，世尊來到迦毘羅衛的王宮中，與眾比丘和除蓋障、金剛持、觀世音、文殊、彌勒等菩薩在一起。這時，有個不信佛陀的的婆羅門，看到了自己在七天之後將死亡的兆頭後，便來到世尊面前，但由於他以前不信世尊，因此壓力很大，不敢向世尊訴說眞情。誰知，他正在猶豫之時，世尊開口對他說道：「婆羅門，七天之內你將死去，生在地獄之中。」

那婆羅門聽後非常害怕，淚流滿面地請求世尊保佑。世尊對他說道：「你到迦毘羅衛城的三岔路口，把那裡已經破舊的舍利塔修葺一新，並在其中心供上咒經。這樣，你就會得到長生。」

婆羅門聽後急忙前去照辦，世尊向除蓋障講授了**《無垢淨光大陀羅尼經》**。就這樣，那位婆羅門得到了延壽。

此後，世尊來到尼拘律苑。這時，迦毘羅衛大仙來到世尊面前，說道：「我長期苦修，到現在還什麼都沒有證得。現在，我要皈依喬答摩。」

說完，便授受了閉關齋戒。

世尊與五百比丘以及二聖徒、迦葉、阿難、羅睺羅等在一起，向舍利弗講授了**《法藏經》**，又向釋迦族長者**生地**（**差摩竭**）講授了**《菩薩生地經》**，其後將此經授予了阿難。以後，世尊來到釋迦普賢的寺廟時，那裡來了許多口出戲言的比丘。又到**釋迦餘山**的寺廟時，看到阿難等眾多比丘在

縫製袈裟，世尊於是便向阿難講授了**《大空經》**。

善星比丘

以後，世尊與五百比丘在一起，於迦毘羅衛的森林中舉行了第二十四個坐夏安居。期間，世尊宣講了**《寶星陀羅尼經》**。坐夏解制後，世尊用過爲釋迦供養的齋飯後來到了王舍城，住在竹林園。頻婆娑羅王聽說釋迦摩訶那摩供養了世尊和眾比丘四個月之久後，自己也向世尊師徒供養了四個月的所需。這期間，**善星**比丘看到一位裸形派者，於是便對世尊說道：「如果有阿羅漢，那麼這位就是第一位。」

世尊對此說道：「這不是阿羅漢，七天之後，他將會因打嗝死去，生在餓鬼中。」

善星聽後，把此話傳到了那位裸形派的耳中。他並不以爲然。不過那位裸形派人爲了以防萬一，六天之內沒吃沒喝。但到第七天晚上時，他實在餓得不行了，就吃了點蔗糖，喝了一點涼水，不料頓時打起嗝來，一會兒便死去了。後來，他生爲食嘔吐物的餓鬼，住在剛剛送到屍林的屍體旁邊。善星見到他後問他還信不信世尊時，他回答道：「世尊說的是眞理，應該相信他。」

善星來到世尊面前說道：「那位裸形人已生在天堂了。」

世尊聽後道：「阿羅漢之命已盡了，怎麼會生在天堂呢？」

善星還是不信仰佛陀。

此後，世尊來到了靈鷲山，與五百比丘和諸菩薩在一起。這時文殊向舍利弗講授了**《文殊師利**

巡行經》，世尊向他們二位講授了《**入法界體性經**》。後又回到竹林園，向持世菩薩講授了《**持世經**》，並吩咐他將此經授給阿難。

第二十五次安居

此後，世尊來到舍衛城，舉行了第二十五個坐夏安居，與眾比丘和持世、彌勒、文殊等菩薩在一起。這時，波斯匿王的公主**淨信**和五百位公子小姐前來拜見世尊，世尊於是向他們宣講了《**大寶積經淨信童女會**》。

小姐們把金蓮獻給了世尊。所獻之金蓮隨即變成了裡面有一尊尊佛陀的寶樓，從而使她們發心。世尊把她們授記爲菩提果位。

波斯匿王還生有一個沙門裝扮的兒子，他剛出世便知道前世之事，並問世尊、二聖徒、阿難等是否住在舍衛城，這使眾人非常驚訝。國王爲此特意邀請世尊受供，並把這個兒子抱到世尊面前。後來，這位王子七歲時便出家證得了阿羅漢果。

世尊曾經在大顯神通之時，天龍八部都前來觀望。後來他們在舍衛城化作夫人們的丈夫，並與她們媾和，後來那些女人們生下了許多綠髮的怪兒。眾人嚇得把他們拋棄到叢林中，被天神領取撫養。後來這些人也隨六群比丘出家，授受了戒律。

這期間，舍衛城的眾商人到**僧伽羅島**宣揚了佛陀之名，那裡的公主聽到後向世尊寫了求教信。商人們把此事傳給世尊，世尊回信給她，使她悟了道。

此後，世尊來到王舍城的**重樓宮**，與普賢、地藏、虛空藏等諸菩薩和五百弟子在一起。這些部眾剛想著世尊是不是能顯顯某種神通讓他們開眼界時，只見世尊把祇園精舍化作晶瑩的寶地。寶地莊嚴無比，從十方前來的十大菩薩正在那裡供奉著世尊。這時，文殊從**無住宮**來到世尊面前後，又去了南方。舍利弗帶著**海慧**等六十比丘也隨其而行，文殊把他們引到菩提之地後，在南方**福源鎮**東面的幡莊嚴娑羅雙林中向眾人講授教法而居。商人**寶賢**（因入胎時出現了七寶樹而得名）來到文殊面前請教菩薩之行，文殊對他說道：「你該找個師傅。」

隨後，把他送到了**妙頸山**中的**祥雲**比丘身邊。這時，在迦尸國的**尼絨山**中，**阿諾迦**、**井宿**和**必達婆**等比丘興起鬥毆，世尊派阿難一行前去尼絨山驅逐阿諾迦和必達婆等人。此時，善星比丘已失去了四禪，淪落到邪門，後來到了尼連禪河邊。

破和合僧

爲了揭示因果報應，制定戒律，也爲了讓二聖徒和解眾比丘中產生的紛爭，在羅睺羅的協助下，世尊舉行了第二十六個坐夏安居。在夏伏三個月中，世尊進入等持，吩咐不要讓人來打攪他。不巧這期間又發生了災荒，齋源成了問題。這樣，二聖徒不得不來到南方坐夏了。而提婆達多向五百位有學問的比丘提供了三個月的各種所需後，對他們說道：「你們之中誰不願接受身居幽處等五戒的，並想脫離世尊的人，就拿起籌碼吧。」

五百比丘聽後都拿起了籌碼，跟隨了提婆達多。這時，大地震動，四方燃爐，流星落地，使他

們失去了出家的善根。二聖徒得知此事後，來到世尊面前請求前去處理此事。經世尊同意，他前去尋找提婆達多。而這時，提婆達多正帶著自己的四眾弟子以及五百比丘，在**喬伽梨伽**和**勘遮笥耶**的左右侍助下，宣講著他們的五戒。當時提婆達多的事業可謂蒸蒸日上，連住在南方**鴨子園**中的善星也前來投靠了他。

提婆達多見二聖徒後，心想：「這位佛陀的大弟子也前來投靠，我就是遍知了。」隨後，他用肘捅了捅喬伽梨伽和勘遮笥耶，叫他們起身迎接，他們急忙站起身，把二聖徒迎到了提婆達多的身邊。而提婆達多裝作世尊的樣子，對二聖徒說道：「你來得正巧，我的背有點不舒服了，就由你來講法吧！」

說完，他便側著右半邊身子睡著了。這時，二聖徒用法力把他弄成仰面而睡大打呼嚕的模樣後，對其眾徒說道：「看看你們師傅睡覺時的醜態吧！」

與此同時，目犍連飛到他們的上空，發出了耀眼的光芒。此情此景，使從前的比丘們非常悲傷。二聖徒宣講的教法完全背離了提婆達多的教法。二聖徒對他們說道：「熱愛世尊者，請跟我走吧！」

說完，二聖徒借助神力飄然而去，五百比丘也緊緊地跟隨其後。喬伽梨伽見此情景，急忙叫醒了提婆達多。因二聖徒知道提婆達多醒來後不見其部眾會死去，便有意緩緩而行。提婆達多見狀發瘋似地尾隨而來。這時，二聖徒變化出了一個提婆達多無法跨躍的深淵。氣急敗壞的提婆達多便把喬伽梨伽和勘遮笥耶抽打了一頓。

二聖徒帶回來的五百比丘，經世尊的教化，解除了懺恨之苦，在竹林園修建了具有八面的和好塔。

這期間，阿諾加和必達婆死去，生爲龍子。

阿難為佛侍從

此後，世尊帶著憍陳如、二聖徒、大迦葉等五百比丘來到靈鷲山，對眾弟子說他需要一個侍從。當時，諸菩薩也來到了這裡，在舍利弗和文殊的請求下，世尊宣講了《**象腋經**》。不久，世尊來到毘舍離，住在**菴摩羅女園**。這時，**無垢光**比丘因與妓女媾和而非常悔恨。他向文殊訴說此事，文殊把他帶到了世尊的面前。世尊向他講授了《**淨除一切業障經**》，解除了那位比丘的悔恨之苦，並將此經授予了阿難。

此後，世尊來到婆羅門城，與五眾比丘、五近比丘、二聖徒、大迦葉、摩訶俱絺羅、摩訶劫賓那、婆娑、阿難、更婆羅、優婁頻羅迦葉、富樓那等五百阿羅漢在一起，世尊對諸阿羅漢道：「如今我年歲已大，請選一個能給四眾弟子講法，能銘記我的言教而不犧牲自身事業的人做我的侍從吧！」

聽到此語，五眾比丘等五百多比丘起身，自告奮勇地說自己樂意服侍世尊。而世尊對他們說道：「你們也老了，需要別人來服侍，快坐下吧！」

目犍連琢磨了半天後，感到世尊最爲中意的是阿難，便連同舍利弗等五百弟子來到阿難身邊，道：「世尊欲把你當成其親近侍從，你樂意嗎？這對你有著極大的益處。」

阿難說道：「舍利弗，我不樂意，佛陀是很難侍候的。」

目犍連又說道：「世尊如此看中你，你怎麼不樂意服侍他呢？」

阿難雙手合十答道：「如果不賜給我華麗的袈裟，施主邀請世尊時我也不用隨其同行，不給齋飯，不用隨時拜見世尊，我就可以做近侍。」

目犍連等五百尊者前來向世尊報告此事，世尊高興地說道：「善哉！阿難眞是明理，他是爲了避免有人說阿難是爲得到袈裟和齋飯才做我的近侍，也爲了利益四眾弟子才這樣說的，我就答應他的要求吧！」

這樣，在目犍連的推薦下，阿難被任爲世尊的侍從。當然了，世尊能夠看上阿難也不是一天兩天的事了。這是因爲阿難有著眾多的功德：不跟世尊去受供；不穿華麗的袈裟；不隨時打攪世尊；雖然亦有煩惱之身，但不會爲前來世尊面前的美麗無比的天女和凡女所動心；十二個經藏可以過目不忘；雖未獲預見之智，但能夠進入禪定；知道何人到世尊面前獲知何法；能夠理解世尊的一切言教，並具有無邊的慈悲之懷等。由於這麼多的優點，世尊便選定他爲侍從。

在鹿野苑

此後，世尊來到波羅奈的鹿野苑，與二聖徒、大迦葉、薄拘羅、富樓那、阿難等在一起，在舍利弗的請求下，宣講了《**除破戒經**》，並將它授予了阿難。此間，世尊還講授了《**法海陀羅尼經**》。

後來又向波羅奈商人**吉祥寶**講授了《**吉祥寶會經**》。梵生王的公子**迦尸麗**也在這時候出家，獲證了阿羅漢果。

此後，世尊來到王舍城，在竹林園與二聖徒、迦旃延、摩訶俱絺羅、劫賓那、大純陀、須菩提、不空王、婆娑、難陀、阿難、歡喜、無畏、鄔波菊多、火生之子、居野、摩格拉、優婆離等五百弟子一起舉行了第二十七個坐夏安居。

坐夏解制後，**名生**、**護國**等五百比丘也從舍衛國解制後來到了王舍城。總之，在各地坐夏解制後的十萬僧眾聚在了一起。

與此同時，大迦葉在天王洞坐夏解制後，帶著已具十二種功德的五百比丘也來到了世尊面前。當時，一些年少的比丘見蓄著毛髮、面黃肌瘦的大迦葉，想嘲諷他的模樣，世尊知道後，爲讚美他的功德，當眾對大迦葉說道：「善哉！大迦葉過來，請坐在我的墊子上。」

說著，挪動身體，將坐墊讓出一半來。這時，大千界爲之震動，並發出響亮的聲音。那些年輕的比丘見後，都感到非常驚訝，並後悔自己的所想。大迦葉對世尊說道：「世尊是我的導師，我怎麼敢分享您的用品！您曾經賜給我的糞掃衣，我也沒捨得穿，一直帶在身邊供奉著呢。您這麼謙虛地讓給我一半坐墊，這是多麼不可思議啊！」說完，便坐到世尊身邊，向世尊致以問候後，又回到了自己的座位上。就這樣，世尊把大迦葉尊爲與自己同等的位置，使他成天人之師。

華嚴經

隨後，由於世尊的法力，四眾弟子以及天龍八部都聚集在了世尊面前。目犍連和**境修菩薩**向世尊設置了寶座。接著，世尊坐在這獅底寶座上，在**吉祥蓮藏**、**賢護**、**不動慧**等菩薩和舍利弗的請求下，宣講了《**華嚴經**》。這時，從**寶莊嚴**佛界走來**瓔珞光菩薩**。他向世尊奉獻了一束青蓮花。世尊把那青蓮送給了彌勒，彌勒又把它傳給了護賢等五百弟子。最後，當他把又傳回來的青蓮拋向世尊時，世尊的手剛一接觸到青蓮，那青蓮中便顯出一尊尊半身佛像來，那些佛像講法後霎時又消失得無影無蹤了。

隨後，在東方**無性吼**佛界中，**轉法輪菩薩**剛一發心便來到了這娑婆世界，使一切果樹發出法音，他說道：「娑婆世界變得跟死去的籬笆似的。世尊請到我界。」

說完三次後，他把娑婆世界舉了起來。這時，舍利弗說道：「世尊啊！他把這世界帶去了。」

世尊對他說道：「舍利弗，我無能爲力。」

眾人聽後非常悲傷。

世尊又道：「這娑婆世界終久會碰到其他世界而毀滅。」聽到此言，使持有常之見者也感到悲傷，紛紛皈依了世尊。

此時，各界無數菩薩聚集於此，供養著世尊。這期間女乞丐**尊勝守**發了心，施主**尊勝守**出家證道，嬰兒**尊勝守**出生，以菩提戒出家。世尊見他後，給他披了袈裟，剃了髮，獲證了預知智，升入不動佛界。這時，**不動慧**和**洞隱菩薩**把自己的上衣獻給了世尊，其中生出許多法衣。眾菩薩穿起這些法衣向諸佛奉獻了袈裟。這樣，一切佛、佛界和菩薩就都具有了這法衣。一下子，三千界都充滿了這種法衣。在顯現出這樣的神通之後，世尊將此經授予了阿難。

遊蕩於裸形派中間的釋迦**賢女**，在迦葉的召喚下出家後，在王舍城化緣時因其異常美麗而愧悔，於是每次吃飯時她都從迦葉處分得一半，後於幽靜處修證了阿羅漢果。

首楞嚴三昧經

這以後不久，世尊又來到了靈鷲山，與三萬二千比丘和**身自在**等諸菩薩以及舍利弗、須菩提等在一起。在不動慧菩薩的請求下，世尊坐在諸神化出的獅底寶座上宣講了《**首楞嚴三昧經**》。這時，正在修定的梵天也來到了世尊身邊。從不動佛界而來的天子**佛慧**在**不動慧菩薩**的鼓勵下，把這裡的一切隨眾變成了轉輪王、帝釋、梵天、大迦葉和世尊等相。

這時，文殊問道：「最上面的那位佛自在王是誰？」

世尊答道：「是我。」

彌勒充滿了這三千界，佛慧讓他看到自己像弟子、像俗人的扮相。隨後，世尊告訴迦葉，文殊也是昔日的**聖龍氏佛**，並把此經授予了阿難。這時，帝釋**持山頂**宣佈眞言，使其所居之山的一切樹木都變成了菩提樹，樹下坐著諸菩薩。不動慧也獲得了首楞嚴等持，來到了大日如來光莊嚴自在王的面前，明白了釋迦牟尼佛昔日的無數七百佛世。世尊也宣稱那些就是自己，並讓隨眾看到了他昔

日向無數佛陀宣講此經時的情景。

僧伽吒經

隨後，世尊與遍知憍陳如、目犍連、阿那律等弟子以及彌勒、文殊、普賢等菩薩在一起，在**一切勇菩薩**和**藥衆菩薩**的請求下，世尊宣講了《**僧伽吒經**》。世尊還派一切勇去拜見**蓮花藏如來**。一切勇到了佛界以後其他諸佛都看到了，惟獨不曾見到蓮花藏如來。他祈禱過好幾次，但是沒有結果。這一天，諸佛消失而去後，他終於有機會去拜見蓮花藏如來。

七天之後，一切勇又回到了世尊面前。這時，頻婆娑羅王、波斯匿王和毗沙門太子等也來到世尊面前。與此同時，從各方不請自到的也來了許多人，默不作聲地坐在他們旁邊。藥眾菩薩不解其意。世尊把他派到**月亮佛**的世界，只見此佛伸出的手中出現了眾多百手人，在供奉世尊時，百手瞬間脫落。

以後，世尊來到王舍城的如來寶莊嚴法場，與六百萬比丘和彌勒、文殊等無數菩薩在一起。當世尊宣講《**大方等大集經須彌分藏**》時，從東方射出了金光，剎那間使那法場覆蓋了寶傘。這時，從東方**普賢佛界**方向走來無盡慧菩薩一行，坐在蓮座之上。在其法力的作用下，兩界各眾都見到了兩位世尊。以後，在舍利弗的請求下，世尊講授了《**大方等大集經無盡慧菩薩品經**》。世尊將身上的袈裟脫下來獻給了無盡慧，無盡慧把它放在了頭頂。隨後，曾經受過無盡慧教化的諸佛也從十方寄來錦帛，蓋在他的身上。世尊把此經授予了阿難。

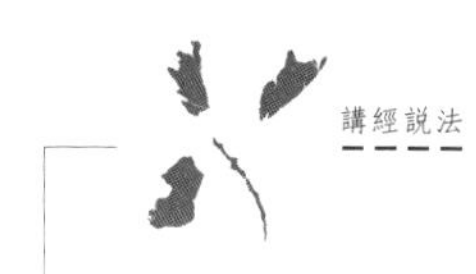

虛空藏菩薩

此後來到了**重樓宮**，隨眾躍躍欲飛，一會兒光景，除了重樓宮和世尊外，一切都消失得無影無蹤了。最後，當世尊的獅底寶座騰空而起時，從**寶莊嚴佛界**走來了虛空藏菩薩一行。他們坐在了獅底寶座之下，請求世尊講授教法，世尊便講授了**《大集大虛空藏菩薩所問經》**。隨後，虛空藏想見到**速智**等菩薩，便說道：「降雨吧！」

話音剛落，只見空中降下了蓮花、金、七寶、布帛、食物、藥等，窮人和病人得以安身保命。接著，他又發出光芒滿足了惡趣的需求。十方世界眾生也看到了虛空藏降雨的情景。隨後，王舍城的五百位寡婦前來向虛空藏祈求賜予她們丈夫，虛空藏一眨眼就又變出一個個和她們前夫相仿的男人與她們合歡，並在七天之後把她們引入到無退菩提之道。接著，五百個在刑場上就要被砍頭的犯人祈禱虛空藏保佑時，天空突然降下了五百人，這些從天而降的陌生人對屠夫們說道：「放了他們吧。你們砍掉我們的頭，把首飾和衣服拿走吧。」

屠夫們便砍掉了幻化的五百人的頭，而把五百犯人給釋放了。那些得救的犯人發了心，虛空藏就將五百弟子和自己的上衣給了他們。由於其法力，這些法衣漂到了山自在王佛的面前，成了其部眾的有用之物。爲了供奉虛空藏和此經，光莊嚴梵天前來用寶手遍蓋了三千界後，像雨一樣降下了供品。這時，魔王以施主之相來到了此處。當他想要離去時，因受到了虛空藏的法力而不能動彈。魔王面向世尊高高地舉著寶傘，道：「如果虛空藏賜給我們天之寶藏，我們就發心。」

虛空藏對此說道：「魔王，我可以給你天之寶藏，你快發心吧！」

隨後，魔王一行發了菩提心，世尊把這爲了財寶而發心的魔王也授記爲菩提果位。

曾經給世尊下過毒的居士**吉祥隱**因爲此事也發了心，經世尊授記，他也授受了具足戒。之後，世尊將此經授予了彌勒、迦葉和阿難。

海意菩薩

時隔不久，婆娑世界突然充滿了水，水中還長出了許多寶蓮。隨眾就坐於寶蓮之上時，從下方大海般的佛的世界中走來了智慧海菩薩一行，他們降下的花雨覆蓋了隨眾所坐的蓮心。在**慈悲梵天**前來看望世尊時，世尊宣講了**《佛說海意菩薩所問淨印法門經》**。

就在這個時候，魔王一行也來了。

世尊問海意菩薩道：「魔軍來了怎麼辦？」

海意菩薩海說：「我把他們扔到另外的世界裡去。」說著，就很隨便地把手放到了魔王的頭頂上。只聽他說了一聲眞言，魔王及其部眾瞬間就到了**除魔佛**的面前。曾經由魔鬼變成的除魔佛的隨眾菩薩們見狀問道：「這怪物從何處而來？」

除魔佛向他們解答了魔王的身世。

隨後，隨眾們對魔王說道：「我們是你的同伴，你快發心吧！」

這樣，魔王在同類朋友的鼓勵下發心後，被他們讓到寶座上講法。由於智慧海的法力，魔王在

這裡講授了《**大方等大集經須彌分藏**》。以後，這些隨眾想看到釋迦牟尼佛和海意菩薩，由於佛陀的法力，這娑婆世界明瞭如掌。這裡的隨眾也想看到**除魔佛**，海意菩薩於是從手指間發出光芒，從而使那個佛界也盡收眼底。此後，魔王又回到了世尊面前，向舍利弗報告了其行蹤。

這時候，坐在法場中的寶女從坐墊上站起身來，用右手將珍珠項鍊拋到空中，說出眞言後，只見那項鍊在世尊的頭頂變成了寶樓。諸菩薩在這座寶樓看到了自己曾經想看到的莊嚴，這使他們感到非常驚訝。隨後，世尊宣講了《**寶女所問大乘訣竅經**》。舍利弗和寶女議論了此經。接著，世尊將此經授予了阿難。

勝思惟梵天所問經

此後，世尊來到了靈鷲山，與七十二萬比丘以及彌勒、文殊、無盡慧、智慧海等菩薩在一起。這二日，世尊不顧疲勞一個人悄悄地外出化緣去了。途中被頻婆娑羅王的王子**寶月**遇見，前來拜見時，世尊講授了《**寶月童子問法經**》。

此後，世尊在竹林園與虛空藏等菩薩在一起。這時，舍利弗、文殊、觀世音、婆羅門**入定**、**寶生女**等也來到了世尊面前。一會兒，從**月光佛**的世界走來**勝思惟梵天**，世尊宣講了《**勝思惟梵天所問經**》。當他與**網明菩薩**同行時，迦葉問世尊道：「網明菩薩因何而叫這個名字？」

世尊聽後，對網明菩薩吩咐道：「網明菩薩，顯出你的境來。」

只見網明菩薩伸出瓔珞般的手，發出各種光芒照亮了各界，把隨眾也變成了世尊的模樣。由於

這光芒的召喚，**勝願**等四位菩薩來到了這個世界，且一個個都如同世尊一般，令人不辨眞假地發出眞言。當世尊的獅底寶座徐徐上升，眞正的世尊出現後，一個個又都向眞正的世尊行了禮。網明菩薩收起神通後，世尊把此經授予了阿難。

須菩提

世尊來到靈鷲山，與四萬二千比丘和彌勒、文殊、虛空藏等諸菩薩在一起。這時，**寶髻菩薩**從東方前來向世尊奉獻了能覆蓋娑婆世界的蓋傘。經他的請問，世尊宣講了《**大寶積經寶髻菩薩會經**》。寶髻將自己頭頂的寶物獻給了世尊，而世尊將他授記爲菩提果位，並把此經授予了阿難。

須菩提夢見佛陀用手摸著他的頭說：「你將聽到前所未聞之經。」

當須菩提進一步請問時，世尊卻笑而不答。

第二天，當須菩提來到王舍城化緣時，從**不動佛**的世界前來的樂莊嚴等持化作教化眾生的變女從門廳中走出，向須菩提行禮後，以各種深奧的言詞使須菩提如入雲霧般摸不著頭腦。須菩提對她說道：「時間快過了，去化緣吧！」

這時，那變女又變成一位童子，顯出各個世界，並打亂了時間後，問須菩提道：「聖者，你什麼時間用齋？」

須菩提答道：「在這個世界的時間裡。」

那童子聽後，把已偏西的太陽挪到上午的位置後問道：「你看看，現在是什麼時候？」

須菩提見狀，非常不樂意。而那位童子又變成了幻女，以各種深奧的道理與他交談，並向須菩提奉獻了齋飯。隨後，須菩提來到了世尊面前。一會兒，那位幻女也帶著五百女隨眾前來拜見世尊，須菩提急忙前去行禮迎接。舍利弗見後說道：「你怎麼跪拜在女流足前？」

舍利弗沒想到，他的話音剛落，那位幻女就向他走來，到了他的面前微微一笑，以十分深奧的大乘之法與他交談，使得舍利弗也禁不住向她行起禮來。接著，幻女及其隨眾向世尊禮拜，世尊將她們授記為菩提之果。就在此時，眾生只見她們飛到空中一下子變成了男身。緊接著世尊便把《**樂瓔珞莊嚴方便品經**》授予了阿難。

阿難遇摩登伽女

此後，世尊在靈鷲山與五百比丘和彌勒、文殊等諸菩薩在一起。在**月光童子**的請求下，世尊宣講了《**大寶積經出現光明會經**》，並把手放在月光童子的頭上，將此經授給了他。月光童子盛情邀請世尊到王舍城的家中受供。世尊前去時，隨之發出了各種經和陀羅尼咒的法音。在此受供後，世尊又住在了祇園精舍。

這時，阿難化緣經過一眼泉水邊，向正在泉邊汲水的**摩登伽女**要水喝。摩登伽女給了他一瓢水，並對阿難產生了愛慕之心。她回到家中對母親說道：「母親，我想得到阿難，你用法術把他引來。而他如不答應，我就自殺給他看。」

母親無奈，便施法術使阿難不由自主地來到他們家中。摩登伽女見後喜上眉梢，趕緊給阿難鋪

床。阿難坐在凳子上，滿面淚水地想道：我如此悲慘，看世尊保佑不保佑我。

世尊施法解除了那位母親的法術，使阿難恢復了神智，並迅速回到了祇園精舍，而摩登伽女也緊隨其後趕了來。這使阿難非常難爲情，他又找到世尊求救。於是世尊把摩登伽女喚至身邊道：「摩登伽女，你想成爲阿難之妻，是父母許配的嗎？」

摩登伽女聽後，叫來父母把她許配給了阿難。世尊又對她說道：「你想得到阿難，就得裝扮成他的模樣。」

女子因非常愛慕阿難，便剃髮出家了。後經世尊的教化而證道，修成了阿羅漢果。這時，有人譏諷世尊道：「連摩登伽女也收爲出家人了，可見他們都是些什麼貨色！」

第二十八次安居

波斯匿王有兩路大軍，一路叫**利劍部**，另一路叫做**王公族部**。其中利劍部的男女都皈依了**施法女**並悟道。後來，他們出征時帶著沒有箭頭、沒有弦的弓箭和木劍。波斯匿王發現後，爲了懲罰他們，下令這路大軍去征服一個邊寨。利劍部的軍隊按照施法女的吩咐，在宿營地唸誦《**懷胎經**》，毗沙門天王聽到後派出了天兵天將助戰，於是邊寨人嚇得歸附了利劍部。隨後，他們把寨子裡的人和財物帶給了波斯匿王。波斯匿王非常高興，便把這些貢品賜給了利劍部，利劍部又把它轉給了施法女，後者又將這些財物獻給了世尊和五百比丘。就是這批財寶供養世尊在祇園精舍舉行了第二十八個坐夏安居。八百菩薩前來後，文殊爲世尊撐起了寶傘，世尊講授了《**大乘四法經**》，並把此經

傳授予彌勒、迦葉和阿難。

這期間，舍衛城的一個富人在孩子快要出生時突然破產了，而且窮得連吃飯都成了問題。兒子生下時由於缺吃少穿而發育不良，面目醜陋，骨瘦背駝，眾人都叫他小駝背。他母親的奶水乾了，家中水牛的奶水也乾了，只能用麵漿餵養他，因此又名**麵漿養**。他長大後以乞食為生。他看到比丘尼們帶著滿是齋飯的缽盂，便來到十群比丘尼處乞討，每次都是討不到飯就不走人。後來，他出家了。他剛出家的兩三天之內，因化緣得不到齋飯，只得靠師友們所分的齋飯過活。後來，他出去化緣時還是得不到食物，於是便來到世尊的內殿打掃衛生，以便分得齋飯。他由於刻苦修行，還獲證了阿羅漢果。然而，就在他獲證阿羅漢果後的六天中，又是由於得不到食物而處於齋戒狀態。第七天，舍利弗帶著一缽盂齋飯讓他食用，只見小駝背的房舍變成了沒有門窗的石房。舍利弗靠神通來到房中把缽盂送給他，缽盂一下子掉落到了深淵。舍利弗又借神通撿起缽盂放到了他的左手中，他用勺從缽盂中撈飯，那勺又不見了蹤影。舍利弗用手撈了一口飯餵他，他的嘴也消失了，他成了一個沒有嘴的人。就這樣，舍利弗施出渾身的法術也沒能讓他吃上一口飯。中午過後，舍利弗用缽盂盛水給他喝，不知道誰往水中放了灰。這時，小駝背為了顯示自己昔日斷了母親的飲食七天而僅給她餵灰水而遭受的報應，來到世尊面前，喝下了灰水，顯出神通後圓寂了。

這期間，**迦留陀夷**以葬陶當缽盂，以葬衣當袈裟，以葬食當齋飯，以尸陀林當房舍，因此，在饑荒發生時別人都餓得面黃肌瘦，而他卻長得肥頭大耳。有一次，他來到村鎮化緣時，看門的人宣稱迦留陀夷食人肉。世尊得悉後制定了不食未施齋之戒。後來，身居幽處的比丘尼們也到村鎮化緣

了。

世尊來到**者摩羅**，住在**伽迦仙人**的池塘邊，給五百比丘宣講了《**不死鼓聲陀羅尼經**》。這時，月亮被阿修羅眾吞食掉，天神月亮嚇得來世尊面前求救，世尊說道：「羅刹，快把月亮放了！」

話音剛落，羅刹就放了月亮，並怯生生地來到了世尊面前。這時候，一隻小鷹追逐一隻鴿子，那隻鴿子躲到舍利弗的身影下仍然顫抖不止，當世尊的身影覆蓋到其身上時，鴿子便安靜了下來。

那年冬天，到憍賞彌國向**青藍女**求親的王族絡繹不絕。青藍女最後選擇了曠野城的**手傳**公子，並隨他來到了曠野城。這事被前往摩揭陀國的世尊發現了。世尊考慮到手傳和青藍結合將無法證道，爲了他們兩人著想，世尊來到了曠野城。當手傳聽說世尊來後露宿在街道的草墊上時，便匆匆忙忙前來拜見。可是當時天色已晚，城門已閉，他只得留宿在城門口。這時，青藍女也來此處過夜了。由於曠野城氣候非常寒冷，世尊傍晚穿了下衣，午夜加了上衣，黎明時又穿了粗衣，並吩咐給比丘尼也穿了這三件僧衣。天亮後，手傳讓青藍女回家，他自己來到世尊面前說道：「尊者，現在正是隆冬時節，寒氣襲人，您穿得如此單薄，晚上睡好了嗎？」

世尊道：「斷除了一切欲求，絕滅了心中的痼疾，我安居於息寂的心意之中。」

經世尊的進一步教化，手傳獲得了不還之覺。之後，他按照世尊的吩咐，回到家中對青藍女道：「我已獲得了不還之覺，你是回去還是留在這裡，隨你選擇。」

姑娘聽後決意留下來，侍候手傳。

第二十九次坐夏安居

後來，手傳在曠野城修建了**聖地寺**獻給世尊及其弟子，還提供了各種所需。世尊就是在手傳修建的這座寺廟中舉行了的第二十九個坐夏安居。當時，天龍八部、八大星曜及星辰都前來讚美世尊。觀世音、地藏、文殊、彌勒等菩薩也來到了世尊面前。世尊在此宣講《**境莊嚴如意寶經**》時，經金剛持的請求，世尊發出光芒照到了各大星曜的頭頂，於是八大星曜站起身來請教世尊，世尊於是又講授了《**諸星母陀羅尼經**》。後來，手傳死後生爲天神，他來到世尊面前，身體融進了大地。世尊讓他變出身來，他說道：「我已生爲不受三惡趣之苦的神了！」說完，便消失而去。

賓度羅跋羅墮者

此後，世尊來到了王舍城，與五百比丘和彌勒、文殊等諸菩薩住在靈鷲山。在**獅力**的請求下，世尊宣講了《**諸法本無經**》，並將此經授予了阿難。

再說青藍女，她後來也到了憍賞彌國，**優填王**見她未破童貞後，便娶爲妃子，給了花房宮和五百侍女，並每天向她提供一千金幣的開銷。其近侍**駝背女**每天拿著一千金幣去買胭脂和首飾等物時，與一個賣香料的童子勾結，密分了其中的五百金幣，只用剩餘的五百金幣買所需的用品。

世尊在舍衛城坐夏時，賓度羅跋羅墮者從王舍城來到憍賞彌國，住在施主**妙音**的花園中。他向眾多信徒傳法，出了許多阿羅漢。優填王看到眾人在那裡來來往往，便向大臣們打聽緣由。大臣稟

報道：「尊敬的國王，這是人們去拜見賓度羅跋羅墮者。」

隨後，國王也前去拜見這位尊者。不料，見面時尊者沒有起身給國王行禮，國王回去後下令將其殺頭。當他率眾臣再次前來時，尊者知道了他的心思，便起身邁出六步來迎接，這時候眾臣看到國王臉色發黃，緊接著地崩山裂。國王見狀嚇得連忙跪拜在尊者面前連連求饒道：「尊者，我不會有什麼報應吧？」

賓度羅跋羅墮者對他說道：「大王不要怕，我邁出六步來迎接你，雖會使你失去六個月的王位，但之後又會重新得到。另外，你不要憎恨我，否則，你就會陷落到地下。」

國王聽後，對尊者產生了信仰。這時天上出現了光環，裂開的地縫也重新閉合了。這以後，尊者聲名遠揚，使無數生靈得以解脫。

優填王歸佛

後來在一次優填王出去狩獵時，無意間掉了隊，掉隊的國王無意間來到了一個牛欄中，那裡的人誰也不認識他，加之他又嚇得瘋瘋癲癲說不清楚事情的原委，因此就在那裡昏昏沉沉地待了下去。六個月後，他能夠說話時被牧人認了出來，當把他護送到憍賞彌時，剛好碰到了正到處尋找國王的持行大臣一行。隨後，優填王首先供養了賓度羅跋羅墮者及其眾僧七天的齋飯，並向尊者奉獻了兩套法衣。

後來，世尊也來到了憍賞彌國，住在妙音花園中。賣香料的童子報信後，駝背女供養了世尊，

並經世尊的教化而開悟。駝背女爲此將以前與賣香料的童子密分五百金幣的事招供了。由此，青藍妃也對世尊產生了信仰。世尊坐在獅底寶座上向她們講授了教法，使青藍妃和五百侍女悟道。後來，她們想拜見世尊，向國王請示，國王將此事告訴了世尊。而世尊說道：「佛陀是不會進入後宮的。」

這樣，爲了讓眾妃拜見世尊，國王特意下令在花房宮的宮頂上開出了五百眼天窗，眾妃由此拜望和供奉了世尊。

三天之後，世尊來到了劣聲國的**多化鎮**。那裡有個叫**逝心**的遍行者有個女兒，因她美麗無比而取名爲**無比**。逝心見世尊相貌出眾，便將無比獻給世尊。世尊對此說道：「這滿是尿屎的身體，我連用腳都不想碰一碰。」

聽到此話，無比頓時失去了愛欲。此後，逝心帶著無比來找優塡王，國王對無比一見鍾情，想要娶她爲妃，答應把花房的一半賜給她，並把她放在與青藍妃同等的位置上，還答應把逝心也封爲大臣。時隔不幾日，無比對青藍妃產生了妒意，於是誣陷青藍妃及其五百侍女與喬答摩私下有來往。國王聽了這些讒言後，對世尊產生了惡意，並想殺掉青藍妃。他帶著弓箭來到了青藍妃的面前。青藍妃知道了國王的來意，祈禱佛陀後，進入了慈悲禪定。

世尊感悟到青藍妃的危險處境後使出了法力，從而使國王射出的第一箭落到地上，第二箭飛回到了國王自己的身邊。當國王射出第三箭時，那箭飄到國王的頭上變成了一個火球，這個火球在國王的身邊來回飄動了幾次後落在了國王的身邊。當國王再想射出第四支箭時，青藍妃勸他道：「尊

敬的國王，你再向我射箭會毀掉你自己，請放下箭向佛陀祈禱吧！」

國王聽後嚇倒在地，但他還是掙扎著問道：「你是仙女還是龍女？」

青藍妃答道：「我什麼都不是，而是不還的佛之弟子。大王不要聽信女流之輩的讒言，去見世尊吧！」

國王聽後無比信服，讓青藍妃討賞賜。這時青藍妃道：「尊敬的國王，請把我們視作你的妹妹吧！」

優塡王來到世尊面前頂禮，並向世尊訴說了此事。世尊向他講授了**《優塡王經》**，優塡王非常高興，皈依爲居士。在他的供養下，世尊在妙音花園與五百阿羅漢、五眾比丘、迦葉、二聖徒、難陀、羅睺羅、阿難、迦留陀夷、難陀、鄔難陀、闡那陀等一起舉行了第三十個坐夏安居。優塡王向世尊敬獻了價值千金的法衣，並特意供養了賓度羅跋羅墮者。此間，世尊與五百比丘和諸菩薩在**杆劄伽山**林中時，在憍賞彌窮苦的施主**月賢**的請求下，講授了**《月賢長者請問陀羅尼經》**，使月賢的庫中盈滿了財寶和穀物，阿難對此十分驚訝。世尊隨後把此經授予了阿難。

這時，優塡王非常尊奉青藍妃，並首先給了她新的用品。這使無比妒火中燒，並下決心要殺掉青藍妃。有一次，國王率兵去安邊，留下逝心在宮中侍候青藍妃。這時，無比來到父親面前說道：「把青藍妃殺了，要不然你就回家種地去吧。」

逝心聽後非常害怕，便答應了她的要求。

有一天，當青藍妃在宮中讀佛經時，他帶著木柴、燈油、墨水前來。他悄悄地把這些東西堆放在門廳中，用火點著了乾柴。

憍賞彌國的眾人見後宮著火，便紛紛前來滅火，卻被逝心持著劍藉著後宮不得入內的禁令擋在了外面。這時，火勢已猛，青藍妃及其五百侍女升到空中，青藍妃道：「姐妹們，這就是我們的命，但幸好我們拜見了世尊。」

說完，便像蝴蝶似地落入了火海。五百位女子死去，只有駝背女從水道中逃生了。逝心把她們的屍體扔到了尸陀林，世尊帶著眾比丘來到這個尸陀林，向眾比丘講了無常之法。

青藍妃死後不久，憍賞彌國人經過商議，派**厄言**騎一匹快馬晝夜兼程，十萬火急地去向國王報信。厄言是個非常有計謀的人，他把青藍妃被燒死的情景畫成圖叫國王看。國王看後，問道：「青藍妃眞的被燒死了嗎？」

厄言答道：「尊敬的國王，我沒有這樣說，是一國之君您這樣說的。」

國王聽後氣得昏了過去。

國王回宮後，立即把逝心關進柴梗樹的房中燒死，又命厄言把無比女拴在未馴服的馬駒的腿上後將馬放了出去。但厄言沒有那樣做。他暫時把無比藏了起來，等國王從痛苦中緩解過來後，他又把她送到了國王面前。國王看見無比後，稍感快慰地說道：「我要去世尊面前請法，但這不是為了你這個屍體般的人，而是為了青藍妃。」

說完，他來到世尊面前，世尊向他講授了因果業道，國王的情緒頓時好了起來。

施主**妙言**的家奴**快樂**死去。臨死時，快樂祈禱道：「但願我生為和青藍妃一模一樣的女人。」

後來他生為妙言的女兒，因為生時家中充滿了光芒，故得名**光女**。阿難來她家化緣時，光女認出了他，並問世尊和大家是否安康。阿難非常驚訝，回來後向世尊報告了此事。世尊對他說她就是快樂。後來，優塡王因她長得像青藍妃，便要娶她為妃。經舍利弗的教化，光女也悟了道。從這時起，闡那陀便住在了憍賞彌國。

與此同時，釋迦**蛇夫**證不到正果，就盤腿坐下來，把利刀放在頸上想要自殺。可是，世尊感知，便讓他在這時候獲證了阿羅漢果，使他禁不住連連感慨。

至普陀山

此後，世尊與五百比丘一起從天空中飛到南海**普陀山**的觀世音的**無量宮**。在文殊的鼓勵下，觀世音請求世尊宣講了《**大寶集經文殊師利授記會**》，還將此經授予了阿難。此後，迦葉等無數弟子和彌勒、普賢、虛空藏等無數菩薩前來，觀世音發出金光，在世尊面前宣講了《**大悲千手千眼觀音圓滿陀羅尼經**》。不久，世尊與一萬八千比丘和諸菩薩在一起，觀世音向世尊請教了《**不空羂索神變真言經**》，梵天等眾神以《**聖觀自在菩薩一百零八人經**》，讚美了觀世音。

後來，世尊來到**感光功德源城**，在娑羅雙森林中與須菩提、憍梵波提、迦葉、難陀、鄔難陀、羅睺羅、婆娑、劫賓那、優婁頻羅迦葉、摩訶俱絺羅、賓度羅跋羅墮者、優波迦、周利槃陀伽、二聖徒等一萬二千五百比丘以及八大菩薩等諸菩薩在一起。當時，那裡的法場生成了珍寶無量宮，在世尊的吩咐下，金剛持帶來了大如來三千界的**大日莊嚴樓**，並與藥叉等隨眾來到世尊面前，把此樓

獻給了世尊。後經金剛持的請求，世尊宣講了**《入大乘門淨土經》**。這時，十方諸佛前來，世尊也宣講了其精要。隨後，在文殊的請求下，諸佛以光芒加持金剛持，並賜予他具有一切功德的金剛杵。這時，世尊督促他宣講其道場，金剛持便向文殊、寂慧等菩薩講授了**《金剛持授加持續經》**。

於烏丈那國

此後，世尊來到了烏丈那國，與二聖徒、大迦葉、婆娑、須菩提、迦旃延、劫賓那、難陀、優婁頻羅迦葉、富樓那、憍梵波提、薄拘羅、周利槃陀伽、純陀、摩訶俱絺羅、羅睺羅、阿難等一萬二千比丘，摩訶婆闍波提、耶輸陀羅等八萬比丘尼，以及無盡慧、海意、觀世音、彌勒等眾菩薩在一起，住在增光王的**北花園**中。

那裡鮮花滿地，果樹成林，群鳥歡舞。在文殊的請求下，世尊講授了**《大菩薩遮尼乾子所說經》**。

當時，南方的裸形派**言實**帶著千萬弟子前來。增光王以隆重的儀式迎接了他們。第二天，言實坐在樹下，向增光王講了十善行和國王行，這使增光王非常高興，把他帶到宮中，還破例讓坐到自己的王座上，供養了齋飯和衣帛。隨後，增光王爲了看他是否信仰佛陀，便問道：「言實大仙，這世界有沒有賢明而又有缺點的人呢？」

言實答道：「有，像國王您非常賢明，但又有專橫這個缺點。」

國王聽後大怒，命人殺掉言實。言實聽後忙說道：「大王息怒，在下只是說了眞話而已。」

國王又向他道：「婆羅門，那麼沒有缺點的人是誰呢？」

言實答道：「尊敬的國王，那就是沙門喬答摩。他從種姓、家族、相貌到正法都無可挑剔。」

聽到他對世尊這樣的讚美，國王知道了他是位賢師，便向他奉獻了價值千金的珍珠鍊和無價的錦帛。此後，言實與增光王及其四路大軍一同來到世尊面前。言實望著世尊而坐後，與舍利弗和大迦葉交換甚深的教法，世尊也將言實授記爲菩提果位。世尊把上述佛經授予了阿難。

這期間，增光王與優塡王交往甚密。優塡王給增光王贈送了許多芒果，烏丈那國以前沒有這種果子，因此，增光王特地把其種子種在了花園中。待長成了果樹後，他下命令說，這是國王的御用品，禁止其他人採摘，並派奴隸日夜守護。而這些奴隸留下他人偷盜的痕跡後，便監守自盜，偷食其果實。

增光王見果實被盜，懷疑是奴隸們所爲，於是搜查了他們的住處，發現了芒果籽。於是，國王憤怒地將奴隸連同其家人一起活活地燒死了。當時，有一位被燒死的奴隸之子因到南方學習隱身術而免於一死，學成回來後，見自己的村落已成廢墟，就到處打聽是誰幹的。當有人告訴他是國王所爲時，他發誓一定要報仇雪恨。於是，他隱身來到王宮，用鞭子抽打國王的頭說道：「男人可以受到懲罰，但女人和孩子們犯了什麼罪？七天之後，你將要償命。」那位奴隸的兒子說完，便揚長而去。國王嚇得從此惶惶不可終日。眾臣向迦旃延求救，迦旃延解除了其隱身術。奴隸之子來到迦旃延面前問道：「尊者爲什麼解除了我的法術？」

迦旃延借機向他講授了教法，使他悟道。

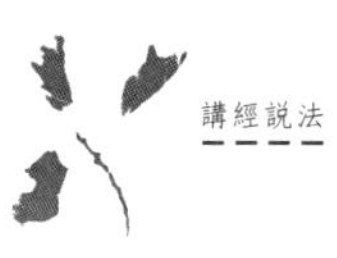

增光王為了報答迦旃延，請求讓他供齋七日。迦旃延提議讓他邀請世尊及眾僧都來受供，增光王點頭稱是。

至摩揭陀國

增光王向他們供養了百味齋，向世尊敬獻了無價的法衣，給眾僧每人也布施了兩件僧衣。此後，世尊在眾比丘和眾比丘尼的簇擁下，辭別增光王來到了摩揭陀國，住在金剛座的法門普光寺中。隨眾有六十萬比丘和六十萬比丘尼，以及普賢、金剛藏、虛空藏、金剛持、彌勒等無數菩薩。這時，在文殊的請求下，除蓋障菩薩宣講了**《入功德與智慧不思議境》**。世尊向眾菩薩講授了**《儀諸佛心陀羅尼經》**。在文殊的請求下，世尊又講授了**《力入印法門經》**，並與普賢議論了此經。

此後，世尊來到了靈鷲山，與五近比丘、優陀夷、優婁頻羅迦葉三兄弟、迦葉、迦旃延、二聖徒、婆娑、須菩提、富樓那、優婆離、羅睺羅、阿難等眾比丘，普賢、文殊、虛空藏等眾多菩薩，摩訶婆闍波提、蓮花色、耶輸陀羅等五百比丘尼在一起。當時在迦葉的請求下，世尊宣講了**《大寶集經三儀律會》**。觀世音也宣講了**《普賢陀羅尼經》**。

藥師琉璃光七佛本願功德經

此後，世尊經**直遮國**來到毘舍離的**具聲**地方，住在勝音仙人的修行地。在一個獼猴曾經向世尊奉獻蜂蜜的地方修建了**蜜源塔**。此時，棄家**蜜蜂**也隨世尊出家了，他每天能採三缽盂蜂蜜。一缽盂

獻給世尊，一缽盂分給眾僧，另一缽盂與朋友分享。後來，他苦修獲證了阿羅漢果。有一次，眾僧在一幽境處饑渴難忍，經他冥想，眾非人就帶了大量蜂蜜獻給了他們。在這裡，世尊與八千比丘和諸菩薩在一起，坐在樂聲樹下，經文殊的請求，世尊宣講了《**藥師琉璃光七佛本願功德經**》。隨後，在世尊的召喚下，七佛及其部眾來到了這個世界，在文殊的請求下，他們講授了《**藥師琉璃光佛陀羅尼經**》。金剛持承諾了授記此經，世尊將此經授予了阿難。

後來，世尊來到芒果女園，與八千比丘和觀世音等菩薩在一起。這時，離遮毗人**寶源**向世尊奉獻了一把能遮蓋娑婆世界的傘蓋。當時舍利弗視當地爲不淨之界，而**有鬘梵天**則視其爲天界一般。正當他們爭論時，世尊一腳邁到那個地方，從而使當地一下子成了珍寶滿地的世界。

維摩詰居士

眾隨眾就坐在了蓮花上，不動佛界的**維摩詰**來到毘舍離，裝出患病的樣子向眾人說法，心想著，我身患疾病，世尊也不派人來看看我。世尊立刻感覺到了他的所思所想，於是吩咐二聖徒、迦葉、須菩提、富樓那、迦旃延、婆娑、優婆離、羅睺羅、阿難等五百弟子和彌勒等八千菩薩前去看望他。然而，這些人都異口同聲地對世尊道：「他曾經辯倒我們，我們沒辦法去看他。」

世尊聽後，對文殊道：「你去看望他吧！」

文殊說道：「他才華橫溢，難以應付，但借佛陀的法力，我去看看吧！」

說完，便走了。這樣，八千菩薩、三大天神和五百弟子也跟隨而去。

文殊來到維摩詰床前，問候了躺在床上的他。維摩詰說這病是出於慈悲心的，於是宣說《**維摩詰所說經**》。舍利弗當時正在琢磨著他們該坐到什麼地方。維摩詰知道了他的心思，便問文殊道：「文殊你遍遊十方，那麼最好的獅子座在哪裡？」

文殊答道：「是**須彌燈王佛**世界的獅子座。」

維摩詰便起觀想，從那佛界中取來三萬二千個獅子座設在空房之中，並請諸菩薩安坐於其上，而諸弟子則無法就坐於其上。這時，舍利弗按照維摩詰的吩咐祈禱了須彌燈王佛，於是，大家便順利地坐到了寶座上。隨後，他們議論了教法。

過了一陣，舍利弗又琢磨起該吃什麼齋飯。只見由於維摩詰的法力，**香積佛**的世界剎那間亮在眼前。只見他們化出一個金色菩薩，派去取饌。香積佛把香饌盛到缽盂中給了金色菩薩，這位菩薩與其他諸菩薩來到維摩詰的房子中，把這缽齋飯給了維摩詰。當維摩詰打開缽盂時，飄出的芳香充滿了整個娑婆世界，任人享用而取之不盡。後來，維摩詰準備來見世尊，菴摩羅女園變得廣大而金黃，維摩詰用右手托起仍坐在床座的眾菩薩和眾弟子來到世尊面前後放在地上，又用法力讓他們從床座下來。這時，他們想看到不動佛界。在世尊的鼓勵下，維摩詰用右手端來不動佛世界放在了菴摩羅女園中。眾隨眾見狀驚得喊出聲來。維摩詰又將其放回原處。接著，世尊把此經授予了阿難。

於毘舍離城

世尊在三天後來到了獼猴池邊的寶樓中，與一千比丘和觀世音、彌勒在一起。

這期間，當世尊到毘舍離城去化緣時，獅子將軍三歲的公子**寶生**在母親懷中看到了奇特的預兆，問道：「媽媽，這是什麼？」

他的母親答道：「這是世尊前來化緣的預兆。」

當他看到世尊後，便從樓頂上跳下來，給世尊獻了一株金蓮，還淘氣地爬到了世尊的頭上。這時，二聖徒與這童子議論了教法，使他得了無上的辯才。經文殊的請問，他演講了《**菩薩秘訣經**》。八位比丘因對此經不恭，便吐血後入了地獄。文殊見此情景，對世尊說道：「此經有如此大的危害呀！」

世尊說道：「未聞此經千劫難以解脫，而懷有疑慮地問到此經也會今生今世升入天界，最終獲取正覺。」

說完，只見世尊剛授記此言，那八位比丘瞬間又從地獄升入天堂，還聽到了世尊的話。那些起死回生的比丘來到世尊面前拋花供奉致謝。經世尊的教化，每個人都證得無還果。這時，寶生童子用其小碗盛起百味齋，施以眞言，使眾比丘和所有毘舍離人享用其齋而不盡。世尊將這寶童經授予了文殊。

毘舍離城的一位施主經二聖徒的教化仍不信佛法。後來他妻子生了一個可愛的兒子。但當兒子長到二十歲時便死去了。於是兩口子抱著兒子的屍體，悲痛得昏死了過去。醒來後他們發了瘋，四處奔走。這時，世尊化作他們的愛子，使他們的病得以康復，後經教化，他倆發了心。

獅子將軍的妻子生了一個滿身糞便的醜子，她悲傷地想殺掉醜子時，已悟道的將軍保護了兒

子。他對兒子說：「你去恭敬世尊吧！」

於是，醜子邀請世尊到家中受供，並聽法證道。從此他變得乾淨、美麗。後來，他隨世尊出家，並修證了阿羅漢果。而獅子將軍因無私地向三寶施供，又放棄了農事，家境日漸破落，遭到了裸形派的嘲諷。因此，世尊制止比丘再到他家化緣，其妻子和家眷非常難過，哭個不停。這樣，世尊便吩咐比丘化緣後到他家中把齋飯分給他們的孩子們吃，出來時從他家拿些圓根和蘿蔔等簡單食物。後來，離遮毗人敦促將軍的農夫們重振農事，眾神也降下雨露，從而那年莊稼獲得了大豐收，將軍的家境也因此好了起來，重新成了大施主。

第三十一次坐夏

此後，世尊來到竹林城北面的夏瓦樹林，舉行了第三十一個坐夏安居。這時，由漁夫變成的五百比丘已獲證了阿羅漢果，也在此城的郊外坐夏。此後，世尊來到了波羅奈城，住在鹿野苑。其間，彌勒帶著十位心存疑慮的菩薩來到世尊面前，世尊講授了**《大寶積經發勝志樂會》**，解除了他們的悔恨。時隔一日，世尊帶著眾比丘來到舍衛城，住在祇園精舍。在世尊的吩咐下，文殊向須菩提講授了**《大寶積經善德天子會》**。這時魔王以比丘的裝扮來到世尊的面前說道：「世尊，我想看看文殊的神通。」

只見文殊用頂髻穿起了恒河之沙，放置在天空中，而魔王卻同時將一切生靈放在了自己的右手中，還把須彌山放到了芝麻之中。魔王的這番表演使眾生驚歎不已。

世尊與彌勒和阿難在一起時，文殊、富樓那、大迦葉、摩訶俱絺羅、迦旃延和二聖徒天還沒亮就去找世尊，由文殊和舍利弗議論過後，世尊宣講了《大般若波羅蜜多經第七會》。

這期間，有二十人遭到另外二十人的追殺。被追殺的二十人來到了世尊面前後不一會兒，另二十位殺人者也來到了世尊面前。世尊對目犍連說道：「一根紫檀樹橛將刺穿我的腳。」

語言剛落，一根高高的紫檀樹橛拔地而出，直刺世尊的腳心，目犍連一看急了眼，急忙上去想把它拔掉，但任憑他怎麼努力都無濟於事。就在這時候，世尊緩緩升上天空，到梵天界去了。隨後，世尊來到舍衛城，用右手抓住右腳一看，只見那尖橛刺穿了他的右腳，大地爲之震動了數下。世尊對阿難說道：「這是我昔日用槍刺死了奸商的業報。」

看到這情景，二十位殺人者懺悔了其罪過，這四十人和其他四萬眾生也悟了道。另外，五百個酒鬼見到世尊，便清醒過來向世尊拋撒鮮花，這些鮮花落到地上變成了一座座樓房。世尊把他們授記爲獨覺果位。

第三十二次安居

此後，世尊在祇園精舍舉行了第三十二個坐夏安居。這期間眾多比丘在某地坐夏時，發生了嚴重的內訌，在世尊的安排下，二聖徒平息了爭鬥。

隨後，世尊想到王舍城去，舍衛城的商人們從阿難那裡得知了此事，就請求供奉世尊及其眾弟子從舍衛城到王舍城的費用。世尊接受了這個請求。在路上，世尊一行遇到兩個孩童，他們拿著鼓

和弓箭。兩位孩童來到世尊面前說道：「沿途有猛獅出沒，我們是來保護您的，如果獅子出現，我們就打鼓射箭。」世尊一聽，把他們授記為獨覺者後，就讓他們回去了。

隨後，世尊走在眾生前頭。不久見到一隻抖擻著毛髮的雄獅撲了過來，世尊當即變出五隻獅子，又施法四面火攻，終於制服了那頭兇獅。世尊走過去用手撫著兇獅的毛髮，使他悟道，隨後死去，生為天神。

第十九章

佛陀的晚年

此後，世尊來到了靈鷲山，與一千比丘和虛空藏、金剛藏、觀世音、金剛持、無盡慧、海意、彌勒等菩薩，以及婆羅門**入定**等在一起。這時，在文殊的召集下，諸天神和須菩提、迦葉、二聖徒、迦旃延，婆娑、摩訶俱絺羅、周利槃陀伽、阿那律、富樓那、羅睺羅、賢護、阿難等四眾弟子，以及耶輸陀羅等五百比丘尼聚集在世尊面前。世尊向普賢講授了《**大方廣總持寶光明經**》，並把此經授予了阿難。接著，世尊又給**得電菩薩**講授了《**大寶集經無盡伏藏會**》，把此經授予了阿難。

有個叫者摩羅的地方有一位施主，生了兒子後去向頻婆娑羅王報信，國王高興地把者摩羅三地和七頭大象賜給了他。因這個孩子的父親爲了他花了二百億兩金子，又由於他生於牛宿，便取名爲**牛宿生二百億**。這個兒子生得非常福態，腳底下長有金毛，每天用五百器具供奉五種盛宴，因他信仰太陽，每天早上都向太陽禮拜。

這期間，提婆達多在王舍城危害著眾人，王舍城人把此事報告給世尊。世尊便派阿難到王舍城，宣稱提婆達多危害眾人與佛陀和眾僧沒有關係。

此後，世尊與二萬比丘在一起。有一天世尊和彌勒一起到王舍城化緣時，將王妃**安逸女**授記爲菩提果位。

世尊曾經制戒不久，居住在一座林中的五百比丘爲了持戒，得病也不用藥品。這時，天神對他們說道：「世尊患病時，就用了耆婆的青蓮丸香藥。」

這樣，那五百比丘放心地用藥治好了疾病，並修證了阿羅漢果。這時，世尊又患病，用了耆婆

給的三十二兩鐵膏藥。這時，提婆達多想與世尊共用此藥，但服藥沒能吸收，連續打嗝不止，快要死去時，世尊從靈鷲山伸手放在他的頭上，才使他保住性命。然而，提婆達多不但不報答救命之恩，反而記恨於世尊。因此，他面前的土地崩裂，並刮起了大風，使他的身上沾滿了塵土。他想：「這看起來像是入地獄之兆，我將去找喬答摩報復。」

阿闍世叛變

隨後，他愁容滿面地來到了阿闍世王子面前。阿闍世王子見狀問道：「大師，怎是這個模樣？」

「我是爲您而煩惱。眾人都在說您的不是，我怎麼高興得起來呢？過去凡國王雙鬢髮白之時就要將王位傳給太子，而您的父王頭髮早已白了，還貪心地穩坐在王位上。」

阿闍世王子聽後說道：「提婆達多，你說得有道理。但有什麼辦法呢？」

提婆達多說道：「您得制服別人，把父王殺了！我也去殺掉喬答摩，讓我們做新王和新佛，這該多好啊！」

提婆達多的主意得到了部分奸臣的支持，於是阿闍世王子決心除掉父王。

世尊這時候又來到了竹林園。因服了藥，他想喝點粥。這時，頻婆娑羅王提著裝有粥飯的陶罐前往竹林園。提婆達多在路上向其射出了單頭金剛。但頻婆娑羅王很善於防衛，他用陶罐很敏捷地擋住了暗器，但粥飯卻都撒到了地上。他又回到宮中去取粥。世尊知道了此事後對目犍連說道：

「你到牛宿生處化點齋來。」

目犍連發神功從太陽中來到了**牛宿生**面前，牛宿生看到目犍連後以爲是太陽之神，他連忙問道：「您是誰？」

目犍連回答說：「我是佛陀的弟子，爲世尊化齋而來。」

牛宿生聽後，頓生敬意，毛髮豎立，把供奉太陽的五百種齋宴捧給了目犍連。目犍連帶著這些齋飯回到了世尊面前。這時，頻婆娑羅王又煮了一罐粥，提著向世尊住地走來。當他走到離竹林園不遠的地方聞到飯香時，有些奇怪地說道：「莫非是天神供奉了齋飯？」

世尊對他說道：「大王，這是牛宿生的齋飯。」

說著，拿出一點剩齋給國王吃，國王吃得非常滿意。隨後，國王邀牛宿生一起來到了世尊的面前。當快到世尊面前時，牛宿生爲了表示恭敬，想脫鞋光腳前去拜見，雖然眾非人要給他鋪設墊子，但被他善意地回絕了。就這樣，當他把腳放到地上時，大地發生了震動。後來，牛宿生經世尊的教化悟了道，並在國王的准許下出了家，在尸陀林勤奮修煉。過了一段時間，牛宿生見自己沒有獲證什麼，便悲傷地想回家享受榮華富貴。世尊知道後，以琴爲喻，向他講授了更深的教法，使他獲證了阿羅漢果。世尊稱他爲勤奮者第一。

此後的某一天，頻婆娑羅王問阿闍世王子爲什麼要刺殺他。阿闍世王子答道：「父王啊，您有享不盡的榮華富貴，而我至今一無所有。」

國王聽後說道：「既然這樣，者摩羅三地就歸你吧！」

阿闍世擁有了者摩羅三地後，提婆達多還是慫恿他去制服別人。因此，阿闍世時常迫害者摩羅的眾人。而者摩羅人也經常到國王面前稟報其子的所作所爲，請國王勸誡王子不要作惡多端。國王很生氣地把阿闍世叫來，問道：「王子，你爲什麼要迫害者摩羅人呢？」

阿闍世答道：「父王，我的國土太小，建立不起自己的軍隊來。」

國王沈思了一下，說道：「那麼，除了王舍城之處，摩揭陀國全歸你吧。」

就這樣，阿闍世王子最後把王舍城也據爲己有，甚至連國庫都霸佔了。因阿闍世生性兇惡，加之受到提婆達多的誘惑，摩揭陀國人從此便不得安寧。

在更跋羅國

就在這期間，世尊來到**更跋羅國**，住在更跋羅樹林中，向更跋羅比丘講授了從四念住起的禪道。當時，目犍連的舅舅仙人也住在附近山裡，於是世尊便派目犍連去爲他的舅舅說法。但是，那位仙人舅舅不相信佛陀，不讓目犍連接近他。目犍連爲了讓舅舅相信佛陀，來到海邊，施法降下驟雨。一會兒，龍王阿難和阿難及其部眾前來在目犍連的身上纏繞了七周。仙人見後，改變了原有的主意，跟隨目犍連來到世尊面前出家，並獲證了阿羅漢果。此後，世尊經過摩揭陀國一個叫**阿都摩**的地方，在魔鬼城進入禪定時，那裡發生了雷擊事件，雷電擊死了兩個人，眾人驚慌不已。世尊起身走去，有個人問他：「聽到了剛才的巨響了嗎？」

世尊答道：「我沒有聽到什麼。」

那人聽後非常驚訝，繼而對世尊心生恭敬，並奉獻供品。

當地的山林中還居住著**格那耶伽仙人**和他的侄子**大山**，他們各有五百弟子。格那耶伽白天憑神通遊歷於緩流池畔，夜裡住在阿都摩。世尊為了教化那個仙人，盤算著招來四大天王。四大天王知道了他的心思後，派五娛藥叉前來，在緩流池邊擺設寶座，也給格那耶伽選派了一位護衛。當五娛藥叉一行來到池邊張羅這件事時，格那耶伽聽到響聲便前來問道：「你們在這裡張羅什麼呢？」

五娛答道：「導師要給四大天王說法。」

仙人問道：「難道說讓我說法嗎？」

五娛答道：「不是您，而是喬答摩要說法。」

仙人又問道：「那麼你待在這裡幹什麼？」

五娛答道：「這裡可能會聚集許多鬼妖，我是您的護衛。」

仙人繼續問道：「那麼誰來護衛喬答摩？」

五娛答道：「一切神在守護著喬答摩。」

仙人聽後覺得世尊威力無比，便低頭不語了。

一會兒，世尊與迦葉和阿難等眾僧來到了緩流池邊。緊接著四大天王也帶著各自的部眾前來，他們向世尊獻出寶石、珍珠、鮮花和金子後，就坐在世尊的四面。由於四大天王中有兩位是中部人，另兩位是邊地人，故世尊用兩種語言講授了教法，使四大天王證道。這時，世尊想道：自己將臨涅槃，這教法該傳授給誰好呢？如果只傳授給天神，他們放逸無度；只傳授給人，人的壽命太短，教法不易長存，就把教法傳授給神和人吧！

隨後，他對四大天王吩咐道：「你們要在四方護衛教法。」

四大天王承諾了此事。接著，世尊將一切教法之事傳授給了迦葉，也傳授給了阿難。

格那耶伽仙人看到世尊如此向四大天王說法，便恭敬地來到世尊面前，經教化明悟了眞諦。隨後他向世尊供奉了八寶飲水，並請求世尊第二天到他家受供。世尊答應後，他便提前離開了緩流池，回到家開始做迎接準備。大山見後問道：「您是不是想邀請頻婆娑羅王到家中來呀？」

仙人答道：「我要邀請佛陀和眾僧前來受供。」

大山又問：「誰是佛陀？」

仙人道：「就是釋迦牟尼。」

大山聽後，第二天一早便帶著五百弟子來到世尊面前授受了具足戒。

格那耶伽仙人向世尊供養後，也隨他授受了具足戒。

第三十三個坐夏安居

此後，世尊與五百比丘、二聖徒、阿難、劫賓那等一起，在**具金河**邊舉行了第三十三個坐夏安居。當時，兩位仙人獲證了阿羅漢果，其餘弟子中各二百五十人給了二聖徒，劫賓那收了五百人。後來，舍利弗的門下獲得了**須陀還果**，目犍連的門下獲證了**斯陀含果**，劫賓那的門下獲證了**阿羅漢果**。

坐夏解制後，世尊來到了竹林園。迦葉住在草棚裡，有個施主因世尊給他傳授了教法而生起了信仰，他留給阿難一匹布帛，讓他在長淨之時轉交給世尊。

囚禁頻婆娑羅王

再說阿闍世王時常迫害眾人，人們告訴頻婆娑羅王。有一天，國王責備阿闍世道：「我把一切都給了你，你還加害於眾人！」

阿闍世因被惡人所惑，回去後召集群臣說道：「有人蔑視由王族舉立的國王，他該當何罪？」這時，奸臣**兩面行**、**得心**、**得真**、**賢知**、**吉祥**、**天晨**等說道：「尊敬的國王，他該殺。」阿闍世又問：「這人是我的父親，怎麼殺他？」奸臣們答道：「那就把他關到地牢裡。」

就這樣，阿闍世帶著這些奸臣，把國王抓起來打入地牢，並派兵嚴加看守。

王后**勝身女**聽到這個消息後，不顧守衛的阻攔，硬要去看望國王。這時，阿闍世憤怒地抓住她的頭髮，拔劍想殺掉母后。見此情景，耆婆上前說道：「天下沒有懲罰女人之理，更何況這是你的母后。」

阿闍世聽後，才放了她。

打入地牢的頻婆娑羅王被斷了飯食，眾人悲痛欲絕，殘暴的阿闍世命令禁止向國王送飯，如有送者，發現後立即斬首。但是，勝身女臨危不懼，用糊粥塗身，腳鍊中盛了水前去探望，國王因舔

吃愛妃身上的糊粥才沒有被餓死。

阿闍世得知以後，下令禁止母后再去探視父王。這時，世尊為了頻婆娑羅王，來到靈鷲山，前往地牢的天窗探望了老國王，老國王備感欣慰。

阿闍世得知後，便命令看守砍掉了父王的雙腿，並封死了天窗。這使國王疼痛難忍，他眼含著熱淚想道：我忍受著這樣的痛苦，世尊怎麼不保佑我了？

世尊知道了他的想法後，便派目犍連來到地牢中。目犍連傳世尊的話說道：「師傅該做的都做了，你快祈禱吧！」

國王聽後說道：「目犍連，頂禮世尊！」

一會兒，國王受不住巨痛和饑渴，費勁地問目犍連道：「尊者，什麼地方有最好的食物？」

目犍連答道：「在四大天王的宮裡。」

這期間，阿闍世王兒子的手指上出了毒瘡，哭啼不止，阿闍世王見狀後吮住兒子的指頭，吸出的膿血吐在地上。勝身女見後對他說道：「這是你們的遺傳病，你小時候也患了毒瘡，父王用嘴吸吮你手上的膿血，為了不讓你哭，把膿血咽進肚中。」阿闍世王聽後問母后道：「父王這麼愛我嗎？」

勝身女道：「是這樣的。」

阿闍世王頓時後悔起來，立刻宣佈道：「誰先來告訴我父王還活著，我就把半壁江山賜給他。」

眾人聽後，欣喜如狂地奔向地牢。眾人的舉動驚動了頻婆娑羅王，他歎了一口氣後死去了。死後便生爲毗沙門天界，名爲**尊勝佛**。

噩耗傳來，阿闍世王悲痛地昏厥過去。蘇醒後，他來到牢房中，任眾臣怎麼勸誡也不能從痛苦中解脫出來。這時，奸臣看到**釋迦賢女**到王舍城化緣，便認爲這個美女可以使阿闍世王解除痛苦，於是就將她抓起來送給了阿闍世王。阿闍世王見到這個美女，果然立即忘記了痛苦，在宮中與她合歡了七天。

這時，眾比丘尼進入長淨期，發現少了釋迦賢女。摩訶婆闍波提知道了原因後，立即派蓮花色去阿闍世王的宮中，以神通救了釋迦賢女。釋迦賢女隨蓮花色修成了神通，穿戴錦衣首飾回到了住地。十二眾比丘尼嘲笑她的穿戴，摩訶婆闍波提又讓她去歸還錦衣首飾。當她到宮中時，阿闍世王剛從睡夢中醒來，又想抱她。只見釋迦賢女騰空而起。這使阿闍世王非常懊悔，請求寬恕，並承諾一生供養她。釋迦賢女這時向他說了教法。之後，她回到了住地。阿闍世王從此也消除了悲傷，而兩面行等奸臣又開始千方百計地向他施以邪計。

出佛身血

這時，提婆達多又來到王宮，對阿闍世王說道：「由於我，你已經成爲國王了，請你把我任命爲佛陀吧。」

阿闍世王答道：「提婆達多，佛陀的身體是金色的，腳下也有法輪相，而你沒有。」提婆達多

聽後，招來金匠，在身上塗了油脂後貼上了金箔。接著又忍受了巨大的痛苦，用鐵輪在腳上烙上了法輪印。

此時，世尊爲了教化眾生，住在靈鷲山的藥叉更跋羅的居地。

提婆達多對阿闍世王說道：「你沒有能力把我立爲佛陀，現在就讓我去消滅掉喬答摩，你要嚴守這個秘密。」阿闍世王承諾了此事。

隨後，提婆達多用一串珍珠收買了一個會礌術的人，讓他架起了礌架。又用金錢雇來五百人做了礌手。另外又在兩處各埋伏了二百五十人，吩咐他們說，如果礌沒有消滅掉喬答摩，你們就衝上去殺掉他。當提婆達多安排妥當這一切後，又暗下決心，如果上述所有措施都沒能殺掉喬答摩，我就親自動手除掉他。這一天，當五百名炮手正要瞄準世尊準備發射礌彈時，這些人看到世尊坐在山谷中後，沒敢發射，後來竟尋思起怎樣不被提婆達多發現而偷偷地逃跑掉。這時，世尊化出一架梯子，他們便順梯而下，來到了世尊面前，經過教化而開悟。那位礌師看到其他眾人都跑了，也帶著珍珠逃跑。提婆達多躲在大樹下許久聽不見礌石的爆炸聲，便帶著另外五百人前來察看緣由。當他看到眾人都散去，只有那門礌架孤零零地躺在那裡，怒不可遏。他想帶領著同來的五百人親自發射礌石。這時，世尊施法讓五百隨眾逃走，自己卻在那裡來回走動。

金剛持委派更跋羅護衛世尊。一會兒，提婆達多發出礌石，世尊躲到了山石後面。金剛持從空中用金剛杵將礌石擊得粉碎。一塊碎礌石飛過世尊的頭頂，擊中了藥叉更跋羅，藥叉當即斃命。他死後生爲天神，並來到世尊面前悟了道。據說另有一塊碎礌石被**布祿金剛**接住，使他的頭頂受了

傷。有一塊碎礌石擊中了世尊後，世尊當場流血不止。但世尊不顧自己的傷痛，急忙吩咐諸弟子，立即給布祿金剛送去了治傷水。前來皈依的五百位提婆達多的部眾被世尊授記爲大慈悲等佛果。

事後，醫師耆婆每天三次地來看望世尊的傷勢，王舍城和來自各地的信徒們向耆婆提供了各種給世尊治傷的藥物。耆婆對眾生說要白旃檀和青年女子的奶水給世尊治傷時，王舍城的一位商人和一位青年女子冒著生命危險前來，提供了白旃檀和奶水。後來，世尊把他們授記爲獨覺。然而，耆婆想盡了一切辦法都沒能止住世尊的血。這時，十力迦葉發出眞言，終於使世尊流血的傷口癒合了。

提婆達多見礌擊沒有奏效，怕眾人笑話，便來到樹下趺坐。有些人嘲諷他時，喬伽梨伽等四人對他們說道：「你們沒有看見提婆達多在修禪嗎，怎麼敢這樣說大師！」

此後，提婆達多又來到阿闍世王面前，對他說道：「一定要消滅掉喬答摩。」阿闍世王說道：「他神通廣大，還有大弟子在身邊，你怎麼能夠殺掉他呢？」

提婆達多聽後說道：「你得幫我的忙。」說著，就叫阿闍世王如此如此行事。隨後，阿闍世王宣佈道：「誰也不准去喬答摩面前，不准爲他和他的隨眾供齋，也不准供奉他們建的佛塔，違者要砍斷四肢。」此後，頻婆娑羅王曾經爲眾嬪妃而建造的佛陀頭髮的舍利塔，也沒人再敢去供奉，頻婆娑羅王的眾嬪妃哭泣著歎道：「失去了先王，我們的福也盡了啊！」

光女妃冒著生命危險向發塔獻了油燈，阿闍世王知道後憤怒地用刀輪射死了她。光女妃死後生爲天神，來到世尊面前悟了道。

因沒人向他們供齋，舍利弗等各大弟子不得不遠去了他國。

馴服狂象

這時，提婆達多對阿闍世王說道：「現在世尊勢單力薄，明天假意把他邀請到宮中，給護財等五百大象灌酒後放到他的面前。」

這天晚上，王舍城的一位施主也準備暗中邀請世尊受供。而提婆達多用一串珍珠收買了牧象人，讓他把護財象放到世尊面前。此後，提婆達多又對阿闍世王說道：「看來你無法讓我做佛了，用醉象除掉喬答摩，我自己當佛陀吧。」

阿闍世王聽後說道：「你沒有聽見世尊降伏了諸不可降伏之眾嗎？」

提婆達多答道：「如果是這樣，他首先應該降伏的是我呀！你明天還是把他請來吧！」

阿闍世王答應了此事，並宣佈道：「明天要放狂象，大家注意。」

那位邀請世尊的施主聽說後急急忙忙前去報告了世尊，世尊聽後對他說道：「你不用怕，去準備你的齋飯吧。」

第二天天亮後，那位施主前去邀請了世尊，阿闍世王也派人邀請了世尊。世尊帶著阿難等五百弟子去了。這時提婆達多和阿闍世王站在宮頂的樓臺上觀望。只見護財等被灌醉的五百頭大象被放出來後，發瘋地踩死了千百條生命，象的四腳都被鮮血染成了紅色。畜牲們見眾僧穿著赤黃色的袈裟，便以為是受傷後身上流出的血，於是又兇猛地朝他們狂奔而去。這時，諸阿羅漢飛到了空中，其餘弟子逃向四面，只有阿難抓著世尊不放。提婆達多見狀對世尊高喊道：「釋迦之子喬答摩，今

天是你和你弟子們的末日。」

世尊回答道：「瞧瞧我十力的威力吧！」

說著，伸出右手，從五指中顯出五隻兇猛的獅子，獅子的四面還跳躍著火球，使眾象嚇得糞便失禁，仆倒在地。而護財四處逃竄也沒有找到藏身之地，知道世尊的身邊才是清涼之地，便緩緩向他走來。這時，世尊用手撫摸了護財的頭，使它變得服服貼貼，跟隨在世尊身後。後來世尊的弟子們在此地還建造了降伏護財塔。

不久，世尊安詳地來到那位施主家用齋。護財因看不到世尊而要推倒那位施主的房屋時，那座房舍立即變成了水晶宮般透明，護財這才安靜了下來，並注視著世尊。當世尊離開那位施主家時，阿闍世王出來求饒道：「這不是我幹的，是提婆達多的主意。」

世尊對他說道：「我可以寬恕你。」

說完，便來到了竹林園。護財也跟隨世尊而來，當被關在門外時，它悲傷地踩掉自己的鼻子死去了。死後立即生為天神，並來到了世尊面前悟了道。

第三十四次坐夏安居

這時，世界上五濁橫流，四眾弟子不能專心聽法。世尊想到東方普照世界去與諸佛談論教法，便來到勝身山的天王洞，與五千比丘和彌勒、文殊等眾菩薩在一起，只靠一次化齋舉行了第三十四

個坐夏安居。他對阿難吩咐道：「我要靜修三個月，不要叫人來打攪我，由你向四眾弟子傳授要訣吧！」

說完，將化身留在天王洞的草蓆上，自己來到了**入欲王佛**的普照世界。這時，十方諸佛都雲集而至，但看不到各界諸菩薩。釋迦牟尼問**不動佛**，他在何處成佛，不動佛又反問釋迦牟尼在何處成佛。就這樣與**普護佛**、**須彌相佛**、**普蓮佛**、**普光佛**、**肢體美佛**、**普觀佛**等問答後，入欲王佛宣講了**《諸佛要集經》**，諸菩薩也聽聞了此經。

這時，文殊想從婆娑界前去聽諸佛講經，他把這個想法告訴了彌勒。彌勒對他說道：「沒有許可不敢去。」

其他菩薩也同樣不肯前去。文殊只好獨自來到入欲王佛的面前向他頂禮時，看到其右面坐著**克疑童女**在修禪。入欲王用難以思議的佛法把文殊不知不覺地拋到了鐵圍山之巔，文殊想走也動彈不得，只得坐在那裡向**光幢天子**講法。此後，諸佛回到各自的世界中，入欲王解除了對文殊的禁錮，文殊便瞬間來到他的面前。隨後，入欲王讓文殊把克疑童女從禪定中喚出來，但任他擊指、搖鈴、拋到梵天界、放在圍輪上，甚至與風鈴一起拋向十方，也沒能將她喚醒來。文殊歎道：「誰能喚醒她啊？」

入欲王說道：「佛陀和除蓋障能喚醒她。」

聽了入欲王的這句話，文殊請求入欲王佛說：「我想見到除蓋障。」

在入欲王的召喚下，除蓋障顯出身來。文殊求他把童女從禪定中喚出來，而不動佛反過來讓入

欲王喚醒她。入欲王喚醒了童女。童女解禪後議論了甚深的教法。當時在場的彌勒，一字不落地聽聞了此經。世尊也把此經授予了他。

此後，世尊住在天王洞中，在帝釋的請求下，爲了教法免遭阿修羅和人的破壞，世尊講授了**《鐵嘴陀羅尼經》**。又因阿難被一個野人嚇著而講授了**《降伏野人陀羅尼經》**。

於竹林精舍

坐夏解制後，世尊離開此洞來到了竹林園。

這時，阿闍世王招來**火生**道：「施主，我們是兄弟，現在分家吧！」

火生說道：「大王，何必分家呢？我在你的國中，您隨時可以來我家。」

阿闍世王還是和火生分了家，但天神般的受用卻只跟著火生，連續七次分家，都是如此。後來，國王唆使盜匪去偷火生的寶貝，但當那些盜匪爬到**火施**家的房頂上時，火施施出眞言把他們定在了房頂上。一日後，國王命火施放了盜匪。火施雖然照辦了，但心想國王肯定會殺了他，便施捨了家產，來到世尊面前獲證了阿羅漢果。這就是**因竭陀尊者**。

此後，阿闍世王的眾奸臣向世尊做了放囚狗等等許多不恭之舉。外道六師也因此而興高采烈，並來到王舍城，與阿闍世王來往密切。就這樣，因國王不信仰佛陀，使國中的信徒們日益衰落，不信之徒專橫鬧市。有個奸臣因此而欣喜異常，並在大街中央供祭諸婆羅門，祈禱帝釋。這時，世尊爲了教化這些婆羅門，化作帝釋來到了這個供祭場的神廟。諸婆羅門見後欣喜地呼叫帝釋降臨於王

舍城。一時間那裡集中了許多眾生，隨後，世尊顯出本相講授了正法，使六萬二千婆羅門悟了道，眾人對世尊重新產生了恭敬。這期間，勝身女勸阿闍世王道：「王子，由於世尊的保佑，鴦伽國和摩揭陀國才得以繁榮昌盛，你不要對他不恭，如果他離開王舍城，定會災禍臨頭。」

而那位昏君卻答道：「那麼，沒有世尊的地方就什麼都沒有了嗎？」就這樣，由於王法難違，沒人敢向世尊及其僧眾供齋。這時，帝釋爲了調伏阿闍世王和提婆達多的傲慢，用光芒照亮了王舍城，並宣佈道：「從今以後，我將以天上的供品供養世尊及其眾僧一生。」

說完，將竹林園變成勝妙宮一般，自己親手將天饌奉給世尊及其弟子們，傾聽著世尊的教法。阿闍世王見到此情此景，便生起了悔意，並對世尊產生了一些恭敬。王舍城的眾人也來到國王面前諫道：「大王啊！連天神之主都供奉世尊，我們都快落到法門之外了，請解除那條禁令吧！」

國王聽後，解除了禁令，眾人高興地各自供養起世尊來。

迦留陀夷

雖然這樣，但佛陀具有無退之性，故世尊把阿闍世王引入到無條件的信仰之後，覺得時機還沒有成熟而來到舍衛城，住在祇園精舍中。

以前在波斯匿王的請求下，世尊把迦留陀夷任爲末利王妃的師傅，舍利弗任住夏女王妃的師傅。

而此時，舍衛城的一位婆羅門帶著自己美麗的女兒來到了祇園精舍。**迦留陀夷**引著他們參觀世

尊和諸位尊者的廟宇。當那女子獨自在門廊裡觀看佛畫時，迦留陀夷借機吻了她一下。那姑娘便向其父親誣告說迦留陀夷強暴了她，使她失去了貞潔。父親一怒之下派來五百餘婆羅門想綁走迦留陀夷，可是那五百人不能動他一根毫毛。這時，世尊爲了教化迦留陀夷，便解除了他的力量。隨後，那婆羅門把他押到了波斯匿王面前論理。世尊也告訴波斯匿王，要他明斷此事。這樣，國王向婆羅門道：「婆羅門，你有什麼事相告？」

婆羅門說道：「尊敬的國王，這人踐踏了我女兒的貞潔。」

迦留陀夷辯道：「尊敬的國王，我沒幹這種事。」

國王爲了明察此案，將那女子送到末利處檢查。

王妃開導那位姑娘道：「姑娘你要說眞話，如果是迦留陀夷眞的糟蹋了你，他將成爲你的丈夫；如果沒有，你將會犯下誣陷尊者之罪。」

這樣，那姑娘才說出了眞相。這時，大臣宣佈道：「迦留陀夷尊者是對的！」

隨後，國王命人砍掉那位姑娘和她父親的頭。迦留陀夷聽後諫道：「如果國王殺了他們，我便會被逐出法門。」

眾人聽後，無不驚歎。

事後，末利對迦留陀夷說道：「師傅啊！在你後面出家的人都棄掉了煩惱，而你卻做了如此難看的事情，不覺得難爲情嗎？」

迦留陀夷說道：「從今以後，我要克己，以斷除煩惱。」

說完，便來到舍利弗面前懺悔，授受法訣，不久即獲證了阿羅漢果。

舍衛城有個婆羅門女名叫**凶女**，她非常好爭。有一天，她在家做餅時，迦留陀夷來到了她家。凶女把他逐出家門，但迦留陀夷又溜了進來，如此反覆幾次後，凶女說道：「你要什麼？」

迦留陀夷答道：「我想要餅。」

凶女吼道：「即使你變成兇惡之人，我也不會給你餅的！」

迦留陀夷聽後，變成四肢發蔫、雙目如銅碗般的兇惡之人在空中作響，最後，身體分成兩半倒在了地上。這時凶女的侍女說道：「這是末利王妃的師傅，我們這下遭殃了。」

凶女想把他埋在坑中，但根本挪不動他。凶女嚇得連連求饒。過了一會兒，迦留陀夷站起身來，凶女想給他一小塊餅，但所有的餅都飛了過去。凶女見狀，頓生敬意，把餅都帶來分給了佛陀和眾僧。經過教化，她也悟了道。

就這樣，迦留陀夷用類似的各種方法教化了五百餘戶人家。其中有一位大力士也隨他出家，獲證了阿羅漢果。世尊也稱迦留陀夷爲教化俗人者第一。

於祇園精舍

此後，世尊住在祇園精舍裡由諸佛的善根所生的寶樓，與一千二百五十比丘和眾多菩薩在一起。這時，**無作菩薩**和**慧伏菩薩**議論了教法，來到世尊面前請教他們的議論是否與諸佛所議論的佛經相符。世尊給予了肯定。接著，二聖徒、富樓那、迦旃延、迦葉、須菩提、婆娑、持施財、優婆

離、阿難、彌勒、海意、觀世音、空寶藏、文殊等弟子和菩薩議論了此經。世尊連說「善哉」，並說了其功德。這使無作菩薩非常高興，他把珍珠鍊拋向世尊，珍珠鍊變成了寶樓。世尊將他授記爲菩提果位，而他則請求自己受持此經。世尊與上述弟子以及摩訶俱絺羅、劫賓那、不空王、阿那律、迦留陀夷、名生、護國、牛宿生等二萬弟子和賢護等五千菩薩在一起。在文殊的請問下，世尊講授了**《諸佛集要經》**。

正在這時，波斯匿王帶著車夫**聖吉祥**及給孤獨夫婦等來到了祇園精舍。當時那裡靜悄悄地聽不到誦經聲，國王開始非常吃驚，後來看到世尊在給眾神講法，便欣喜不已，將自己保存多年的稀世衣帛獻給了世尊。世尊接收後宣講了教法，國王和帝釋供奉了此經。舍利弗、富樓那、吉祥藏等議論了此經。世尊將此經授予了阿難。

在舍衛城的施主觀望的供養下，世尊在祇園精舍進行了第三十五個坐夏安居。坐夏的最後一天，這位施主供養百味齋和無價的衣帛。世尊將他授記爲菩提果位。

這期間，大迦葉在毗舍佉鹿子母講堂中坐夏，有個舍衛城的施主始終想供養他，特別聽說世尊將教法授予他後，更是信仰得五體投地。這次終於找到了機會，就一直供養著大迦葉到坐夏解制。

當時還有這樣一件事。當給孤獨宣講威武之詞時，**戈熱王**向波斯匿王寄賜了二位童子，一位叫**奴子**，另一位叫**護養**。由於他們信仰邪道，國王把他們給了給孤獨，給孤獨把他們送到了祇園精舍。他們在這裡看到諸阿羅漢的神通和諸神的光芒後，於是皈依佛門，並隨世尊出家，修證了阿羅漢果。當給孤獨邀請世尊到家受供時，波斯匿王應邀前來，只見這兩位阿羅漢用流不斷的淨水供奉

了全部客人，波斯匿王對此讚歎不已。

在摩揭陀國，給孤獨有個村莊，莊裡有個叫**摩揭陀賢女**的姑娘。那時，離舍衛國一百六十一由旬之遙的**甘蔗旺城**，有位商賈名叫**怙主**，他與妻子**有財生**有一個叫**聖者施**的兒子。當時那個地方的人們信仰裸形派。裸形派者們時常讚美摩揭陀賢女，因此，聖者施纏著要父親向給孤獨求親。給孤獨向世尊請教，把摩揭陀賢女遠嫁到了甘蔗旺。後來，當其婆婆邀請裸形派到家中供養時，摩揭陀賢女說她不該供奉這樣的供主。婆婆聽後問她道：「還有比這更神聖的導師嗎？」

摩揭陀賢女答道：「有，他就是住在我父親寺廟中的佛陀。」

婆婆又問：「能拜見他嗎？」

摩揭陀賢女說道：「準備聖齋吧，明天就可以邀請世尊到家中。」

隨後，她上到樓頂，面朝祇園精舍的方向拋出鮮花和香料，用金瓶灑出淨水，祈禱道：「世尊啊！我在邊地遠離三寶，請保佑我，與眾僧一起降臨此地吧！」

剎那間，只見這些供品飛向天空，飄到了世尊面前。世尊看到後便吩咐阿難向各個修有神通者告知此事，準備第二天前往甘蔗旺。這時，**白蓮生尊者**也想去，但阿難告訴他只有修有神通者才能去。白蓮生聽後，便當即修煉，在大家出發前獲得了神通。

第二天，當世尊一行從天空飛來時，賢女與婆婆和丈夫等興高采烈地迎接了他們。賢女的家人打聽她的導師時，賢女介紹眾人說：乘坐著馬車，與雷電風雨同來的這位是憍陳如；從樹木成林的岩石之上而來的是大迦葉；乘獅子車而來的是舍利弗；騎象而來的是目犍連；坐在金色林之上而來

的是婆娑；坐著大鵬車而來的是富樓那；踏雲而來的是阿舍婆誓；坐著金色椰林而來的是優婆離；坐在吠琉璃樓中而來的是迦旃延；坐著牛王車而來的是摩訶俱絺羅；乘坐天鵝車而來的是毗提子；從林間走過來的是牛宿生；以轉輪之身前來的是佛子羅睺羅等等。

接著，世尊發著光芒，在金剛持和欲色各界諸天神的簇擁下前來，把這位施主的房舍變成了水晶宮殿，並廣布教法，把眾人引到相應的法後，回到了祇園精舍。

給孤獨的小女兒**蘇瑪那**非常恭敬世尊，有一天她到祇園精舍供香時，被者摩國王子看中，把她搶去做了王妃。後來她生了十個英勇的兒子。他們長大後特別喜歡打獵，蘇瑪那怎麼也勸不住，便與給孤獨一起把他們帶到了世尊面前並出了家，後來都證得阿羅漢果。

阿彌陀經

此後，世尊與一千二百五十比丘，以及二聖徒、迦葉、迦旃延、摩訶俱絺羅、阿那律、周利槃陀伽、難陀、阿難、羅睺羅、憍梵波提、羅跋羅墮者、迦留陀夷、薄拘羅、婆娑等大弟子和諸菩薩在一起。世尊向舍利弗講授了《**阿彌陀經**》。

摩揭陀國有一位施主生了一個兒子。這個兒子出生時，他們的家中出現了一頭金象，金象拉出的糞便也是金子。因此給這孩子取名爲**金象**。金象長大後，阿闍世王有一天突然傳令他急速到宮中接受召見。於是，金象與兄弟騎著那頭金象來到了宮裡。國王讓他們把象留下後回去。然而，這兩兄弟剛一離開王宮，那頭大象便消失得無影無蹤，不一會兒，它又出現在了金象兄弟的面前。阿闍世王見狀非常害怕，擔心會有什麼禍事會降臨到他的頭上。事實上，這位沒事找事的國王的擔心十分多餘，他擔驚受怕的時候，金象兄弟已經騎著象來到世尊面前皈依出家了。這兩兄弟都修證了阿羅漢果。

這時觀看金象的人從四面八方雲集而來，使祇園精舍喧鬧不止。世尊說道：「現在不需要這象了。」

連說三次後，那象便消失了。

此後，世尊與須菩提、迦旃延、迦葉、優婆頻陀螺迦葉、二聖徒、目犍連、黑象居等一千二百五十比丘和虛空藏等諸菩薩在一起。這時，金剛持從東方而來，在世尊的鼓勵下，他宣講了**《金剛地下續經》**。

阿闍世王歸佛

周邊的國家聽說世尊因受到阿闍世王的不恭而去了舍衛城後，紛紛譴責阿闍世，說他殺害了老國王還不罷休，又要迫害佛陀，把他推翻算了。各國一致同意派兵把摩揭陀國包圍起來。另外，婆羅門**火生**從龍王**美麗**處要得妙藥，來到王舍城防雹，使那裡長期不受冰雹的侵害。但後來，他沒有受到人們的重用，於是他便招來**賢瓶**等四大弟子，一起祈禱道：「讓我去殺掉美麗龍王，取而代之，來迫害王舍城的人吧！」

隨後，他與隨眾一起死去，生為龍王，並殺害了龍王美麗。不久，他們果然向摩揭陀國降下了

劇烈的冰雹，連莊稼都被擊沒了。由於他的報復，這一年摩揭陀的莊稼顆粒無收，河水乾涸，餘下的一點水中也被鄰國放了毒。這一次的饑荒和瘟疫大流行，使阿闍世王坐立不安。這時，母后勝身女勸他道：「王子啊！記得我曾經對你說過不要對世尊不恭嗎？不過諸佛是沒有憎恨和貪欲的，你還是去求世尊寬恕吧！」阿闍世王聽了母后的勸諫，派人對世尊祈求道：「如果世尊不來，王舍城將會滅亡。」

世尊答應了他的請求，次日就來到了王舍城。阿闍世王在三由旬之外以極其隆重的儀式迎接了世尊的到來。據說，當世尊及其弟子剛踏上王舍城的地界，天上就降下了雨露，饑荒自然隨之消除，周邊的國家聽說世尊到了王舍城後也隨即撤了兵。這樣，王舍城的人們又重新過上了安定的生活。世尊安撫了眾人後來到竹林園。第二日，即在舍利弗的請問下，宣講了**《彌勒授記經》**。

第三十六次雨安居

此後，世尊在阿闍世王和聖醫耆婆的供養下，在耆婆的芒果園中進行了第三十六個坐夏安居。坐夏期間的五月十五日晚上，阿闍世王在眾臣的簇擁下來到宮頂的樓臺上，仰頭望著天上的明月問道：「在月圓之時，我應該幹什麼呢？」

回答眾說紛紜。

眾妃說今晚該與美妃享樂，王子**賢優陀夷**說該去征服他國；六位奸臣說該供奉六師外道。國王聽後都搖頭否定，轉過身來對耆婆道：「你怎麼不說話？」

耆婆回答道：「我認爲今晚最好到我的芒果園中去供奉世尊。」

阿闍世王微笑點了點頭。隨後，他準備了護財子大象和五百母象，帶著五百位掌燈的侍從來到了芒果園中。他看到世尊在眾僧之間卓然獨立，清靜得猶如一彎明池，便跪拜在世尊足前，祈禱道：「但願賢優陀夷王子也能成爲世尊這般的寧靜之人！」

世尊對他說道：「善哉！請坐吧！」

阿闍世王向世尊訴說了心中的疑問。世尊聽後問他道：「你以前問過其他人嗎？」

阿闍世答道：「問過六師外道，但我覺得他們的回答是愚蠢的。」

世尊聽後，向他講授了教法。最後，阿闍世王含著熱淚對世尊說道：「世尊啊！我錯了。我迫害了自己的父王，請尊者保佑我吧！」

世尊說道：「大王，你認識了錯誤，並能懺悔自己的罪過，以後得嚴格律己。」

隨後，阿闍世王邀請世尊第二天到宮中受供。

阿闍世王走後，世尊對諸弟子說道：「比丘們，如果阿闍世王不殺害其父王，他就會在這個座位當即開悟。因此，對燒壞了的木頭都不應該嗔恨。」

第二天，世尊來到宮中，用過齋飯後，把國王引到了虔誠的信仰之道。當他離開時，阿闍世王來到宮頂的樓臺上。當他目送著世尊遠去時，身不由己地縱身跳了下去。世尊隨即用神通接住了他。後來，他從大象上跳下來時也被世尊接住了。此後，阿闍世王對臣民和王室宣佈道：「我已皈依了三寶，從今以後，提婆達多及其弟子不准到王舍城，王舍城只對世尊及其四眾弟子敞開大

門。」阿闍世王皈依世尊的消息傳遍了各國，這使鴦伽國和摩揭陀國的人們更加敬仰世尊了。

制服外道

提婆達多被阿闍世王拒之門外後，有一天他看到蓮花色從城裡化緣出來，認爲是她在他們之間搗的鬼，便跑過去用拳頭猛打她的頭部。頭部被擊裂的蓮花色帶著重傷來到比丘尼的住夏地，顯出各種神通後圓寂了。

提婆達多看到自己積了無間罪過，知道死後會生入地獄。這時，富蘭那迦葉來到他的身邊說道：「你號稱是釋迦人中最賢明者，那麼爲什麼要相信有來世這種愚見呢？破的瓶子誰都不能復合成原樣。所以，你還是到迦毘羅衛國執政吧，我願意做你的大臣。」

就這樣，提婆達多信了邪道，斷了善根。

這期間，迦毘羅衛城有個商人之子因與母親媾和，殺害了父親。後來，當他的母親又和別人媾和時，他將母親也殺了。隨後，他自感自己罪孽深重，要求眾僧讓他出家，眾僧不予理會，他便憤怒地燒毀了寺廟。後來他來到了王舍城，向世尊訴說了事情的前因後果，世尊准許他出家後發了心。

耆婆曾經在石頭國的醫師常知之子處學得醫術後，掌握了開腦等高超的醫術，又在賢城學習了各種鬼怪語言的經書，從一個木材商處買了一棵放在病人前面會顯出病因的魔樹。後來，他用粉藥治好了一個摔死了的大力士，還治癒過增光王等許多國王的病，又因治好頻婆娑羅王的毒瘡而被喻

爲聖醫。他後來又治癒了阿闍世王的心臟病，被尊爲藥王。面對這一切，他有些飄飄然起來。但由於他至今還沒有悟道，世尊便讓他抓住自己的袈裟飛到了雪山，讓金剛持做了他的護衛，自己採來各種藥物，讓耆婆回答它們的名稱和功效。耆婆只能回答一小部分。這時，世尊便耐心地向他講述這些藥物的名稱和功效，使耆婆消除了傲慢之心，頓時開悟。坐夏解制後，世尊來到了靈鷲山，與一千二百五十比丘和諸菩薩在一起。這時，王舍城中有個叫**跋陀羅**的魔術師經常用魔術欺騙眾人。南方有個國王也被他的魔術征服，竟然拋棄國家隨他來到了王舍城。這位魔術師聽說世尊的盛名後想試試他到底如何，便來到世尊面前邀請他前去受供。世尊答應了他的邀請。隨後，他心想，世尊沒有發現我在考驗他，他不是個遍知，於是在王舍城的廁所裡變了一桌豐盛的宴席。這時，四大天王和帝釋前來對他說道：「跋陀羅，我們也在這裡設宴席。」

說完，將那裡變成吠琉璃宮殿。跋陀羅見狀心想：「連天神都專門供奉世尊，我怎麼能考驗他呢？」

想畢，便準備收回那幻術，然而怎麼也收不回來。帝釋對他說道：「跋陀羅，這是你爲佛陀變的，所以是無法收回的。」

第二天，當世尊一行來到這裡時，眾人也在附近聚集觀望。跋陀羅非常後悔地說道：「這都是騙術而已，但我怎麼也無法收回。」

世尊說道：「跋陀羅，這世界上的一切都是幻相，也請你端出幻齋來吧！」

跋陀羅端出自己變出的幻齋和帝釋與四大天王的齋飯。這時候只見大迦葉、二聖徒、須菩提、

阿難、文殊、彌勒等誦念著幻詞，吃起幻齋來。而跋陀羅看到四面都是世尊，連自己也受到了供奉，便對世尊產生了信仰，並得到了寬恕。不久，他與世尊一起來到靈鷲山，世尊把他授記爲菩提果位。當他要求出家時，彌勒以人乘之道授他出家了。世尊把給他講授的**《大寶積經授幻師跋陀羅會》**授予了阿難。

此後，世尊與眾比丘和彌勒、觀世音、地藏、虛空藏等諸菩薩在一起。阿闍世王也讓大象護財之子給世尊帶來了許多珍寶。這時，在賢護和文殊的請求下，世尊宣講了**《寂照神變三摩地經》**。無數菩薩爲此而降下了寶雨。

於王舍城

有一天世尊到王舍城化緣時，看到洪水衝開了一座寶藏，於是他對阿難說道：「毒蛇要迅速蔓延了。」

一個窮人聽到了此話，並發現了寶藏。那位窮人歡天喜地地把寶藏帶回家中。阿闍世王得知此事，派人前來在這個窮人家中查尋，這人怎麼也不承認。阿闍世王便下令強行奪去了寶藏，並將那窮人判了死罪，帶往刑場砍頭。路上，絕望的窮人隨意地說道：「阿難，毒蛇要迅速蔓延了。」

國王聽到後，非常奇怪，問他這是什麼意思。他如實相告，國王由於對世尊的信仰，把寶藏還給了窮人。後來那窮人爲了感謝世尊，供養了世尊及其弟子。經過教化，窮人夫婦都得以證道。

這期間，波羅奈的童子**更噶**想出家卻被父母阻止，他喝毒、跳河都沒能死成。後來，他爲了自

殺，偷了阿闍世王的財物。被抓獲後，屠夫把他帶到尸陀林砍頭時，他說道：「快點快點，不然國王變了卦就來不及了。」

這句話很快傳到國王那裡，國王很驚訝地放了他。他到世尊那裡出家，並證得阿羅漢果。

提婆達多被阿闍世國王逐出國後來到舍衛城，也被波斯匿王驅逐了。其弟子中喬伽梨伽去了**薩卜岡山**，其他三人也逃到別處，後來生入地獄之中。這時，爲了教化商人之子**善財童子**，耶輪陀羅來到了迦毘羅衛城。提婆達多得知後想：看我怎樣去搶喬答摩的妃子吧。於是來到迦毘羅衛城，寫信給耶輪陀羅說道：「我爲你而來，我們合歡吧。」

耶輪陀羅接到信後，與隱女商量，詐稱同意他的要求，並約定了時間叫他到城中來。提婆達多得到消息後滿心歡喜地前來，雙手合十而坐時，耶輪陀羅指示手下人趁機綁了他的雙手。由於綁得過於用勁，提婆達多的手指都給弄破了，鮮血染紅了他的雙手。此後，隱女又用腳使勁踩了幾下他的頭，然後命部眾把他扔進了享樂池中。

吃了這次大虧後，提婆達多仍然不死心，過不多久，他又召集眾釋迦說道：「讓我執政吧！」眾釋迦對他說道：「你去和眾嬪妃協商吧。」

隨後，提婆達多又來到耶輪陀羅面前說道：「你還是答應了吧！」

耶輪陀羅雖然是比丘尼，但爲了再次顯示威力，她抓住提婆達多的雙手用膝蓋猛擊他。提婆達多掙脫她的雙手倉皇逃走了。

與此同時，商人之子**善財童子**拜過**海雲比丘**和觀世音等後，雲遊四方，繼續尋找師傅。當他們

一行來到迦毘羅衛城後，在耶輪陀羅處授受法訣，被派到了摩訶婆闍波提的面前。

此時，世尊來到了竹林園，與眾弟子和諸菩薩在一起。在富樓那的請求下，世尊宣講了**《大寶集經富樓那會》**。還與目犍連和黑象議論了教法。隨後，世尊來到了靈鷲山南面的樹林中，與二聖徒、迦葉、優婁頻羅迦葉三兄弟、迦旃延、薄拘羅、五群比丘、摩訶俱絺羅、須菩提、婆娑、阿那律、阿難等一千二百五十比丘在一起。阿闍世王供養了他們。

這時候出現了大地震動、日月無光等惡兆，一些信佛的天神從摩揭陀國驅走的瘟疫又開始在毘舍離傳播流行，許多人紛紛死去。有一天晚上，一個叫**巨箭**的大臣做了一個夢，夢中有一位天神對他說，如果世尊來這裡，瘟疫就會消失。當他把此夢告訴給眾離遮毗人後，人們派他去邀請世尊。這時候阿闍世王正在請求世尊，讓他一生爲世尊和他的弟子供養所需，世尊也答應了他的請求。

當巨箭向世尊說明來意時，世尊對他說，去和阿闍世王商量。世尊又對四大天王說道：「你們的部眾使眾生受害，這很不幸。」

四大天王聽後向世尊獻了除害咒，世尊也誦出了符咒，妖魔鬼怪就這樣被諸天王控制住了。巨箭透過大臣請求國王，讓世尊去毘舍離，但遭到了拒絕。大臣們對他說道：「佛陀慈悲眾生，一定會去的。」

隨後，國王對巨箭說道：「如果我也能供奉著世尊跟隨而去的話，我就答應。」

巨箭答應了他的要求。

國王向世尊供齋後，請求世尊降龍。世尊答應了他的請求。當世尊準備前往離遮毗時，阿闍世

王把王舍城到恒河之間的道路裝飾一新，而離遮毗人把世尊所要經過的道路裝飾得更加富麗堂皇。隨後，世尊一行經摩揭陀來到了那爛陀芒果園中。此地有一位叫**蘆葦**的遍行者，他已經一百二十歲了。天神曾經給了他一個能使他皈依佛陀的問題，他曾經就此問題去請示了外道六師，但是得到的回答卻很讓他失望，於是他決定去問喬答摩。他來到世尊面前提出所要問的問題，世尊的回答使他滿意，隨即高興地出家，並獲證了阿羅漢果。

時隔不久，世尊來到紅城和王舍城之間的王族居地，在一個叫**竹竿**的地方，向那裡的比丘們講授了四聖諦法。接著他到紅城的佛塔邊，用過婆羅門供養的齋飯後，來到恒河邊。舉目所見，一片傘海。阿闍世王早已在河邊爲世尊撐起了五百個傘蓋。離遮毗人和神、龍等也撐起了各五百個傘蓋。隨後，阿闍世王又命人在恒河上架起了浮橋，離遮毗人也在此河上架起了浮橋，而諸龍則用首冠架起了冠橋。這時，世尊和阿難從冠橋上渡過了恒河，其餘諸比丘從兩座浮橋上渡過了恒河。渡過河後，世尊想看一看昔日**巨聲王**的靈塔。於是眾龍便托起了那座靈塔。世尊對諸弟子說道：「眾比丘，這靈塔會消失的，請記住其名號，將來彌勒會由此塔而出離世間，獲成正覺的。」

四處遊化

此後，世尊又經木棚城的舍毗樹林，來到了勝音城的勝音仙人的修行地。這時，**菴摩羅女**派**鸚鵡女**去邀請世尊，不料出了橫禍，鸚鵡女在路上被鷂鷹啄死了。這個因世尊而亡的女子死後生爲天神，並來到世尊面前悟了道。時隔一日，世尊來到毘舍離的菴摩羅林，受到了菴摩羅女的邀請。

離遮毗眾人得知世尊到來的消息後奔相走告，他們成群結隊來到世尊面前，由婆羅門**迦毘羅衛子不敗**讚頌世尊，五百位離遮毗人每人向他獻了一件上衣。當成千上萬的崇拜者邀請世尊受供時，世尊說菴摩羅女早已邀請了。

眾離遮毗人離去後，婆羅門迦毘羅衛子不敗把那些上衣獻給了世尊，並發了心。

世尊在用過菴摩羅女供養的齋飯後，對阿難說道：「你去把腳放在毘舍離城門的門檻上，唸誦這個咒語。」世尊於是向阿難傳授了《**入毘舍離城咒**》。阿難如此照辦後，那裡的瘟疫就消除了。在這天到了半夜時分，世尊親自又來到毘舍離城，把門閂踩在腳下，把手放在眾離遮毗人的頭上。在梵天的請求下，誦出了《**守獲大千國土經**》，從而使當地的瘟疫徹底消除了。離遮毗人為了感謝世尊的恩德，隆重地供奉了世尊，而在當地試圖迷惑眾生的外道六師不得不逃到了迦毘羅衛國。

此後，世尊來到了獼猴池園的寶樓中。當他去化緣時，被曾經託他之福由天神生為人的十八歲男兒邀請受供。這個男孩還向世尊奉獻了法衣和鮮花。世尊把他授記為菩提果位。

這一年秋天，世尊經**中央城**來到**勝身城**，住在**大神菴摩羅園**中。當時由於**大神城**的莊稼快要成熟時斷了雨水，婆羅門**遍入施**祭祀龍王時不慎惹怒了龍王，龍王一怒之下施火燒毀了農田，並向婆羅門擊出雷電。婆羅門嚇得找世尊保佑。在世尊的鼓勵下，金剛持講授了《**金剛鐵嘴陀羅尼經**》。

後來世尊到娑羅婆羅門城去化緣時，為了將來的化緣者著想，他派出魔王去改變施主們的信仰，從而導致了世尊和眾僧空囊而歸，斷了齋飯。不料，這情景被無憂無慮的七萬天神發現後，發心悟了道。隨後，那些施主也心生悔意，懺悔罪過，二萬二千眾生由此開悟。

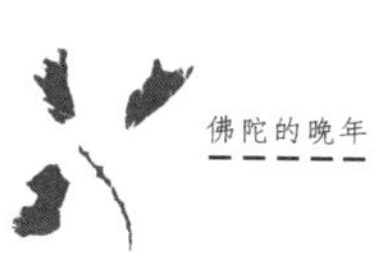

此後，世尊一行來到了優頻陀螺城。那裡有一位男子因患相思病而死去，世尊向阿難授予**《四頌咒》**，使那位早亡男子的母親明白了眞理。

世尊對阿難說道：「阿難，當我剛獲證菩提時，由棄惡仙人引到此處。」

接著又說了帝釋送衣處、削髮處、送別闡那陀和犍陟處……。

世尊一邊緩緩而談，一邊就從城裡來到了鄰近迦毘羅衛的**羅赫提伽**，並在那裡受到了**象力**藥叉的供養，後者還奉獻了迦濕彌羅葡萄。

此後世尊又與金剛持一起從天空來到**堆積城**，降伏了那裡的藥叉**佛力**。緊接著師徒二人又來到**里都伽**、**森都羅**，降伏了在那裡爲非作歹的諸藥叉後，抵達了龍王居地。那龍發現世尊一行到來後非常惱怒。金剛持眼疾手快地把金剛杵擲到了山頂上，從而使山頂壓在了龍王身上。這一舉動一下子鎮住了龍王。接著，世尊用火球圍住四方，降伏了那條驚恐的惡龍。

世尊對他說道：「賢首，還給摩揭陀國安寧吧！」

龍王授持了戒律後，應道：「遵命！」

後來，世尊升到天空，遙望迦濕彌羅地方，預言日中阿羅漢將在那裡現神變。此後來到**自在**，爲了教化陶匠而化身陶匠，和陶匠比藝，把陶變成金，並顯出眞身，使他們證道。此後，又來到了**草地國**和**悅旺國**。在那裡的一座湖中，**阿諾迦**和**補捺婆素迦**發生爭執並傷了和氣，世尊向他們講經後，二人又重歸於好。接著世尊又來到**矛槍國**，並在那裡受到眾人供奉後降伏了一個專吃嬰兒的藥叉**持矛**。此後，世尊來到**柿子國**，把一個男孩授記爲**迦膩迦王**。之後抵達**羅赫提伽**，向阿難等眾比

丘通告龍王已被降伏的消息後，來到了迦毘羅衛城。這時，迦毘羅衛城的施主**寶稱**因對骷髏犯疑，在他的眼裡看誰都是一付骷髏相，不久便與五十個朋友一起隨世尊出家了。

此時，釋迦族的持箭也因世尊棄了耶輸陀羅妃而不悅，失去了初學五力，整天與酒爲伴。眾釋迦請求世尊挽救他，世尊對此什麼都沒說，卻對眾比丘說釋迦持箭七天之後會死亡。釋迦持箭聽到此言，更是不恭。按照世尊的吩咐，第一天婆娑前去給他講法，第二天舍利弗去了，第三天目犍連去了，第四天阿難去了，釋迦持箭逐漸害怕起來，到了第五天世尊親自來到釋迦持箭面前，用神通帶他去了八大地獄，地獄裡的所見使他驚恐萬狀，於是懺悔罪過，而明白了眞理。釋迦持箭死後，生爲天神。

與此同時，外道六師逃到了**者摩國**。此後，世尊經**勇士國**來到**第一政**。一日後，他向阿難說道：「阿難，眾敬王是在這裡成王的，所以此地叫第一政。」

接著，他們來了一個叫**賢馬**的地方，世尊又對阿難說道：「這是眾敬王的寶馬出生地，所以叫賢馬。」

接著他們來到了**毀滅國**，世尊指著遠處的青山說道：「阿難，那是尖頂山，那裡將出現寺廟，還有**鄔波菊多法藏師**。」

當時毀滅國的諸婆羅門對世尊生起惡念，他們派了一個婆羅門來辱罵世尊，沒想到這位婆羅門來到世尊面前後，反而讚頌起世尊來。經世尊的教化，他立即開悟。

世尊化緣途中坐在一棵樹下休息時，眾人前來供奉了他，並請求他降伏以毛驢之身引誘小孩並

吃掉小孩的藥叉。那藥叉皈依了世尊，他在世尊的教化下受持戒律，從此不再傷害孩童。而且在他的倡導下，諸施主還建造了一個叫毛驢園的精舍，獻給了世尊。

世尊在毀滅國教化了五百位藥叉，修建了二千五百座精舍。

此後，世尊來到**鄔陀羅國**，住在一座山林中。當他去化緣時，五百農夫隨他出家，獲證了阿羅漢果。五千耕牛也生爲天神而證道。又有一天當世尊去化緣時，有個叫**伽瞻竭羅**的老女奴在井邊汲水，世尊派阿難前去要點水喝，隨後，老婦來到世尊面前，乳房中便滲出奶水，她伸出手說道：「找到兒子啦，找到兒子啦。」

說完，想擁抱世尊。當眾比丘阻攔她時，世尊說道：「這是我昔日五百世的母親，如果你們阻攔她，她會吐血而死的，就讓她來擁抱我吧！」

眾生只見那老婦把臉撲到世尊的頸上，不久便平息了愛欲。後經教化，她悟道出家證得了阿羅漢果。世尊稱她爲析解三藏者第一。

此後，世尊經勇士國來到**敵緣國**，坐在山豆樹下。敵緣國的婆羅門**火施**（又名**無煩惱**）聽到消息後，來到世尊面前請求向世尊和眾比丘供養三個月的所需。世尊爲了教化，答應了他的請求。爲了阻止此事，國王下令說：「三個月之內，誰都不准向喬答摩供齋，違者斬首。」就在國王下令的當天晚上，他夢見自己的腸胃纏繞了城池。第二天，當他就這個夢問一個婆羅門大臣時，那位大臣對國王說道：「這可能是對世尊不恭之兆，是個噩夢。如果不避三個月的話，恐怕會有生命危險。」

國王聽後，非常害怕，於是又下令說：「三個月之內誰都不准來見我，違者斬首。」隨後他便躲起來。

第二天，阿難到宮中時，誰都不敢去稟報國王。阿難又按世尊的吩咐，來到街中央呼喊道：「誰願意供齋！」

眾人雖然恭敬世尊，但由於害怕國王而不敢回應。

過了一會兒，北方的一位商人趕著五百匹馱著貨物的馬來到這裡。

這五百匹馬昔日原是大乘行者，後由於受惡人的誘惑而生為馬。**日藏菩薩**為教化他們，發願而生為駿馬。由於他的法力，使這些馬能夠想起自己的身世。那位商人給那匹駿馬每頓餵兩斗青稞，而給其他的馬每匹只餵一斗青稞。

當他聽說世尊一行化不到齋飯時，請來阿難問能不能供養馬匹。阿難又轉而請求世尊，世尊為了利益那五百匹馬，也為了眾比丘著想，答應了此事。

第三十七次安居

這時，二聖徒也去了三峰山坐夏，天神向他供養著甘露。

這樣，世尊與四百九十八位比丘在此進行了第三十七個坐夏安居。那位商人每天給世尊一斗青稞，給駿馬一斗青稞，其他馬匹各省出半斗青稞分給眾比丘。駿馬為了使其他馬匹懺罪，用馬語告訴他們，世尊主僕正在食用他們的青稞。

有一天，阿難拿著世尊的一份青稞讓一位女孩去篩皮時，給那位女孩講了轉輪王的功德。那位女孩篩完青稞後，祈禱道：「藉著篩淨青稞所積下的善根，讓我成爲轉輪王的王后吧！」

世尊也把這位女孩授記爲轉輪王妃，把爲眾比丘篩洗青稞的其他女孩授記爲其侍從。那天，當世尊正要吃這些青稞時，阿難含淚歎道：「放棄了轉輪王的王位成正覺後，還得吃這腐爛之食。」

世尊聽後對他說道：「你來嘗嘗我口中的青稞。」

說著，給了他一粒。阿難把那粒青稞一送到嘴裡，馬上就嘗到了未曾有的美味，並且七天之中不用再吃喝。

周邊的國家得悉世尊的情況後，紛紛派來使者規勸敵緣國的國王，試圖使他認識到自己行爲的不妥。但是，那些使者都沒有見到國王。

給孤獨聽說此事後，也送了五百車香稻，不料卻在途中被妖怪掠去了。

三個月過後，那個給世尊及其弟子分食馬料的商人祈禱道：「藉著供養世尊的善根，讓我成爲轉輪王吧！讓駿馬成爲太子吧！讓五百匹馬成爲王子吧！授記爲王后的姑娘成爲王后吧！其他姑娘成爲其侍從吧！」

世尊也正如那位商人祈禱的那樣授記了他們，把駿馬授記爲菩提果位，把馬夫授記爲獨覺果位。

由於吃了馬料青稞，使比丘中的四十位初學比丘得以斷除了欲念。三個月過後的第七天，他們獲證了阿羅漢果。五百匹馬死後生爲天神，供養世尊，發了菩提之心。

坐夏剛解制，世尊便派阿難去敵緣國的王宮向國王辭行。阿難與各國使者一起來到王宮，國王見後，向阿難說道：「世尊在坐夏期間供養上遇到困難了吧？」

各國使者說道：「由於你的愚蠢，世尊在三個月中以爛青稞爲生。」

國王轉向阿難道：「這是眞的嗎？」

阿難答道：「大王，是眞的。」

國王聽後一下子昏死了過去。蘇醒後，他來到世尊面前，請求讓他一生供養世尊及其眾弟子。世尊沒有答應他的要求，國王堅持了七天，世尊還是沒有答應。最後，國王請求世尊第二天到宮中受供，世尊預知到如不答應國王這個要求，他不久將會死去，於是答應他。第二天，世尊一行來到宮中接受了供養，並賜予了教法。

此後，世尊來到南方五取國的恒河邊。有一天，他正在向眾比丘講法，有個叫**難陀**的牧牛人拄著手杖前來向世尊請教，這時，他的手杖剛好戳在一隻青蛙身上。

青蛙心想：雖然我會死去，但如果這時候叫起來，會打斷難陀向世尊的問話。於是，它向世尊祈禱後便死去了。後來他生爲天神，來到世尊面前悟了道。

牧牛人當時請求世尊讓他出家，世尊對他說道：「把牛群交給主人後來吧！」隨後，他趕著牛群，邊跑邊喊道：「我怕呀！我怕呀！」

其他經常和他一起牧牛的牧牛人見狀，問他道：「你怕什麼？」

難陀答道：「我怕生老病死。」

他把牛群交給主人後，來到世尊面前出家，獲證了阿羅漢果。

第二天，世尊剛渡過恒河，就看到了五百個乾枯成堆的餓鬼。世尊施法讓他們張開口，目犍連給他們餵了水，後來這群餓鬼雖然死了，但都生為天神而悟道。

世尊向眾弟子講述了恒河的悠久歷史後，漸次經過**長淨生國王**的出生地**王子生**，國王的大象吼叫之地**雀聲**、**臂環**，曾經施捨寶貝之地**具寶**、**婆羅力**，曾經施捨金子之地**金斛**等地，來到了曾經為自乳輪王留下政權而得名的**遺城**，最後來到**黑園**，並與六萬四千比丘和眾多菩薩一起住在了那裡。當時，在文殊請求下，宣講了《**悲空經**》。

至舍衛城

此後，世尊一行來到舍衛城。那時候一位婆羅門正在農田裡耕地，他的妻子正端著飯菜從家中來到他的身邊。他從妻子的手中接過飯菜正準備吃時，抬頭看見了世尊一行，於是急急忙忙地站起來把飯菜奉給了世尊。世尊指著一口破井，叫他把飯菜倒到井中，婆羅門毫不猶豫地照辦了。由於世尊的法力，那口破井頓時盈滿了粥飯。世尊叫他把粥分給眾僧，粥飯取之不盡。後來經過世尊的教化，那位婆羅門悟了道。那片眾僧吃飯的土地上每年都盛產金穀，當婆羅門拿著金穀向波斯匿王進貢時，金穀到國王手裡就變成了平常的穀物，如此反覆七次後，國王說道：「你自己留著吧，以後再不要給我進貢金穀了。」

婆羅門謝恩後把金穀又帶回了家中，並從此發了財。那位婆羅門為了感謝世尊，在供養了世尊

師徒三個月後，自己也隨世尊出家，獲證了阿羅漢果。

世尊後來到了水城，在那裡挖出迦葉佛的舍利骨珠讓眾比丘看，波斯匿王還專門爲此制定了水城祈願節。世尊來到了祇園精舍後不久，就被給孤獨邀請到了他的花園中。迦葉長期在山中修行，這時，他蓄著長髮，衣衫襤褸地前來給孤獨花園，因門衛沒有認出而被攔在了門外。於是他說道：「我喜歡孤獨者和窮苦人。」

說著，他來到了乞丐街。在那裡，有個患痲瘋病的流浪女丐好不容易討到了碗米湯，心想：尊者如果要這飯，我就給他。

迦葉知道了她的心思後，便把缽盂向她伸去。女丐倒米湯時，一隻蒼蠅飛到缽中，當她用手撈這隻蒼蠅時，蒼蠅的一隻腿斷落到了米湯中。這時，女丐想，尊者爲了安慰她才接受了米湯，而並不一定吃。可是，迦葉卻當場把米湯當齋喝了下去。此情此景，使女乞丐高興地死去了，後來生在了兜率天中。此事傳開後，帝釋爲了供齋，化作乞丐前來向迦葉供養天饌，尊者覺得好奇，於是識破了帝釋的把戲，問道：「你已悟了道，怎麼還前來破壞貧苦人的福分？」

說完，繼續去化緣。帝釋在空中盛滿神饌供奉，但是迦葉就是不去用缽盂接受。

波斯匿王爲迦葉和世尊及其弟子供養了七天的齋飯，惹得一位乞丐對國王的福澤羨慕異常。這時候，世尊對國王說道：「大士是由於昔日向一位獨覺者供施了一團熱糕而生爲國王的。」

國王聽後非常高興，在他的供奉下，世尊進行了第三十八個坐夏安居。

九月十五日，國王向世尊師徒供養了百味齋，每人供奉了一件價值千金的僧衣，並供奉了光照

四由旬之遙的一千盞油燈。這時，一個叫**樂女**的女乞丐也用瓦礫和少量的油點了一盞燈供奉在世尊來往的必經之路上，爲此發了菩提心。後來，當其他的燈都滅了時，惟此燈獨亮，其光照亮了全閻浮提洲。

阿難和目犍連用盡了各種辦法也沒能將那盞燈熄滅，然而，他倆還是不甘心地在那裡繼續想著辦法。這時候，世尊道：「你們兩位是不能熄滅它的。」

說著，把那位流浪女授記爲菩提果位。波斯匿王這時候請求世尊道：「我供奉了三個月零七天，也供奉了千燈，把我也授記爲菩提果位吧！」

世尊對他說道：「菩提道是難以證得的。」

說著，向他講授了昔日諸菩薩諸行和別人供奉諸佛的故事。

此後，世尊剛與五百比丘和彌勒等菩薩聚在了一起，忽然三千世界光芒照耀，從東方而來的八位佛陀坐在蓮心獅底寶座上。在舍利弗的請求下，他們宣講了**《獅子莊嚴王菩薩請問經》**。

兩國爭戰

大約就在這時期，阿闍世王與波斯匿王之間發生了戰爭。波斯匿王連吃三場敗仗後準備與阿闍世王握手言和。這時，有個商人給他獻了一塊和人一般高的金子後，他又與阿闍世王宣戰，結果大獲全勝，連阿闍世王也成了俘虜。

當時，世尊勸波斯匿王放了阿闍世王，和解了他們之間的恩怨。此後，波斯匿王讓那位商人做

了七天的國王。商人在做國王期間一直供奉著世尊，並免除了迦尸國和憍薩羅國七天的貢稅，讓他們以此供養三寶。

世尊將他授記爲菩提果位。

與此同時，諸外道因爲沒了供養而更加嫉恨世尊，於是派一個叫**瞻遮**的婆羅門女，讓她沒事找事地經常來往於祇園精舍。有一天，她在衣服裡裹了一個木盆，來到正在給數千人講法的世尊面前說道：「你把我弄成這個樣子，不給我吃穿，反而有臉坐在這裡說法啊！」

這時，帝釋施法讓那個木盆掉到了地上，那女子羞得跑掉了。還有個遍行者之女也是如此誣陷過世尊，後被遍行者們殺了後扔到了王舍城郊的河谷中了。

食嬰大鼇山的施主**智者**的妻子生下兒子的那天，雖然出現了許多不吉利的兆頭，但是智者仍然高興地說：「善哉，兒子來了！」

因此，還給兒子取名爲**善來**。但隨著善來漸漸長大，其家境卻日見貧寒，後來他的妻子也不幸去世了。無奈之下，他把善來送給一個女奴領養。那女奴後來也拋棄了他。於是，小善來可憐兮兮地帶著自己的家當來到一個朋友家，不久又與朋友發生了衝突，便得名**惡來**。無家可歸的惡來只得流落街頭，成了乞丐。

智者有個經商的世交路經這城市時認出了他，決定把他帶給給孤獨。於是，帶他來到了舍衛國，領到給孤獨的家門口後，往他的衣兜裡塞了兩元錢便悄悄地走了。惡來的妹妹是給孤獨的兒媳婦，她的一個女侍把惡來在門口的消息報告給她後，她出來見惡來後說道：「哥哥，你怎麼來到這

裡的？」

惡來答道：「靠打狗棒和要飯碗來的。」

她聽後，給了哥哥一些錢和衣服。但是惡來並未扔掉行乞的家什，並繼續以此爲生。可是他到何處乞討都收穫甚微，常常空碗而歸，所以，乞友們討不到食物時，都說是因他不吉利造成的，並經常合夥揍他。有一次，給孤獨邀請世尊師徒到家受供時，這幫乞丐又來了，但給孤獨在沒給世尊供齋以前沒有給眾乞丐施捨，這樣乞友們又都把原因歸到了惡來的頭上，眾乞丐們一擁而上，拿著要飯碗擊他骯髒的頭，最後還把他趕出了乞丐們暫居的草棚。無家可歸的他只得站在垃圾堆旁哭泣。世尊知道了此事，就讓阿難喊叫「施主智者之子善來」。善來聽到喊聲後，一下子想起了自己的原名，於是自語道：「早就不叫善來了，怎麼今天還有人這樣叫我？」

不過，他隨後還是順著叫聲來到了世尊面前。世尊給了他食物並把他帶在身邊。爲了教化他，世尊讓他給眾比丘分發青蓮，使他修成了青色遍入等持，出家後獲證了阿羅漢果。

此後，給孤獨向佛法捐贈了億萬金幣。後來他想，僅憑自己一個人向世尊師徒捐贈遠遠不夠，於是鼓動波斯匿王和眾人共同捐贈。他自己更是積極奔走，經常騎著大象，吹螺打鼓，沿街募集財物。眾人也都盡己所能地捐獻出金銀財物。有位實在沒有什麼可捐贈之物的窮老婦萬般無奈之下來到房頂上，脫下自己僅有的衣服說：「獻給僧人。」自己則赤裸著身體而居。

給孤獨知道這件事後，給了她足夠的衣飾。這位老婦死後生爲天神，來到世尊面前悟了道。

在舍衛城，舍利弗曾經用水救過一條被燒傷的毒蛇並教化了他。那條毒蛇轉世後生爲婆羅門，

這個時候他隨舍利弗出家，並獲證了阿羅漢果。另外，舍利弗還教化了南方一位順世派者和一位遍行者，這兩人也都出家獲證了阿羅漢果。

於王舍城

此後，世尊來到了者摩國。那裡有個施主的妻子懷了孕，外道六師說會生個女兒，這位施主聽後非常悲傷。他被朋友帶到世尊面前求助，世尊預言說會生個大福大德的兒子。外道六師知道後對此非常惱火，便拿著下了毒的芒果來到那位施主面前說道：「吃了這藥，就會生兒子。」

施主的妻子吃了芒果後便死去了。外道六師歡呼雀躍地宣稱道：「喬答摩的預言完全失靈了！」

隨後在尸陀林火葬屍體時，世尊來到尸陀林，坐在毗沙門天王爲他設置的獅底寶座上，在燃燒的屍體中讓耆婆接出了嬰兒。世尊接過那嬰兒，取名爲**乾淨**，送給了那施主。這時，在場的眾人發了心，而外道六師難爲情地逃到了**聖草城**，並揚言說魔術師喬答摩欺騙了六座城市。

此後，世尊來到王舍城，與五近比丘和彌勒、文殊等諸菩薩住在靈鷲山上。有一天，迦葉、須菩提、富樓那、阿者婆誓、優婆離、羅睺羅、阿那律、阿難、婆娑等到王舍城的王宮中化緣時，阿闍世王的妃子**月亮**之女**無憂生**以無退之功坐在金足寶座上，見了各大弟子也不起身行禮、問候。阿闍世王給尊者們設了座後，便對她說道：「女兒，各大弟子來了，你都不站起來啊！」

無憂生公主答道：「就像父王您不向窮人起身一樣，我也不會向這些大弟子起身的。」隨後，舍利弗與公主議論教法時，舍利弗出人預料地敗下陣來。目犍連向她問話時，她說道：「你是神變者第一，那麼你到**布香佛**的世界去看看。」

目犍連答道：「公主，我連這個佛號都沒有聽說過。」

稍後，她誦出眞言，布香佛便顯現在眼前。就這樣，迦葉、須菩提、羅睺羅等人和她對陣，也都敗下陣來。這時候，公主才從寶座上緩步下來，向各大弟子禮拜，供奉齋飯。後來，她與父母一同來到世尊面前，誦出眞言後便變爲男身，騰入空中。世尊將他授記爲菩提果位。月亮妃看到這件事後也發了心，世尊將她也授記爲菩提果位。此後，無憂生又唸誦眞言，他便變成了比丘。他對父親說道：「父王，您到世尊面前去吧，文殊會給您授法的。」

這時，王舍城的**賣蜜女**之女**赤金光**和商人之子**畏生**乘車來到園林中遊玩，文殊此時來到那女孩身邊，經他的教化，女孩發了心。這時，波斯匿王也來到了文殊面前。那位女孩以大乘戒出家後，文殊派她到畏生的面前顯出糜爛之身。畏生見狀驚恐不已，在帝釋的安撫下，他來到世尊面前獲得了忍智。世尊把他們倆授記爲菩提果位，並把《**大莊嚴法門經**》授予了阿難。

在薩卜岡山，喬伽梨伽住在大畏園中，受到了眾人的禮敬。喬伽梨伽也供養所有來到這裡的比丘。二聖徒到此地時，他提供了一切所需，並把諸弟子交給二聖徒，自己到別處雲遊去了。二聖徒把其弟子送到了王舍城。有一天突然下起了雨，外出的二聖徒爲了避雨躲進了一個山洞中。當時一位牧女和一位男子正在洞口交媾。這時，喬伽梨伽回來後不見了自己的弟子，便憤怒地到處尋找二聖徒。當他遠遠看到一位牧女和一個男子在一起時，便以爲是二聖徒正與那位牧女交媾。稍後，他

來到竹林園向眾比丘宣揚了這件事，也向世尊報告了。世尊聽後對他說道：「不要對二聖徒發這樣的心，這會使你痛苦的。」

世尊連續說了三次，可是他就是聽不進去。由於他對二聖徒的不恭，不久便覺著身上熱得難受，隨後七竅出血而死，生入大紅蓮地獄，忍受著五百犁耕舌之苦。

此後，世尊來到毘舍離國，在獼猴池的寶樓中與五百比丘和文殊、觀世音、虛空藏、除蓋障、彌勒等在一起。

有個叫**離遮毗無垢**的施主生有個女兒，她穿著仙衣仙帛，容貌似月，故得名**聖月**。後來，向聖月求親的人絡繹不絕。無垢對眾人說：「七天之後再來說親吧。」

七天後的七月十五日，當聖月齋戒長淨時，右手中的蓮花上出現了一尊佛像。這時，父親讓她去到世尊面前。當聖月拿著蓮花經過眾人面前時，人們試圖抓住她。就在這時候，她一下騰空而起，並說出了厭離世間之語。眾人見狀也消除了欲望，跟隨著她向世尊面前而來。

舍利弗遇到她後，與她議論了甚深的教法，於是舍利弗和迦葉也隨她來到了世尊面前。只見女孩手中的佛像融進世尊身體的中心，世尊每個毛孔中都顯現出坐在蓮花上講經說法的佛陀。女孩見後，把蓮花撒向世尊，蓮花頓時變成了寶樓，世尊坐在寶樓裡的寶座上，把聖月授記為菩提果位。就在這時，聖月一下子變為男身，成了比丘。

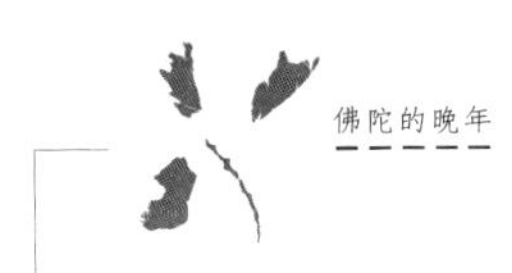

第三十九次坐夏安居

這時，諸外道諷刺世尊說，連善來這樣的乞丐都收為出家之人，這個佛教還有什麼崇尚的。世尊聽到了這些閒言碎語後，為了顯示菩薩的功德，經棄惡國來到了瓦爾噶的食嬰大鰲山，降伏了那裡的藥叉**大畏居**，住在**大畏居園**的鹿林中進行了第三十九個坐夏安居。他與五百比丘、五眾比丘、五近比丘、鹿頭、優婁頻羅迦葉三兄弟、有利王、智慧賢、二聖徒、山勝、難陀、鄔難陀、阿難、羅睺羅等弟子以及觀世音、文殊等菩薩在一起。在彌勒的請求下，世尊宣講了**《彌勒請問經》**，並把此經授予了阿難。

食嬰大鼇山的眾人邀請世尊去受供，請求他降伏水邊菴摩羅龍。世尊回到寺中思考這個問題時，善來自告奮勇地拿起降龍木來到龍的居地，並把缽盂中的剩飯倒在了龍的水池中。菴摩羅龍見狀大怒，向善來擲出利器，但這些利器都變成了鮮花。那龍又施出火輪，善來也施出火輪，於是池邊頓時成了一片火海。後來，世尊稱善來為入火寶第一。當時那龍看到勢頭不好，便想逃走，善來眼明手快，將自己之外的地方都燃起火焰，那龍嚇得趕緊來到他的面前求饒。善來把他裝進缽盂中，帶回來給了世尊，世尊即刻給他授受了戒律。眾人見後，來到世尊面前供奉了各種供品，並道：「龍被降伏了吧？」

世尊說道：「是的，但不是由我降伏的，而是由善來降伏的。」

眾人聽後，連說善來是他們的親戚，並供奉了善來。為此，眾人向世尊及其諸弟子供養了七天

的齋飯。此後，世尊來到**帕那沽羅**家中，向他們夫婦講授了**《五戒功德經》**。後來，王子**智者**也邀請世尊到蓮花百色樓中做了供奉。

於沽若國

坐夏解制後，世尊與一千比丘雲遊來到臨近雪山的**沽若國**，住在眾多城的草棚中。這時彌勒和觀世音也前來，在文殊的請求下，世尊宣講了**《金剛場陀羅尼經》**。隨後，世尊靠法力招來帝釋，後者幻顯出白旃檀木殿，讓世尊坐在其中以天饌供奉。世尊施法消除了寶殿，講了一些無常之法，使眾人非常悲哀。就這樣，世尊把沽若國的眾生引入到三乘之道。

世尊來到一個叫**解疑**的地方，住在一個叫**生光**的山中。那裡是**馬風仙人**的修行之地。與世尊在一起的有一萬菩薩和諸仙人。有一天，世尊坐在善來為他設置的寶座上，在諸菩薩的請求下，想前往香積山。隨後，世尊化為一個仙人，只見他手持仙杖，提著寶瓶，做出的火祭使四方光耀，八方無聲。已入大乘之道者都變成了仙人的裝扮，除他們能互相看到對方以外，其他人誰也看不見他們的身影。所以，憍陳如、迦葉、二聖徒、婆娑等各大弟子都不知道佛陀和諸菩薩在何處，於是只好乖乖地坐在自己的草棚中等待著。這時，其他世界和娑婆世界的已入大乘之道的天龍八部也以仙人的裝扮來到這裡，把香積山裝扮得富麗堂皇。香積山神前來迎接後，世尊施法把柴火捏成芝麻大小拋向十方，只見從六方世界中走來了十二位仙人裝扮的菩薩。隨後，世尊與這些菩薩一道朝香積山走去。

到了香積山後，住在了那裡的苦行地。這時，**無邊智慧王菩薩**幻化出一座梵天重樓。每層樓的兩部金梯和吠琉璃梯上爬著許多婆羅門童子。這位菩薩讚美了世尊，文殊也敦請世尊講法。世尊於是棄了仙人的裝扮，顯出原形，首先在每層樓上幻坐了一位世尊，最後以自身坐在一層樓中。這時，**敵析菩薩**給世尊供奉了獅底寶座和寶傘，從那寶傘中響起具有六十二種旋律的音樂，從而使其他世界中來的諸菩薩增加了信心。此後，世尊在**無邊智慧王**的重樓中向**賢護菩薩**講授了《**正行虛空調伏忍辱經**》。又以光芒招來五濁世界的各聲聞和獨覺者，在難伏和須菩提菩薩的協助下向他們講經授法，使他們獲證了各自的業果。

方廣大莊嚴經

此後，世尊來到舍衛城，住在祇園精舍。與世尊在一起的有五群比丘、五群比丘尼、二聖徒、慈悲、迦葉、迦旃延、劫賓那、摩訶俱絺羅、富樓那、婆娑、須菩提、阿那律、薄拘羅、難陀、羅睺羅、阿難等一萬二千比丘和彌勒、陀羅尼王等諸菩薩。在淨土天子和大自在的請求下，世尊向眾比丘講授了《**方廣大莊嚴經**》，並把此經授予淨土天子、迦葉、彌勒和阿難。這時，梵天也向眾人顯出世尊在昔日菩薩時代所受用過的寶莊嚴樓。

於摩揭陀國

此後，世尊來到摩揭陀國，住在靈鷲山，與上述弟子和小迦葉、大道、周利槃陀伽等三萬二千比丘和彌勒等菩薩在一起。在阿難的請求下，世尊宣講了《**大寶積經無量壽如來會**》。這時，無量光佛界和釋迦牟尼佛界相互映照，清晰可見。這時，世尊與一千二百五十比丘和諸菩薩在一起。而文殊在另一座山間，與虛空藏、海意和無憂生等一起來到了世尊面前。隨後，世尊爲了教化想修小乘而已入大乘之道的天神，便在這法場中化出一位施主，讓他給世尊獻一個盛滿齋飯的缽盂。這時，文殊心想：如果世尊把這缽盂不給我而自己食用，那他就是知恩不報。

事實上世尊把那缽盂放入了地中，飄到了光王佛的世界。光王佛界的隨眾見缽盂後請教光王佛道：「這是誰的缽盂？」

光王佛回答說：「這是釋迦牟尼佛的缽盂。」世尊讓二聖徒和須菩提等弟子找那缽盂，但他們誰都沒有發現在何處。世尊於是對文殊說道：「你去把缽盂拿來。」

只見文殊伸出右手，從手上發出的光芒之頂顯有蓮座世尊像，穿過眾多世界，向各界的佛陀致問，最後問到了光王佛界。隨眾向光王佛打聽這是誰的手，光王佛說這是釋迦牟尼佛的部眾文殊之手。這時，由於佛陀的法力，這兩個世界相互映照出來，只見文殊拿出缽盂對世尊說道：「缽盂在這裡。」

隨後，世尊對舍利弗說道：「文殊是我昔日的導師。」

聽到此話，十方諸佛也都宣稱文殊是他們的導師，於是派人奉獻了傘蓋。這使那些退縮的天神們重新發了菩提之心。

阿闍世王患病

阿闍世王就是在這個時候患了痲瘋病、毒瘡和心臟病的。御醫想盡了辦法依然藥石罔效。阿闍世王於是忍著巨大的病痛折磨來到世尊面前請求道：「我因殺害了父親而悔恨不已，每天吃不好，睡不著。昨晚又陷入了極度的恐懼中，我尤其害怕死後生入地獄。請世尊爲我講個經。」

世尊認爲這樁事文殊就能夠解決。由於受佛陀的法力，舍利弗已頓悟了世尊的意思，於是他說道：「國王，明天您邀文殊到宮中受供，他會解去您的悔恨。」

這樣，國王向文殊發出了邀請，但文殊沒有應允。在世尊的吩咐下，文殊才答應了國王的邀請。

國王回宮後，立即開始張羅著迎接文殊的事情。而世尊則來到須彌山之巔，吩咐金剛持向四大天王講授了《**壞相金剛陀羅尼經**》，命他們去找阿闍世王。此後，世尊又在彌勒等諸菩薩和舍利弗等眾比丘的簇擁下，來到南方普陀山。這時，文殊向世尊詢問怎麼治阿闍世王的疾病。於是，世尊向他講授了《**獅子吼觀世音陀羅尼經**》。世尊與觀世音和彌勒等議論了無邊的教法後，回到了靈鷲山。

當天晚上，文殊來到**宣光佛界**，帶來了八萬四千菩薩。

第二天天亮後，迦葉帶著五百弟子，文殊以佛陀的法場一同前來王宮。這時候，文殊對迦葉說道：「您年歲大，您先行吧！」

迦葉答道：「文殊您是智慧之首，因而是智慧的長者，還是您先行。」

這樣，文殊先行，迦葉和諸菩薩跟隨其後來到了王宮。阿闍世王獻過供養後，跪在文殊面前，請求解除悔恨之心。文殊對他說道：「國王啊！您的悔恨之心如恒河之沙是無數的，就連佛陀也無法解除。」

阿闍世王聽後，頓時萬念俱焚，一頭昏倒在地。迦葉對他說道：「國王不用怕，文殊善於解說佛法，您繼續向他請求吧！」

阿闍世王聽了這話又站起身來，向文殊請教。文殊隨即做了法事，國王的疾病頓時得到解除。這次國王還向文殊提了些問題，文殊都回答了，從而使他獲得了一點忍智。

阿闍世王高興地向文殊獻了兩件衣帛。文殊就在這時候突然消失而去，只聽到他的聲音說道：「你把它獻給見身之人吧。」

國王又把衣帛獻給了**慧光幢菩薩**。這位菩薩也同文殊般突然消失而去，他又把衣帛獻給迦葉，迦葉也同樣不見了。就這樣，眾比丘以及眾嬪妃都消失而去，最後只剩下國王自己一個人。他正準備披起衣帛時，突然連自己也看不到了。

所有念頭都不存在了。

過了一陣，國王才從空性恢復過來，於是一切又都顯現在了他的眼前。

在文殊進一步的教化下，國王獲得了對隨順法的忍智。

這時，千里之外的地方有個人因殺了自己的母親而悔恨不已，文殊感悟後變出幻化的人來。那個幻化之人瞬間就在那個殺人者面前殺死了自己的父母。幻化之人隨後又來到世尊面前接受教化，並獲得了解脫。那個殺人者看見這個情景後，緊接著也來到世尊面前接受了教化。在世尊的法力作用下，一會兒功夫，他的全身毛孔中就燃起了地獄之火。殺人者頓時疼痛難忍。於是，世尊把手放在了那人的頭頂，那人頓時感到了從未有過的安逸。這個殺人者以後皈依出家，當即獲證了阿羅漢果。

文殊與阿闍世王等一起來到了世尊面前。世尊對舍利弗說道：「阿闍世王須彌山般的悔恨現在只剩下芝麻那麼大一點了，他會陷入地獄一瞬間，但不會長久地受到煎熬。」

阿闍世王的王子月光這時候把自己的首飾獻給了世尊，世尊把他授記爲菩提果位後，將此經授予了彌勒、帝釋和阿難。

離王舍城有六十五由旬之外的南方**毗陀羅跋國**有六位大福大德之人，他們是施主**欲望**、妻子、兒子、兒媳、家僕和女奴。

在毗陀羅跋國

這年夏天，世尊來到毗陀羅跋後，住在其城南。當地的裸形派者們聽到世尊來的消息後，唆使

當地人關上城門，誰也不准去見世尊。當天晚上，住在當地的一位來自迦毘羅衛的女子乘著世尊幻化出的梯子，來向世尊獻了一盞油燈而悟了道。世尊讓她去告訴施主**有財**後，有財也來到世尊面前悟道。這個女子回城後向眾人宣稱道：「誰去見世尊，他的懲罰由我來擔當。」

隨後，城牆變成吠琉璃，使人們直接見到了世尊，對世尊生起敬仰。眾人於是不顧禁令，爭先恐後地前來牆邊瞻仰世尊。這時，金剛持擲出金剛杵擊開了城牆，於是眾人紛紛湧到了世尊面前，人群聚滿一由旬開外。經世尊的教化，其中大部分人都開悟發菩提心。

此後，世尊來到靈鷲山，與眾比丘和諸菩薩在一起。這時，阿闍世王帶著王子**獅子**和五百隨眾前來世尊面前，向世尊供奉了五百隻傘蓋。在他的請求下，世尊宣講了**《大寶積經阿闍世王子會》**，並把他授記為菩提果位。

王子向世尊師徒供齋七天後，與其隨眾一同出家了。

講授諸經

以後，世尊來到了舍衛城，在祇園精舍與眾比丘和阿闍世王的王子無憂生等在一起。這時，二聖徒、富樓那、迦葉、須菩提、阿那律、婆娑、難陀、文殊、除蓋障、觀世音等發出各自的獅子吼聲而來。

這些獅子吼聲被波斯匿王的公主**無垢**的千里耳聽到了。無垢公主遵父母之命於三月八日鬼宿時辰與婆羅門**梵天神**成婚。她跟梵天神在回家的路上，聽到了那些細若遊絲又震耳欲聾的吼聲。她把

聽到的聲音告訴梵天神時，梵天神說道：「這是不祥之兆。」

無垢公主聽後說道：「那都是尊者的吼聲，當我聽到這些吼聲時就像聽到了眾生對世尊的讚美之聲，我已經沒有欲望了。」

梵天神聽後，把這件事告訴了岳父母。國王問公主道：「你爲什麼不貪欲望了？」公主向他講述了欲望的罪孽，並來到世尊的八位弟子和諸菩薩面前請教獅子吼聲的寓意。這樣，她獲得了無上的辯才。後來無垢公主與父母一起來到世尊面前禮拜，世尊向無垢公主講授了**《大寶集經無垢公主菩薩應辯會》**。公主頌出眞言後變成了男身，世尊把他授記爲菩提果位，並將此經授予文殊。這時，無垢生菩薩高興地向世尊供奉了能蓋過娑婆世界的傘蓋，傘蓋發出的光芒供奉了十方諸佛。梵天神及其隨眾頓時也發了菩提之心，世尊把他們也授記爲菩提果位。此後，波斯匿王爲前來世尊面前而打鼓敲鑼，世尊聽到後對阿難說道：「我要講**《大法鼓經》**。」

便宣講了開示佛永恒常久的**《大法鼓經》**。

此後，持土國公主來到了世尊面前。她是曾經辯倒過諸外道者的才女，**離遮毗見悅**對於她所提的問題都給予了完滿的答覆。這使眾人非常驚奇，不久其他外道者也都皈依佛法出家了。

這時，遠嫁**無爭城**國王的**勝鬘**接到父母波斯匿王和王妃末利寫的有佛陀眞言的信件後，祈禱說：「佛陀，憐我降凡此地吧！」

話音剛落，世尊便來到此地，坐在空中把勝鬘授記爲菩提果位，而勝鬘發出心貧於煩惱而不貧於功德的獅子吼聲，世尊聽後連連發出讚歎。

世尊回到舍衛城後，吩咐帝釋和阿難把此經記爲《**勝鬘師子吼經**》。勝鬘把丈夫等眾多無爭城人引入到了大乘之道。

這時，眾釋迦人叫提婆達多到世尊面前請罪。提婆達多在眾人的壓力下答應了此事，可是去的時候他又在自己的手指甲上塗了毒藥，想到時候趁機摳傷世尊的腳底。

他來跪拜時，世尊把腳化爲水晶，提婆達多的指甲因此折斷了。

這件事讓提婆達多無地自容，於是他對世尊說道：「你不是說皈依佛陀就不會生爲惡趣嗎？現在我要皈依你了，如果我生爲惡趣，那麼你的授記就是謊言。」

話音剛落，他便活生生地燃燒起來，他痛苦地連連向阿難求救。阿難聽到斷人心腸的聲聲呼喚後流出了眼淚，心裡默念：「這是在證明世尊的功德，而不是邪惡。」

於是，他大聲對提婆達多說道：「提婆達多，快向世尊禱告吧！」

提婆達多從心底祈禱著世尊而陷入了地獄之中。世尊念著提婆達多的善根，把他授記爲獨覺果。這時，二聖徒來到地獄中，告訴提婆達多他已被世尊授記。提婆達多聽後非常高興，說道：「既然這樣，我永遠在地獄中也無憾了。」

世尊遊歷了摩揭陀國後又來到無垢國。有一天，在那裡的寶池邊，他與弟子和菩薩，以及數萬民眾在一起時，婆羅門**無垢光**向世尊獻了珍貴的法衣和無價的項鍊，並邀請世尊到其家中受供。世尊與其隨眾一起前往，途中經過一個叫**安寧**的園林時，看到園中有一座非常破舊但又發著光芒的古塔。世尊向那古塔磕了頭，隨即哭泣了起來。這時，人們看到十方諸佛都發出了閃閃的光芒。世尊

走到塔邊說道：「這裡有無數佛陀的舍利。」

說完，便講起了「秘密舍利」，把所有隨眾引入了三乘之道。

婆羅門無垢光供養世尊後獲得了法眼。

來到靈鷲山與一千二百五十比丘和觀世音等諸菩薩在一起的當天上午，世尊一行前往阿闍世王的王宮，世尊的每個腳印上都出現一個金蓮座的菩薩，這些奇特的菩薩還圍著世尊轉圈。眾人看到此番情景，便以各種供品供養了世尊。其中，商人**除惡**見到世尊便接受教化，獲得了忍智，騰飛到了空中。世尊把他授記爲菩提果位。

世尊一行來到王宮後，受用了國王供養的齋飯。國王還向世尊供奉了珍稀的法衣。此後，世尊來到靈鷲山，阿闍世王等無數眾人也跟隨而來。從四方還走來了**法勝**、**珍寶手**、**殊願慧**和**號莊嚴**四位菩薩，這娑婆世界頓時被他們裝扮得像他化自在天界一般美麗。世尊施法降下了無所不能的雨露，平息了諸惡趣的苦難。四位菩薩最後還向世尊奉獻了能蓋住娑婆世界的傘蓋。世尊在諸多菩薩的注目之下緩緩地坐上了彌勒爲他設置的寶座，在舍利弗和獅子王菩薩的請求下，宣講了《**文殊師利莊嚴經**》。文殊自己也闡明了此經。隨後，世尊稱讚了文殊，說道：「與文殊並論者只有**光冠**、**慧師**、**寂王**和**願慧**四位菩薩。」

當時，這四位菩薩也坐在吠琉璃之殿，議論了甚深教法。隨後，隨眾看到了文殊世界中的**普光佛**。世尊將此經授予了彌勒。後來又在**彌勒**和**慧無盡**的請求下，世尊宣講了《**大寶積經彌勒菩薩會**》和《**大寶積經慧無盡菩薩會**》。

此後，世尊與六萬二千比丘和觀世音、網明、文殊等菩薩在一起。當世尊向天鬘菩薩講法時，隨著一頂寶傘，緊那羅王彈著琴走來。他在琴聲中彈奏著一些深奧的教法，迦葉等眾弟子聽著琴聲禁不住跳起了舞。此後，在**大樹緊那羅王**的請求下，世尊宣講了《**大樹緊那羅王請問經**》。隨眾向大樹緊那羅王拋撒鮮花，緊那羅王又把鮮花拋向世尊。由於世尊的法力，這娑婆世界被巨大的蓮傘遮蔽，蓮傘上懸垂著各種花鬘，傘頂上發出千道光芒，光芒上端坐著一尊尊佛陀。緊那羅王及其部眾舉起蓮傘獻給了世尊後，邀世尊前去其領界妙香界。隨後，**天鬘菩薩**讓世尊及其部眾坐在萬層寶樓中，他自己托起寶樓飛向空中。緊那羅王把世尊一行迎接到了法場上，以豐盛的宴席供養了他們。緊那羅王的八千弟子向世尊發了心。爲了教化他們，世尊坐在空中，身上發出光芒，光芒之中顯出眾多金光閃閃的菩薩。這時，從各種樂器和樹木中發出了各種悅耳動聽的聲音，聲音提出的問題，眾菩薩都作了回答。

隨後，緊那羅王的隨眾們向世尊敬獻了珍珠鍊，這些珍珠鍊頓時又變成了八萬四千尊佛陀寶樓。世尊把大樹授記爲菩提果位。

緊那羅王之子**無垢目**也向世尊敬獻了珍寶瓔珞，世尊加持他的歌聲爲法音。

世尊在妙香界停留七天之後，來到了山王雪山，住在彩虹石上的寶樓中。這時，天龍八部受到了金剛持部眾的迫害後發出了悲啼的哭聲。當世尊剛想到此事，金剛持就前來顯出各種神通。**不敗金剛母**頌講了《**不敗金剛母火焰迷魂陀羅尼經**》。

此後，世尊在雪山的旃檀林中與迦葉、優婁頻羅迦葉、婆娑、二聖徒、婆娑波、須菩提等一千

二百五十比丘和無數菩薩在一起。這時，由於羅剎**吼聲**要來此地，世尊爲了使閻浮提洲不受由此而生的瘟疫等災禍之害，由蓮鬘天子鼓勵前來此地的**十一面觀音**，再由觀音的請求下，世尊宣講了**《蓮鬘天子續》**。此後，世尊在離仙人境不遠處的**底斯山**頂的林間與五百比丘和五百菩薩在一起。當時，一位比丘被妖怪所擒。虛空藏菩薩向世尊請問如何能解救他，世尊於是便講授了**《虛空藏菩薩問七佛陀羅尼咒經》**。

此後，世尊來到了王舍城，阿闍世王前來迎接時與緊那羅王議論後，緊那羅王藉琴聲講述了菩提諸行，世尊將此經授予了阿難。

聽聞正法

此時，文殊坐在自己的殿中心想：該向世尊請教正法了。

隨後，文殊施法發出道道光芒，剎那間從十方走來了十位看不見其身的菩薩，一個個也是金光閃閃，頓時將隨眾照得金光燦爛。迦葉知道來了十位菩薩，但他就是看不見。舍利弗和須菩提也都有同樣的心願，但都未能如願。

隨後，文殊派這些金光閃閃的菩薩到世尊面前去聽法。這時，欲色各界諸神紛至沓來，擠滿了四大洲。天子**曾任意**來到文殊面前敬獻鮮花時，文殊施法將這娑婆世界鋪滿了鮮花。隨後，在天子的請求下，文殊幻化出三萬二千座寶樓和坐在寶樓中的菩薩。文殊和他們一起來到世尊面前，降伏了諸魔凶。這時候，他們才按照世尊的吩咐，顯出隱身的菩薩原形來。經過文殊和天子曾任意議論

後，世尊宣講了《**大寶積經曾仟意天子會**》。這時，在法場中因昔日殺害父母或阿羅漢之罪而未獲忍智的五位菩薩悔恨不已。爲此，在世尊的吩咐下，文殊拿出寶劍躍到世尊身邊擦拭起來。世尊對他說道：「我已經被殺過了，放了我吧！」

那五位正在懺悔的菩薩見狀，一下了發了心，並從而獲得了忍智，飛向了空中。此事傳遍了十方各界。世尊在此地開示了持械法。

第四十次坐夏安居

此後，世尊在祇園精舍進行了第四十個坐夏安居。坐夏解制後，與二聖徒、憍陳如、跋提、憍梵波提、羅睺羅、富樓那、須菩提、迦旃延、迦葉、阿難、劫賓那、優婆離等十萬比丘和彌勒、文殊、觀世音等菩薩一起來到了毘舍離，住在獼猴池邊的寶樓中。世尊在那裡靜修了七日，在普化王菩薩的請求下從等持中起身，向聚集在那裡的隨眾宣講了《**賢劫經**》。

當時，獅子將軍的公子**無邊力**之子**寶鬘**在夢中受到了神的鼓勵後，向其父親請求邀請世尊，其父又向獅子將軍請求。獅子將軍在空中撐起金絲、地上鋪滿布帛，設置上寶座和珍珠傘蓋後，讓寶鬘邀請世尊，供養了齋飯，敬獻了價值千金的法衣，並向眾比丘也每人敬獻了一套法衣。隨後，世尊講授了《**寶鬘經**》。獅子將軍的兒媳見到世尊後問公公道：「我能變成他那樣嗎？」

獅子將軍對她說道：「如果你發起善根，也能成爲那樣。」

說完，給了她許多金銀財寶。於是她也邀請世尊到家中受供，並向世尊拋撒寶花。世尊把她授

記爲菩提果位。此後，世尊來到恒河邊上，坐在樹蔭下與阿難、迦葉、舍利弗以及阿那律、憍陳如和婆娑等弟子議論時，**廣博仙人**帶著五百隨眾從西面走來，向世尊請教施捨之法。於是世尊便講授了**《大寶積經廣博仙人會》**，仙人一行聽後皈依了佛法。

教化魔王

不久，世尊又來到了竹林園。過去世尊在竹林園中進行第二十個坐夏安居時，魔王曾聯合三千界諸魔挑戰釋迦王子而失敗了，這時他又想除掉世尊。他們不聽**火光**等諸魔的勸阻，從各界氣勢洶洶地率兵前來。魔王以大自在天之身來到雪山，對住在雪山的**悅仙星人**說道：「你今天去和喬答摩交談。」

說完，自己與魔軍商定後來到了王舍城。雖然不計其數的魔軍黃蜂般遮天蔽日地充斥在閻浮提洲，但是由於世尊的法力，誰都沒有發現他。這時，世尊的四大弟子來到王舍城化緣。當舍利弗、目犍連、富樓那、須菩提分別從南、東、北、西城門進城時，東南西北各有五十個魔軍裝扮成四弟子，歡歌笑語地前來把他們拉到了街上，並讓他們唱歌跳舞。四弟子說道：「好吧！給你們唱唱從未聽過的歌。」

說著，唱起了諸陀羅尼咒歌。他們唱著唱著，王舍城中心突然破土長出一株寶蓮。當這株寶蓮升至究竟天時，從寶蓮中響起偈句和咒經。魔王見後非常惱怒，他們想連根拔掉那株寶蓮，但是，試了幾次連動都沒有能把它動一下。隨後，音慧魔對眾魔說道：「你們要恭敬世尊。」

話音剛落，眾魔便皈依了世尊。

不知詳情的天龍八部，這時候流著眼淚紛紛來到世尊面前訴說道：「你的大弟子們也在那裡瞎鬧，怎麼會受眾人的恭敬？魔軍難以計數，請世尊不要前去，而在此降伏他們吧！」

竹林園的女神**威麗**也勸世尊不要前去，但世尊以各種相宜之身前往。悅星仙人一行五百人看到世尊的相好，知道世尊的智慧和功德高於一切，經世尊的教化，他們皈依了佛法。世尊把他們都授記為菩提果位。隨後，世尊以十二身從城市的十二個門中進入，受到了眾魔的敬佩。這世界一下子也變成了**普觀佛**的世界一般，聚集了世尊的無數弟子和菩薩。隨後，世尊來到那株寶蓮之下。他剛一摸寶蓮，大千界便震顫了數下，魔眾就這樣被引入到了持戒之道。此後，世尊沿著悅星幻化出的梯子來到蓮心之上坐下，向魔王講授了教法。

但魔王仍然沒有受到教化。

世尊吐出的氣息變成蓮花飛到其他世界，又招來了不動佛等六位佛陀頌講了陀羅尼咒。這時，世尊的面前出現了一座重樓。在十方諸佛的鼓舞下，世尊帶著部眾來到東方寶燈世界。那裡的佛陀**寶賢耀住淨**及其持明咒的無數部眾起身迎接世尊，把他讓在了獅底寶座上。隨後，**寶心王菩薩**請寶賢耀住淨佛講法，寶賢耀住淨讓他請教釋迦牟尼佛。隨即，金剛持按照世尊的吩咐把金剛杵重重地投向地面，只見地上出現了一座重樓，樓中的塔上就坐著三尊佛陀，天空出現了映著金色咒語的雲片。世尊打開了那座塔的門扇，把那三尊佛像展示給隨眾。世尊講授了《**廣大寶樓閣善住秘密陀羅尼經**》後，來到了竹林園。這時，世尊考慮言教集結者將集結佛典之事。

至靈鷲山

此後，世尊來到了靈鷲山，與十萬比丘和悅星菩薩等在一起。這時，在**月光童子**的請求下，世尊宣講了**《月光童子所問三昧地自在經》**。隨後，世尊將手放在月光童子的頭頂，使他獲得了健行等三昧地。隨後，他來到王舍城，在沿途莊嚴了仙品，家中鋪設了仙帛，設置了獅底寶座，邀請世尊前往。

世尊一行又浩浩蕩蕩地出發了。

緊隨世尊身後而行的有觀世音、**得威**、**香象**、**善臂**、**寶冠**、**難生**、**見益**等菩薩；其右側有彌勒、藥王等賢劫諸菩薩；左側有文殊；其後有二聖徒、迦葉、須菩提、阿難、羅睺羅、難陀、迦毗那、跋提、憍陳如、善來、富樓那、迦留陀夷、摩訶俱絺羅、優婁頻羅迦葉等比丘，前面有月光童子和各方王子；天空中擠滿諸神，右有梵天、左有帝釋、前有**釋迦興**等等。世尊一行來到月光童子家後，主人供奉了齋飯，並向世尊敬獻了無價法衣，向諸菩薩敬獻了布帛法衣，向眾比丘敬獻了僧衣。此後，彌勒請世尊到靈鷲山去。世尊答應後，他先自趕到，將那裡用寶物莊嚴了一番。世尊與月光童子一起前往，在五冠乾闥婆用琴奏出的法音聲中完結了此經。

此後，世尊與八千比丘和彌勒、文殊等菩薩在一起。這時，從上空降下一隻寶傘。龍王**大海**和王子來到世尊面前，在龍王大海的請求下，世尊講授了**《大海所問經》**，並把他的王子授記爲菩提果位。父子倆向世尊供奉了無價的寶物和珍珠後，回到大海，向諸阿修羅和眾龍報喜。王子榮耀地

被派往無熱龍報喜，另兩位龍子難陀和鄔難陀被派去向帝釋報喜。他們還用贍部河金子裝飾了宮殿。

天亮後，他們來到須彌山間邀請了世尊。世尊在其隨眾的簇擁下前往，不久，即來到了喜林園般的者摩伽海邊園中。龍王大海來到世尊面前，幻化了吠琉璃之梯。由於佛陀的法力，隨眾看不到海水，海中的生靈也被安置到了一處。世尊與除蓋障等菩薩來到海界，受用了齋飯，講授了教法。世尊把阿修羅**羅睺**授記爲菩提果位。另外，大海之女、阿修羅**毗摩質多**的侄女**衆寶**也發了菩提之心，她向世尊敬獻了珍珠項鍊後，被世尊授記爲菩提果位。龍王**棄者**請求世尊爲眾龍除掉大鵬的威脅，世尊向他賜予了披肩法衣，並吩咐道：「請分給大海中所有的龍吧！每龍一小片，大鵬就不敢來了。」

雖然只是一件披肩法衣，龍王棄者按照世尊的吩咐分發時卻分而不盡。

當世尊準備返回時，龍王**大海**之子**見悅**讓世尊一行坐在勝妙宮般的宮殿中，從天空將他們送到了靈鷲山。

法華經

阿闍世王前來迎接了世尊一行，並與龍王大海議論了教法。世尊把大海授記爲菩提果位。

這時，在靈鷲山上的還有憍陳如等五比丘、優婁頻羅迦葉三兄弟、二聖徒、迦旃延、婆娑、阿那律、劫賓那、憍梵波提、毗藍提子、薄拘羅、摩訶俱絺羅、賓度羅跋羅墮者、難陀、鄔難陀、富

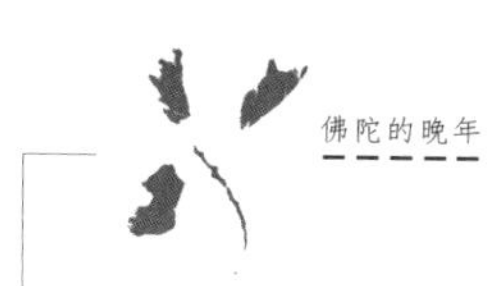

樓那、須菩提、羅睺羅、迦留陀夷、催促、善來等一萬二千比丘，摩訶婆闍波提和耶輸陀羅等六千比丘尼，以及觀世音、藥王、賢護等菩薩和天龍八部各主。另外，阿闍世王一行也與世尊在一起。

世尊從眉間發出光芒照亮了東方的世界。隨眾看到了諸菩薩在那裡行著六波羅蜜多行。彌勒問文殊道：「這是什麼兆頭？」

文殊答道：「這是世尊將要降下法雨的徵兆。」

世尊向舍利弗講授了《**妙法蓮華經**》，並將上述比丘等五百弟子、二千比丘、摩訶婆闍波提、耶輸陀羅、提婆達多等授記爲菩提果位。

這時候，法場中央出現了一座座寶塔，塔中傳出聲音說：「釋迦牟尼您所講的此法太妙了。」世尊發出光芒，使這娑婆世界變成了吠琉璃的世界，坐在寶樹下的佛陀充滿了四面八方。在他們的請求下，世尊飛到空中，用右手打開了那寶塔的門扇。只見塔中的獅底寶座上盤坐著精瘦的**多寶佛**。那佛對世尊說道：「我是前來聽聞釋迦牟尼您的《**妙法蓮華經**》的，請您坐到獅底寶座上來吧！」

世尊聽罷和他一起坐到了師子座上。

由於佛陀的法力，隨眾也騰到空中拋撒香包。這時，從多寶佛界而來的**智慧疊菩薩**請求世尊去多寶佛世界，世尊對他說道：「等一會，你和文殊論論經。」

一會兒，文殊從大海歸來，智慧疊問他道：「你教化了多少眾生？」

文殊回答說：「不計其數，你會看到的。」

隨即，文殊教化的由龍而變成的數千菩薩從空中下來。這時候有人說道：「文殊能使龍王五歲的女兒當即成佛。」

智慧疊聽後難以相信，正在這時，龍王大海之女來到這裡，向佛禮拜讚美。舍利弗對她說道：「大姑娘，世俗女子怎麼勤奮也不會成就正覺的。」

那姑娘聽後，把寶貝獻給了世尊，世尊很快就接了過去。姑娘指著二佛說道：「就像你很快接受這個寶貝一樣，我要立刻成佛。」

說完，便前往南方無垢界，當即成佛並講經說法，道場中的人目睹了這個情景。這時大地崩裂，從裂口中走出**無邊行**等四大菩薩及其部眾，向二佛行禮後請求授予此經。二佛伸出的舌頭發出光芒，光芒中出現了金色的諸菩薩，並向各方講經說法。接著從蓮花瓣無垢佛界走來**嘹亮音菩薩**向二佛問候。普賢也前來聽聞此經。世尊將此經授予了諸菩薩，隨後，諸幻化而來者都回到了各自的世界，把寶塔留在了那裡。

普賢菩薩行願讚

這時，商主之子**善財童子**來尋找導師，當他來到彌勒面前時，彌勒讓他進入了大日莊嚴樓中。他在寶樓中看三千界，顯現著彌勒成佛、教化惡趣、完成十二功業等情景。善財童子看著看著便向文殊發了心，文殊隨即從八十四由旬之處伸手摸著了他的頭頂。隨後，善財童子又想拜見普賢，於是他又看見普賢坐在釋迦牟尼佛身邊的獅底寶座上。普賢身上的每個毛孔中都有香煙繚繞，並顯現出一個個奇妙的世界。善財童子正在聚精會神地看著，普賢把手放到了他的頭上，給他講授了《**普賢菩薩行願讚**》。

此後，世尊來到了尼連禪河邊，又使神通和觀世音、金剛持、文殊、彌勒、二聖徒、須菩提等部眾一起飛到空中，一刻鐘後來到了波羅奈的芒果園。世尊坐在獅底寶座上，讓觀世音和金剛持召集隨眾。三千界的一切眾生召集齊後，世尊宣講了《**發佛陀智力神變經**》。隨後，**頂髻佛**等八位佛陀前來坐在八方講法，眾人供奉了他們。

梵生王死後，波斯匿王成了波羅奈的國王，當時他也來到了世尊面前。世尊與文殊議論過後，將此經授予了金剛持。

此後，世尊來到毘舍離，在獼猴池邊的寶樓中與一萬二千比丘在一起。這時，在梵天的請求下講授了《**勝思惟梵天所問經**》。緊接著以神通來到靈鷲山，與五百餘比丘在一起時，在**善無垢寶自在菩薩**的請求下，世尊講授了《**大寶積經大乘十法會**》，並將此經授予了阿難。

第四十一次安居

此後，世尊來到竹林園，和五百比丘一起進行了第四十一個坐夏安居。坐夏解制後，竹林園裡除聚集著二聖徒等十萬比丘外，摩訶婆闍波提、慧空和阿闍世王等這時候也來了這裡。當時，在賢護的請求下，世尊宣講了《**般舟三昧經**》。賢護邀請世尊和摩訶婆闍波提等信徒到他們家中受供。世尊施法把賢護的家變成吠琉璃後，把此經授予阿難、賢護和彌勒等八位。

此後，世尊住在靈鷲山。當時和他在一起的有大迦葉等九百八十萬比丘和摩訶婆闍波提等六百五十萬比丘尼，大雲藏等眾多菩薩，離遮毗獅子、帝釋和**毗摩質多**等天龍八部。世尊來到靈鷲山的第二天，波斯匿王帶著王后末利，已入大乘之道的眾大臣及給孤獨等隨眾來到了世尊面前。五取國國王等十六國的眾生，以及天鵝、共命鳥、獅子、大鼇等各種動物也雲集到了靈鷲山和竹林園。芸芸眾生和萬千動物和平共處，相安無事，三惡趣的苦難得到了平息。此後，大雲藏菩薩為解除其女無常的邪念，請求世尊講法，世尊便宣講了《**大方等無想經**》。此時出現了各種瑞兆，憍陳如、迦葉、離遮毗見悅、阿闍世王之女無垢光等禁不住連連讚歎，世尊也授記了他們。

此後，世尊又與五群比丘、優婁頻羅迦葉三兄弟、二聖徒、難陀等九萬八千比丘和觀世音、文殊、虛空藏等在一起。**美冠菩薩**擔心世尊不能長壽，不動佛等四佛陀為了解除他的多慮，專門來到他的居地說道：「釋迦牟尼的壽命是無法估算的。」

金光明經

說完，**信相菩薩**也隨四佛來到了靈鷲山，坐在四方請求世尊，世尊便講授了《**金光明經**》。

此後，世尊與四萬二千比丘和智慧海、除蓋障、觀世音、虛空藏、彌勒、文殊等菩薩在一起。這時，在寂慧的請求下，金剛持講了密法。舍利弗看到彌勒等賢劫諸菩薩和世尊的一切所顯之身背後都有金剛持的情景。世尊也授記了金剛持。隨後，金剛持來到**楊柳宮**，將其道場裝扮得跟莊嚴王佛界一般，並派其子金剛部和賢臂招來了諸神。此後，他把世尊一行請到了楊柳宮。

世尊在楊柳宮停留了七天，講授了《**單髻勝樂陀羅尼經咒**》、《**青衣金剛持陀羅尼咒**》和《**大自在天陀羅尼咒**》。

七天後，世尊又回到了靈鷲山。王子**大畏生**聽說後，稟報了阿闍世王。阿闍世王得悉後立刻來到世尊面前，向世尊請教金剛持的功德。他想：「他的金剛杵有多重呢？」

這時，金剛持把金剛杵放在了地上，讓國王去試拿一下。阿闍世王是力大無比的人，他可以單手舉起一頭大象，但這金剛杵他卻未能挪動一下。帝釋也試著舉了一下，但是金剛杵紋風未動。目犍連去提舉時，他的力量雖然震顫了大地，翻滾了江河，但金剛杵仍然紋絲不動。在世尊的吩咐下，金剛持輕鬆自如地把金剛杵高高持於右手中，世尊就在這時候把《**金光明經**》授予了阿難。

於天界說法

此後，世尊以神通來到**淨居天**，從**俱花界**招來文殊後，吩咐他召集了**藥師佛**等十方諸佛。當時，那裡還聚集了觀世音等眾多菩薩、百萬聲聞弟子和眾多比丘尼。此外，還有文殊招來的無數其他隨眾。這時，在金剛持和文殊請求下，世尊宣講了《**華嚴經**》裡的《**文殊師利根本儀軌經**》。

此後，世尊從超越三界（欲界、色界和無色界）的、無為而無生老病死的密嚴剎土中升騰而起，來到無垢月心宮頂，與**大慧**等十地菩薩在一起，並向諸菩薩講授了《**密嚴剎土經**》。隨後，普賢、文殊、觀世音、陀羅尼自在、金剛持、大樹緊那羅、無盡慧、虛空藏、彌勒等菩薩對金剛藏說道：「請講大慧法，諸菩薩側耳傾聽。」

這時，與諸佛同等的金剛藏坐在了獅底寶座上闡述了密嚴刹土和阿賴耶識，受到了眾菩薩的恭敬。

囑咐迦葉

此後，世尊來到了王舍城，在**法界藏殿**與弟子和菩薩在一起，向**無分別見菩薩**講授了《**無分別陀羅尼經**》。隨後，世尊來到了祇園精舍，與五千比丘和文殊、觀世音等菩薩在一起時，世尊對迦葉說道：「你要維護教法。」

迦葉聽後，請世尊和彌勒吩咐，於是世尊把手放在彌勒的頭頂說道：「請銘記此經。」彌勒承諾下來後發出了獅子吼聲，世尊便又講授了《**大寶積經摩訶迦葉會**》。當彌勒和舍利弗、文殊議論此經時，在**慈目菩薩**的請求下，世尊又講授了《**入慈悲經**》，並將此經授予了阿難。

此後，有一天天還未亮，舍利弗想到文殊宮殿去，當他看到世尊的寢宮還亮著光芒時，便又想退回來，但他不由自主地進入了文殊的宮殿，只見文殊前往東方**光芒蓋佛**面前，那佛的毛孔中出現了眾蓮花，蓮花上坐著眾菩薩。文殊坐在其中的一朵大蓮花上，光芒蓋佛向他致以問候後，與其隨眾**妙音菩薩**一起回來了。此時，天還沒有亮起來。阿難則看到祇園精舍沒在水中而不淹，還看到了世尊的寢宮中有發出光芒的蓮花，於是他便來到了世尊的面前。這時候，太陽從東方升了起來。阿難和目犍連按照世尊的吩咐，招來了眾比丘。文殊等菩薩也從地中顯現了出來。在文殊的請求下，世尊宣講了《**廣博嚴淨不退轉輪經**》。隨後，二聖徒、須菩提、婆娑、阿那律、劫賓那等眾多獲有

不還果者議論了此經。世尊將此經授予了阿難。

摩訶婆闍波提圓寂

不久，世尊來到迦毘羅衛城，住在尼拘律苑。當時在舍利弗的請示下，世尊講授了《**彌勒授記經**》。這時，摩訶婆闍波提帶著五百隨眾來到世尊面前，世尊打了個噴嚏，她們便一齊說道：「佛陀千秋！」

這時，究竟天以內的諸神也都如此呼喚起來。世尊聽後說道：「姨母，您不該這樣說，而應該讚美眾弟子和好。」

摩訶婆闍波提說道：「我會讚頌眾弟子永遠和好，但到那時，我就要滅度了。」

世尊聽後說道：「世間有爲之物都是這個規律，我不用說什麼了。」

隨後，世尊帶著眾弟子及五百比丘來到了舍衛城，摩訶婆闍波提及五百比丘尼向世尊禮拜過後，來到比丘尼的住地，經過七天的論經說法，各顯神通之後，一齊圓寂了。這時，世尊與五群比丘、迦葉、二聖徒等僧來到比丘尼的住地。波斯匿王也帶著嬪妃和眾臣來看望世尊。給孤獨、者摩伽等來看望世尊時，還供奉了五百個寶棺。此後，阿難、婆娑、鄔難陀和羅睺羅四人抬著摩訶婆闍波提的靈柩，世尊也用右手拖著，其他比丘抬著其餘比丘尼的靈柩，以隆重的祭祀將她們送到了幽靜處後，世尊說道：「看啊，她們已有一百二十歲，但其身體仍然像童女一般美麗。」

說完，就用香木爲她們行荼毗（火葬）。

優婆夷入滅

此後，世尊在祇園精舍進行了第四十二個坐夏安居。這期間，**凶女**的兒媳與盜匪私通。由於被優婆夷發現，他們殺害了尊者，把屍體藏在了垃圾之中。世尊知道了此事後，當晚便匆忙來到了舍衛城，與波斯匿王一起收拾了優婆夷的屍體，讓末利祭祀過後，眾僧抬著其靈柩來到了清靜處進行荼毗，並在舍衛城的路口修建了舍利靈塔。

辦完這件事後，世尊再次來到舍衛城，在竹林家雀園中與六萬比丘一起進行了第四十三個坐夏安居。坐夏安居期間，在淨居天諸神的請求下，世尊向金剛不壞菩薩講授了《**大寶積經淨居天子會**》。此後，與六萬二千比丘和諸多菩薩在一起時，世尊用舌頭三次覆蓋了三千界，向彌勒和文殊講授了《**大乘方廣總持經**》。

王舍城的一位商人的妻子懷孕後，孩子在母體中待了六十年都沒有出生。這位母親死後被送到尸陀林，聖醫耆婆從她的屍體中接生了這個孩子，故得名**老來生**。老來生七十歲出家，在靈鷲山與十四位比丘尼一起坐夏。那十四位比丘尼都修證了阿羅漢果，惟獨老來生一人沒有修得什麼成果，他悲傷得準備自殺。世尊知道這件事後，親自前來向他講法，使他獲證了阿羅漢果。隨後，世尊向阿難講述了止觀法。

憍薩羅國政變

當年波斯匿王的王子**毘琉璃**出生時，有個大臣也生了個兒子。因他出生時傷了母體，故得名**害母**。他倆長大後到了迦毘羅衛國，受釋迦人的欺辱。後來，害母向毘硫璃提起了這個舊怨，使他產生了奪取王位、征服迦毘羅衛國的念頭。於是他勾結奸臣，陷害忠臣，準備奪取王位。有一天，他問太子**祇陀**道：「我要報復釋迦人，你看我什麼時候能成王呢？」

祇陀對他說道：「你會成爲國王的，但不要犯下罪孽。」

這時，世尊來到了迦毘羅衛國。世尊剛剛住下，就有人輕輕地敲他的房門。世尊開門一看，見是波斯匿王，便熱情地請他進來。波斯匿王向世尊禮拜之後，非常謙恭地訴說了自己聽法修法的各種心情和體會。這時，世尊與波斯匿王都已經是七十七歲又七個月的老人了，算上閏月，剛好是八十高壽。

波斯匿王做夢都不曾想到，他正在和世尊愉快地交談的時候，祇陀帶著國王的馬車和寶劍正飛奔在回舍衛城的路上。祇陀回到舍衛城後，立即把毘琉璃王子加冕爲國王了。波斯匿王從世尊的住房中出來，不見了祇陀和自己的馬車，他便向眾比丘問道：「看見祇陀了嗎？」

眾比丘答道：「國王您到世尊面前時，他駕車出去了。」

波斯匿王聽後，就步行著向舍衛城走去。路上，他遇到了前來尋找國王的末利和住夏女王妃。她倆嗚咽著說道：「祇陀太子把毘琉璃王子立爲國王了，因此我們前來找您。」

波斯匿王聽後說道：「既是這樣，末利您回去和王子在一起吧！」

末利聽後，痛苦萬分地回到宮裡。

而波斯匿王帶著住夏女流落他鄉去了。

此後，世尊來到王舍城，住在竹林園。

波斯匿王逝世

這時，波斯匿王也來到阿闍世王的花園中。因饑餓難忍，便派住夏女稟報阿闍世王說，他要拜見國王。阿闍世王聽後，非常驚慌地問道：「大王有強大的軍隊，怎麼已經到了我的門口還沒人發現呢？」

住夏女回答道：「尊敬的國王，他哪裡有什麼軍隊，我們是被王子篡了位，所以流落到這裡的。」

阿闍世王說道：「國王前來我國是我的榮幸，我將用最隆重的儀式迎接他。」

說完，命人裝飾了城市，準備了數千馬車前去迎接波斯匿王。由於準備工作而使迎接的日子往後拖了幾天。波斯匿王餓得只好在花園中吃著乞得的蘿蔔，喝著涼水。由於饑寒交迫，消化不良，他昏倒在了阿闍世王的馬車道上，被過往馬車揚起的塵土給活活地嗆死了。

阿闍世王把一切準備就緒後，親自前來迎接波斯匿王。但是，連波斯匿王的蹤影都沒有找到，最後才發現了老國王僵硬的屍體。

後來，阿闍世王將波斯匿王慘死的消息告訴了世尊，老國王的屍體送到了尸陀林後，舉行了盛大的祭祀。

釋迦族滅亡

同一時間，在舍衛國的王宮中，害母對毘琉璃王說道：「尊敬的國王，托您的福，如今我成了大臣。不過，別忘了國王您曾經立下的大誓：當我成爲國王之時，一定要消滅眾釋迦。」

就這樣，經害母的反覆誘惑，毘琉璃王終於率四路大軍，向迦毘羅衛國進發了。

世尊也知道了釋迦族人的命運，急忙從王舍城來到舍衛國，又從舍衛國去了迦毘羅衛國。途中，世尊坐在一棵枯萎的舍伽樹下休息時，毘琉璃王正好率領著大軍經過此地。這位剛篡權不久的國王見到世尊後向他跪拜道：「長老，您爲什麼要坐在這棵枯樹之下？」

世尊對他說道：「大王，親族之蔭，更勝餘蔭。」

毘琉璃王聽後，明白了世尊此話的意思是對釋迦人的慈悲，於是便改變了主意，又率兵回去了。

毘琉璃王率軍遠去後，世尊望著金戈鐵馬揚起的煙塵，想到雖然他暫時把毘琉璃王勸回去了，然而，毘琉璃王遲早還會再去殺害釋迦人的。釋迦族人還沒有悟道就受到毘琉璃王軍隊的攻擊，會使他們得不到教化，所以一定要在釋迦人遭到迫害前使他們受到教化。於是，他便來到尼拘律苑，與二聖徒、須菩提、劫賓那、憍梵波提、摩訶俱絺羅、羅跋羅墮者、憍陳如、跋提梨迦、富樓那、

周利槃陀伽、薄拘羅、羅睺羅、鄔難陀、難陀、阿難等七萬七千比丘，彌勒、觀世音、普賢、虛空藏等諸菩薩以及千萬釋迦人在一起，並在**自在頂菩薩**的請求下，宣講了**《布施波羅蜜多經》**。

這一次，在世尊的教化下，大部分釋迦人悟了道。

時隔不久，害母又對毘琉璃王說道：「佛陀已經斷了欲念，他不會站在釋迦一邊。現在正是攻打釋迦人的良機。」

這樣，毘琉璃王又興兵來到迦毘羅衛國。

眾釋迦得知情況後前來迎戰。

他們以連珠箭射出箭雨，但未傷著對方的一兵一卒。儘管這樣，毘琉璃王還是嚇得夠嗆，撤兵回去了。

不過，毘琉璃王回去後還是不甘心。一個月之後，他又向迦毘羅衛國發了兵。

這一次，釋迦人砍斷了他們的甲條，使甲片落地，但未傷其身，毘琉璃王又嚇得率兵回去了。此後，又率兵前來。

這次，阿闍世王的一位王子也趕來支援了他。於是，兩支軍隊包圍了迦毘羅衛城。

目犍連得知消息後，請求世尊讓他去保護釋迦族人，但世尊沒有答應。

困在城中的釋迦族人爲了感化敵人，嚴令不得傷害毘琉璃王的一兵一卒，違者將不再被認作是釋迦人。接下來的日子裡，他們緊閉城門，守在城中。他們射斷了敵人的弓箭，射斷了敵人的耳環，但是沒有傷害來犯之敵的一根毫毛。

就在雙方處於對峙狀態的時候，居在山中的釋迦人**奢摩**回到迦毘羅衛城。當他在城邊看到如此局面後，單槍匹馬地與敵軍展開了搏鬥。他射死了眾多的敵軍後，毘琉璃王非常害怕，後悔不該前來攻打迦毘羅衛城。他急忙驅馬回到宮中責怪起害母來了。而害母聽了詳情後，對毘琉璃王說道：「尊敬的國王，你不要心慌，這人不知道規定。」

同一時間，奢摩好不容易來到迦毘羅衛城的城門口時，釋迦人怎麼都不給他開門，還在裡面高喊著說，不認他這個釋迦人了。就這樣，傷痕累累的奢摩帶著自己的隨眾來到了世尊面前。世尊給了他一根頭髮、一片指甲和一顆牙齒後，他按照世尊的吩咐來到了薄拘羅國，並成了那裡的國王。那個佛髮塔就是他後來修建的。

就在奢摩奔赴薄拘羅國時，堅守迦毘羅衛城的釋迦人中了奸計。

毘琉璃王聽了害母的奸計，對城中人喊道：「現在打開城門吧，我對你們的怨恨已經平息了。」

釋迦族人正在商議時，魔王變成釋迦族的長老混進人群，拿起了迎敵入城的木籌。於是在魔王的鼓動下，釋迦族人一致同意打開城門讓敵軍入城。

毘琉璃王率軍入城後，並未履行自己的諾言，隨著他的一聲喊叫：「我要滅掉釋迦族人。」敵兵舉著槍械向釋迦人襲來。

「尊敬的國王，請不要傷害我。」釋迦族的**摩訶那摩王**來到毘琉璃王面前淒慘地這樣說道。「這不可能。」毘琉璃王冷笑了一聲，堅決地說。

摩訶那摩又說：「那麼讓我跳到這水中，在我出來之前能跑出城的人，就饒了他們吧！」

毘琉璃王答應了他的請求。

摩訶那摩跳入水中，把自己的髮辮繫在水底的樹根上自殺了。

在這期間，無辜的釋迦族人紛紛逃到了他鄉，而罪孽深重的釋迦族人卻一個也沒逃出城門。後來，毘琉璃王得知摩訶那摩在水底自殺後，氣得從寶座上站起來吼道：「在大路上血流成河之前，我誓不離開此地。」

他的軍隊在一日之內就屠殺了七萬七千釋迦人，但毘琉璃王仍然覺得釋迦人的血流得不夠。最後，大臣們背著他在道路上塗了紅漆，並謊稱是血，他才算罷休了。

而這時，世尊感到身體非常不舒服，缽盂中盈出水，水滴冒出的熱氣竟然絲絲作響。

第二天，在樹林裡，毘琉璃王的軍隊圍住了五百位釋迦族孩子後，放出象群想把他們全部踩死。而釋迦族的孩子們卻把大象都給掀翻在地上。毘琉璃王見後，下令挖坑活埋他們，並用鐵耙壓在了坑上。

五百個釋迦族的孩子幾乎全部喪生，一、兩個僥倖得以逃脫的孩子，好不容易來到了世尊面前，卻也都累死在了缽盂之下。由於世尊施法把那坑變成了水井，其他人在七天之後高興地回到了地面。可是毘琉璃王知道後，又下令在大象的鼻子和腳上綁了利劍，把五百死裡逃生的孩子又都活活地給捅死了。

孩子們死後都生成了天神。此後，毘琉璃王帶著一千個釋迦女回到了舍衛城。**制勝**王子正在宮

頂遊戲，凱旋而歸的毘琉璃王對他說道：「我殺敵歸來，你卻在這裡遊戲！」

制勝王子回答道：「如果釋迦人是敵人，那麼誰是朋友呢？」

毘琉璃王聽後大爲惱怒，拔劍殺了王子。

這位王子死後，頃刻之間便生在了天堂。隨後，毘琉璃王驕傲地對釋迦女們說道：「我勝利了！」

釋迦女們譏諷他道：「釋迦族人是佛陀的信徒，如果他們狠下心的話，他們的樣子怕你連看都不敢看一眼。」

毘琉璃王聽後大怒，把無數的釋迦女帶到紅池邊截掉了四肢。

釋迦女們痛苦得連連祈禱：「頂禮佛陀。」

世尊即刻就察覺到了她們的祈禱，來到這些女子們的上空降下了雨露，從而使她們重新生出了四肢。爲報答世尊，釋迦女們都隨喬答摩出家了。

她們死後也都生爲天神，並來到世尊面前悟道。

毘琉璃王入地獄

此後，世尊來到舍衛國，住在祇園精舍。世尊預言說：「毘琉璃王在七天之後將被燒死，生入地獄。」

毘琉璃王聽到世尊的預言後，在湖中建了一座宮殿，日夜住在其中，並對火源嚴加管制。他覺

得那樣就不至於發生火災了。然而，到了第七天，由於王妃的聚光鏡受陽光的照射，導致了宮殿失火，毘琉璃王慘叫著被火燒死在了那座爲防火而建造的水上宮殿中。這個殘暴的國王死後生在了地獄之中。

阿難妹妹的兩個兒子因父母被毘琉璃王殺害而成了孤兒，兩個孤兒被一個商人放在祇園精舍門口。在世尊的准許下，他們七歲就隨阿難出家。目犍連在教他們認字時，幻化出地獄讓他們看。兩個孤兒從此學習異常勤奮，後來便獲證了阿羅漢果位，並顯神通經常飛到空中採花來獻給世尊。

幾位老比丘見後感歎道：「我們到現在還沒有成就什麼，而這兩位七歲就修證了阿羅漢果位！」

第四十四次安居

此後，世尊與五百阿羅漢一起來到了無熱湖。在那裡，鄔難陀和難陀在湖中化出千瓣蓮花，世尊就坐於蓮心，諸阿羅漢就坐於花瓣之上。這時候，舍利弗在靈鷲山縫製法衣，目犍連奉世尊之令前來，用五指連縫法衣後，對他說道：「快走，否則用法力帶你去。」

舍利弗聽後說道：「你是具神通之人，先帶這腰帶，然後帶我去吧！」

目犍連拿起腰帶後，舍利弗把它繫在靈鷲山上。此山動搖後，繫在了須彌山上。須彌山也顫動，無熱湖起伏，連世尊師徒也被提了起來。這時，世尊把它繫在蓮莖上後才堅固不動了。於是舍利弗對目犍連說道：「你先去，我隨後就來。」

說完瞬間來到世尊身邊，坐在了蓮瓣之上。

此後，迦葉、二聖徒等五百阿羅漢授記了各自的業道，世尊也授記了自己的業道，並在一千菩薩聚集後，向**獅子戲菩薩**講授了《**華積陀羅尼神咒語**》。

世尊來到東園鹿子母講堂，進行了第四十四個坐夏安居。此後，世尊來到憍薩羅國的**水滴城**北面的**沈香園**中。

有一天晚上，五百個口中生火的餓鬼來到世尊面前乞求道：「我們是水滴城人的親屬，請以我們的名字賜予我們發願吧！」

世尊答應了他們的請求，並吩咐明日隨他去。

第二天，水滴城的民眾邀請世尊前去受供時，那五百位餓鬼也按世尊的吩咐來到了宴會上。眾人見狀，嚇得逃散而去。世尊對他們說道：「大家不用逃跑，他們都是你們死去的親屬。」

當時，眾人想知道世尊師徒和外道誰比較貪心。

一個叫**言獅子**的婆羅門獻出了盛滿蔗糖的五百個罐子後，只見世尊只拿了一罐蔗糖與眾比丘分享，但罐子中的蔗糖還是沒有分完。世尊的舉動使那位婆羅門非常感動，當即皈依出家了。後來，他在修煉時因惡臭而不能入定，按世尊的吩咐在房舍中熏了香，這樣，他順利地修證了阿羅漢果。世尊稱他爲靠熏香解脫者第一。

此後，世尊來到了毘舍離，住在獼猴池邊的寶樓中。這時，毘舍離眾人約定共同供養世尊。但是，一個叫**具財**的施主沒有聽到這個約定，他只是自顧自地每天都邀請世尊到家受供，以仙毯和美

味供養世尊。經世尊的教化，他們夫妻和兒子兒媳四人都開悟。眾人知道具財不遵守約定而想把他逐走，具財給大家每人送了一個仙寶才得到寬恕。以後，毘舍離眾人以各種所需供養了世尊一行三個月。

世尊患病

世尊八十歲時，來到了捨棄國的**竹林城**，並在城北面的鹿樹林中進行了第四十五個坐夏安居。就是在這次坐夏安居中，世尊大病了一場。面對病重的世尊，阿難傷心地說道：「我想您在爲眾比丘留下遺言之前是不會涅槃的。」

世尊對阿難說道：「是這樣，如來八十歲已是年老了，但是我還堪受重病，你不用爲此而傷心。」

至末羅國

世尊的病痊癒後，來到了末羅國，住在**波婆**的**蟲蓮花園**中。波婆城的末羅族供養了世尊一個月。

這期間，阿難的舅舅大鼻末羅族的**光明**不信世尊，被阿難帶到世尊面前後，對世尊產生了信仰，並供奉了世尊。

上茅城的三百末羅和五萬比丘聽說世尊前來後，自動清掃了上茅城至寶水河之間的道路。當時

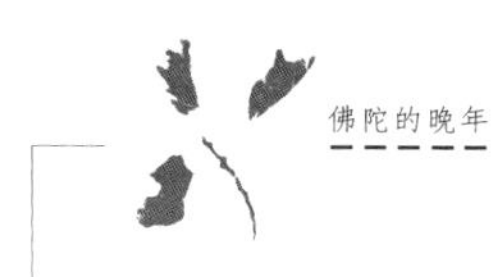

那條道路上有一塊巨大的岩石，末羅們爲了使世尊行進時道路平直，也爲了揚末羅之名，決定移開巨石。但在二十九天中，諸末羅想盡了一切辦法都未能動它一下。世尊前來後對他們說道：「諸位爲何費這麼大的勁？」

末羅們答道：「爲了世尊！」

世尊笑了笑，輕輕地用右腳趾掀了掀那塊巨石，然後用右手把它舉起來拋向空中。據說那塊石頭被擲到了梵天界。那塊大石頭落地時發出的巨大聲響，讓末羅族人聽後不寒而慄。後來那聲響漸漸地變成了法音。就在這個時候，那塊巨大的石頭又奇蹟般地落回到了世尊的手掌中，諸末羅又一次驚呆了。世尊對末羅們說道：「諸位不必驚嚇，我把它撚成粉末吧。」

說完，世尊輕輕一捏，那塊大石頭便碎了。碎石粉塵暴雨般地從空中往下降落。諸末羅見狀問世尊道：「這粉塵從何而降？」

世尊答道：「這是我把巨石撚成粉末而生的。」

眾末羅聽後非常不安。這時世尊又把那塊巨石聚合成原狀，放在了一邊。末羅們驚喜不已地問道：「這到底是什麼力量啊？」

世尊對他們說道：「父母賜予的力氣把巨石拋到了天空，神通之力使其響起了法音，入定之力把它撚成粉末又聚合在一起。」

接著，世尊給五百末羅講授了《**拋岩經**》，使末羅族人明白了眞理。

預言涅槃

世尊接著來到了上茅城。這時，一頂轎子把病得奄奄一息的舍利弗抬到了世尊面前。病危的舍利弗聽到世尊的言教後不久就恢復了健康。

也就是在這時，世尊對阿難預言道：「不久以後，我將在娑羅雙林中涅槃。」

此後，世尊來到王舍城，在靈鷲山上完成了《**大方廣等天想經**》。當時**大光菩薩**也從極樂世界中前來聽了此法。除蓋障菩薩講了《**喜筵經**》，並將此界以珍寶莊嚴。

此後，世尊在山上與二千一百比丘在一起。他曾經讚美過于闐國，而此時他授記了于闐國的**牛角聖山**，把此地交付給了**毗沙門天王**和**普勝菩薩**。這期間阿闍世王的公主無垢光菩薩和妹妹、哥哥等前來祈禱世尊，讓他們將來轉世於于闐，以便於弘揚佛法。爲此，世尊講授了《**無垢光母所問經**》。隨後，世尊與數十萬隨眾一起從天空飛到淹沒在湖水之下的牛角山上空。那裡有四位佛陀的**喬摩娑羅竭陀靈塔**。到達後，世尊坐在靈塔正前方約有七個多羅樹高的蓮座上，發出光芒，得到了十方諸佛的加持。隨後，按照世尊的吩咐，舍利弗用禪杖，毗沙門天王用槍矛捅破了湖水。世尊坐在露出水面的牛角山巔，面朝西方，雙目注視著靈塔靜坐了七天。世尊靜坐到第七天的時候，平靜的湖面上出現了上面坐著佛陀的三百六十三株蓮花。世尊看著蓮花預言道：「一百年後，這裡會出現與今日蓮花的數量相等的寺廟，佛法會興旺發達。」

此後，世尊來到了竹林園，又從竹林園依次來到了**王地竹竿城**、**紅城**、**草棚城**、**勝音城**裡勝音仙人的修行地、毘舍離的**獼猴池邊寶樓**等地。

三個月後，我將涅槃

世尊在最後一地化緣後，坐在**闍波羅塔**下對阿難說道：「凡具四神足者可以永生，何況如來也樂意，因此我要永世不辭。」連說了三聲。阿難由於被魔鬼附身而沒有任何反應。當天晚上，阿難夢見一棵茂盛的果樹被風吹倒，眾人爲此而悲傷的情景。他預感到這是世尊涅槃的徵兆，於是異常害怕和不安。這時，魔王前來要求世尊涅槃，而離遮毗鐵匠之子**純陀**前來乞求世尊不要涅槃。世尊預言說道：「三個月後，我將涅槃。」此後，世尊處於生理上已經死亡，但感知因受加持之力而仍然活動的狀態。當時出現了大地震動、流星落地、四方著火等現象。諸神也在空中敲起了鼓，在那裡諸神修建了一座加持身蘊的圓塔。

這時候阿難醒了。從夢中驚醒的阿難不知道大地震動是個什麼兆頭，於是前來向世尊請教。世尊爲了受教化者著想，對阿難說道：「由於三個月之後我將涅槃，於是生出了這徵兆。」

阿難聽後難過地說道：「世尊，請永世長存吧！」

世尊說道：「這全怪你，你沒有爲我祈禱。」

世尊又來到菴摩羅女園中，與一萬二千比丘和彌勒等二萬菩薩在一起。

毘舍離城有個叫**無垢威德**的大力士。大力士這時想到：至今我還沒有見到過比我的力氣更大的

大力士，喬答摩據說力大無比，何不去和他比試比試呢？

想畢，他便來到世尊面前。可是連他自己都不曾想到，一見世尊，他便不由自主地雙手合十，跪在了世尊的足前。爲此，世尊吩咐目犍連道：「你去把我曾爲王妃而射的那支插落在娑婆界鐵圍山上的箭拿來。」

世尊說完，從右手發出光芒給他指點了方向。目犍連頃刻之間就取來了那支聖箭，並奉獻給了世尊。世尊接過箭後講授了《**集一切福德三昧經**》，使無垢威德發了心。在與文殊和**遍入天**議論過後，世尊將此經授予了阿難。這時，菴摩羅女聽說世尊將要涅槃的消息後，非常難過地恭敬了世尊，並發了心。

此後，世尊來到毘舍離的獼猴池邊的寶樓中，與八千比丘和眾多菩薩在一起。世尊吩咐目犍連召集弟子。目犍連來到須彌山之巔，以響徹娑婆世界的聲音宣佈說：「世尊要講法了，眾弟子趕快前來！」

聽到喊聲，四萬比丘立刻聚集到了世尊面前。另外，由於舍利弗的召喚，娑婆世界的所有三乘比丘也都聚集在了世尊面前。世尊又吩咐八大隨佛菩薩和虛空藏、金剛藏等菩薩召集了無數的菩薩。在如此廣大的法場上，世尊應舍利弗的請求宣講了《**生出無邊門陀羅尼經**》，並把此經授予了舍利弗。

此後，世尊以神通來到了竹林園。這時，二聖徒來到地獄，目犍連降下許多雨水都被獄火蒸發了，而舍利弗頃刻之間就將地獄變成了清涼之境。當他們前去時，發現外道富蘭那迦葉不知何時已

變成了大舌，他的舌頭上五百鏵犁正在耕耘。富蘭那迦葉帶話給他的門徒們說道：「你們要供奉我的舍利塔，我的痛苦就會隨之增加，你們還是停止供奉吧！」

二聖徒答應了他的要求，來到舍衛城後向他的門徒傳達了他的口信。誰知他的門徒們聽後大為不悅，在舍利弗離開之後，把目犍連打了個遍體鱗傷。隨後，舍利弗背著目犍連來到了竹林園。

阿闍世王聽說此事後，召集了王舍城的所有醫生，命他們在七天之內治好目犍連的傷。

此後，世尊以神通來到了靈鷲山，與二萬八千比丘和迦葉、須菩提、觀世音、文殊、彌勒等在一起。有一天，阿難前去化緣時，看到一個婆羅門正在孝敬母親，當即讚揚了他的行為。然而，阿難沒想到，那位婆羅門對他這樣說道：「你的導師喬答摩可不孝敬父母。」

阿難回來後向世尊訴說了此事。為此，世尊發出光芒招來十方諸菩薩後，坐在蓮座上顯出無比的莊嚴，向阿難講授了**《父母恩重難報經》**。隨後發出光芒照到正在地獄之中受難的提婆達多身上，從而使這位孽子的痛苦減輕了許多。隨後，世尊又把阿難派到提婆達多身邊。提婆達多對阿難說道：「阿難，我在地獄中很好。」

世尊不久之後就與八萬比丘和文殊、觀世音、彌勒、普賢等諸菩薩一起從王舍城前往娑羅雙樹林。途中，世尊說道：「我將在二月十五日涅槃，未懺悔自新者儘快懺悔吧！」

說著，走到一處，只見那裡出現了金花和吠琉璃花，不遠處有一個池塘，池塘中盛開著鮮花，池邊有一座獅底寶座。世尊坐在那寶座上，發出光芒平息了三惡趣的痛苦。這時，十方諸佛知道了世尊即將涅槃，便派來諸菩薩奏起了動聽的樂聲。隨之，世尊向虛空藏菩薩講授了**《大方廣解脫懺

悔梵行淨罪成佛莊嚴經》。講述完後，世尊幻化出的雨露從天空徐徐而降，雲霧從地上徐徐而起。隨著一聲「佛不會圓寂」的天外之音，世尊倏然消失。

此後，積下深重罪孽的善見國王來到此地，按照此經的教義做了懺悔，從而使他看到了十方諸佛的面容，淨除了罪孽，成就了菩提果位。

世尊顯出身後，將此經授予了**持咒菩薩**。之後，世尊說道：「我即將涅槃了！」

舍利弗與目犍連圓寂

舍利弗聽到世尊聲如洪鐘的訣別，悲痛地昏倒在地上。蘇醒後說道：「佛陀的太陽要落到涅槃的山後了！我要在世尊之前圓寂！」如此重覆千百回後，向世尊行了跪禮。

太陽在這時候變得黯淡起來，山梁轟然倒地。

隨眾見狀膽戰心驚，舍利弗則飛到空中，發出明亮的光芒，光芒中幻化出這樣的情景：一頭巨象具有一千個頭，每個頭上各有七支象牙，每支象牙上有一個盛開著七株蓮花的水池，每株蓮花上就坐著一尊佛陀，而每個佛陀又有舍利弗隨侍。就這樣，舍利弗的身體充滿了天空，顯出各種神通，並向眾人講經說法。最後，他們抓住世尊的雙手和雙足悲切地說道：「這是最後一次拜謁世尊。」

說完，帶著純陀沙門去了那爛陀。純陀將此事稟報給了阿闍世王。阿闍世王聽後歎道：「眾僧

之首舍利弗尊者圓寂過早了啊！」

隨後，國王及各施主來到舍利弗面前請求他不要圓寂。而舍利弗只是對他們說道：「諸法無常！」

七天後，目犍連前去化緣，舍利弗便知道他要去圓寂。舍利弗怕自己承受不了世尊涅槃和目犍連圓寂的痛苦，當即飛到空中，自身生火焚燒了自己。

舍利弗就這樣圓寂了。

與此同時，八萬阿羅漢也圓寂了。

隨眾望著舍利弗的遺體大哭起來。這時，陽光黯淡，大地震動。帝釋從各種兆頭中知道舍利弗圓寂了。他命工匠神**毗首羯摩**造了輛寶車，車上放了成堆的旃檀木，他流著眼淚荼毗了舍利弗的遺體。眾人也往火中灑了酥油和穀物油。此後，純陀帶著舍利弗的骨珠、法衣和缽盂來到阿難面前說道：「我的師傅已經圓寂了，這是他的遺物。」

眾比丘聽後，悲痛得死去活來。

這時，世尊變現一個舍利弗之身，才使大家稍微平靜了些。

當天下午，目犍連也在**柵欄村**圓寂了。與此同時，又有七百阿羅漢也圓寂了。

世尊來到了祇園精舍。在那裡，他答應讓給孤獨去修建舍利弗的舍利塔。

舍利塔建成後，受到末利王妃等的供奉，並制定了祭日。

此後，世尊與八千比丘和諸菩薩在一起。這時，在**智慧聖菩薩**的請求下，世尊講授了《**大方廣**

秘密善巧方便經》。

阿難隨後說：「**最聖自在菩薩**與女人在一起」。

話音剛落，這位菩薩就從空中而來。

阿難懺悔了自己的罪過。這時，弟子**能悅**來到舍衛城，他迷戀上了一位美女，但瞬間想起的佛法，使他獲得了忍智。而那姑娘也因迷戀能悅而死去，並生爲天神，來到世尊和能悅身邊，讚頌世尊的功德。

世尊把此經授予了阿難。

囑咐集結三藏

有一天，世尊與阿難前去化緣時，看到一群孩子正在遊戲。其中有個孩童看見世尊後恭敬地用雙手托起一把土獻給了世尊，世尊用缽盂接過這土，把它塗在了寺廟的牆上，預言道：「阿難，我涅槃一百年後，這孩子會成爲**阿育王**，用這土修建舍利塔。」

那個給世尊獻土的孩子就是從前的老師婆羅門憍陳如。

此後，世尊準備取涅槃。他想到迦葉能夠領導佛法，阿難可以保住佛藏，於是便對迦葉吩咐道：「我涅槃後，你領導佛法事業，集結三藏，在阿難修證阿羅漢之前不要圓寂。」之後，他又對阿難吩咐道：「你要勤於佛法事業，在**日中尊者**出家之前不要圓寂。你還要告訴他降伏**呼倫剎龍**，開發**迦濕彌羅**地區，以繼承佛法。你還要將佛法傳授給**麻衣尊者**，讓他降伏龍王**舞蹈者**和**勇夫**，在

其居地弘揚佛法，吩咐他將佛法傳授給**優婆鞠多尊者**之前不要圓寂，再叫優婆鞠多將佛法傳授給**有愧尊者**之前不要圓寂，再叫有愧將佛法傳授給**黑色尊者**之前不要圓寂。」

迦葉和阿難聽後，從座位上站起來答應了世尊的吩咐。此時，世尊又對迦葉吩咐道：「你現在就帶著未證果者雲遊四方，避免我涅槃之後發生動亂。」

迦葉應世尊的吩咐來到了勝身山的修行洞中。

宣說密法

這時，在**西藏**、**于闐**、漢地以及**徙多河**以北雪域以南，有個叫**香拔拉**的地方。它由雪山環繞，狀如八瓣蓮花，每片蓮瓣上有**者摩伽**、**獼猴**、**金地**、**一支箭**、**蘇冉瑪拉**等千萬城池，每座城池有各自的自在神和藥叉變成的王。在該國中央有一座叫**伽羅跋**的王宮，縱橫十二由旬。王宮的主人是金剛持的化身**月賢王**。月賢王是香拔拉的至尊大王。

另外，在烏丈那以南有一個叫**稻米堆**的地方，它是由於昔日仙人降下稻米之雨而得名。離稻米堆不遠的地方，有一個天藍色的湖泊，湖泊中有一座天神修建的塔，塔身一半沒入水中，一半露出水面。塔的四周各有七根柱子，表示星輪。它們東南西北分別由**遍入天**、**昴宿子**、**梵天**和**大自在天**豎立。塔的內徑有六由旬八俱盧舍。

世尊以佛的神通來到此地後，面朝東方坐在金剛獅底寶座上。一會兒，香拔拉國王月賢在諸侯以及神、阿修羅、空行母等無數部眾的簇擁下幻化而來。他向世尊頂禮，供奉曼陀羅和寶花之後，

請求世尊講授金剛乘法。這樣，世尊於角宿月十五日（二月十五日），在東有月亮、南有劫火、西有太陽、北有羅睺的殊勝時辰，在大樂之界向佛、菩薩、護法、空行和空行母等數不盡的部眾授予灌頂，宣講了**《時輪金剛》**、**《密集》**、**《喜金剛》**、**《勝樂金剛》**等諸無上密法。

此後，世尊來到毘舍離，在其殊勝處所超越三界無量宮中，與須菩提等大比丘，觀世音、彌勒和文殊等菩薩在一起，向他們講授了**《辯了不了義經善說論藏》**，並將此經授予了他們。

接下來，世尊與聚集到此的諸菩薩一起從天空飛到大海，向諸龍講授了**《龍藏經》**後，來到了龍王阿難和難陀的居地，又講授了**《大雲降雨經》**。

至楞伽島

世尊在此停留七日後，帶著眾比丘和大慧等諸菩薩，在帝釋和梵天以及諸龍的迎接下，來到了脫離於閻浮提洲的**僧伽羅島**（又名**楞伽**）。此地狀如四瓣蓮花，中央有一座叫**瑪拉牙**的山。世尊看到那座山後露出了笑容。

世尊來到島邊，坐在一棵毗者跋提樹下，向隨眾講授了**《如何生無漏根章》**。這時，僧伽羅王**十頸羅剎**以琴聲邀請世尊到其無量宮做客。世尊接受邀請來到了無量宮，不過他並未在宮中久留，他剛到宮中不多一會兒就飛到了瑪拉牙山頂，在珍寶和鮮花滿地的山頂上顯出多種神通，從而使僧伽羅王得到了超度。隨後，回答了僧伽羅王的兩個問題。接著又在**大慧菩薩**的請求下講授了**《入楞伽經》**。世尊還在外境瑪拉牙山、內境法界宮中向**離遮毗維摩詰**等弟子講授了諸續部密法，授予金

剛持。據說，世尊這時還將雙腳放在了昔日三位佛留在山頂的足印之中。

以法為洲

世尊又回到了毘舍離。面朝毘舍離說道：「這是我最後一次看毘舍離了。」

此後，世尊依次經過**支遮國**的**班陀村**、**訶帝村**、**菴跋村**、**祥婆村**、**婆迦市**等地，最後來到了末羅國**波婆城**的鹿樹林中。這時，四方起火，大地震動，流星落地。面對此番情景，世尊對阿難說道：「阿難，這是我即將涅槃的徵兆。從今以後要入於經藏，而不入於人。如果與經藏相符、與律藏相合、不背離規律，你就當做正法來供奉。反之，你就當作非法來對待。」世尊後來又來到了**上茅城**（**拘尸那**）中，向那裡的眾人講了法。

十四日，離遮毗鐵匠之子**純陀**邀請世尊師徒到家中受供。一位比丘還偷了他家的鐵盤。

此後，世尊想到上茅城去。不料，走到上茅城與寶水河之間時，他突然感到腰部不適。於是他便將上衣脫下來當枕頭，躺在一棵樹下小睡了一會兒。後來世尊要用水，阿難便在剛剛由五百輛馬車經過而弄渾濁的伽沽河中汲來水獻給世尊。世尊用過水後能夠直起身來了。這時，末羅族的屠夫看到世尊的美相後，恭敬地向他供奉了兩段黃布。世尊剛把黃布披到身上，其身色便煥發出來。世尊對阿難說道：「阿難，到了涅槃的晚上，我的身體就會變成這個顏色。」

世尊說著，還指了指自己的軀體。世尊說罷，來到寶水河做了洗禮後，又過河上路了。快到上茅城時，他的腰部再次感到不適。於是他又躺下小憩。在阿難頌講了菩提支之後，世尊的身體又可

以直立起來了。隨後，世尊一行又向前走了一會，便遠遠地看到了一座寶塔。那周圍從北面的娑羅雙樹林一直到南面的末羅，占地大約有十二由旬。寶塔的尖上還掛有頭飾。

示涅槃相

當他們快到娑羅雙林中時，看到生長著一對對表示「常樂我淨」四性的娑羅雙樹。它們枝繁葉茂，果實累累。四大天王和上茅人守護著它們。

到了娑羅雙樹林後，世尊對阿難說道：「阿難，把我的獅底寶座朝北面置放起來。」阿難放置好寶座後，世尊便在寶座上坐了下來。這時，娑婆世界中的一切草木都面向了世尊的方向。

江河不出流聲，禽獸不出鳴叫，日月光芒黯淡，惡趣沒有了苦難，大地震動，天龍八部悲傷得厭惡起各自的居地來。阿難看到這一切後，知道這是世尊選擇的涅槃之地，他不解地問世尊道：「爲什麼捨棄六大城，而選在此地涅槃？」

世尊答道：「阿難，不要這樣說，我曾經在此地圓寂過六回了。」

阿難坐在世尊的身邊，抓住世尊法衣的一角，泣不成聲地歎道：「世間的明目失去得太早了啊！」

說完，便離開世尊走到了別處。十五日太陽快要升起時，世尊以響遍世間三界、一切生靈都能聽懂的語言說道：「眾生所依怙的慈悲如來今日要涅槃了，誰有什麼疑問就請在最後時刻前來提問

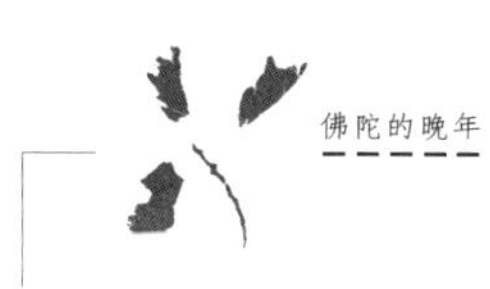

吧！」

隨後，世尊的面目中發出的各種光芒照亮了十方各界。一切生靈都被這亮麗的光芒所照射，消除了苦難。這時候，只聽天空、大地中迴盪著悲痛的哀歎聲：「難道父母般慈悲的世尊眞要涅槃了嗎？快到他的面前去祈禱吧！」

迦旃延、薄拘羅、鄔難陀等八百比丘渾身顫抖，淚流滿面地來到了世尊面前。

與此同時，婆娑正在須彌山間講法。他發現諸神不在宮中，四處響起哀叫聲，又看到諸神湧向山下，他突然知道世尊就要涅槃了，於是風馳電掣般地來到了世尊的面前。

同一時間，無盡慧等恒河沙粒般難以計數的眾菩薩也來到了世尊面前。**吉祥賢**等眾多比丘尼、**威德居士**、**神女冢**居士尼、毗舍佉之母**氏宿**、毘舍離的**離遮毗無垢威心**、商主**日光**、國王**無垢月光**等等也來到了世尊的面前。總之，除了阿闍世王、迦葉和阿難之外，娑婆世界的天龍八部及一切眾生都聚集在了世尊面前。他們紛紛燃起祭火，以各種齋飯供養世尊。

然而，世尊一概不予接受，使眾生更加悲傷。

娑羅雙樹變得灰白起來，正上方的天空中出現了七寶無量宮。

帝釋、四大天王、梵天、遍入天等諸神更加堅定了他們的推測：世尊涅槃已成定局。於是他們又前來敬獻供品，世尊還是不接受。

魔王也向地獄降下雨露，並宣佈道：「你們快向佛陀祈禱吧！」

說完，也來到世尊面前敬獻齋飯，但世尊同樣沒有接受。

這時，十方各界的無量身等四位菩薩前來向即將涅槃的世尊敬齋。眾人看到了他們的每個毛孔中顯出的蓮座上有七萬八千座城池，每座城池中有國王和臣民。然而，世尊照樣沒有接受他們供奉的齋飯。

當時，在娑羅雙樹林中，方圓三十二由旬之內都擠滿了各界眾生。

世尊的面目再次發出的光芒照亮了眾生。隨後，那光芒又消失在世尊的面容中。這使眾生頓時非常害怕，他們連連歎息道：「世尊沒有用我們敬獻的最後齋飯就要涅槃了啊！」

大家這麼說著時，毛孔都流出血來。哀聲四起。捶胸頓足。

上茅城的鐵匠之子純陀和十五隨眾一起對世尊乞求道：「世尊啊！請接受我最後的供養吧！」

世尊這次出乎預料地點了點頭。

純陀於是急急忙忙回家準備齋飯去了。

世尊對眾生說道：「請提出心中的疑問吧！」

在多羅城的菩薩**迦葉波**、**文殊**、**獅子吼**、**普光**等的議論和請問下，世尊宣講了《**佛性中觀之道涅槃經**》。這時候，眾比丘齊聲說道：「我們要先於世尊入滅。」

世尊對他們說道：「我把你們託給了迦葉，他將是你們的尊者。」

純陀這時候拿著齋飯回來了。

世尊為了超度他，從全身的毛孔中顯出一尊尊佛陀及其部眾，還顯示了用齋相。接著世尊除食用了純陀的齋飯，還食用了其他隨眾供奉的齋飯，這使眾生心裡感到少許寬慰。世尊用過齋飯後又

命文殊說法。爲了教化凡人，他自己則顯出病人相，右側身臥在了寶座上。在迦葉波菩薩的請求下，世尊又直身坐了起來，從毛孔中顯出千瓣蓮花，發出千道光芒，淨除了惡趣。在每株蓮花上顯出一尊尊佛陀，顯出降雨、閃電、兩肋出水又生火、十二功業等等神通，把隨眾都引入了三乘之道。

這時，阿闍世王在王舍城的宮中。雖然他殺害了父王的大悔恨被文殊解除，未斷善根，但他知道由於殺父之罪重大，還得生在地獄一段時間，爲此恐懼而患了痘瘡。王后勝身女給他敷了藥，但病情仍然不見好轉。連日來，他的情緒極低，整日愁眉苦臉地呆在宮中。六奸臣見狀，問他道：「大王爲何不悅？」

阿闍世王懺悔

阿闍世王說道：「我因殺父王之罪而將生在地獄，也找不到治癒此心靈之病的醫生。」

六奸臣聽後說道：「最後的醫生就是外道六師。」

阿闍世國王聽後道：「或許他們能夠解除我的罪過，我要向他們求助。」

這時耆婆前來向國王請安，阿闍世王對他說道：「耆婆啊！快要生入地獄了，我還能安生嗎？」

耆婆聽後，說道：「大王啊！你能這樣懺悔，眞是太好了！世尊功德無量，是最好的心靈名醫，您趕快去他的面前吧！」

阿闍世王自卑地說道：「佛陀是如此明淨，我這罪人怎麼敢去見他？」

這時，王宮的上空突然響起了這樣的聲音：「佛陀之山快要崩塌了，你的罪孽除了世尊之外，還有誰能淨除呢？快去拜謁世尊吧！」

阿闍世王聽到來自天外的聲音後，驚慌地歎道：「你是誰？」

那聲音答道：「我就是你的父親頻婆娑羅。聽耆婆的話，快去吧！」

阿闍世王聽到此言，悔恨地倒在地上，全身的痘瘡被撞裂，鑽心的疼痛使他昏死了過去。

這時，世尊發出了月光般柔和的光芒，這光芒輕柔地照在了阿闍世王的身上，這個作過孽的國王的病痛頓時減輕了許多。於是，他又慢慢甦醒過來。他迷惑地問耆婆道：「耆婆，這是什麼光？」

耆婆答道：「大王，這是世尊發出的光芒，他還想著您，快到他的面前去吧，你的罪過會淨除的。」

阿闍世王聽了耆婆的話，即刻帶著大隊人馬上路了。

由於受佛陀的法力，阿闍世王頃刻之間就走過了五由旬的路途，來到了世尊面前。

世尊看見他輕輕地叫了一聲：「阿闍世王！」

阿闍世王聽到這親切的呼喚，欣喜地跪拜在世尊的足前，並向他訴說了自己心中的悔恨。經世尊臨終前的教化，阿闍世王淨除了罪孽，得到了超度。他發心後，對耆婆說道：「耆婆，我沒死便得到了神的身軀。」

說完，向世尊供奉了珍寶後回去了。

囑咐諸弟子

這時候，東方**盛月光佛**派**吠琉璃光菩薩**來到了世尊面前。隨後，在迦葉波菩薩的請求下，世尊顯身來到尼連禪河邊的善星比丘身旁。善星一見世尊便發起了邪心，於是大地裂開口子，使他陷入地獄。

此後，世尊對憍陳如說道：「世間除了佛法之外沒有其他善道。」

外道們聽後，非常不服氣。他們來到阿闍世王面前要求和世尊辯論。阿闍世王帶著他們來到世尊面前訴說此事後，世尊對富樓那和裸形派者提出的辯題作了辯答，他們聽後信服地皈依了佛法。後來，他們隨憍陳如出家，獲證了阿羅漢果。

這時候，世尊問憍陳如道：「阿難在哪裡？」

憍陳如答道：「在離此地有十二由旬的地方。他正在與六萬妖怪變化的佛陀在一起。」

世尊聽後，讓文殊前去招來了阿難。

這時，梵天、淨居天神、魔子**舵手**和**王者**對阿難說道：「嗚呼！多麼令人痛楚啊！在這美麗的娑羅雙林中，怙主今日就要涅槃，阿難，難道你不知道嗎？」

世尊說道：「我就要涅槃了，趕快去告訴眾生吧！」

阿難說道：「佛陀怙主要涅槃了，我聽到這話便渾身無力，請永世長留吧！」

世尊說道：「你是喬答摩的弟子，快不要悲傷，向眾比丘報信吧！」

梵天這時候向世尊道：「我以後怎麼做？」

世尊對他說道：「梵天，我把這佛界託給你。」說完，世尊將娑婆世界的所有梵天引入正法之道。魔王之子**舵手**乞求世尊不要涅槃。世尊沒有答應，但把他授記為獨覺果位。接著，帝釋問世尊道：「如果我受到阿修羅的迫害，該怎麼辦？」

世尊說道：「那就呼喚我的名號。」

這時，羅睺羅因不忍見世尊涅槃便來到了**難近佛**的面前。難近佛對他說道：「羅睺羅，你不要悲傷，快到釋迦牟尼身邊吧，等到他涅槃後，你會後悔莫及的。」

羅睺羅於是又來到了上方的**舵手**佛的面前。舵手佛勸他道：「羅睺羅，你不要歎息，三世諸佛都得遵循涅槃之規，你得接受這個規律，既然你已經是世尊之門徒了，那就快去見他最後一面吧！他也想見到你呢！」

羅睺羅說道：「我根本不想聽他涅槃之事，到了明天，我就看不到發著獅子吼聲的世尊釋迦牟尼了啊！」說著，便哭了起來。

隨後，舵手佛又對他說道：「羅睺羅，聽我的話，不要讓釋迦牟尼傷心，快去吧！」叱這樣，羅睺羅悲痛欲絕地頃刻間來到了世尊面前，流著眼淚，雙手合十地拜倒在世尊身旁。世尊對他說道：「羅睺羅，你過來，不要悲傷，也不要失望，諸法無常，你應該發起厭離之心。」

之後，世尊又對羅睺羅和十六尊者說道：「你們不能圓寂，要繼承我的教法，施下我的法

雨。」

十六尊者聽後，向世尊承諾了此事。

這時，阿難靠著世尊的寶座，無力地倒在地上，哭叫道：「轉眼之間，世尊就要涅槃了，沒有了這慈悲的明目，這世界就會被黑暗籠罩，到了明天，就剩下佛的名字了啊！」

接著，他雙手支地，仰望著世尊說道：「我的心臟沒有破裂，這是世尊的法力所致。難道我到迦毘羅衛城、到王舍城、到舍衛城、到毘舍離城，就向眾人說利益眾生的太陽已經落山了嗎？我怎麼向眾比丘開口？我怎麼能不悲歎呢？」

他長歎了一口氣，又說道：「眾生之主去了，以後我給誰端淨水？持誰的法衣？端誰的缽盂？以後誰才是我們所依的怙主？」說完，就昏倒在地上。

世尊安慰他道：「我始終不是對你說諸行就是虛妄嗎？佛法會興旺起來的，我留下了佛法經藏慈悲大白蓮啊！」世尊又說道：「你把手放在我的手上。」

阿難照做後，世尊用右手握住阿難的右手說道：「如果你真的熱愛我，就繼承我授予你的法寶，不要讓它消失。你恭敬服侍了我，已經積了大德。阿難，我把你託給迦葉，不要太悲傷，給我安置朝東方的獅底寶床吧。」

阿難應命而去。他流著眼淚安置了床座後歎道：「威射四方的獅子座，今天是最後一次設置，從今以後，再也沒有機會向世尊準備床座了。」

隨後，世尊從原座上移到阿難為他設置的寶床上，右側朝下，臥在了寶床上。

這時，天神和凡人齊呼：「今天是最後一次拜謁世尊！」

這時**想竟事**、**入寂**、**無視**、**顯知**四位菩薩分別從四面降生在了王舍城國王阿闍世王、舍衛城商主獅子、波羅奈城商主花賢、毘舍離將軍獅子四家中。這後來的四位菩薩生下來後感知到世尊還沒有涅般後，便在眾生靈的陪伴下一個個來到了世尊面前。這時候，世尊身體的四面剎那間出現了四個獅底寶座。東面出現了發著光芒的想竟事童子，南面隨著寶杖的敲擊聲出現了入寂童子，西面迎著寶樓出現了無視童子，北面顯知童子坐在七座金樓的中樓上悠悠而來。

世尊讚美了四位童子的出現後，對阿難說道：「阿難，快給四位童子設座禮拜。」

阿難如此照辦了。

隨後，**快樂**等五百末羅族人向世尊和四位童子跪拜，世尊將他們授記爲菩提果位。

阿難這時又悲傷得身不由己，倒在了地上。

四童子見狀一起安慰他。維睺羅也同樣悲傷逾恆。

始終愛護他們的世尊，這時候對婆娑、富樓那、須菩提、有利王、語自在、摩訶俱絺羅、迦旃延、憍梵波提、快樂、牛宿生、阿難等十萬比丘說道：「把你們的右手都放在我的手上。」頃刻間，萬千隻右手一齊伸向了世尊。世尊用左手握住眾比丘的右手，右手握著阿難和羅睺羅的手說道：「我把阿難和羅睺羅託付給了諸位尊者。」

眾比丘發出了震耳欲聾的哀叫和憐惜聲。其中的五百比丘因過分悲痛而昏死了過去。與此同時，五百佛陀在各自的世界中伸出雙手禮拜了世尊。

世尊將阿難、羅睺羅和眾比丘的手遞給諸佛，說道：「羅睺羅是我的兒子，阿難是我的侍從。我把這兩位愛徒託付給了諸位佛陀。」

諸佛聽後說道：「您爲利益眾生，解除了眾生的痛苦。」

阿難和羅睺羅跪求道：「以諸佛的威德，在此祈禱世尊長住！」

諸佛對他倆道：「諸行就是這個規律，你們倆不必悲傷。如果你們想到我們的世界中來，可以通過我們發出的光芒前來；如果願意留在那裡，我們也會顯出佛容，講經論法，請不要太悲傷。」

這時，世尊的渾身上下發出無數的光芒，每道光芒上顯出一尊尊蓮座佛陀，經他們的教化將眾生引入到聲聞和獨覺之道。接著，世尊從頭頂發出同樣的光芒，講授了大乘之法，將眾多生靈引入到菩提之道。隨後，世尊把化身留在寶床上，來到八熱地獄發出光芒，使其中的億萬眾生獲得了無還果位。同時將地獄眾生超度到了天界，經過教化，獲得了無還果位。最後，世尊來到無間地獄，將那裡的一千八百萬生靈超度到自在天。世尊後來又到了梵天界，經過教化，使他們成了天界的仙人，修證了阿羅漢果後圓寂了。

世尊辦完這些事業之後又回到寶床。他的身軀再次發光，光裡顯出十方諸佛，把無數眾生引入到三乘之道後，對阿難說道：「阿難，你去告訴上茅城的末羅族人們，說你們的導師今晚就要涅槃，趕快張羅吧！」

末羅們被阿難施法召喚到了世尊面前後，阿難又向世尊道：「遺體怎樣處置？」

世尊說道：「按轉輪王的葬法處置吧！」這時，帝釋催促欲天極喜道：「世尊已臥在寶床之

上，我們前去服侍吧！」

但任帝釋怎麼催促，極喜只是站在那裡說他還要唱歌，並傲慢地拿起了弦琴。因此，世尊又把化身留在寶床上，來到了極喜的門口。極喜見後問道：「你是誰？」

世尊答道：「我是乾闥婆樂神。」

極喜聽後說道：「快過來，咱們比琴怎樣？」

極喜說著，慢慢地折斷了 根根琴弦。最後，他用一根琴弦奏出了各種美妙的音樂。極喜不曾想到的是，世尊竟用空弦奏出了各種更加美妙的音樂。頓時，極喜的傲慢之氣全消。這時候，世尊顯出眞身。經世尊的教化，極喜馬上就悟了道，來到了世尊最後的寶床跟前。

在無熱湖以北，五頂山之外，有一座叫**緩流**的湖。湖畔有大片樹林，名叫**伏魔樹林**。從世尊降生之時起，伏魔樹的花突然全都綻放，並且長年不敗。世尊獲得正覺時，那樹盛開的花朵呈白色，世尊圓寂時那花便會枯萎。

須跋陀羅

就在那片樹林裡有一個受眾末羅族人尊崇的遍行者仙人，名叫**須跋陀羅**。

這一年須跋陀羅已經一百二十歲了，但身體依然十分健康。當他突然看到伏魔樹的花在枯萎時，便以爲是由於自己將要死去的緣故。這時，有個天神對他說道：「這不是你的緣故，而是佛陀今夜涅槃的徵兆。」

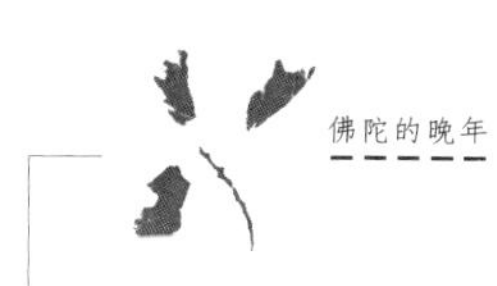

須跋陀羅聽後，頓時緊張起來。因他還有諸多疑惑還沒來得及請教世尊呢。於是他急忙來到娑羅雙樹林。他在那裡碰到阿難，要求拜見世尊。阿難對他說道：「你不要去打攪世尊了，他現在很虛弱。」

這時，世尊早已知道須跋陀羅的到來，於是傳話叫他來見他。

由於阿難昔日五百世時曾生爲須跋陀羅的弟子，因而他們的談話非常投緣。隨後，阿難把他引見給世尊，世尊解答了須跋陀羅的疑問，使他開悟。這時，須跋陀羅對阿難說道：「師傅我想入梵行。」

阿難把此事告訴給了世尊，世尊便給他授了比丘戒，使他獲得了阿羅漢果。

隨後，須跋陀羅乞求世尊不要涅槃，世尊沒有答應，他於是悲痛得昏死了過去。蘇醒後，他眼睜睜地看著世尊的面容圓寂了。

入滅

諸外道聽說此事後，呼喊道：「看啊！我們遍行者也有沙門了。」當他們舉著勝幢前來時，所看到的須跋陀羅爲遍行者之相，任他們怎麼抬其靈柩也未能挪動，也未能燃火荼毗。而眾僧看到的須跋陀羅爲比丘之相，他們抬起靈柩，荼毗了須跋陀羅的遺體，並修建了靈塔。

世尊將**《大涅槃經》**授予了阿難等四弟子。

阿難更加痛不欲生，婆娑對他說道：「阿難，不要悲傷，快問四個問題吧！」

阿難夢幻般地聽到這個聲音後，又強忍著悲痛向世尊請教了四個問題。世尊都給予了滿意的回答。隨後，婆娑請問世尊道：「佛陀的舍利怎麼分？」

世尊答道：「要以公平之心分配。」

帝釋這時急忙懇求分給他一份。世尊答應給他一顆佛牙。隨眾又一次號啕大哭起來。世尊對眾人說道：「我雖然要涅槃了，但有我的舍利和法寶，這跟我本身是沒有區別的，你們要供奉。你們不要悲傷，有什麼疑問趕快提出來，這是最後一次機會，我不會讓你們後悔的。」

隨眾聽後更加悲傷。由於世尊的法力，他們才又平靜下來，沒人作聲。

世尊這時候又說道：「你們沒有疑問，這太好了！」

說完，他掀開了身上的法衣。眾生只見他渾身金黃，胸口顯出了「卍」字符。

世尊又說道：「你們好好看看我正在變成金黃的身體吧，見佛陀是很難得的，如同見厭魔花一樣。」

隨眾目不轉睛地注視著世尊的法體，身心慢慢地平靜了下來。

世尊的金身上接著發出光芒，受到光芒照射的生靈都得到了超度。

此後，世尊從床座起身，騰到七棵多羅樹高的空中，說道：「你們要看清我的金身，我就要涅槃了！」

如此說了七回後，世尊重新穿好法衣，臥在床座向眾比丘講授完《**十想經**》後，又道：「眾比丘，什麼都不要說，諸行無常，這是如來的最後一次言教。」

說完，世尊便與隨眾一起進入禪定。過了一陣後，世尊又說道：「我永久地住在寂靜的光裡，所以是大涅槃。」

如此重覆了二十七回。

阿難不知何故，便對婆娑歎道：「佛涅槃了嗎？」婆娑道：「還沒有涅槃。」如此重覆了二十七遍。

第二十章

大涅槃

這時，世尊又移到原來的七寶床上，右肋朝下，頭朝北方，足朝南方，背朝東方，然後伸開雙腿，以獅子般的睡姿臥了下來。一會兒，寶床四周的娑羅雙樹南北東西相對地變成一體，像傘蓋般地蓋在了世尊的上空，並漸漸地乾枯了。

大地震動，流星落地，四面著火，群山和江河響起排山倒海般的轟鳴聲。一個悠遠的天外之音道：「世尊涅槃了！世界空了！」

小河開始乾涸。黑暗籠罩了大地。巨大風暴呑噬了一切。一切樹木和花草紛紛謝落。這時候，從諸神的樂聲中再次響起：「世尊涅槃了！世界空了！」

雖然世尊的法身是永生不死的，但這教化眾生的化身爲圓滿揭示無常、發起悲心、和合法身等十業，緣於昔日之願，於世尊八十歲零二個月，即三月十五日午夜時分示現涅槃。

與此同時，八萬阿羅漢也圓寂了。

阿難等眾比丘向婆娑道：「佛涅槃了嗎？」婆娑回答道：「涅槃了！」

婆娑的話音剛落，阿難就癱倒在地上，其他隨眾也昏倒在地上。他們有的撕裂著自己的胸口，有的互相擁抱，有的捶胸頓足，有的當場圓寂，有的哭喊失去的怙主，有的吐出的鮮血染紅了青草，有的在地上打滾，有的拘著雙臂號啕，有的在祈禱。

梵天也倒在地上大哭。帝釋哀叫著死去活來。婆娑痛苦至極，顫抖不已地跪在世尊的靈體邊。隨後，他向昏倒在地的阿難說道：「不要太悲傷啊！再怎麼祈禱如來也不會復生，讓我們來供奉舍利和法寶，以報答佛陀的恩惠吧！過於悲傷也會受到諸神的嘲笑。節哀吧！」

隨後，阿難蘇醒過來，但他仍然用手擊著自己的頭和身體，泣不成聲。

這時，諸菩薩、諸神、眾人等用仙香、鮮花、傘蓋和旌旗供奉了佛陀的靈體。從空中降下的寶雨變成了寶樓，以供奉佛體。

那天晚上，世尊的大弟子們進入神聖的寂靜之中。

荼毗

第二天天亮後，婆娑吩咐阿難去叫來**上茅城**的末羅族人，讓他們處置佛陀的靈體。

眾末羅族人前來向阿難道：「我們怎樣處置佛陀的遺體呢？」

阿難告訴他們，要以轉輪王的葬法安葬。這樣，遺體在原地一動未動地停留了七天。七天中，大家以各種供品供奉。

到了二十三日那天，大家準備了木棉、布匹、鐵槨、香木、金瓶、金棺等物品。十二由旬之內設滿了各種供品。

眾末羅族人哭著用木棉和布匹包裹了世尊的靈體，裝在鐵槨之中，再澆上麻油，蓋上兩層蓋子，放在了寶車之上。

諸位末羅族長老這時候說道：「就讓我們來荼毗遺體吧！」

眾末羅族女撐起了幢幡，眾末羅族老人在行供奉禮。十六位力大無比的末羅族想抬起寶車，但怎麼也抬不起來，這使他們感到非常難過。這時，婆娑說道：「讓諸神來供奉吧？」

在諸神的協助下，末羅族們抬起了靈柩。帝釋撐起了寶傘，諸神從天上撒下香粉。靈柩從眾末羅族的肩上騰到一多羅樹高的空中悠悠地向上茅城飛去，然後從方圓四十八由旬見方的上茅城西門進入城中，又從東門而出，再順時針方向繞城南門進入城中，從北門而出，又如此從西門進城，東門而出。

世尊的靈柩就這樣繞城七周。

隨眾也流著眼淚跟隨著靈柩，七天之中，他們沒吃沒喝，但是沒有哪一個感到饑渴。到了三十日那天，諸神向上茅城降下了沒膝的曼陀羅花。諸神還帶來了大量的天界白旃檀木和香木。婆娑在無數的白旃檀和沈香中選了六萬根。隨後，諸佛在世尊的涅槃處，即留有昔日諸佛的靈塔處、寶水河之畔、末羅族懸掛頭飾的塔下，堆起了山崗般的香木堆，還在四面掛上了各種珍寶和旌旗。

此後，靈柩也從空中緩緩飛來，落在了原地的寶床上，自然地開啓了蓋子。隨眾解下了裹在遺體上的布匹和木棉，用香水潔淨靈體後，又用木棉和布匹重新包裹住，放在了澆滿麻油的鐵槨中，蓋上了兩層蓋子。

當靈柩放在香木堆上時，隨眾中又響起了悲痛欲絕的號啕聲，並喊道：「我們沒有了怙主啊！」

隨後，隨眾用火點燃柴堆時，火怎麼也燃不起來。婆娑這時說道：「世尊想著迦葉，你們不要點火。」

這時候，大迦葉正在王舍城臨近靈鷲山和竹林園的**毗婆羅修行洞**中與五百隨眾在一起。有一天他化緣歸來入禪時，突然覺得渾身發抖，不能自已。他想：世尊現在在哪裡？我要向他叩拜。隨後，舉目四望，看到四方都在燃燒，於是他便知道了世尊已涅槃七天，禁不住昏死過去。他蘇醒過來後，準備前去拜謁世尊的靈體。他對婆羅門**住夏**說道：「阿闍世王聽到世尊涅槃的噩耗會死去，你去畫上世尊從誕生到涅槃的畫像讓他看。」

阿闍世王在這時候也做了噩夢。當他看到婆羅門給他看佛畫時，便向他們說：「世尊涅槃了嗎？」說完便昏死了過去。住夏喚醒了阿闍世王。大迦葉也來到阿闍世王的面前說道：「大王，世尊已經涅槃了，我要去拜謁靈體。」

阿闍世王聽後，對大迦葉說道：「世尊涅槃了，我已沒了怙主，大弟子您就做我的救星吧！」說完，跑到大迦葉的足前，昏了過去。這時，文殊從夢幻中安慰了他。

大迦葉一行步行前來上茅城，路上用去了七天時間。當他們來到城東門時，一位從世尊的靈體處來的婆羅門帶著一枝仙花，在大迦葉面前昏了過去。當他蘇醒後，大迦葉一行已來到了北門。在那裏，有幾位老比丘對大迦葉說道：「您在這裏用齋吧！」

大迦葉說道：「世尊涅槃了，我怎麼能留下來呢？」

幾位比丘嘻嘻哈哈地說道：「如果世尊在世的話，會受他的約束，現在他已涅槃，何不享受享受？」

大迦葉聽後，氣得皺起了眉頭，隨即「哞」地喊了一聲，並用腳拇趾擊向地面，頓時大地震顫，山梁塌落，日月黯淡，流星落地，幾位比丘一下子被大迦葉的神通給震懾馴服了。

此後，大迦葉從上茅城化得了千匹棉布、木棉、香油、香膏和寶傘等，從西門出城來到了世尊的靈體邊。

隨眾看到他，再次哭喊哀歎了起來。有的想重新點燃香木堆，但被帝釋制止了。世尊昔日的大弟子們見大迦葉一行走來，都上前去迎接。

帝釋道：「我們點不著火，在等待著您呢！」

阿難道：「世尊涅槃了，他要我們投靠於您，您來護佑我們吧！」

大迦葉也看見放在香木堆上的靈體就昏倒在地。

一會兒，他蘇醒過來，向香木堆叩首禮拜、轉圈後，歎道：「我怎麼能打開靈柩呢？」

眾人道：「世尊涅槃已半個月了，現在能打開靈柩嗎？」

大迦葉道：「如來之身是永久堅固的。」

他說著，便掀開香木，準備打開靈柩，這時靈柩自然開啓了，世尊完好無損的靈體呈現在大迦葉的眼前。大迦葉看到後，立刻跪拜，再次痛苦地昏了過去。蘇醒過來後，他登上香木堆，用香水洗禮了世尊的靈體，再用自己帶來的棉布和原先的棉布重新把靈體包紮起來，澆上了香油，蓋上了蓋子，並用珍寶莊嚴了一番。隨後，大迦葉及其隨眾繞遺體繞了七圈，雙手合十地祈禱道：「世尊涅槃之時沒能拜見，就請指示頂禮之處吧！」

這時候，只見世尊那生有千輻法輪之相的雙足發著光芒，從靈柩中伸了出來。大迦葉一行連忙叩首頂禮，並注視著它歎道：「嗚呼！具有法輪莊嚴的佛以後再也見不著了！」

這哀歎聲震動了大地。

世尊的雙足這時候又縮回去了。

隨眾看大迦葉那般悲痛，也發出了震耳欲聾的哭叫聲，並捶胸頓足起來。這時，三十六位末羅族用車輪般的火炬點燃了香木堆，但火一接觸香木便自然熄滅了。見此情景，大迦葉說道：「三界之火是點不燃遺體的，你們不要徒勞了。」

就在此時，靈柩的中央燃起三昧眞火。那火一直燃燒了七天七夜。這期間，四大天王和眾龍試圖用金瓶裝著的聖水和流淌著甘露的樹木撲滅靈火，但未能使之熄滅。五月十五日，帝釋帶著裝滿聖水的寶瓶前來滅火，眾末羅族把滿寶瓶的乳水倒在火上後，從乳水中長出金瓣樹、迦毗羅樹和伏魔樹等，之後，靈火自然熄滅了。帝釋前來打開靈柩，向婆娑問過之後，把靈體的上右犬牙帶到了天上。

僧伽羅的羅刹王隱身前來，將遺體的上左犬牙偷去，帶到了**瑪拉牙山**上。

此後，婆娑前來。看到大迦葉帶來的布匹和上茅族人奉獻的布和木棉均完好無損地在鐵槨中，便分給眾人，以做珍稀的供物。

八王分舍利

世尊的靈體，除了剩下的兩顆下犬牙外，全身呈球狀，都變成了芝麻般的舍利。當時在場的人都紛紛湧上前來想拿走舍利，但被婆娑擋住了。

在持著刀槍的眾多末羅族的前後護衛下，上茅城的末羅族們帶來了八隻製作精美的金盒。他們每三十二末羅族抬著一只金盒，四周各有末羅族女隨同，另有一行末羅族撐著傘蓋，一行末羅族浩浩蕩蕩地來到了荼毗處。

婆娑端起舍利裝到八隻金盒中。

那些金黃色的舍利不多不少，剛好裝滿了八隻金盒。

諸神和眾人見後，再次哭泣著做了供奉。隨後，眾末羅族帶著八隻金盒來到了上茅城，並將金盒放在了城中央，四周設有衛兵。另外，還在四個城門口派咒師阻攔鬼怪，其他末羅族以各自的所能供祭著舍利。

由於受佛陀的法力，**迦毗羅衛**的**釋迦族**、**遮羅頗國**的**跋利族**、**毘留提**的**婆羅門**、**羅摩伽**的**拘利族**、**摩揭陀國**的**阿闍世王**、**毘舍離**的**離車族**、**波婆城**的**末羅族**等，在世尊涅槃後的第七天才知道了噩耗。這時，他們紛紛帶著兵馬來到了上茅城。阿闍世王隨後也到了。他們聚在舍利旁邊做了供奉後，嗚咽著說道：「給我們也分一點舍利吧！」

上茅城的末羅族說道：「舍利已經有主人了，你們還是回去吧！」

為舍利而來的諸神和眾人聽後大怒，說道：「最好是分點舍利給我們，否則只能用武力搶了。」

聽到此語，上茅城的男女末羅族們準備了弓箭武裝了四路大軍，誓死保衛舍利。

佛陀的舍利就是在這時候從空中飛臨到了末羅族懸掛頭飾的塔下。大迦葉拿起了舍利，並在文殊幻化的婆羅門**斛宗**的協助下，對各路人馬說道：「諸位賢者，世尊以忍辱著稱，你們不要爲舍利而大動干戈，我等世尊的大弟子們會把舍利平分給你們的。」

眾生看到了舍利神奇地空飛而至，加之聽到大迦葉的這番話，終於和解了。

此後，大迦葉和婆羅門將舍利分成八份。

第一份賜予了上茅城的眾力士。

第二份賜予了波婆城的末羅族。

第三分賜予了遮羅頗國的跋利族。

第四份賜予了羅摩伽的拘利族。

第五份賜予了毘留提的婆羅門。

第六份賜予了迦毗羅衛的釋迦族。

第七份賜予了毘舍離的離車族。

第八份賜予了摩揭陀國的阿闍世王。

右下犬牙賜予了五取國國王。

左下犬牙賜予了伽楞伽國國王。

後來，他們分別在八個地方修建了舍利塔，後人們稱之爲八大如來舍利塔。其具體情況是：

末羅族分別在上茅城和波婆城修建了舍利塔。

跋利族在浮念國修建了舍利塔。

具羅迦、羅剎和諸龍在僧伽羅島修建了舍利塔。

婆羅門無畏在遍入界修建了舍利塔。

釋迦族在迦毗羅衛城修建了舍利塔。

阿闍世王在竹林園修建了舍利塔。

另外，上茅城的末羅族人把八隻金盒獻給了婆羅門斛宗。婆羅門斛宗用這些金盒在拘尼山城修建了靈塔，並把留下的聖灰獻給了婆羅門尼拘律，婆羅門尼拘律在他們的居住地也修建了靈塔。

附錄

佛說經典的集結與傳承

釋迦牟尼涅槃後，大部分阿羅漢也相繼圓寂。這時，諸神傳言說道：「世尊的言教如今只成了一種供品，況且各大比丘也已圓寂，那麼還有誰來集結佛的言教呢？」這時大迦葉對眾比丘說道：「聽諸神如此言論，你們一定要留下來。」隨後，在鐵棒比丘富樓那敲楗椎召集下，聚集了五百缺一四百九十九位阿羅漢。大迦葉得知此事後，對富樓那說道：「你去把舍利伽無量宮中的憍梵波提阿羅漢請來。」

富樓那應命前去，對憍梵波提說道：「憍梵波提，大迦葉等眾比丘爲僧事請您快速前去。」

憍梵波提聽後說道：「富樓那，世尊是不是去了異界了？以前曾說『佛陀與眾比丘如此說』，難道現在就說『大迦葉和眾比丘』了嗎？」

富樓那說道：「偉大的救世主已涅槃，眾弟子聚集在一起，爲佛法的長存而邀請您，您一定要應邀前往。」

憍梵波提說道：「我也要步入這眾生之明燈的後塵，請代我向眾僧伽表示歉意。」說完，便顯出各種神通圓寂了。富樓那只好供奉過憍梵波提的舍利後，帶著他的缽盂和法衣回到了娑羅雙樹林。

遺教結集

富樓那來到大迦葉等面前，呈上了憍梵波提的缽盂和法衣說道：「聽說世尊不在人世後，憍梵波提隨之圓寂了，這是他的缽盂和法衣。他讓我向眾僧伽表示歉意。」大迦葉聽後，說道：「諸位

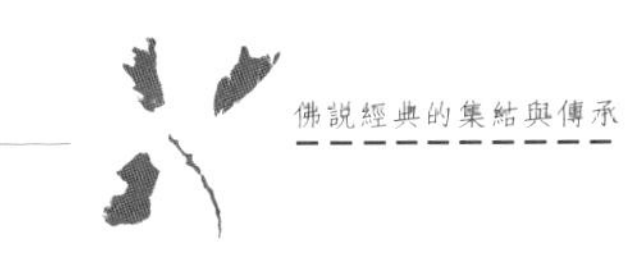

梵行者聽好了！憍梵波提以聖者之法去了，但你們不要步他的後塵，爲了佛法事業，諸大比丘還須商定行事。」就這樣約定諸阿羅漢不許圓寂後，大迦葉又說道：「諸位賢明的師弟，我們可以在摩揭陀商議佛法，那裡阿闍世王會供養我們，凡阿羅漢都啓程吧！」

眾阿羅漢聽後，說道：「很好，只是阿難還是個有學弟子，沒有成就阿羅漢果，然而他又是經藏的繼承者，這如何是好？」

大迦葉說道：「是啊！如果讓他例外，其他有學弟子會不樂意的。這樣吧，就把他任命爲擔水侍僧，避開其他有學弟子。」眾阿羅漢同意了大迦葉的提議。於是大迦葉要阿難當擔水侍僧，並對他說道：「你與眾僧伽一同遊覽著前來王舍城，我先去了。」隨後便上路了。

在王舍城，阿闍世王騎著大象前來迎接，他見到大迦葉後，禁不住對世尊的思念，從大象上掉落下來。大迦葉見狀，用神通接住國王，對他說道：「大王啊，您不要把佛陀和其弟子視爲一同，以後見了佛的弟子，您不要從象上落下來。」

阿闍世王回答道：「如果按照尊者的話去做，那麼世尊已經涅槃，我該供奉誰呢？」

大迦葉說道：「大王不必過於悲傷，世尊把佛法託付給了我。」

阿闍世王把大迦葉等阿羅漢迎接到了王舍城，在竹林園供養了各種所需。

後來，大迦葉對阿闍世王說道：「在竹林園和靈鷲山，眾比丘因觸境生情，思念如來，所以，我們要去勝身國的**七葉石窟**，那裏比較幽靜。」阿闍世王聽後，請求大迦葉道：「世尊生前沒有告知我便涅槃了，您可不能那樣做啊！」大迦葉答應了阿闍世王的請求，在他的供養下，決定於五月

十五日在七葉石窟中舉行坐夏安居。

來到七葉石窟後，大迦葉爲阿難著想，對婆娑說道：「你想一想，在這清淨的會眾中還有有學弟子嗎？」

婆娑聽後，知道了他指的是阿難，便隨聲回道：「是啊！只有阿難是有學弟子。」

大迦葉認識到了指責會激勵阿難得到進一步的教化，便對阿難說道：「阿難，我們都是已經得道的神聖的與會者，我們不和你議論佛法，你去吧！」這話正中阿難的要害，他非常不悅地說道：「大迦葉，我沒有違犯戒律，也沒有失去正見和正行，還是請您能夠寬容。」

大迦葉繼續指責道：「你隨時都跟著世尊，不失戒律等有什麼奇怪的？這裡，我給你說說你對眾僧犯下的罪孽，快拿起木籌吧！」

阿難站起身，大地便震動起來。這時，諸神歎道：「迦葉是個正直的人，但現在在勝身國指責起阿難來了！」

而大迦葉繼續說道：「你犯下的罪有如下八條：受女人爲出家人；沒有請世尊不般涅槃；給世尊答非所問；用腳踐踏了世尊的一件法衣；給世尊端了污水；沒有向世尊請教縝密的戒律；向俗人夫妻顯示了陰部；向女人顯示了童身。」

阿難聽後說道：「迦葉恕罪，這些都不是我以無恥之心所爲。」就這樣，任阿難怎麼辯解自己的八條罪過，迦葉仍然堅持道：「阿難你有貪欲，不要和我們這些斷除貪欲者在一起，快去吧！」

阿難聽後，望著四方歎道：「我的命怎麼這樣？如來捨我而去，我失去了依靠，該投靠誰啊！」

這時，諸神也歎道：「看啊！現在佛法多麼興隆！與世尊一樣的弟子在指責另一位與世尊同等的弟子！」

過了一陣後，阿難流著眼淚對大迦葉說道：「迦葉，您寬恕我吧！世尊在涅槃時曾經對我說：『阿難不要悲傷，我把你託給迦葉。』現在，請您按世尊的話去做吧！」

大迦葉聽後，對他說道：「阿難快去吧！我是爲了讓你勤於佛法才叫你受罰的。」這時，婆娑對大迦葉說道：「沒有了阿難，咱們怎麼議論佛法？」

大迦葉說道：「阿難雖然精於佛法，但沾有貪欲，不能和我們在一起。」

說完，又對阿難道：「阿難，你去吧！等你證得阿羅漢果位後再來與我們商議佛法。」

這樣，阿難想起世尊的涅槃，忍著痛苦，非常難過地離開了諸阿羅漢，來到了捨棄國，在捨棄子的侍奉下，勤奮地向四眾弟子講授著教法。這時，捨棄子看出了阿難的心思，知道了他尚是有學弟子，便對他說道：「賢明的弟子，你不要虛度時日，茂密的樹林裏會得到解脫，用心去修禪定吧，不久就會得到息寂的果位。」阿難聽了捨棄子的鼓勵，日夜勤修，清淨業障，最後於午休時間，洗完腳在寺廟中剛要躺下時便獲證了阿羅漢果。隨後，便返回了七葉石窟。這時，大迦葉對眾阿羅漢說道：「爲了未來的眾比丘，讓我們上午來議論偈句，下午來議論三藏吧。」

眾阿羅漢問道：「在三藏中，首先議論哪一藏？」

大迦葉回答道：「首先議論經藏。」

隨後，眾阿羅漢請求大迦葉主持集結佛說教法，於是大迦葉坐在座上，推選阿難爲佛法的集結

者，讓他就坐於墊有自己和憍陳如、婆娑、優婆離、須菩提、十力迦葉、富樓那以及十六尊者等五百阿羅漢法衣的師子座上。阿難應迦葉之命，目視四方，於床座轉經巡禮後，威嚴地坐在了上面，準備講述自己記得的佛說一切經藏。

這時，諸神也前來聽法，大迦葉對阿難說道：「賢明的師弟請講述經藏，這經藏是佛陀為了利益眾生而講授的最神聖的教法。」

隨後，阿難面向金剛座方向，雙手合十，心想著世尊頌道：「如是我聞，一時，世尊於波羅奈的鹿野苑……」剛聽到此言，諸神和眾比丘因思念佛陀而悲痛不已。接著，阿難講述了第一部經藏，這使憍陳如感慨萬千，他對大迦葉說道：「今天聽到此經，就如同聽到世尊在講授諸行無常之法啊！」說著，便從寶座上下來，坐在了地上。隨即，其他阿羅漢也從寶座上起身，感歎道：「聽阿難如此講法，由於受諸行無常的法力，感覺就像是在世尊面前聽法啊！」

就這樣，大迦葉繼續讓阿難集結完了佛說一切經藏。阿難完整地講完經藏後，對大迦葉說道：「佛說一切經藏就是這些了，再也沒有別的了。」說完，便從座中走下來。此後，大迦葉坐到座上，讓優婆離集結律藏。優婆離坐在迦葉的座上，集結了佛說一切律藏。此後，大迦葉決定自己親自集結母本，便坐到座上，集結了經、律二藏之母本。這時，欲色二界諸神歡呼道：「善哉！尊者迦葉等五百阿羅漢完整無缺地集結了善逝大乘之道的三藏佛法，這會使諸神興旺、阿修羅衰敗！」

就這樣，具有十二種諸功德者第一的大迦葉，昔日作為龍氏燈佛足前的名徒時做過的祈願，即成為釋迦牟尼佛的高徒，擔負起佛法的重擔這一願望如今已經圓滿：在世尊涅槃後，集結了佛經。

大迦葉入滅

佛經集結完成後，大迦葉心想：自己已盡力完成了世尊的囑託和授記，與這位法主相處如同朋友，如今已報答了一點他的恩惠，該行的梵行也已行盡，爲世間的眾生也謀了利益，長期以來受命於導師的重任，現在該到了圓寂的時候了。隨後說道：「我已集結了佛說經典，留給後人作法道。但願此法代代相傳，永世不朽！我已行盡了利樂和善業，如今已到了圓寂的時刻。」說完後，來到阿難身邊，對他說道：「阿難你要牢記，世尊把佛法傳給我後涅槃了，而如今我也臨近圓寂。因此，你要繼承和發揚佛法，把它傳給**商那和修**。」又說道：「我去供奉四大塔和七舍利塔以及龍界僧伽羅島的佛牙舍利，然後到三十三天界供奉佛牙舍利後回來。」帝釋等天神聽到此言後，表示了不滿。

大迦葉最後來到三十三天界，將佛牙舍利放在頭頂，目不斜視地做了供奉，並向諸神講授了教法後，爲了辭別阿闍世王而來到王宮的正門口，讓侍衛去稟報阿闍世王。侍衛對他說道：「尊敬的國王正在就寢，如果打攪會受到嚴懲。」

大迦葉說道：「那麼國王醒來後，就請轉告他大迦葉已經圓寂了。」隨後，大迦葉來到南方雞足山，在四座山峰之間鋪上了草蓆，穿上了世尊賜予他的糞掃法衣，爲阿闍世王留下了見他遺體的機會，並發願將自身加持爲彌勒佛降世之前永不毀壞，謁見彌勒佛後重返人間教化眾生。這時，在大地震顫、流星落地、四方燃燒、諸神擊鼓之中，顯出各種神通，右肋著地而圓寂。

噩耗傳到天界後，帝釋和梵天等諸神前來供奉了迦葉的靈體，並將四座山峰合攏起來，蓋在了其靈體之上。隨後，諸神歎息道：「離別佛陀的悲傷剛剛平息，又離別了大迦葉，摩揭陀爲此而空蕩蕩了！世尊第二圓寂了，教法的山頂坍落了，失去了利益眾生的導師，諸魔該歡喜啦！」說完後，行著跪禮離去了。

這時，阿闍世王因夢見王族斷後的惡兆被驚醒了。隨後，侍衛向他稟報了大迦葉已經圓寂的消息。阿闍世王聽後，悲痛得昏了過去。蘇醒後，趕忙來到竹林園，跪在阿難的跟前，哭泣著訴說了大迦葉圓寂的消息。阿難帶著阿闍世王來到雞足山。當他們抵達山中時，藥叉移開了山頭，阿闍世王便稽首大迦葉的靈體，並伸手準備荼毗。這時，阿難勸他道：「大迦葉的靈體已受到加持，直到彌勒佛降凡之時，因此不可荼毗。」

再說將來，當彌勒佛降凡人間，出現第三次僧伽聚眾時，彌勒佛會來到此方，用右手托起大迦葉之首，掘出其靈體，會對眾僧說：「這位是世尊釋迦牟尼佛的大弟子迦葉，他集結了佛法。我涅槃之後，你們之中不會出現任何像他這樣傳教布法的比丘。他穿在身上的這件法衣也是那位世尊的法衣。」他剛一說完，迦葉會騰到天空顯出各種神變，以自身的三昧之火荼毗身體，消失一空。之後，彌勒佛會從大迦葉消失之後開始講授教法，教化眾生。就這樣，大迦葉的靈體將在彌勒佛時代消失後，行菩薩之行，供奉億萬佛陀，並從諸佛那裏接受教法，行盡梵行，最終會成爲名叫**得光**的清淨世界中的**極亮光明佛**。

阿闍世王剛從打開的山頭回過身來，只見四座山頭又合攏在大迦葉的靈體之上。隨後，阿闍世王在那座山上修了供塔，並對阿難說道：「我沒有看到佛陀涅槃和大迦葉圓寂，尊者你在圓寂之前，一定讓我見上一面。」阿難答應了他的請求。

四處弘法

隨後，憍陳如、優婆離和純陀等相繼圓寂，婆娑在竹林城顯出神通後圓寂。而佛子羅睺羅尊者去了**迦旃樹島**；**注荼半托迦尊者**去了靈鷲山；賓度羅跋羅墮者尊者去了勝身洲；**半托迦**在三十三天界；**那迦希尊者**去了王舍城的**平坡山**；五近比丘之一**蘇頻陀尊者**去了**毗胡山**；**阿秘持尊者**去了雪山；**因竭陀尊者**去了底斯雪山；**阿示多尊者**去了**仙山鄔尸羅**；**伐那婆斯尊者**去了舍衛城的**葉洞**中；**迦里迦尊者**去了**赤銅洲**；**伐者羅佛多尊者**去了**僧伽羅洲**；**跋陀羅尊者**去了**亞摩尼河洲**；**迦羅加伐蹉尊者**去了迦濕彌羅的**紅花山**；**迦諾迦跋黎墮奢**去了**牛貨洲**；**薄拘羅尊者**去了**惡音洲**。他們在各自的居地帶著各自的弟子六千四百萬阿羅漢，弘揚著佛法。另外，世尊涅槃後，金剛持、文殊、彌勒、普賢、大迦葉等菩薩和阿難（在王舍城南邊的毗摩羅闉跋瓦山）集結了大乘續部經藏。其中，彌勒講述了**《現觀莊嚴論》**、**《經莊嚴論》**、**《寶性論》**、**《辯中邊論》**和**《辯法法性論》**。金剛心講述了**《喜金剛本續》**。金剛持講述了陀羅尼集成，並講述了**《勝東頌釋》**，又於楊柳宮在其子賢臂的請問下，講述了許多密乘續部經典。月賢王聽聞續部經藏後，便來到北方香拔拉，修建了時輪壇城。成就了初佛後，第二年便入滅。其後裔諸化身王中，文殊的化身**賢聲法王**將在一百年後，按照佛陀的授記在**伽羅拔城**集結**《時輪續》**，其子**法王白蓮**將講述**《時輪續無垢光廣釋》**。

在烏丈那國，金剛持的化身因陀羅布提王也令人抄寫多部密乘經典，發揚廣大。又在此地，金剛持的化身撫慰眾生仙人也發揚了密乘教法。佛涅槃二十八年後，在瑪拉牙山的天鐵山巔，金剛持與諸密乘得道者又集結了密法，議論了**《一切如來秘密心智要義金剛莊嚴本續瑜伽成就聖言總集明智經》**等經典。

付法藏

就這樣，阿羅漢阿難尊者集結了一切佛說經典，如同如來佛慈悲地普降著法雨，嚴持著戒律。王舍城有位施主生了個兒子，他出生時身上穿著麻衣，故得名**商那和修（麻衣者）**。他長大後，在世尊涅槃之前去大海尋寶。這會兒，他航海歸來，把尋得的財寶藏起來後，來到竹林園見到了阿難。行過禮後，他問阿難道：「我要舉行盛大的宴會，世尊和眾僧伽在何處？」

阿難答道：「世尊已經涅槃了。」商那和修聽後，悲傷地昏了過去。蘇醒過來後，他又問道：「那麼二聖徒和大迦葉在何處？」

阿難答道：「他們也已經圓寂了。」

商那和修聽後，決定將宴會供養給阿難等眾僧伽。宴會過後，阿難對商那和修說道：「你已經完成了對佛法的財施，如今該收集法藏了。」

商那和修聽後，請求阿難道：「尊者請指教。」

阿難說道：「那就剃髮出家吧！」

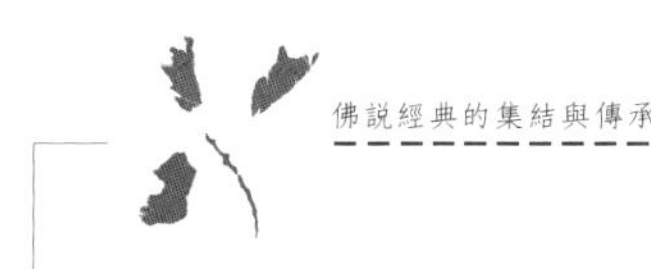

就這樣，商那和修隨阿難出家，繼承了他所聽聞的一切佛法經典，成就了阿羅漢果，並成為三藏師。

在佛涅槃後的四十餘年中，阿難廣泛傳佈佛法，當他年滿八十五歲時，逐漸感到心力交瘁，便叫來商那和修說道：「弟子，世尊把佛法傳給了大迦葉，大迦葉又託付給了我。如今我已臨圓寂之時，我把佛法傳授給了你，你要傳揚佛法，一定要活到佛法傳授給**優婆鞠多**之時！」接著，他派人向阿闍世王帶去口信後，乘著木舟來到恒河中央。那天晚上，阿闍世王夢見自己的寶傘斷了傘柄。被噩夢驚醒後，國王驚魂未定，於是帶著兵馬隨眾前來拜見阿難尊者。另外，毘舍離人也被天神告知阿難將圓寂之事，於是他們也前來恒河之畔。

這時，一位仙人帶著五百位弟子來到阿難面前，請求剃度出家。阿難向他們授予了具足戒，其中那位仙人成就了阿羅漢果，名為**日中**，又名**水中**。後來，他要求在阿難之前圓寂。阿難則對他說道：「世尊曾說，迦濕彌羅地方是個適於定持的聖地，我涅槃一百年後，日中將會在那裡傳播佛法。你就去完成世尊的預言吧！」日中聽後，答應了阿難的囑託。

隨後，阿難就在恒河之上圓寂了。以後，他漸次行菩薩之行，最終會成為**聖海持勝享佛**。他的靈體被毘舍離人和阿闍世王分半取走，毘舍離人在毘舍離，阿闍世王在**灰長城**各修建了一座舍利塔。日中阿羅漢來到迦濕彌羅教化眾生，並從香積山將紅花引到迦濕彌羅播種，並加持它與佛法同生共滅。佛涅槃一百年時，日中在迦濕彌羅修了寺廟，弘揚了佛法。他圓寂後，弟子們為他修建了靈塔。

這期間，商那和修按照佛陀的授記，來到**摩吐羅國**，於曼陀山中盤坐降伏了惡龍**舞者**和**勇夫**。後來商主之子**那提**和**帕提**爲其修建了寺院，名爲舞者勇夫寺。這時摩吐羅國的賣香人**護者**生了兒子優婆鞠多，商那和修讓他出家，但沒有得到其父親的同意。商那和修每天爲優婆鞠多講法，使優婆鞠多開悟。此城中有一個叫**財神施**的妓女，她聽說優婆鞠多的美名後，邀請他前去共歡，但被優婆鞠多拒絕了。後來，那妓女與王子媾和，因貪王子的衣飾而殺害了他。事情敗露後，那妓女被割去四肢，插在矛戈之上。這時，優婆鞠多前來向她講授了無常四法，使她獲得了超度，優婆鞠多自己也獲證了無還果。隨後，在商那和修的鼓勵下，優婆鞠多得到父親的准允而出家，獲證了阿羅漢果。

再說阿闍世王後來統治了憍薩羅國、毘舍離國和波羅奈國。他在阿難圓寂後不久也仙逝了。此後，其子**出升賢**繼承了王位，他謄寫和供奉了大量的佛教經典，升入了天界。

在商那和修的主持下，優婆鞠多集中了無數弟子，向他們講授著佛法。這時，魔王降下了金幣，使眾弟子分心而不專心聽講。

第二天講法時，魔王又降下花幔之雨，擾亂了眾弟子的心。第三天又降下了象牙之雨。到了第四天，魔王變成一位美麗的舞女，在眾伎樂仙女的簇擁下來到了法場，使眾弟子只看美女，忘記了聽講。這時，優婆鞠多施法使那些女子變爲骷髏，眾弟子頓生悲心，大部分都悟了道。

優婆鞠多有一條狗，它隨優婆鞠多聽聞法音，因而死後生在了他化自在天，與魔王坐在寶座上，魔王得知後，感到比丘污辱了他，便決定報復。有一天，正當優婆鞠多坐禪時，他在優婆鞠多

的頭頂束上了寶髻。優婆鞠多起身時，發覺了此事，便招來魔王，將蛇屍、人屍和狗變成花髻，對他說道：「你送我寶髻，這是回贈，請笑納。」說完將「花髻」戴在了魔王的頭上。魔王回到自己的世界後，發現了自己戴在頭上的屍體，但無法摘下，請帝釋和梵天等諸神摘去，也無濟於事。於是又來到優婆鞠多面前，說道：「以前，任我怎麼攻擊，佛陀也不在意，而你爲這一點小事，就讓我這般難堪。」優婆鞠多對魔王說道：「你說得一點沒錯，佛陀和我相比較，就如同是大海與露珠相比。我沒有拜見過佛陀，但聽說你可以變化佛陀之身，請變出來讓我看一看。」魔王聽後說道：「如果你不拜我，可以變出來讓你看看。」說著，便變爲世尊之身。優婆鞠多見後，一下子拜倒在其面前。魔王見狀，立刻顯出原身，向優婆鞠多道：「你爲什麼要禮拜我？」優婆鞠多答道：「我禮拜的是佛陀，我永遠也不會禮拜你的。」魔王請求道：「尊者，請發發慈悲，摘掉我頭上的屍體吧！」優婆鞠多對他說道：「如果你發慈悲之心保護眾生，這屍體會變成寶冠的；而發惡心，則永遠不會改變。」從此以後，魔王時常發慈悲之心。

佛涅槃一百一十年時，毘舍離的眾比丘行了十謬法。因此商那和修阿羅漢召集了阿難的弟子七百阿羅漢，在毘舍離反駁了這些行爲，進行了佛法的第二次集結。

阿育王

這時，阿闍世王的後裔中出了**阿育王**。他號稱是兇殘阿育王，有一次爲了懲罰一個沙彌，而把他扔進翻滾的鐵漿之中。但三天之後，那位沙彌仍然安然無恙，這使阿育王非常悔恨，來到優婆鞠

多面前請教洗罪之法。優婆鞠多讓他去請教其師傅商那和修阿羅漢。商那和修對他說道：「你就按照佛陀的授記，在一夜之間修建一千萬座如來舍利塔吧！這會洗清你的罪孽。」說完，就讓他挖掘曾由阿闍世王分得的伏藏在竹林園中的六摩揭陀斛的佛舍利。這使阿育王對佛法產生了虔誠的信仰。他於是邀請瞻部洲的所有比丘，供養了一切所需。他就是曾經向世尊供奉一把塵土的那位孩童，與他同在的那位外道孩童如今生爲名叫**大車**的藥叉，成爲了他的侍從，使他統治了幾乎全部閻浮提洲。隨後，除了在僧伽羅島的佛舍利之外，其餘全部佛舍利爲了修建千萬舍利塔而採集其部分，在藥叉大車的協助下，一夜之間在閻浮提洲各地修建完成了八萬四千座舍利塔。而商那和修阿羅漢也在一夜之間開光加持了這些舍利塔。

此後，商那和修對優婆鞠多說道：「弟子，世尊把佛法託付給了大迦葉，大迦葉把佛法託付給了我師傅，師傅又傳給了我。而我也即將圓寂，你要繼承佛法，把它發揚廣大啊！」說完，顯出各種神通圓寂了。

後來優婆鞠多招收了**有愧**等眾多弟子，其中，很多弟子成就了阿羅漢果。他後來把佛法傳授給了**提多迦**，提多迦又傳授給了**彌遮迦**。

佛涅槃四百年時，出現了**迦膩色迦王**，在彌遮迦阿羅漢的教化下，他皈依了佛法，修建了大量的寺廟和靈塔。在他的供養下，於迦濕彌羅的耳飾寺中，由**肋巴**等五百阿羅漢和**巴蘇咪答**等五百菩薩進行了佛法的第四次集結，判定了小乘十八部。

這時期出現了**龍樹**論師，其弟子有**聖天**、**龍提**、**佛護**、**清辨**、**摩提因伽**等。他們師徒是大乘佛

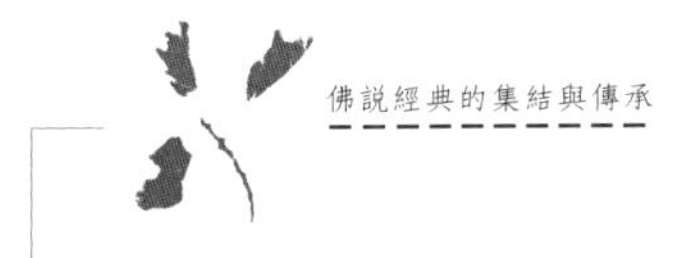

教的創立者。聖天又有弟子**馬鳴**、**寂天**和**護法**等。

佛涅槃後九百年時，出現了**無著**尊者和**世親**論師兄弟二人，他們是大乘佛教的發揚光大者。慈氏諸經據說均由彌勒菩薩授予他們。他們有共同弟子**無自性**、**護法賢劫金剛力**和**佛子**等。無著有弟子**慧安**、**陳那**以及徒孫**法稱**。世親有弟子**解脫**和**德光**等。另外，還出現了**阿離野提婆**仙人、漢地大學者**三藏**、**功德慧**論師、**王子稱師**等諸高徒。

就這樣，得世尊授記的這些論師將佛法弘揚光大，使眾生的利益之林長盛不衰。

請於此處用膠水黏貼

讀者回函卡

謝謝您購買我們出版的書籍！請費心填寫此回函卡，我們將不定期寄上城邦集團最新的出版訊息。

姓名：＿＿＿＿＿＿＿＿＿＿

性別：□男　□女

生日：西元＿＿＿＿＿年＿＿＿＿＿月＿＿＿＿＿日

地址：＿＿＿＿＿＿＿＿＿＿

聯絡電話：＿＿＿＿＿＿＿＿　傳真：＿＿＿＿＿＿＿＿

E-mail：＿＿＿＿＿＿＿＿＿＿

職業：□1.學生 □2.軍公教 □3.服務 □4.金融 □5.製造 □6.資訊
□7.傳播 □8.自由業 □9.農漁牧 □10.家管 □11.退休
□12.其他＿＿＿＿＿＿＿＿

您從何種方式得知本書消息？

□1.書店□2.網路□3.報紙□4.雜誌□5.廣播 □6.電視 □7.親友推薦
□8.其他＿＿＿＿＿＿＿＿

您通常以何種方式購書？

□1.書店□2.網路□3.傳真訂購□4.郵局劃撥 □5.其他＿＿＿＿＿＿

您喜歡閱讀哪些類別的書籍？

□1.財經商業□2.自然科學 □3.歷史□4.法律□5.文學□6.休閒旅遊
□7.小說□8.人物傳記□9.生活、勵志□10.其他＿＿＿＿＿＿

對我們的建議：

＿＿＿＿＿＿＿＿＿＿

＿＿＿＿＿＿＿＿＿＿

＿＿＿＿＿＿＿＿＿＿

＿＿＿＿＿＿＿＿＿＿

請於此處用膠水黏貼

廣　告　回　函
北區郵政管理登記證
北臺字第10158號
郵資已付，免貼郵票

100 台北市信義路二段213號11樓

城邦文化事業（股）公司　收

請沿虛線對摺，謝謝！

書號：BR0023	書名：　藏傳釋迦牟尼佛傳	編碼：

國家圖書館出版品預行編目資料

藏傳釋迦牟尼佛傳 /格桑曲吉嘉措著：達多譯.-- 初版. --臺北市：商周出版
：城邦文化發行. 2003[民92]
面： 公分.--（人與宗教系列；23）
原著書名：釋迦牟尼大傳：無誤講述佛陀出有壞美妙絕倫傳記・善逝聖行寶藏

ISBN 986-124-051-9（平裝）

1. 釋迦牟尼（Gautama, Buddha, 560-480 B.C.）- 傳記

229.1 92015152

人與宗教 23

藏傳釋迦牟尼佛傳

原著書名／釋迦牟尼大傳：無誤講述佛陀出有壞美妙絕倫傳記・善逝聖行寶藏
原出版者／民族出版社
作　　者／格桑曲吉嘉措
譯　　者／達多

主　　編／林宏濤
發 行 人／何飛鵬
法律顧問／中天國際法律事務所　周奇杉律師
出 版 者／商周出版
台北市100愛國東路100號6樓
電話：(02) 23587668　傳眞：(02)23419479
E-mail：bwp.service@cite.com.tw
發　　行／城邦文化事業股份有限公司
台北市100信義路二段213號11樓
聯絡地址：台北市100愛國東路100號4樓
電話：(02) 23965698　傳眞：(02) 23579851
劃撥：1896600-4 城邦文化事業股份有限公司
城邦讀書花園網址：www.cite.com.tw
email: service@cite.com.tw
香港發行所／城邦（香港）出版集團有限公司
香港北角英皇道310號雲華大廈4/F, 504室
電話：25086231　傳眞：25789337
馬新發行所／城邦（馬新）出版集團【Cite (M) Sdn. Bhd.(458372U)】
11,Jalan 30D/146, Desa Tasik,Sungai Besi, 57000,
Kuala Lumpur, Malaysia
電話：603~9056 3833　傳眞：603~9056 2833
E-mail：citekl@cite.com.tw

封面設計／黃啓銘
打字排版／極翔企業有限公司
印　　刷／韋懋實業有限公司
總 經 銷／農學社
電話：(02) 29178022　傳眞：(02) 29156275
■2003年10月10日初版

定價360元
ISBN 986-124-051-9